全國高校古籍整理委員會資助項目

中原音韻校本

附　中州樂府音韻類編校本

張玉來　耿　軍　校

中華書局

圖書在版編目(CIP)數據

中原音韻校本:附 中州樂府音韻類編校本/張玉來,耿軍校. —北京:中華書局,2013.2 (2025.5 重印)
(音韻學叢書)
ISBN 978-7-101-06664-7

Ⅰ.中… Ⅱ.①張…②耿… Ⅲ.①韻書-中國-元代②中原音韻-研究 Ⅳ.H114.2

中國版本圖書館 CIP 數據核字(2009)第 045896 號

書　名	中原音韻校本 附 中州樂府音韻類編校本
校　者	張玉來　耿　軍
叢 書 名	音韻學叢書
封面設計	劉　麗
責任印製	韓馨雨
出版發行	中華書局
	(北京市豐臺區太平橋西里 38 號　100073)
	http://www.zhbc.com.cn
	E-mail:zhbc@zhbc.com.cn
印　刷	北京新華印刷有限公司
版　次	2013 年 2 月第 1 版
	2025 年 5 月第 2 次印刷
規　格	開本/710×1000 毫米　1/16
	印張 19½　插頁 2　字數 300 千字
印　數	3001-4000 册
國際書號	ISBN 978-7-101-06664-7
定　價	60.00 元

《音韻學叢書》出版説明

我國古代音韻學的研究源遠流長，自漢末魏晋始，各個歷史時期都留下了不同類型的音韻學文獻。這些文獻既包括古人分析和描寫古漢語語音的韻書、韻圖，也包括系統研究古漢語語音狀況的古音學專著，可謂彌足珍貴。二十世紀以後，隨着西方語言學理論的引入，音韻學在研究方法和研究材料上都有較大突破，出現了一批經典著作，成爲進一步開展音韻學研究的出發點。

自二十世紀五十年代起，中華書局出版了一系列音韻學古籍、研究專著和論文集，内容涵蓋了上古音、中古音、近代音和等韻學等音韻學的主要研究領域，對促進音韻學研究的發展起到了積極的作用。但由於出版時間不一，這些書籍的出版體例未能統一，所收書的種類亦不能完全滿足學界的需要，因此我們决定重新編輯出版一套《音韻學叢書》。

這套《音韻學叢書》將以整理我國音韻學古籍爲主要内容，遵循工具性、資料性和權威性的原則，力求爲音韻學研究提供版本可靠、校勘精良、使用方便、全面系統的文獻資料。主要收録：音韻學傳世和出土文獻及其整理校勘成果，主要包括各個歷史階段出現的韻書、韻圖，此外還將適當選收與音韻學關係密切的佛典音義、域外對音等古籍文獻；清代及清代以前學者的音韻學研究著作及其點校整理本。此外，由於二十世紀以來某些現代學者具有標誌性的音韻學研究專著和文集已經成爲音韻學研究的經典著作，《音韻學叢書》也將酌情收入。

中華書局編輯部

二〇一〇年二月

目　録

自　序 …… 1
前　言 …… 1

中原音韻校本 …… 1
　校勘説明 …… 3
　中原音韻序 …… 9
　　虞集序 …… 9
　　歐陽玄序 …… 10
　　周德清自序 …… 10
　　羅宗信序 …… 13
　　瑣非復初序 …… 14
　中原音韻目録 …… 15
　中原音韻正語之本　變雅之端 …… 16
　中原音韻正語作詞起例 …… 44
　中原音韻後序 …… 82
　書中原音韻後 …… 83
參考文獻 …… 85

中州樂府音韻類編校本 …… 91
　校勘説明 …… 93
　中州樂府音韻類編 …… 95
中原音韻校本韻字索引 …… 122
　部首表 …… 124
《中原音韻校本》韻譜韻字部首索引 …… 126

自　序

《中原音韻》是我國文化史上的一部光輝著作，是曲學、音韻學研究不可或缺的經典文獻。從問世以來，它就為歷代學者所重視。特別是20世紀西方語言學傳入我國後，該書就成了研究近代漢語語音史的核心文獻。以它為基礎建立起來的北音學迅速成為漢語音韻學中的顯學。

現在存世的《中原音韻》的各種版本都是明清以來的刊本或抄本，是否存在元刊本還有争議。由於《中原音韻》不是儒家經典，學界一般將其視為詞曲類著作，歷代正統的知識分子不怎麼重視，所以刊行或抄寫時隨意馬虎的現象较多，錯訛、徑改、漫漶之處亦多。

《中原音韻》到目前還没有一本堪稱完善的校勘本。中華書局（1978）影印出版的訥菴本，不是現代文本式的校訂本。陸志韋、楊耐思先生所出校語與原書脱離，閱讀不便，現在搜求不易，也難以使用。中國戲劇出版社（1959）出版的《中國古典戲曲論著集成》（一）所收標點本《中原音韻》為學界所常用，但該本某些標點、校改的錯誤到了令人費解的程度。現見其他的幾種現代校點本，同樣也存在不少問題。

我很早就有重校《中原音韻》的願望，可是時間、精力、財力都有不逮。這些年國家經濟發展了，研究經費有了較大保障，我花了很多時間搜集了各種不同的版本，重新燃起了校勘的希望。2001年秋，耿軍博士入學，我就安排他一本一本地對校，我一本一本地復校，前前後後作了六七年，最終把能找到的各式版本校畢，寫定了校語，就成了現在奉獻給讀者的《中原音韻校本》。

與《中原音韻》同源的《中州樂府音韻類編》也不能不校，否則不能成

完璧。所以，我重新校訂了《中州樂府音韻類編》，現在也一併收在本校本後，方便學界使用。

本書參考了好多古籍和前輩時賢的論著，這是我們首先要感謝的！楊耐思先生為這個校本花了很多心思，作了許多指導，並幫忙複印了不少材料。王勉女士、秦淑華女士為本校本的出版花了很多心血。在這裏，我對他們鄭重地説聲謝謝！還有許多朋友為這個校本出了不少力，他們是高龍奎、黄亮、張燕、阮咏梅、崔金明、張苗、張俊華、張豔華、孔桂花等等，我也要鄭重地感謝他們。

前賢段先生玉裁有言（段玉裁《經韻樓集》卷十二《與諸同志書論校書之難》）："校書之難非照本改字不僞不漏之難也，定其是非之難。是非有二：曰底本之是非，曰立説之是非。必先定其底本之是非而後可定其立説之是非，二者不分轇轕。"我對段氏的話只有折心服膺的份了！

因功力與學識不足，書中錯誤定所難免，希望使用本校本的讀者多提寶貴意見。

張玉來

二〇一二年五月望日

於南京雙杏齋

前　言

一

元代國祚短暫，文化建設成就不大。但是，元代流傳下來的元曲（北曲）確是我國歷史上第一流的文學作品。王國維《宋元戲曲考·序》説：“凡一代有一代之文學：楚之騷，漢之賦，六代之駢語，唐之詩，宋之詞，元之曲，皆所謂一代之文學，而後世莫能繼焉者也。”胡適在《吾國歷史上的文學革命》一文中也盛讚元曲為“第一流之文學”。關漢卿、鄭光祖、白樸、馬致遠、王實甫等元曲作家的輝煌名字牢牢鑲嵌在了中國文學史的豐碑上。

早期的元曲作家在創作上，題材廣泛，關注社會現實，面向社會大衆；在藝術上，追求平民化、通俗化，語言自然清新，以口語為依傍。鍾嗣成《録鬼簿》評價關漢卿時説（《中國古典戲曲論著集成》二）：“珠璣語唾自然流，金玉詞源即便有，玲瓏肺腑天生就。”這是對早期元曲作家的確評。

南宋在至元十三年（1276）滅亡後，北曲的創作從北方流布到了南方。北曲挾其豐富的現實題材、高超的藝術成就席捲而來，使原在南宋嚴密理學思想控制下的人民群衆耳目一新，大受歡迎。北方名家關漢卿、白樸、馬致遠、王實甫名播江南，令南士傾服。南方流行的宋詞、南曲（南戲）非絶即衰，北曲迅速在蘇、杭一帶形成了創作中心。明人徐渭（1521～1593，浙江山陰人）在《南詞敘録》（《中國古典戲曲論著集成》三）裏作了一個很恰切的評論：“南戲始於宋光宗朝，永嘉人所作《趙貞女》《王魁》二種實首之，故劉後村有‘死後是非誰管得，滿村聽唱蔡中郎’之句。或云：‘宣和間已

濫觴，其盛行則自南渡，號曰“永嘉北曲”，又曰“鶻伶聲嗽”。’其曲，則宋人詞而益以里巷歌謡，不叶宫調，故士夫罕有留意者。元初，北方雜劇流入南徼，一時靡然向風，宋詞遂絶，而南戲亦衰。”

元代中期之後，蒙元貴族漢化加速，對文化、思想的統治不斷加强。聚集在南方的劇作家（曲作家）逐漸喪失了早期北曲家的勇氣，創作題材也轉變為封建綱常、才子佳人之類，離人民群衆的現實生活越來越遠。在藝術表現上，北曲因為脱離了原來生長的藝術土壤，語言不再是人民群衆喜聞樂見的生動活潑的口語，轉而為經史雅語，遂變得生澀起來。元代後期科舉制度恢復後，讀書人有了更好的謀取利禄之路，創作隊伍也就因此而縮小。創作既已不興，演唱者自然也就越來越少。

早期北曲創作並没有系統的理論或者指導思想，在藝術形式上大致存有自然之律，並無規範統一的作法。但是，隨着北曲的南移，大量南方作者參入創作後，由於他們對北曲藝術形式的理解不是起於自然，而是向原來的北曲學習與模仿，因此，在語言運用和曲譜、曲體的規範上產生了分歧，甚至發生了嚴重的争論。此外，南人對北方共同語也比較陌生，曲詞用韻問題也十分混亂，令許多創作者無所適從。羅宗信為《中原音韻》作序稱：“國初混一，北方諸俊新聲一作，古未有之，實治世之音也。後之不得其傳，不遵其律，襯墊字多於本文，開合韻與之同押，平仄不一，句法亦粗……”這就是對南移後的北曲創作的評價。

這時，身處這種亂局中的周德清，自擔歷史重任，在總結元曲用韻的經驗基礎上創作了“正語之本，變雅之端”的《中原音韻》（韻譜）及其《中原音韻正語作詞起例》，試圖為北曲的創作袪弊振衰。

現在傳世的全本《中原音韻》包括韻譜（十九韻）和《中原音韻正語作詞起例》兩部分。從韻書的角度看，韻譜是《中原音韻》的主體，在周德清自己的意識裏，韻譜就是《中原音韻》。但是，《中原音韻正語作詞起例》27條例説裏（以下提及起例的數字編號，皆以本校本的編號為序），有25條是解釋韻譜的，所以《中原音韻正語作詞起例》也得算是韻譜的有機組成部分。因此，韻譜、《中原音韻正語作詞起例》合起來才是《中原音韻》。下面簡稱《中原音韻》整體時稱《中原》，單稱韻譜時稱“韻譜”，單稱《中

原音韻正語作詞起例》時簡稱“起例”。

二

有關周德清生平事迹的文獻傳世不多，元末明初賈仲明（1310~1369）的《録鬼簿續編》（《中國古典戲曲論著集成》二）輯録的材料就算比較詳細了。該書説：“周德清，江右人，號挺齋，宋周美成之後。工樂府，善音律。病世之作樂府，有逢雙不對、襯字尤多、文律俱謬者；有韻脚用平上去不一而唱者；有句中用入聲，拗而不能歌者；有歌其字，音非其字者，令人無所守。乃自著《中州音韻》一帙，以為正語之本、變雅之端。其法以聲之清濁，定字為陰陽，如高聲從陽，低聲從陰。使用字者隨聲高下，措字為詞，各有攸當。以聲之上下，分韻為平仄。如入聲直促，難諧音調，故以成韻之入聲，悉派三聲，誌以黑白，使用韻者隨字陰陽，各有所協，則清濁得宜，上下中律，而無淩犯拘拗之患矣。奎章虞公叙之，以傳於世。又自製為樂府甚多，為廻文、集句、連環、簡梅、雪花諸體，皆作當世之人不能作者，有古樂府之風。《咏紅指甲》云‘朱顏如退却，白首恐成空’，有言外之意。切對有‘殘梅千片雪，爆竹一聲雷’，雪非雪，雷非雷，皆佳作也。長篇短章，悉可為人作詞之定格。故人皆謂：‘德清之韻，不但中原，乃天下之正音也。德清之詞，不惟江南，實天下之獨步也。’信哉信哉！”

寧繼福於1978年到周德清故鄉江西高安縣調查周德清的生平事迹，意外發現了周德清編纂的《暇堂周氏宗譜》，並據以考定周德清的生卒年是1277～1365，推定《中原》於1341年在江西吉安初刊。詳細論説見於其著《中原音韻表稿》（1985）。

《暇堂周氏宗譜》載，德清，和公三子，行七，字日湛，號挺齋。宋端宗景炎丁丑十一月生。著有《中原音韻》行世。學士歐陽玄（原作“元”，清人避玄燁諱，改）、虞集等讚其詞律俱優，同志羅宗信、瑣非復初各序其妙。邑乘載文苑。元至正乙巳卒。享年八十有九……

又據該譜，周德清一支族譜如下：

周輔成（道州營道人，今屬湖南）→周敦頤（輔成幼子）→燾（敦頤幼子）→勤（燾子）→京（勤子，始遷江西高安）→子安→季和（安幼子）→德

清（和三子）→以謙（德清子）。

兩位周德清的高安同鄉後輩劉能先、劉裕黑（1991）的《有關周德清幾個史實的研究》考訂了周德清的家族源流、生平年表、墓地及文物等問題，得出了如下結論：

1.《録鬼簿續編》説周德清是宋人周美成（即周邦彦）之後為誤傳，是錯誤理解了歐陽玄的序文，周德清實是宋周敦頤六世孫。

2. 周德清是遷移到高安暇堂周氏之第四世。

3. 排定周德清生平年表，擇要如下：

1277年生於高安暇堂（今江西省高安縣楊圩鄉老屋周家），時宋端宗景炎丁丑十一月。

1308～1311年在家鄉，生子周以謙。

1311年以後開始創作和漫游。

1324年《中原》成書。

1341年《中原》在江西吉安刊行。

1365年去世，享年89歲。

周德清的生平事迹，現有文獻不能讓我們瞭解其全貌。但根據《中原》的有關序文、周德清的作品和宗譜，我們還可以有以下幾點推斷：

1. 周德清留滯江南，可能在杭州居住過一段時間。虞集序稱“德清留滯江南，又無有賞其音者”，説明周德清到過江浙，很可能到過杭州。杭州是當時的劇作創作中心。“留滯”一詞，不能作短時理解。一個“滯”字，説明有很長一段時間。

周德清【蟾宫曲】《别友》（周德清的曲作俱引自楊朝英編《朝野新聲太平樂府》，下同）：唾珠璣點破湖光，千變雲霞、一字文章。吴楚東南、江山雄壯、詩酒疏狂。正雞粟樽前月朗、又鱸蓴江上風涼。記取他鄉、落日觀山、夜雨連床。

套曲【一枝花】《遺張伯元》：相逢盡是他鄉客。我淹吴楚、君顯江淮。雄遊海宇，挺出人才……

這曲中的地點背景都在江南，他説的一個“淹”字，時間也不會太短。

起例第21～23條之間很唐突地插入了周氏自作的四曲《看岳王傳》《韓

世忠》《誤國賊秦檜》《張俊》，都是有關南宋逸事的。周氏在杭州對此有所感慨，故寫了此四首曲。在某種情緒驅使下，就收入《中原》裏了。

周氏後序："嘗遊江海，歌臺舞榭，觀其稱豪傑者，非富即貴耳……"據此可以推測周氏所遊江海之地，當在江浙沿海一帶，蘇、杭最當稱江海。可見，周氏在杭州住過的可能性很大。又，作為一個曲作者，他能夠通過"歌臺舞榭"接觸到"非富即貴"的"豪傑者"，說明周氏在江南是劇作人員或劇組人員，可能經常參與或觀看演出。他也可能在某些富貴人家作戲劇賓客。

他有【陽春曲】《贈歌者韓壽香》，還有【套數】《贈小玉帶》。這兩曲都是寫給演唱者的，說明周德清應該流連於勾欄，與演唱者廝熟。

2. 周德清没有到過大都的可能性很高。周德清的作品、其他人的序文及有關文獻都找不到周德清到過大都的證據。寧繼福（1985）說周德清參加過泰定甲子年大都的曲界辯論會，無事實依據。歷史上也不曾有過這樣一場辯論會的史實記載。

3. 周德清長期從事北曲創作並研究曲作理論。周德清後序說："予作樂府三十年，未有如今日之遇宗信知某曲之非，復初知某曲之是也。"他的起例是元代最系統的討論曲作問題的理論著作，說明他對曲作問題長期關注並善於總結。

4. 周德清周流於樂場，其生活並不貧窮，只是有點落魄，離自己的理想尚有距離。

有人想像作為曲作家的周德清是個窮困潦倒的書生，生活極度貧乏。事實上，周德清憑曲作生存，活得不壞，某種意義上算得上富足。

周德清【蟾宫曲】《送客之武昌》：詩滿銀盞，酒勸金卮。【紅繡鞋】《郊行》：題詩桃花渡，問酒杏花村。醉歸來驢背穩。《賞雪偶成》：共妾圍爐說話，呼童掃雪烹茶。休說羊羔味偏佳。調情須待酒，壓逆索茶芽。酒和茶都俊煞。【沉醉東風】《有所感》：流水桃花鱖美，秋風蓴菜鱸肥。不共時，皆佳味，幾個人知。【蟾宫曲】《别友》：吴楚東南、江山雄壯、詩酒疏狂。正雞粟樽前月朗，又瀘蓴江上風凉。

從這些寫自己身境的曲子看，周德清的生活還是很好的，好到可以與

其妾“圍爐說話”。

周德清在江南的曲作事業發展得好像不是太好，沒有太大名氣，鬱鬱志不伸，没有“賞其音者”！與周氏同時的楊朝英，也流寓江南，其編選的《樂府新編陽春白雪集》居然不收周氏任何作品。

這說明周氏不是主流創作隊伍成員，是個漂泊在江南的曲作家。

【沉醉東風】《有所感》之二：羊續高高掛起，馮驩苦苦傷悲。大海邊，長江内，多少魚磯……

《有所感》之三：鯤化鵬飛未必，鯉從龍去安知？漏網難，吞鉤易，莫過前溪……

【柳營曲】《別友》：一葉身，二毛人，功名壯懷猶未伸。夜雨論文，明月傷神，秋色淡籬樽。離東君桃李侯門，遇西風楊柳漁村。酒船同棹月，詩擔自挑雲。君，孤雁不堪聽。

這些曲子表現了他壯懷不酬、憂鬱寡歡的情緒。

周德清的曲作中還暗示了自己出身的優越和自己的遠大抱負。套曲【一枝花】《遺張伯元》：箕裘事業合該，簪纓苗裔傳來。大胸襟進履橋，壯遊玩乘槎大海，老風波走馬章台。千載，後代，子孫更風流煞。萬一見此豪邁，玉有潤難明借月色，出落儕。　運斧班門志何大，出削個好歹，但成個架落，未敢望將如棟樑材。

另外，從周德清的曲作，還可以看出他對世事炎凉的感慨。【沉醉東風】《有所感》之四：藏劍心腸利己，吞舟度量容誰？棹月歸，邀雲醉，縮項鯿肥……這說盡了“藏劍心腸利己”的世態。

5. 現知與周德清交往之人有蕭存存、張漢英、羅宗信、瑣非復初等，這些人都是周德清的朋友。另外，周德清還提到幾個跟《中原》成書有關的人：

(1) 無名某

周德清在起例裏兩次提到一個“無名”人士：

起例第20條：余嘗於天下都會之所，聞人間通濟之言：“世之泥古非今、不達時變者衆……”

起例第23條：泰定甲子秋，復聞前章餘論：“……惟我聖朝興自北方，

五十餘年，言語之間，必以中原之音為正。鼓舞歌頌，治世之音，始自太保劉公、牧菴姚公、疏齋盧公輩，自成一家。今之所編，得非其意乎？彼之沈約不忍弱者，私意也。且一方之語，雖渠之南朝亦不可行，況四海乎？予生當混一之盛時，耻為亡國搬演之呼吸，以中原為則，而又取四海同音而編之，實天下之公論也。”

這個“無名人士”告訴周德清的主要意思有三點：《廣韻》是“鴃舌”之音，不可從；現實的江南之音，如閩浙之音，不是四海所同音者，不可從；他是元朝的人，耻為江南之“亡國搬演之呼吸”（即音律），要編一部“以中原為則”，而又是“四海同音”的韻書。

這個“無名人士”好像是周德清虛擬的人物，借他的口吻來表達自己的思想，把自己不方便説的話，讓這個無名人來説。

這個“無名人士”，無論是现实存在的還是周德清虛擬的，對周德清編成《中原》都十分重要。上述三點看法，正是周德清編撰《中原》的原則。

根據周氏所説，這個人物出現的時間是泰定甲子秋（1324），即他編撰《中原》的時間。地點是“天下都會之所”，周德清既無去大都的記載，那麽在杭州的可能性最大。

（2）清原曾玄隱

起例第3條：余與清原曾玄隱言：“世之有呼‘屈原’之‘屈’為‘屈伸’之‘屈’，字同，音非也。因注其韻。”玄隱曰：“嘗聞前輩有一對句，可正之：‘投水屈原終是屈，殺人曾子又何曾？’明矣。”

這個人也是青原人（青原，即今吉安，該處寫“清原”，誤），與周氏討論的是“屈”字的讀音。兩人討論的時間、地點不詳。

（3）亳州友人孫德卿

起例第18條：“亳州友人孫德卿長於隱語，謂：‘《中原音韻》三聲，乃四海所同者，不獨正語作詞。夫曹娥義社，天下一家，雖有謎韻，學者反被其誤，半是南方之音，不能施於四方，非一家之義。今之所編，四海同音，何所往而不可也？詩禪得之，字字皆可為法。’”

這個亳州友人孫德卿是看到過《中原》的人，並表示了對《中原》系統的讚賞。他們見面的時間應該是《中原》成書或有了初稿之後，地點很可能

也是在杭州，周德清編寫時徵求過他的意見。

重要的是，孫德卿提到了一個問題："雖有謎韻，學者反被其誤，半是南方之音，不能施於四方，非一家之義。"長於隱語的他，作隱語時依據一種"謎韻"，這種"謎韻"不是通語系統。

為周德清作序的虞集、歐陽玄未必認識周德清，從他們的序中看不出與周德清有交往的痕迹。他們的序好像是應刻書者羅宗信或其他人的要求寫的。歐陽玄序說："青原好事君子，有繡梓以廣其傳，且徵予序。"顯見，請歐陽玄寫序的不是周德清本人。

周德清作為一介布衣作家，雖然不見重於當時的江南，但是，他的江西鄉黨給了他很高的讚賞。給《中原》作序的虞集（1270～1348）和歐陽玄（1271～1357）都是當時的社會聞人。

《元史》第一八一卷："虞集，字伯生，宋丞相允文五世孫也……（大德初）除國子助教，即以師道自任，諸生時其退，每挾策趨門下卒業，他館生多相率詣集請益……集學雖博洽，而究極本原，研精探微，心解神契，其經緯彌綸之妙，一寓諸文，藹然慶曆乾淳風烈……"

《元史》第一八二卷："歐陽玄，字原功，其先家廬陵，與文忠公修同所自出……元統元年，改僉太常禮儀院事，拜翰林直學士，編修四朝實録。俄兼國子祭酒，召赴中都議事，陞侍講學士，復兼國子祭酒……玄性度雍容，含弘縝密，處己儉約，為政廉平。歷官四十餘年，在朝之日，殆四之三。三任成均，而兩為祭酒，六入翰林，而三拜承旨……"

虞集序稱："（周德清）工樂府，善音律，自著《中州音韻》一帙，分若干部，以為正語之本，變雅之端。"

歐陽玄序稱："（周德清）通聲音之學，工樂章之詞，嘗自製聲韻若干部，樂府若干篇，皆審音以達詞，成章以協律，所謂'詞律兼優'者。"

虞集序又稱："（周德清）又自製樂府若干調，隨時體制，不失法度。屬律必嚴，比事必切；審律必當，擇字必精。是以合於宫商，合於節奏，而無宿昔聲律之弊矣。"

瑣非復初序說："吾友高安挺齋周德清，以出類拔萃通濟之才，為移宫換羽製作之具……所作樂府、廻文，集句、連環、簡梅、雪花諸體，皆作今人

之所不能作者……長篇、短章悉可為人作詞之定格。”

由於名家的表彰，周德清漸知名於當世。與周德清有過節，並被他刻薄批評過的楊朝英在新編的《朝野新聲太平樂府》中選錄了周德清的25首散曲和3個套曲。後人也給了他的作品很高的評價，明人朱權在《太和正音譜》中說：“周德清之詞，如玉笛横秋……”

三

周德清能夠創制韻譜及起例是具備好多條件的：他醉心北曲創作，精通音律，瞭解北曲的創作技法、北曲的音樂及演唱形式；他遊迹於作家、演員之中，明瞭雜劇創作中存在的現實問題；他在雜劇創作中心杭州一帶流連，對當時作家隊伍的情況有很深的瞭解，等等。

泰定甲子（1324），對周德清來説，是不平凡的一年。這一年，他老家江西青原的朋友蕭存存看到了楊朝英編選的《陽春白雪集》，對其十分不滿，就託張漢英詢問在北曲創作中心（或即杭州）的同鄉周德清的看法及有關創作的問題。周德清為了回答這些問題，可能認真讀了《陽春白雪集》，與同行進行過討論，發表了自己的看法，並與有關人士在曲作上的看法起了紛争。為此，他作了韻譜和起例。

為了不引起“争端”，所以《中原》只當給蕭存存個人的回答，没有公之於世。這時，他因為曲作觀點與人相左，或其他原因，回到了江西，並到青原去拜訪瑣非復初等友人。

根據周德清自序，青原劇作家蕭存存對當時的北曲創作有很多不滿和疑問，他的問題有兩個方面：

一是“今之樂府有遵音調作者、有增襯字作者”，即有的人按照曲牌的固有音調作曲，有的却是亂加襯字，不顧曲牌的音調。這兩種作法到底何者為是何者為非？

二是楊朝英編選的《陽春白雪集》裏的曲作問題不少：

1.【德勝令】“花影壓重簷，沉煙嫋繡簾，人去青鸞杳，春嬌酒病懨。眉尖，常瑣傷春怨。忺忺，忺的來不待忺。”有人把“繡”唱為“羞”，與“怨”字同押。即去聲“繡”字當作了平聲字。

2.【殿前歡】《白雲窩》二段，俱八句，"白"字不能歌者。

3. 有板行逢雙不對，襯字尤多，文律俱謬，而指時賢作者。

4. 有韻脚用平上去，不一一，云"也唱得"者。

5. 有句中用入聲，不能歌者。

6. 有歌其字，音非其字者。

周德清為此作了自己的理解並對問題作了回答。他對曲作的理解要點主要有：

1. 作曲必正言語。欲正言語，必宗中原之音。

2. 樂府在當時已經是盛而備了，前輩作家達到了頂峰，後人作樂府是很難的事了，真是"後學莫及"！

3. 作樂府的最難點是很多人不懂"平分陰陽、入派三聲"的道理。但這是作樂府的關鍵問題，"乃作詞之膏肓，用字之骨髓，皆不傳之妙，獨予知之……"

周德清對蕭存存提出的關於楊朝英《陽春白雪集》裏的問題逐一作了回答：

1. 彼之能遵音調，而有協音俊語可與前輩頡頏，而謂"成文章曰樂府"也；不遵而增襯字，名樂府者，自名之也。

2.【德勝令】"繡"字、"怨"字，【殿前歡】八句，"白"字者，若以"繡"字是"珠"字誤刊，則"煙"字唱作去聲，為"沉宴嫋珠簾"，皆非也。

3. "呵呵、忺忺"者，何等語句？未聞有如此平仄、如此開合韻脚【德勝令】。

4. 亦未聞有八句【殿前歡】，此自己字之開合、平仄。

5. 句之對偶、短長，俱不知，而又妄編他人之語，奚足以知其妍媸歟？

6. 以板行謬語而指時賢作者，皆自為之詞，將正其己之是，影其己之非，務取媚於市井之徒，不求知於高明之士，能不受其惑者幾人哉！使真時賢所作，亦不足為法。

7. 取之者之罪，非公器也。

8. 韻脚用三聲，何者為是？不思前輩某字、某韻必用某聲，却云"也唱

得”，乃文過之詞，非作者之言也。平而仄，仄而平，上、去而去、上，去、上而上、去者，諺云“鈕折嗓子”是也，其如歌姬之喉咽何？

9. 入聲於句中不能歌者，不知入聲作平聲也。

10. 歌其字，音非其字者，合用陰而陽，陽而陰也。

以上，“皆用盡自己心，徒快一時意，不能傳久”。

周德清作了這些理解和回答以後，非常想作一篇批評文章，以訂砭曲作之弊。但是害怕圈内人士為此而起争端，遂寢此想。為了表示對張漢英為蕭存存所請之重視，他“遂分平聲陰、陽及撮其三聲同音，兼以入聲派入三聲，如‘鞞’字次本聲後，葺成一帙，分為十九，名之曰《中原音韻》，並起例以遺之，可與識者道”。

由上面的分析可以看出，周德清創作《中原》是非常有針對性的，主要是對以楊朝英為代表的不合曲律的曲作的批判，也是對當世創作中某些流弊的針砭。

楊朝英，號澹齋，青城人。元代以青城為縣名者二：一在山東、一在四川。楊氏到底是山東人還是四川人待考定。王世貞在《曲藻》裏批評楊氏的散曲説：“蓋楊本蜀人，故多川調，不甚諧南北本腔也。”孫楷第《元曲家考略》（1981）根據周巽《怡情集》卷五《上歐陽玄詩序》，推測楊氏是“青城人而家於龍興（今南昌）者”。從巴西鄧子晉為其《朝野新聲太平樂府》作序的情況看，楊氏是四川青城人的可能性大。那麽，楊氏是住在江西的青城人。元曲名家楊維楨（1296～1370）在《周月湖今樂府序》裏説（《東維子集》卷十，據《四部叢刊》本）：“士大夫以今樂府鳴者，奇巧莫如關漢卿、庾吉甫、楊澹齋、盧疎齋。”楊維楨將楊朝英與關漢卿、盧摯等名家並列，説明他見重於時，非周德清所能比肩。

為《陽春白雪集》作序的貫雲石（1286～1324），《元史》有傳，維吾爾人，號酸齋，曾任翰林侍讀學士等官，是當世名家。辭官後，歸錢塘（杭州）。鄧子晉1351年為楊朝英另一曲作選集《朝野新聲太平樂府》作序時稱：“昔酸齋貫公與澹齋遊，曰：‘我酸齋則子澹齋。’遂以號之。常相評今日詞手……”據此，楊朝英也是到過杭州的曲作家，並與貫雲石交好。

作為曲作名家，編選一部曲作選集，本無可厚非，但因其編選的疏漏

（比如，遺漏有關的好作品，漠視有成就的作家，也可能有門户之見等）及其創作的不足，引起了蕭存存和周德清的不滿。蕭存存跟周德清批評的楊朝英的作品俱見於傳世之《陽春白雪集》中，這些作品的確有不合於北曲的音律規範之處，但蕭、周的批評也不無刻薄，態度不無嚴厲，語言不無尖酸。

楊維楨《周月湖今樂府序》說："往往泥於文采者失音節，諧音節者虧文采，兼之者實難也。"這是很客觀的態度。周德清對楊朝英的批評體現了周氏音律至上的思想。

周德清跟楊朝英在杭州時有没有當面交鋒，不得而知。但是，周德清自己說"恐起争端"，看來他們没有當面争執。又，因為周德清對楊朝英之批評刻薄，語言尖酸，當時應該有人知道這種事。時人鍾嗣成編《録鬼簿》，周氏、楊氏俱不收録。《録鬼簿》是死活皆録，相知者和知名者亦録，鍾嗣成既已收録貫雲石，當不會不知楊朝英之名。他不録這兩個人，説明鍾嗣成也是"恐起争端"，乾脆誰都不收。否則，無法對《録鬼簿》不收兩人作出合理的解釋。

不久，周德清回到了江西。其後序說："泰定甲子秋，余既作《中原音韻》並起例以遺青原蕭存存。未幾，訪西域友人瑣非復初，讀書是邦，同志羅宗信見餉……"這裏用了"未幾"一詞，應該是1324年之後的不長的時間，否則無法理解"未幾"的含義。

回到江西的周德清到了"多士之邦"的吉安，"訪西域友人瑣非復初"，並"讀書是邦"，看來應該是在吉安住了一段時間。同是吉安名士的同志羅宗信曾招飲周氏和瑣非復初，瑣非復初和羅宗信對席間歌舞的評論，令周德清認識到他們是真正的知曲之人。席間，羅宗信和瑣非復初又問及周氏給蕭存存的《中原》的情況，周德清就答應"明當盡攜《音韻》的本並諸起例以歸知音"。

拿到周德清《中原》的本並諸起例的羅宗信說（羅宗信序）："余因覘其著作，悉能心會，但無其筆力耳。乃正人語，作詞法，其可秘乎？毋使如《陽春》《白雪》，徒稱寡和，而有不傳之嘆也。矧吾吉素稱文郡，非無賞音。自有樂府以來，歌咏者如山立焉，未有如德清之所述也。予非過言。

争壽諸梓以廣其傳，與知音者共之，未必無補於將來。”瑣非復初也説（瑣非復初序）“德清不欲矜名於世”，是“青原友人羅宗信能以具眼識之，求鋟諸梓”的。

羅宗信拿到稿子後，是否接着就刊行了該書，即何時第一次刊行了《中原》，這是個有争議的問題。寧繼福（1985）據幾個事件的時間點，推定為1341年。其依據是：為周作序的虞集1333年謝病歸鄉，1348年病逝，其序應在1348年之前寫成。歐陽玄1341年初南歸，1343年回京，其序應在1343年之前作。周伯琦《暇堂周氏宗譜·序》作於至正二年（1342），其序稱：“高安暇堂挺齋先生諱德清者，余宗叔也，著《中原音韻》傳世。余竊仿之，編注《六書正僞》。嘗企慕於衷，欲求一晤而不可得……”這時《中原》已經問世。從歐陽玄作序到周伯琦見書，恰當的時間只有1341年了。

這個推斷可信。

我們還可以提供另一證據，加强推斷的可信性：鐵琴銅劍樓藏本《中原》之歐陽玄序文刊印字體全是古隸，與全書相異，不似他人之筆法。合理的推測應該是，周德清或羅宗信或瑣非復初已請虞集寫好了序文，羅宗信已經主持刊刻，這時恰巧歐陽玄南歸江西。歐陽玄為當朝大卿，故請其為序。因其地位高，故照其原寫字樣刊印。所以其序之字體與全書迥異。歐陽玄之序内容空洞，應景成分居多，看來其並不瞭解周德清，並拿周德清比附周公瑾和周美成，當是倉促為之序。

但是，這個刊刻的時間與周德清後序提到的時間有矛盾。上面已説到，周氏於1324年秋天之後，“未幾”即到吉安，並把“《中原音韻》並諸起例”交給羅宗信。如果按“未幾”為半年或一年或二年理解（如三年以上，恐難稱“未幾”），那周氏來吉安的時間應在1326年前後。1326年到1341年有長達十五六年的時間。按一般情況，刻一本像周氏這樣規模不大的書，時間好像太長了點。

周氏在吉安前後居住了多長時間，是否又到别處周遊，雖不可知，但是從虞集序稱“余還山中，眊且廢矣；德清留滯江南，又無有賞其音者”的語意看，在虞集70歲（即1341年，古人年七十稱“眊”）的時候，周德清還留滯江南。這句話語義順承，説自己，也説周德清。周伯琦1342年説“嘗企慕於

衷，欲求一晤而不可得”，只好到周德清的家裏找他。這説明周氏長期在外，要不然周伯琦隨時都可以到周氏家拜訪，而不必等到周氏回到老家編好《宗譜》才來。這説明1341年或1342年，已經60多歲的周德清才正式回歸故鄉，並主持編寫了《暇堂周氏宗譜》。

無論周德清到何處周遊，吉安聚會後，《中原》没有馬上刊行，是可以肯定的。周德清用十五六年的時間對韻譜及起例作過修改。證據如下：

起例第8條：“《中原音韻》的本内‘平聲陰如此字、陽如此字’，蕭存存欲鋟梓以啓後學，值其早逝。泰定甲子以後，嘗寫數十本，散之江湖，其韻内平聲‘陰如此字、陽如此字、陰陽如此字’。夫一字不屬陰則屬陽，不屬陽則屬陰，豈有一字而屬陰又屬陽也哉？此蓋傳寫之謬。今既的本刊行，或有得余墨本者，幸毋譏其前後不一。”可以看出，這個起例不是1324年的原作，而是作了修改的。由此推斷，周德清在羅宗信要求刊行以後，對韻譜及起例應該是作了改訂的。

周德清的後序應該是刊刻《中原》時寫的，不是在羅宗信的宴會後接着寫的，整篇後序是回憶的筆法。

又，泰定甲子以後抄寫了數十本的可能不是蕭存存，周德清没有説是誰抄寫的，也有可能就是周德清或羅宗信這類人物。因為，周氏交出底稿的時間也是在泰定甲子或稍後，這時蕭存存是否在世，也已難知。如果有印本問世，當然也不必抄寫數十本了。

綜上，泰定甲子（1324）書稿肯定没有刊刻，又有如此多的時間節點的對照，1341年初刻的可能性最大。

四

歷代文獻著録及學術著作大都承認《中原》是元代江西高安人周德清所著。但從明末開始，就有人懷疑《中原》前有所承，周德清不過是加工改編者而已。

明末程明善刊行的《嘯餘譜》“凡例”裏就説，宋太祖時就編有《中州韻》，該書不是為詞曲家所設，詞曲不能按照《中州韻》押韻。他還明確地説：“《中原音韻》一以正《中州韻》之僞，一以辨陰陽之失。世多不解……

有意於樂府者，不可不知。”在程明善看來，《中原音韻》就是修正了的《中州韻》。清人王山民（璞隱）在《詩詞通韻》“例説”裏則直指《中原》是從《中原雅音》中摘出的。清人戈載在《詞林正韻》“發凡”裏就乾脆説《嘯餘譜》中不著撰人姓名的《中州音韻》就是程明善説的宋代《中州韻》，《中原》就是根據這個《中州音韻》改編的（戈載所指有誤，《嘯餘譜》裏的《中州音韵》是明人王文璧的作品）。

20世紀40年代，陸志韋（1946）懷疑《中原》原有所本。他認為元人卓從之的《中州樂府音韻類編》與《中原》同出一源，不是《中原》的修改本，兩書當有共同的依據，南宋時有《中州韻》“未必全然胡説”。耿振生（2005）比陸志韋更推進一步，他分析了有關《中原》的史實，推論出韻譜部分係據前人作品抄録而成。

要證明《中原》是否為周德清獨立創作的，周氏自己的言行是最重要的內證。《中原》中周德清的自序、起例、後序自然是我們討論《中原》著作權問題的重要依據。

從周德清的自序、起例等來看，泰定甲子年（1324），周德清編成的韻譜和起例只是給蕭存存本人看的。這時，《中原》並沒有刻印問世，僅僅算是朋友間的文字酬答。從自序、起例可以看到，周德清編書的目的是回答蕭存存提出的有關曲作的問題，他必然要以認真的態度對待，應該不會隨便敷衍了事。

他在自序裏説：“因重張之請，遂分平聲陰、陽及撮其三聲同音，兼以入聲派入三聲，如‘鞞’字次本聲後，葺成一帙，分為十九，名之曰《中原音韻》，並起例以遺之。”文中“遂分”前隱含的主語當然是周德清自己，這明白無誤地宣告《中原》是他自己的著作。

周德清還非常明確地説，韻譜所劃分的十九韻部是他自己根據“前輩佳作”歸納出來的。起例第4條説“平、上、去、入四聲。《音韻》無入聲，派入平、上、去三聲。前輩佳作中間，備載明白，但未有以集之者，今撮其同聲。或有未當，與我同志改而正諸！”周氏這一自白無疑讓人相信韻譜是他自己完全獨立地根據“前輩佳作”而“集之者”，没有參考過别人的著作。他在起例裏還為了韻譜收字少而“自責”：“《音韻》不能盡收《廣韻》，如

‘崆峒’之‘崆’、‘叆叇’之‘叆’、‘倥傯’之‘倥’、‘鵓鴿’之‘鵓’字之類，皆不可施於詞之韻脚，毋譏其不備。”

綜上，不難看出，在周德清自我認知裏，《中原》無疑是他自己的著作，他的材料來自關漢卿、王實甫等前輩曲作家的作品，他没有參考任何與韻譜有關的前輩時賢的著作。

然而，周德清自謂其韻譜歸納自前輩佳作，這話説得有些不實誠。因為僅僅依靠歸納前輩佳作的韻脚字，他只能得出十九個韻部的押韻字譜，而不能把每一個韻部裏的韻字根據聲母、介音、韻基的不同歸納為同音字組並組織成不同的小韻，也就不能形成韻譜的韻字排列方式。要組織成韻譜的韻字排列方式，就必須劃分同音字組。而要劃分同音字組，就必須有語音系統作根據，也就是必須有一個具體的、明確的聲母、韻母、聲調的組織系統。否則，就不能審定字與字之間的讀音關係，也就不能把同音的字歸納在一起。純粹的韻脚歸納只涉及收字問題，而審音編字才是編成韻譜的關鍵。但在《中原》的所有論述中，周德清並没有具體説明他把一個一個的韻字安排進不同小韻的步驟，他模糊了形成韻譜的關鍵環節。

我們如果把韻譜裏所收的韻字與前輩佳作的用韻字一一作比勘的話，就會發現兩者不全相同，比如，韻譜東鍾韻收了“褂叿穠巃”這樣的字，前輩佳作裏找不到；“棍、耕”這樣的常用字韻譜反倒没收。因此，周德清歸納前輩佳作的用韻而成韻譜的自白令人懷疑。這也正是人們懷疑他是否擁有完整著作權的主要原因。

周德清在自序、起例及後序裏多處提及《中原》正式刻印之前有一個的本，還有根據的本抄寫的幾十部墨本流傳於世。

起例第8條提及的的本、墨本的説法不是經見的版本學術語，當含有周氏自己的特定含義。由於周德清在論述中對的本、墨本説明不夠，啓人疑竇。

我們先看看墨本的情況。據起例第8條之文義，散之江湖的那些墨本不符合交給蕭存存的的本的原樣。因為的本是平分陰陽的，而墨本把平聲三分。為什麽會平聲三分呢？“此蓋傳寫之謬”。可是，是誰傳寫了這種錯誤的墨本呢？周氏没有明説，“嘗寫數十本”一句没有主語。根據上下文，

我們也不知道是蕭存存還是周德清或其他什麼人，只能存疑。問題是，的本既然是平聲二分，墨本憑什麼抄成了平聲三分，憑空多出個第三類陰陽呢？平聲三分為什麼非常有規則，不像是“傳寫之謬”的樣子呢？周德清為什麼不指明抄寫者是誰呢？這些墨本上是否寫有著作者的名字呢？要回答這些問題是有困難的。幸好，周德清的文敵楊朝英為我們提供了一點思路，給我們以啓示。

楊朝英編選的《陽春白雪集》遭到周德清的猛烈批評。該書没選周德清的任何曲作。楊朝英在1351年左右又編了一部新的曲作選集《朝野新聲太平樂府》，這部選集一下子選了周德清的25首令曲和3個套曲，説明楊朝英認真讀了周德清的作品，當然也瞭解了周氏的為人。

《朝野新聲太平樂府》一開頭就收了燕山卓從之編述的《中州樂府音韻類編》（以下簡稱《韻編》）。《韻編》正好跟周德清所説的墨本體制相同：平分陰、陽、陰陽，入派三聲，注有本聲、外來等。一個抄錯了的作品恰恰跟另外一個人的作品基本一致，世上會有如此巧合的事嗎？墨本抄錯的陰陽類是非常有語音規則的一類字，任何抄寫“錯誤”都不會錯得這樣有“水準”，用巧合解釋不了這種語音分類現象。墨本跟《韻編》不清白的關係揭示了一個問題：《韻編》與墨本之間或許存在着“抄襲”（或沿襲）關係。説得客氣點，兩書之間存在淵源關係。

楊朝英編選《朝野新聲太平樂府》時已經認真讀過周氏作品，周的《中原》也已問世十來年了，楊氏應該對周德清的情况比較瞭解，他不會不知道周氏有韻書存世。但是，他不選周氏較完備的《中原》，却選了卓從之編述的較粗糙的《韻編》，這有點不好理解。但是，我們也不能强解成楊氏因兩人之間有嫌隙而棄周選卓。楊氏既已選取周氏的作品，當然也就能選用他的韻書。楊朝英没有提到任何一點與周德清著作權有關的話，在為《韻編》作的序裏直説是“燕山卓氏《韻編》所以作也”，這一定有他的道理。

卓從之生平於史無考，《韻編》也僅記“燕山卓從之編述”。這樣一個不一定有功利目的的人會不會抄襲，實在令人懷疑。如果真的是卓氏抄了墨本，而墨本又是依周氏的本所抄，楊氏居然公開刊行，以周德清“詩酒疏

狂”的性格和與楊氏所結積怨，周德清怎會善罷甘休？那些得到墨本的人能不揭發卓氏剽竊嗎？楊氏這不是置卓從之於不義嗎？

寧繼福（1985）懷疑《韻編》是《中原》墨本的釐定本。問題是，如果卓從之真的是根據周德清的墨本釐定成《韻編》，那卓從之看到的周德清的墨本一定比《韻編》還粗疏，因為一般不會把一個好的體系釐定成一個壞的體系。

墨本當然也有抄襲《韻編》的可能。問題是，墨本要真的抄了《韻編》的話，就得回答周德清為什麼不予以説明、為什麼要掩蓋《韻編》這類書的存在等問題。

周德清的墨本到底有没有抄襲《韻編》，這還得再看看他所稱的的本，因為墨本是根據的本抄錯的。

周德清在《中原》裏多次提及的本：他最早交給蕭存存的是的本，交給羅宗信看的也是的本，那些後來抄錯的墨本依據的也是的本。可是，這個的本到底是什麼樣子，我們已經無法看到，按照周德清的先後邏輯推論，現在所見的刻印定本就是的本。

然而，現見定本的起例與韻譜有多處齟齬，不像是看着韻譜寫的起例，如：

起例	韻譜	《韻編》
①“屈”字有兩讀	只有一讀	只有一讀
②“鞞”入聲字，次本韻後	不收“鞞”	不收“鞞”
③“浮、否、阜”收入尤侯	只在魚模	“浮、否、阜”在魚模，注“收”
④“屋”字入歸去聲	入歸上	入作去
⑤派入本聲的入聲字與本聲有黑白標志（虞集序稱陰文和陽文，黑為陽文，白為陰文），以別本聲外來	無黑白標志	無黑白標志

一個為韻譜寫的起例，兩者居然對不起來，這不是太粗心大意了嗎？我們從《中原》的有關材料裏，可以發現周德清反復修改的痕迹。這些起例與韻譜的齟齬恰是周氏多次修改留下的馬脚。

泰定甲子年秋天，周德清把《中原》的本並諸起例託張漢英捎給了蕭存存，不幸的是，不久蕭存存死了，《中原》没有刻成。未幾，周德清也回到老家江西高安，並到吉安的朋友瑣非復初處作客。期間，同志羅宗信組織宴請了周德清。在宴會上，羅宗信、瑣非復初、周德清深入討論了曲作的演唱和理論問題，並提及《中原》。周德清答應，“明當盡攜《音韻》的本並諸起例以歸知音”。羅宗信看到《中原》的稿子後，非常急切地要“壽諸梓以廣其傳”，以便“與知音者共之，未必無補於將來”。

上面提及，周德清从1324年到1341年间，用這十幾年的时间對韻譜作了大幅度的修改。起例第8條和第9條是非常明顯的證據。

起例第8條不是當初交給蕭存存的的本中原有的。因為第8條裏提到蕭存存不幸早死，蕭存存拿到的的本裏不可能有這樣的話。

起例第9條：“分别陰、陽二義，熟看諸序。”這顯然是指泰定甲子後，羅宗信、瑣非復初諸人為《中原》寫了序，周德清又加上的，這不是當初的本應有的。

周德清在羅宗信要求刊行以後，對的本作了大幅度的改訂。他修訂的主要内容恐怕就是墨本的平聲三分和收字問題。周德清所謂的墨本應該是早期的的本，這個的本平聲應是三分。我們現在看到的刻印本作了體系性的修正，而周德清没有細緻交代這個修訂的過程。

定本《中原》既然經過反復修改，周德清為什麼從一開始就説有個的本呢？直到他寫後序時還是如此堅持呢？為什麼把非常有系統的墨本硬説成是把的本抄錯了呢？我們認為，周德清有個不願意承認也不願意説出來的苦衷，就是周德清參考過《韻編》之類的韻書。

這樣推測的依據基於以下三點：

1. 起例與《韻編》更近。

我們前面列出的五條韻譜與起例不一致的地方，第3條《韻編》注“收”，説明《韻編》是把這幾個字的本讀看作是尤侯韻的，韻譜則没有任何標志。第4條則是《韻編》合乎起例，韻譜則歸上。由此可見，韻譜某個時段的樣式一定與《韻編》有點類似，而符合這個條件的就只有墨本了。

2. 南宋以來社會上存在類似韻譜的韻書。

清沈雄《古今詞話》載："陶宗儀《韻記》曰：'本朝應制頒韻，僅十之二三，而人争習之，户録一編以粘壁，故無定本。後見東都朱希真，復為擬韻，亦僅十有六條。其閉口侵尋、監咸、廉纖三韻，不便混入，未遑校讎也。鄱陽張輯，始為衍義以釋之。洎馮取洽重為繕録增補，而韻學稍為明備通行矣。值流離日，載於掌大薄蹄，藏於樹根盎中，濕朽蟲蝕，字無全行，筆無明畫，又以雜頁細書如半菽許。願一有心斯道者詳而補之。然見所書十六條與周德清所輯，小異大同，要以中原之音，而列以入聲四韻為準。'"

這段記載不見於陶宗儀的《輟耕録》。這段話説得很專業，不像是淺士所能為。沈雄説得也很確鑿，指名道姓地説是陶宗儀所作，還有文章的名字——《韻記》。清人戈載《詞林正韻·發凡》也説："宋朱希真嘗擬《應制詞韻》十六條，而外列入聲四部。其後張輯釋之，馮取洽增之，至元陶宗儀曾譏其淆混，欲為改定，而其書久佚，目亦無自考矣。"這説明戈載也看到過陶宗儀的論述，不僅沈雄一人看到。因此，我們相信這是陶宗儀的論述。

陶宗儀，元末人，生卒年約為1329～1412年，比周德清晚。他記載的朱希真、張輯、馮取洽都是南宋詞人。馮取洽大約在1241年前後還在世，説明這些人是周德清的前輩。他們所編的"十六條"雖不能確知内容，但其中有侵尋、監咸、廉纖三韻，當為韻書，應該是朱希真編韻譜、張輯增加注釋、馮取洽為之增補繕録。原書雖在宋亡之際遭受損毁，但還存有殘本。陶宗儀應該親眼見過該書，他發現這部"十六條"的書與周德清的分韻大同小異，其語音也是"要以中原之音"為依據。

從陶宗儀的敘述來看，元代没有自己頒行的官韻，應制時還是使用前朝的應制頒韻，即《廣韻》系統，但内容十分簡略，僅是原來的"十之二三"，没有一個定本，大概就是現在我們看到的各種元代刊行的簡本《廣韻》。前朝（南宋）的朱希真等人編的"十六條"韻書則"稍為明備通行"，該書的侵尋、監咸、廉纖三韻好像有其他韻字混入，没有認真校讎。陶氏還説"列以入聲四韻為準"，這部書好像還有單獨的四部入聲韻。從陶氏的記録來看，這部韻書應該是一部詞韻的韻書，編書的人都是詞人，"十六條"或即"十六韻"。若果真如此，那就跟宋詞十八韻相去不遠。該書原稿

雖有損壞，估計也已流傳於世，要不怎麽叫“稍為明備通行”呢！當時損毁的可能是原稿，社會上或許已有抄本或印本流行。關漢卿《錢大尹智寵謝天香雜劇》透露，早在《中原》成書以前的半個多世紀，元曲創作就已經有了類似“韻譜”的東西（周維培1990、金薰鎬1994）。

無論原書面貌如何，我們得承認在南宋末期社會上確實就有了類似《中原》的韻譜的韻書，“十六條”韻書已用侵尋、監咸、廉纖這樣的韻目，而且字頭還帶有注釋。由此可見，周氏的韻譜韻目不是獨創，而是前有所承。

3. 鍾嗣成使用過類似於“十六條”的韻書。

鍾嗣成《録鬼簿》没有收録任何有關周德清的資訊，但《録鬼簿》為其收録的幾個名家的劇作加的幾個注釋值得我們注意。李文蔚《謝安東山高臥》清曹寅本注“趙公輔次本，監咸韻”。明孟稱舜本注“監咸韻”。王實甫《蘇小郎月夜販茶船》明孟稱舜本注“廉纖韻”，天一閣本注“鹽甜韻”。紀君祥《信安王斷複販茶船》明孟稱舜本注“第四折，庚青韻”。鍾嗣成為這些押韻特别精彩的曲目注上“韻目”，而這些韻目又跟韻譜一致，這説明鍾嗣成看過“十六條”韻書，或周德清的韻譜，或卓從之的《韻編》，或墨本。

有鑒於上述三個原因，我們認為當時社會上存在一種類似“十六條”的韻書，並為戲曲界很多人使用。這種韻書是用來查正字音或作詞用的，不是專為作曲而設的，與作曲用韻的需要還有差距。在音系上與北曲實際還有一些齟齬，不完全合乎北音實際，比如還有入聲韻，等等。

北曲流行以後，有人以此為基礎把這種韻書改編為曲韻書。燕山人卓從之就以北人、北音的背景將之改編為《韻編》。他把韻書改成韻譜的樣子，把平聲三分，入派三聲。對平聲清濁關係的分析，因歷史上無所參考，他就分成了三類，實際上陰陽類只是為了對比，並無語音區别，三分實為二分。所以，楊朝英刊行該書時署“卓從之編述”，一個“述”字道盡卓氏原有所本，不完全是獨創。

明代朱權編撰《瓊林雅韻》的時候，也只提及了《韻編》。朱權為什麽不提及周德清和《中原》呢？這可能是因為朱權很清楚《中原》是改編自《韻編》的，而《韻編》才是“世之詞人歌客莫不以為準繩”者。

周德清隱瞞參考别人著作的苦衷是什麽呢？這應該跟當時的輿論誤

導有關。在輿論的壓力下，周德清不方便承認沿襲了別人的著作。輿論誤導産生於誤會。《韻編》這類書問世後，曲作界很多人都在參考，作為曲作家的周德清看到過這本書，楊朝英當然也看到過這本書。周德清為了回答蕭存存的問題，倉促之間就把這本書拿來作了一些增補，就交給張漢英帶給了蕭存存，並作了一篇序文加以説明。但是，周德清没有説清楚他編寫的根據。没有出過遠門的蕭存存等人没有見過《韻編》或“十六條”這類的韻書，所以，他就認定張漢英帶回來的書是周德清的著作。作為戲劇票友的羅宗信等人也從蕭存存那裏瞭解到周德清有這樣一部著作。就這樣，周德清創編《中原》的事情就傳喧出去了，圈内人士都知道周德清有這樣一部書。在衆人關心的背景下，周德清不方便再説出事實真相。在羅宗信等人堅持刊行的情況下，周德清因為心裏有些顧忌，没有同意馬上刊行，而是准許别人先抄寫了數十部，這就是所謂的“墨本”。

墨本流傳以後，周德清對韻譜作了很大的改編，以他的審音能力重加編排、增加韻字，改編了原來的編寫體例，甚至想增加注解，編成一部不僅僅是韻譜的韻書。因某種原因，最後只成為現見定本的模樣。

只要把《中原》跟《韻編》的小韻及小韻内的韻字情況作一比較，就不難看出《中原》改編《韻編》的痕迹。

下表是支思韻的韻字比較。下加點的是《韻編》的小韻字，無下加點的是《中原》的小韻字。小韻前的數字是原書中的小韻次序。斜體的小韻字是《韻編》編為陰陽類的韻字。

支思	
平聲陰	平聲陽
1支巵梔枝肢氏槠之芝脂	1兒而洏
1支枝肢巵氏梔槠之芝脂胝	1兒而洏
2髭貲觜兹孜滋緇資咨姿秄	2*慈鷀磁兹餈茨疵玼玭*
2髭貲觜兹孳孜滋資咨淄諮姿秄	2慈鷀磁兹餈茨疵玼玭
3差眵媸嗤	4*時塒匙*
3眵鴟差	3時塒鰣匙
3*施詩師獅螄尸蓍*	6*詞祠辭辭*

续表

支思	
4施詩師獅螄尸屍鳲蓍	4.詞祠辭辭
5斯廝澌鷥颸司私罳絲偲	
5斯撕廝澌鷥颸思司私絲偲罳	
1*雌*	
6雌	
上聲	去聲
1紙旨指止沚趾址芷	1是氏市柿侍士仕使示謚蒔侍事施嗜豉試視
1紙砥厎旨指止沚芷趾祉址址徵咫	1是氏市柿侍士仕使示謚蒔恃事施嗜豉試弒筮視噬
2邇爾耳餌	2似兕柿姒巳嗣飼耜涘俟寺食笥思四肆泗駟
2爾邇耳餌珥駬	2似兕賜姒巳汜祀嗣笥耜涘俟寺食思四肆泗駟
3此玼跐	3次刺
3此玼跐泚	3次刺莿
4史駛弛豕矢始屎使	4字漬牸自恣骴
4史駛使弛豕矢始屎菡	4字漬牸自恣骴胔
5子紫姊梓	5翅
5子紫姊梓	7翅
6死	6厠
6死	8厠
7齒	7志至誌
7齒	5志至誌
	8二貳鉺
	6二貳餌
入聲作上聲	
1塞	
2塞	
2澀瑟	
1澀瑟	

從上表可以看出，《中原》沿襲《韻編》的痕迹很明顯，主要根據是：第

一，兩書所收小韻基本一致，各小韻所收韻字基本一致，很多小韻的韻字數和次序基本一致，這説明兩書有淵源關係。第二，《韻編》的體例、小韻及韻字的安排都比較粗糙，很多細節都没有照顧到，而《中原》則有條理多了，顯然《中原》出在《韻編》之後，是後出轉精之作，不能反過來認識，那會違反常理。

《中原》對《韻編》的條理和細化主要體現在以下幾個方面：

（1）調整小韻次序。

《韻編》的各小韻不論韻字多寡，一般是混排的，没有嚴密的體例。《中原》則將獨字小韻置後，並成了周德清改編《韻編》的一個原則，比如支思韻去聲，《韻編》最後的四個小韻的次序是5翅、6廁、7志至誌、8二貳餌，《中原》則改為5志至誌、6二貳餌、7翅、8廁，獨字小韻“翅、廁”被《中原》置於末尾。又如，入聲作上聲裹，《韻編》是“塞、澀瑟”的次序，《中原》則將兩字的“澀瑟”置前，獨字的“塞”置後。

（2）調整小韻内韻字的前後次序與增減韻字。

《中原》許多小韻内的韻字次序與《韻編》一致，可見上表。但是，也有不少小韻内的韻字被《中原》作了調整，如支思去聲“似”小韻，見下表（表内的數字是韻字次序）：

中原	1	2	3	4	5	6	7	8	9	10	11	12	13	14	15	16	17	18	19	20
	似	兕	賜	姒	巳	汜	祀	嗣	飼	笥	耜	涘	俟	寺	食	思	四	肆	泗	駟
韻編	1	2		4	5			6	7	13	8	9	10	11	12	14	15	16	17	18
			柿																	

上表顯示，《韻編》原在第13位置的“笥”字，《中原》排在了第10位。周德清常常把《韻編》的韻字根據諧聲偏旁來挪動位置，“笥”就是因為與“嗣飼”聲旁相同而移動。

《韻編》没有收“汜祀”兩字，《中原》補收了。

《韻編》第3位收有“柿”字，《中原》則予删除，增一“賜”字。因為《韻編》中“柿”已見“是”小韻，“似”小韻内又出現“柿”字，與體制不合，故周德清予以删除了。

《中原》與《韻編》比較，還有增加、删除、合併小韻的情況，大多數也是《中原》優於《韻編》，今不贅。最令人稱奇的是，《韻編》的陰陽類到了《中原》裏，也差不多以分解的方式歸入了相應的陰類和陽類：

<table>
<tr><td rowspan="4">中原</td><td rowspan="2">平聲陰</td><td>1</td><td>2</td><td>3</td><td>4</td><td>5</td><td>6</td><td></td><td></td><td></td><td></td></tr>
<tr><td>支</td><td>髭</td><td>眵</td><td>施</td><td>斯</td><td>雌</td><td></td><td></td><td></td><td></td></tr>
<tr><td rowspan="2">平聲陽</td><td></td><td></td><td></td><td></td><td></td><td></td><td>1</td><td>2</td><td>3</td><td>4</td></tr>
<tr><td></td><td></td><td></td><td></td><td></td><td></td><td>兒</td><td>慈</td><td>時</td><td>詞</td></tr>
<tr><td rowspan="6">韻編</td><td rowspan="2">平聲陰</td><td>1</td><td>2</td><td>3</td><td></td><td></td><td></td><td></td><td></td><td></td><td></td></tr>
<tr><td>支</td><td>髭</td><td>差</td><td></td><td></td><td></td><td></td><td></td><td></td><td></td></tr>
<tr><td rowspan="2">平聲陽</td><td></td><td></td><td></td><td></td><td></td><td></td><td>1</td><td></td><td></td><td></td></tr>
<tr><td></td><td></td><td></td><td></td><td></td><td></td><td>兒</td><td></td><td></td><td></td></tr>
<tr><td rowspan="2">平聲陰陽</td><td></td><td></td><td></td><td>3</td><td>5</td><td>1</td><td></td><td>2</td><td>4</td><td>6</td></tr>
<tr><td></td><td></td><td></td><td>施</td><td>斯</td><td>雌</td><td></td><td>慈</td><td>時</td><td>詞</td></tr>
</table>

表中顯示，除了《韻編》的“雌”小韻因獨字置後外，其他的陰陽類字《中原》都按原次序陰者歸陰，陽者歸陽，連次序都沒有打亂。

以上就是《中原》修改《韻編》的基本情況。這些修改徹底改變了韻字的組織方式，體現了周德清個人的審音思想，現見定本《中原》的韻字形式是周德清重新組織的，不再是墨本的抄襲形式。要指責周德清的話，那就是他没有注明參考過别人的成果，隱没了别人的勞動。無論出於什麼動機，在這一點上，周德清是應該受到批評的。

我們作如上推論，雖不見得百分之百正確，但可以回答或幫助回答一些問題：

（1）羅宗信為了《中原》的刊行花了十六七年的時間，因為周德清要對原稿徹底改編。

（2）周德清之所以説墨本是抄寫之謬，是為了回避抄襲别人著作的嫌疑。

（3）起例與韻譜的矛盾之處，是因為修訂的時間不同，起例並不完全是解説現見定本韻譜的，中間經歷的反復没有在韻譜中體現。所以，别本聲、外來也取消了，“屋”字由去聲變成了上聲，平聲三分變成了二分，原來

想編的注解本没有編成，等等。

(4) 楊朝英之所以選卓從之的《韻編》，是因為他發現周德清的墨本和定本跟《韻編》十分相似，而由於《中原》最後改變了《韻編》的原様，體制大變，不好指明周德清抄襲，所以就把卓書予以公布，讓讀者知道早就有類似的韻譜。

(5) 陶宗儀説"十六條"韻書"字無全行，筆無明畫，又以雜頁細書如半菽許"，而《韻編》正是這様一本刻寫雜亂、字如"半菽許"的細字本。《韻編》當是承"十六條"韻書而來的。

(6) 還可以解釋為什麽鍾嗣成加注的韻目與《韻編》相同。

(7) 語言學史上關於《中原雅音》是否為宋代著作的争論由此也可以找到一點綫索。既然卓從之能編一部《韻編》，周德清可能據此編成韻譜，我們也就不能否定也會有人編一部類似的時音韻書《中原雅音》。李無未等（2004）已經證明《中原雅音》與《中原》韻目完全相同，只是韻字有注解罷了。周德清想編的帶注解的《中原》也許因為不能超越該書而作罷。上引陶宗儀的記載足證宋人編有該類韻書，只是後來經衆人之手，最終成為《中原雅音》的様子。編訂《中原雅音》的人恐怕不是一個時代的人，但最後定稿者應該是元人或明初人，因為陶宗儀説希望有人來完成朱希真等人的工作。由此，《中原雅音》無著作者、無時代標注也就不足為怪了。所以，宋編《中原雅音》是可以信從的。

綜上，周德清一開始的確參考過别人的著作，並一度存在嚴重的抄襲現象。但經過長時間的修改和打磨，最後這部傳世的《中原》確是經他字字估量並重作安排而成的。

周德清作為一個曲作家和樂律家，精通當世漢語共同語，對其語音系統有過細緻的分析，他有能力審定韻譜裏每一個小韻的字音關係。起例裏的許多條目就是辨明語音的，如起例第18條中關於"伏"與"扶"、"拂"與"斧"、"屋"與"誤"字的辨正，説明周德清對每一個字的讀音都進行過審定。更令人起敬的是，在起例第21條裏，周德清辨正了二百多組可能會誤讀的字，如東鍾韻的"宗有蹤、松有鬆、龍有籠、濃有膿、隴有攏、送有訟、從

有綜”。這些字的韻母是uŋ與iuŋ之别，切不可讀混。

遺憾的是，周德清没有客觀誠實地把一切説明白。如果一開始他就本本分分地把《中原》的編寫過程及其後來的修訂向人們交代清楚，後人也就不會懷疑他抄襲了。

無論如何，《中原》成就了周德清作為偉大語言學家的事業。他的巨大成功終於使“十六條”韻書、《韻編》或《中原雅音》等書隱没或消失了，人們也只記住了周德清和周德清的《中原》。

《中原》的著作權主要應歸屬於周德清。

五

《中原》共分兩部分：一是韻譜，主要供曲作者檢韻用；二是起例，主要講述北曲的創作問題。

韻譜共分19個韻部：東鍾、江陽、支思、齊微、魚模、皆來、真文、寒山、桓歡、先天、蕭豪、歌戈、家麻、車遮、庚青、尤侯、侵尋、監咸、廉纖。

這19個韻部的劃分格局與北曲的用韻格局相同，説明這個韻部系統是有實際的活的語音系統作依據的。

每一個韻部内部的韻字編列，周德清又按照平、上、去三個聲調的次序把韻字統攝在各自的聲調之下。在聲調的處理上，周德清將古平聲二分：平聲陰、平聲陽；古入聲派入三聲：入聲作平聲陽、入聲作上聲、入聲作去聲。平分陰陽、入派三聲是韻譜部分的精華，周德清自己説是“作詞之膏肓，用字之骨髓”。

同一聲調之下的韻字，周德清又按同音關係把它們組織成同音字組。“每空是一音”，即把相關的同音字放在一起，構成一個同音字組，每個同音字組之間用空（○）隔開。韻譜一共有1627個同音字組（含重出的小韻），全部韻字5867個。

起例部分共有27條例説。第1至25條解説韻譜部分（其中第22條無關韻譜，是四首令曲），主要内容包括：説明韻譜的收字、體例、字音審正的情況，説明編制韻譜的語音根據、韻譜的使用、辨正字音、幫助認識古字、辨正特殊詞語的讀音、韻譜的修改。

第26至27條詳解曲作創作的問題，既有音樂體制也有語言的使用問題。第26條解説北曲的宮調和曲牌。這一部分周氏列舉了黄鍾、正宫、大石調、小石調、仙吕、中吕、南吕、雙調、越調、商調、商角調、般涉調等12宫調，並把335個曲牌列在相關宫調之後。第27條即著名的《作詞十法》：知韻、造語、用事、用字、入聲作平聲、陰陽、務頭、對偶、末句、定格。

《中原音韻》作為曲韻和曲論著作，在近代戲曲史上產生了巨大影響，幾乎成了近代以來戲曲用韻的規範，以至於曲家言必稱《中原》。沈寵綏《度曲須知》中説："蓋極填詞家通用字眼，惟《中原》十九韻可該其概，而極十九韻字尾，惟噫嗚數音可筦其全。"李漁《閒情偶寄》也説："舊曲韻雜，出入無常者，因其法制未備，原無成格可守，不足怪也。既有《中原音韻》一書，則猶畛域劃定，寸步不容越矣。"

任訥《作詞十法疏證》對此有深刻的分析："按周氏原書體制，本為曲韻，而卷末附此十法，則以曲韻而兼曲論矣。十法之末又俱定格，定格云者，乃譜式也……又以曲論而兼曲譜……又，按其所列四十首定格，多聲文並美者，不同後人之譜，僅顧韻律，不顧文律也。則周氏兹作，蓋以一書而兼有曲韻、曲論、曲譜、曲選四種作用，覽者更未可以淺量矣。"

另外，韻譜和辨音材料記録的是元代共同語的語音系統，是13至14世紀漢語共同語口語語音的系統描述。從20世紀初開始，以《中原》為重要依據的北音學成了漢語語言學裏的顯學，《中原》的價值從曲學進入到了語言學，並成為漢語史研究的經典文獻。

在《中原》以前，歷代音韻學家常常局限於對前代音韻文獻的分合模擬，保守意識濃厚，不敢或不願面對現實語音，有宋一代的學者在《切韻》系韻書上竭盡了心力。周德清並非語言學家，他自己也不以語言研究專家自居。但他大膽突破歷史傳統，打破傳統韻書的類别體制，勇於從實際語言來歸納共同語語音系統。他提出把"中原之音"作為"四海同音"的標準的主張，對於近代漢民族共同語——官話的擴張與規範產生了重要的歷史影響。他的這一思想對於我們正在進行的普通話的推廣和規範工作也不無借鑒意義。

六

《中原》問世後，明清至今的各種刻本、抄本、校訂本、改編本等大約有數十種。《中原》不是正統的儒家經典，傳統上屬於不登大雅之堂的俗文化的範疇。所以，人們對其不怎麼重視，刊行或抄寫時錯訛、徑改、漫漶等現象較多。這些不同的版本可以概括為如下五種類型：

（一）《中原音韻》全本

1. 瞿氏藏本。

該本原藏常熟瞿氏鐵琴銅劍樓，現藏國家圖書館。該本不分卷。內容次序為：虞集序、歐陽玄序、周德清自序、羅宗信序、瑣非復初序、中原音韻目録、中原音韻（韻譜）、正語作詞起例、周德清後序。

1922年瞿氏後人瞿啓甲編《鐵琴銅劍樓叢書》（第八種）據鐵琴銅劍樓藏本影印行世。《鐵琴銅劍樓藏書目録》稱該本為元刊本。陸志韋1964年為中華書局1978年6月影印訥菴本所寫的“前言”稱，文獻學家趙萬里審定瞿藏本為明刊本，大致刊於弘治、正德之間，即1448至1506年間。

趙萬里的審定意見不一定可靠，有四個方面的證據可以反證：該本整體上的刊刻風格不類明人，筆力遒勁，刻板豐滿，不類明人之纖細文弱；該本經數代藏書家之手，説明其為名家所珍視，而並無人否定其為元刊本；該本各序與正文文字相異，非一人之筆法，尤其歐陽玄的序，全用古隸，當是各序據序者之字體刻入，或為元刻之舊；該本與訥菴本相比，歧誤相當，難分優劣，不能説明訥菴本一定早出。

瞿藏本即使不是元刊本，也應該是照元刊本模樣覆刻，所以，該本應該是最接近元刻本的版本。

該本刻版甚良，但印刷不精，漫漶之處甚多，有的地方成段模糊，以至不可識認。

文獻學家陳乃乾（1896～1971，浙江海寧人，清代藏書家陳鱣後裔，早年入東吴大學讀書，後在古書流通處、開明書店、中華書局任職）於1920年在上海古書流通處據鐵琴銅劍樓藏本重新寫印出版行世。1925年他編刊的《重訂曲苑》也據寫印本刊入，成巾箱本。1926年復以《中原》和《太和

正音譜》合刻，亦以寫印本收入。合刻本將周德清後序移至瑣非復初序之後。該本還有其他的單行本行世。與瞿藏本原本相比，該本遺漏、錯寫、竄誤之處有所增加。

2. 訥菴本。

江西人訥菴刻於明正統辛酉六年（1441）。中華書局1978年6月有影印本問世，陸志韋、楊耐思寫有校勘記。該本又收入谷風主編《辭書集成》（團結出版社1993）、李學勤主編《中華漢語工具書書庫》（安徽教育出版社2002）。該本不分卷數，内容次序為：虞集序、周德清自序、羅宗信序、瑣非復初序、中原音韻目録、中原音韻（韻譜）、正語作詞起例、周德清後序。最後有刊書人訥菴的《書〈中原音韻〉後》。

據訥菴《書〈中原音韻〉後》裏的"稍為正其傳寫之訛，可闕者仍闕之"的話，可知該本應是元刻本的重刻，内中改正了個别文字錯誤，當是基本保留了元刻面貌。

與鐵琴銅劍樓藏本相比，該本缺少了歐陽玄的序文。但該本在虞集序後，空白半頁，疑將此序漏刊，或故意删除。我們推測，因為歐陽玄的序似是應景之作，無甚實質内容，訥菴本不刊或在情理之中。

陸志韋在為中華書局1978年6月影印本《中原》所寫的"前言"中盛讚訥菴本完整而且刊印精美，並説是瞿藏本"望塵莫及的"。通過校勘，我們發現訥菴本俗體、訛體甚多，脱、衍之處亦多，與瞿藏本比較難分優劣。我們可以舉幾個明顯的例子加以説明：

瞿藏本正、訥菴本誤者，如：

（1）虞集序末段瞿藏本作"然則頌清廟，歌郊祀，攄和平正大之音，以揄揚今日之盛者，其不在於諸君子乎？"而訥菴本作"然則頌清廟，歌郊祀，攄和平正大之音，以揄楊今日之盛者，其不在於諸君子乎？""楊"字不辭，顯然訥菴本誤"揚"字為"楊"。

（2）韻譜之"齊微入聲作平聲"末端幾個小韻，瞿藏本是"……○及極○惑○逼○劾○賊"，而訥菴本是"……○及極○惑○逼　劾○賊"。訥菴本"劾"前漏刊"○"。

（3）起例第19條的引文，瞿藏本作"犁牛之子騂且角"，訥菴本作"犁

牛之字騂且角”。訥菴本殊不可解，顯誤。

（4）起例第26條“樂府共三百三十五章”末段，瞿藏本作“大凡聲音，各應於律吕，分於六宫十一調，共計十七宫調：仙吕調清新綿邈；南吕宫感歎傷悲；中吕宫高下閃賺；黄鐘宫富貴纏綿；正宫惆悵雄壯；道宫飄逸清幽；大石風流醖藉；小石旖旎嫵媚；高平條物滉漾；般涉拾掇坑塹；歇指急並虚歇；商角悲傷宛轉；雙調健棲激嫋；商調悽愴怨慕；角調嗚咽悠揚；宫調典雅沉重；越調陶寫冷笑。”而訥菴本則丢掉“黄鐘宫富貴纏綿”，不成十七宫調之數，顯是漏刻。

（5）起例第27條“作詞十法”引《喜春來》，訥菴本作“閑花醖釀蜂兒蜜，細雨調和燕子泥，緑窗蝶夢覺來遲。誰换起？簾外曉鶯啼。”顯然“换”字誤，瞿藏本正作“唤”字。

訥菴本正、瞿藏本誤者，如：

（1）東鍾韻上聲“勇”小韻訥菴本有“擁”字，瞿藏本作“樜”。樜，字不正。擁，《廣韻》於隴切，音合，訥菴本是。

（2）江陽去聲“旺”小韻首字訥菴本作“旺”字，瞿藏本作“肚”，字不正，誤。

（3）蕭豪上聲“皎”小韻訥菴本有“撟”字，瞿藏本作“橋”。撟，《廣韻》居夭切（見小上效開三）；橋，《廣韻》巨嬌切（群宵平效開三）。“撟”符合此小韻地位，“橋”不合此小韻音韻地位。瞿藏本誤。

總的情況是瞿藏本正者多，誤者少。

3.《嘯餘譜》本。

《嘯餘譜》，明程明善輯。程明善，安徽歙縣人，天啓中監生。《嘯餘譜》有明萬曆四十七年（1619）原刻本、清康熙元年（1662）覆刻本。明刻本收的《中原》韻譜部分題“古歙仇必亨校”，起例部分題“上元夏時來校”。清刻本皆題“西吴張漢重校”。

此本將序文大删，僅存周德清自序及後序，將自序改題為周德清中原音韻起例，置卷首，並把後序列在韻譜之前。該本將起例稱為“務頭”，刻入版心。該本對《中原》有校改，比如瞿藏本、訥菴本等空白處，該本皆添補；周德清後序的句子與瞿藏本、訥菴本相比有幾處作了改變。所以，《嘯

餘譜》本是校改過的版本，不像瞿藏本、訥菴本保留元刻本的原貌，但改變的不多，基本還是原貌。

4.《南九宫十三調曲譜》本。

上海圖書館藏有西爽堂刻本《南九宫十三調曲譜》，是明末江左程允昌編選的南曲選集。先於程氏《南九宫十三調曲譜》有嘉靖間蔣孝的《南九宫譜》、萬曆間沈璟據蔣孝書重編而成《增定南九宫詞譜》等。程氏書當是據這些書重編而來的。

該書分兩部分：首卷有程允昌自序，不題年月，序後收有騷隱生的《南曲叢説》、王世貞的《作詞十法》（據《中原》之起例）、魏良輔的《曲律》、沈寵綏的《論四聲》、周德清的《中原》等；《曲譜》部分的開頭收有明人蔣孝、可哥生、李維楨等人的序，接着是"秘書閣凡例"、《中原》和《南曲譜》。上海圖書館藏書目録稱為明刻本。

西爽堂為明代著名書坊，清代仍在刻書。該本在程允昌及其他作序者名前皆署"明"，當是明亡之際或清初的刻本。該本在《曲譜》諸序後有"秘書閣凡例"，署"甲申秋月快雪堂偶識"，好像是後加的，不是程允昌的原作。聯繫該本在書名部分題：秘書閣手定、陳氏白氏古本、蔣氏原本、沈氏原本、龍氏原本之注文，説明這本書是經人校訂過的。其中秘書閣當是某人之官職稱呼，再與快雪堂相聯繫，我們推測這個校訂本也許是明末清初河北涿州人馮銓所訂。馮銓（1595～1672），明末貪官，魏忠賢同黨，曾任禮部尚書兼文淵閣大學士；降清後任禮部尚書、弘文院大學士等。稱其為秘書閣，當之。他築室曰"快雪"，收藏王羲之"快雪時晴"法帖，並以此聞名文化界，所以有"快雪堂偶識"之語。題"甲申"，即明亡之年。該本在明人之前皆加"明"，以示時代。史實是否如此，尚待考證。

《南九宫十三調曲譜》所收《中原》，不分卷，起例在前（題"元周德清挺齋氏著、明程允昌浮吉氏訂"），韻譜部分在後（題"元周德清挺齋氏著、明程允昌浮吉氏注"）。

根據"秘書閣凡例"之《中原》條："《中原音韻》，詞曲家守為金湯，唯明分平仄陰陽而已。而四聲之中，有如脣上、舌頭、撮脣、捲舌、開脣、齊齒、正齒、穿牙、引喉、隨鼻、開喉、平牙、縱脣、送氣、合口、開口之别，

不能縷舉，即譜中詞隱先生，亦僅止〇開口耳。坊刻如《吴歈萃雅》《古今奏雅》等書亦止傍注撮開鼻閉四者而已，而《萃雅》中之〇止及庚青一韻，而不及東鍾、江陽收尾之鼻音。缺略如此，令後學何所取法。今皆一一補注韻内，使學者得睹大全，亦快事也。又南詞有入聲而中原韻闕焉，故附録《洪武正韻》，以正入聲之僞，共為全卷。”

該本最大的變化是在每一韻目後加注該韻的語音特點，並把周德清的起例中字音辨正也寫在韻目下。每一韻的語音特點來源於沈寵綏的《度曲須知》。

5.《四庫全書》本。

文淵閣《四庫全書》集部“詞曲類南北曲之屬”收有《中原》。據《四庫全書總目提要》説，該本是内府藏本，版本來源不清楚。從該本的内容結構和小韻、韻字的情況看，與明刻《嘯餘譜》本相近，可能又據其他版本訂正過。卷首載虞集序及周德清自序，自序改題《中原音韻起例》。該本將《中原》離析為上、下二卷，上卷韻譜，下卷起例。韻譜部分各小韻之間不加“〇”號，而是用空格（空一字）表示隔離。

6.《古今圖書集成·理學彙編·文學典·第二百四十九卷詞曲部·彙考七》“《嘯餘譜》中原音韻”本。

該本係從《嘯餘譜》中抄録。僅存周德清自序和韻譜部分。韻譜部分各小韻之間不加“〇”號，而是用空格（空一字）表示隔離。

《古今圖書集成·理學彙編·文學典·第二百五十卷詞曲部·彙考八》“《嘯餘譜》務頭”本。

该本将《嘯餘譜》“務頭”（起例）部分的“辨明古字略”删除。

《古今圖書集成》二百四十九、二百五十卷所收合併起来即是一部較完整的《中原》。

（二）《中原音韻》節本

1. 謝天瑞《樂府通用中原音韻》本。

《樂府通用中原音韻》，謝天瑞校，萬曆己亥年（1599）刻。謝天瑞，字起龍、思山，號復古生，杭州人，明代著名文獻學家，曾刻《詩人玉屑》《詩法大成》等書。

該本有謝氏所寫“小引、凡例”，删削了諸序，只有韻譜部分。該本俗字、誤字較多，也有個别小韻的改變、韻字的增補、删除等問題。

2.《彙選歷代名賢詞府全集》本。

《彙選歷代名賢詞府全集》是明人鱅溪逸史編纂的一部彙選歷代詞、曲的選集，共九卷，十册。該書最後一册附有《中原》。

該本《中原》署“元高安挺齋周德清著、明新都鱅溪逸史校刊”，只有韻譜部分。無周德清後序、起例，書後有删削過的周德清自序和虞集序。

《彙選歷代名賢詞府全集》最後有一得山人的“詞府全集後跋”，署“嘉靖丁巳中秋一得山人拜書於聚奎精舍”。

該書現有上海圖書館藏嘉靖三十六年的明刊本，國家圖書館藏民國時的某人抄本。

嘉靖三十六年的明刊本有上虞羅振常的題記，署丁巳中秋後二日，注明是明刊本。

民國抄本係鄭振鐸1957年購於來熏閣。他在封面上有題辭：“《彙選歷代名賢詞府全集》，九卷，後附《中原音韻》一卷，抄本，不舊，然極罕見，故亟收入……”但該本《中原》錯訛不少，不如明刊本優。

3.《古今圖書集成·理學彙編·字學典·第一百三十三卷聲韻部·彙考三》“《嘯餘譜》二中原音韻”本。

該本也是從《嘯餘譜》中抄録，但跟詞曲部所收本相比有許多不同之處，可能抄録時所依據的《嘯餘譜》本有不同。該本將周德清後序置於開頭，後接周德清自序，但改稱為“中原音韻起例”，然後是韻譜部分。

韻譜部分各小韻之間加“〇”號表示小韻隔離。

它把《中原》作韻書收録，所以只取韻譜。《文學典》把《中原》作詞曲著作收録，所以韻譜、起例都取。

4. 朱琰《韻譜》卷六之《曲韻》（收入《清代稿本百種叢刊》第16册，臺灣文海出版社1970影印）所收《中原》。

朱琰，字桐川，海寧人，乾隆丙戌進士。

該本是朱氏的改編本。他將《中原》的韻譜部分每一韻的各小韻按陰平、陽平、上聲、去聲横分為四行（入聲字仍按原書排入相應聲調後面），

排列成表格。每一韻為一表，注明次序，如東鍾第一、江陽第二，等等。在韻目下面又注明該韻的讀音特點，如東鍾第一“舌居中，緩入鼻中收，腹音陰翁陽紅，收音無啓唇”。據朱氏按語，這些説明係出自其同鄉明代人張黄門《南北正音》。張氏書可能不傳。該本在每一聲調欄又有字音辨正，如東鍾第一陰平欄“中非宗，充非匆”，大多是抄自周德清起例部分。

5. 清抄本《韻略易通》附“起例”本。

上海圖書館藏有一部清抄本《韻略易通》。這個抄本前面是蘭茂的《韻略易通》，後面是《中原》的起例。這個抄本的編者，把《中原》换成《韻略易通》，後面又收起例，推測他是想混編一部新的《中原》。

6. 胡薇元據《嘯餘譜》本刻《中原音韻》本。

光緒間大興人胡薇元據《嘯餘譜》刻《中原》，前有胡氏序和周德清自序，後只有韻譜。

7. 掃葉山房《作詞須知》本。

民国十七年（1928）上海掃葉山房石印《作詞須知》，該書係《中原》的簡縮本，存有周德清自序、韻譜、起例部分的“樂府共三百三十五章、作詞十法”。

韻譜部分各小韻之間不加“○”號，而是用空格（空一字）表示隔離。

8. 任訥《作詞十法疏證》本。

任訥（1897～1991），字中敏，别號二北，又號半塘，江蘇揚州人，著名詞曲學家。他1930年在中華書局出版《散曲叢刊》，作有《作詞十法疏證》。另有《元人論曲》，1926年上海梁溪圖書館出版，亦附有任氏疏語。

該書是對起例之《作詞十法》的講疏。從曲學角度梳理《作詞十法》的含義。

（三）增訂删補本

1. 王文璧增訂《中州音韻》。

王文璧，明代中期吴興人。他以《中原》為依據，編成《中州音韻》。此書問世後，明人屢有刊刻或增訂，有稱《中州音韻》的，也有仍稱《中原音韻》的。

蔡清（1453～1508，字介夫，號虚齋，晉江人，進士，曾任南京文選郎

中、江西提學使等職。閩中著名學者，理學家）為王文璧書作序稱（弘治本蔡清《中原音韻序》）："吴興王文璧先生，隱居樂道，沉潛書史，而不廢音韻之學。今年九十矣，乃能取家藏故本，大加增訂，視故本為益精且詳。以我閩憲僉張公某，甥也，屬為梓行之。適漳守羅某及龍溪尹姚君某，獲見此書，遂請於公，以成其事。俾清識一言於其端。"

蔡清的生平是非常明確的，因此，王文璧《中州音韻》的改編成書當在15世紀末、16世紀初。蔡清為王書作序，不是為周德清書作序。周氏後人以及楊一潮稱"蔡清序"為《中原》所作，誤。楊一潮《重訂中原音韻序》："余嘗讀《蔡虛齋先生文集》，有《中原音韻序》，為同邑暇堂周公德清作也。企慕於衷，欲見其書而不可得。"楊氏誤認蔡序是為周書所序。

據日本内閣文庫本，《中州音韻》有凡例8條：

（1）翻切圈注悉遵《正韻》，其舊本有而《正韻》無者闕之，或《正韻》有而舊本少者補之。

（2）定字以聲之清濁，用字者當隨聲措字，分韻以聲之上下，用韻者當隨字成文。

（3）每韻各起平聲、次上聲、次去聲而入聲分隸三聲，叶而用之，總十九韻，而四聲皆在其中矣。

（4）牙舌唇齒喉及舌齒各半之音散出各韻，分别陰陽清濁而用。

（5）字同、義同或兩見者注切不同，有字同而義不同者隨韻分注，有一字而收入二三韻者各有所用並存之。

（6）韻字點畫並依《正韻》改正，如字同而點畫不同者去之。

（7）各韻以平聲提起而屬以上聲、去聲者聚以類也，以入聲難諧而隨韻分隸三聲者，協以正也。

（8）閉口字音類分在後三韻，間有一二當閉而收入開口韻者，叶之以正，不可得而閉也。

顯見，王書的反切注解都是抄自《洪武正韻》。根據這書的反切研究其音系是很危險的。王文璧書大改《中原》體例，已非《中原》之原貌。蔡清所謂"大加增訂"，正説明王書之不同周書，比如：

中原音韻	中州音韻
鍾鐘中忠衷終	
	中之戎切一央又滿也衷誠也忠内其盡心終極也鍾酒器鐘樂器螽一斯蝗類也衆多也

王文璧書現保存版本較多，主要有：

（1）日本内閣文庫藏本。

該本不分卷，兩册，現藏日本内閣文庫，黑口，雙魚尾，書題"高安周德清編輯、吴興王文璧校正"。該本無蔡清序，只有虞集序，署為"雍虞集"，没有日期，也没有凡例。書後有中州音韻跋，殘缺，没有署名人。

許德寶（1991）推測該本係初刊本，是王文璧外甥張罍刊行，早於弘治本。

（2）上海圖書館藏弘治十七年（1504）刊本。

該本不分卷，兩册，黑口，雙魚尾，四周雙邊，頁20行，共68頁，書前有錢式嘉的跋，署乙卯冬。該本板式類瞿藏本《中原》，非常清晰。這部書的開頭是蔡清的序，署"弘治十七年龍集甲子夏五月望"，即1504年。該本存虞集序，其他諸序删削，存目録、韻譜。該本没有凡例。

據蔡清序看，該本當是根據内閣文庫藏本重刊，並請蔡清作序，删除了凡例和跋文。

（3）明人程明善《嘯餘譜》本。

有明萬曆本、清康熙本兩種。明萬曆本為趙善達校，清康熙本為張漢校，兩者之間稍有差别。該本無任何序文，也没有凡例，只有王文璧修訂後的韻譜。

清張漢校本後有單獨印本問世。吴梅編入《曲韻五種》的也是張漢校本。

2. 葉以震《重訂中原音韻》本。

該本著作人題"高安周德清編輯、吴興王文璧增注、古吴葉以震校正"。書前有卜二南序文，署"萬曆辛丑重陽後一日檇李卜二南撰並書"，萬曆辛丑即1601年。卜氏與明代著名戲劇家沈璟是姻親，卜氏曲學深受沈璟影響。明人王驥德《曲律》説："吴興王文璧，嘗字為釐别，近檇李卜

氏，複增校以行於世，於是南音漸正，惜不能更定其類，而入聲之缺舌，尚仍其舊。”這個本子可能是卜氏主持編刊，而校正工作是葉以震作的。現見各卜氏序本皆題“古吴葉以震校正”。因此，改編權應歸葉以震，而不是卜氏。

葉以震生平無考，或是卜氏門人。

葉以震據《中原》的框架，把王文璧《中州音韻》的韻字、注解、音切等重新改編，恢復陰、陽平的區別，是一部混編本。該本把非《中原》舊有的王文璧增加的韻字用“×”分開，“×”後的是王文璧增加的韻字。

國家圖書館藏有四種不同的版本，書名皆題《重訂中原音韻》。其中有三種是刊本，刊刻時間不明，藏書書目注明為明刊本。三種明刊本皆兩卷，兩册。有一本注明九思堂刊本，書題“度曲須知，諸名家定本”“九思堂藏板”，卜氏序文殘。還有一種卜氏序文也殘缺。只有一種卜氏序文是全的。估計卜氏序文全者為原刊本，也許就是萬曆辛丑卜氏序時的刊本，其他兩種是後刻本。除刊本外，還有一種是清人抄本，係徐乃昌積學齋舊藏，無卜氏序文，有凡例、韻譜，兩卷，四册。

明刊本的内容是：中原音韻序、中原音韻凡例、中原音韻目録、中原音韻卷一、卷二（韻譜）。無起例部分。在卷一、卷二下皆題“高安周德清編輯、吴興王文璧增注、古吴葉以震校正”。

葉氏根據王文璧《中州音韻》（同内閣文庫本），但又恢復了《中原》的體制，因此叫作《重訂中原音韻》。

明末寶翰樓刻本、三槐堂刻本皆是葉以震的校正本。

該本的凡例，前8條照抄王文璧的，另增加了5條，共13條：

（9）入聲派入平、上、去三聲者以廣其押韻，為作詞而設耳，然呼吸言語之間，還有入聲之别。

（10）《中原音韻》的本内陰如此字、陽如此字，蕭君欲鋟梓以啓後學，值其早逝。泰定甲子以後，嘗寫數十本散之江湖，其韻内平聲陰如此字、陽如此字、陰陽如此字。夫一字不屬陰則屬陽，不屬陽則屬陰，豈有一字而屬陰又屬陽也哉！蓋傳寫之謬。今既的本刊行，或有得余墨本者，幸毋譏其前後不一也。

（11）音韻内每○是一音，以易識字為頭，止依頭一字呼吸，更不别立切脚。

（12）音韻内每×是舊本所無，皆係增入。

（13）《音韻》不能盡收《廣韻》，如“崆峒”之“崆”、“䙌駕”之“䙌”、“倥偬”之“倥”、“鵶鴿”之“鵶”諸字之類皆不可施於詞之韻脚，作者毋誚其不備。

除第12條外，其他都取自周德清起例。

葉氏的改編並非完全依照王文璧本而來，王文璧的注釋有的取消，有的改動，小韻内的字序不依王文璧，而是先把《中原》的韻字置前，後加×，再列王文璧韻字。

這裏以歌戈韻入作去聲的“莫”小韻和東鍾韻平聲陰“中”小韻為例，説明葉編本與王文璧本的不同：

中原音韻	中州音韻	重訂中原音韻
幕末沫莫寞	莫叶磨忽也又姓摸—搽寞寂—膜肉間—幕在上曰—末木杪秣穀飼馬沫水名在蜀抹摩也漠沙—	幕叶磨莫寞末沫×摸膜漠上八字蕭豪韻叶冒秣飼也抹摩也
鍾鐘中忠衷終	中之戎切—央又滿也衷誠也忠内其盡心終極也鍾酒器鐘樂器螽—斯蝗類也衆多也	鍾之戎切酒器鐘樂器中忠衷終×螽螽斯羽蟲也衆又去聲

3. 信天山民增删補注本。

上海圖書館藏有一部題“古鹽官信天山民增删補注”的《中原》，該館書目稱為明稿本。鹽官為浙江海寧縣的古稱，這個信天山民可能是浙江海寧人。該本前無諸序，後無起例，只有韻譜部分。韻譜部分也大作增删：小韻字加注釋；小韻首字朱筆加反切；增加字；删除韻字；調整字序。有的新增字用外加□標識。比如“東鍾韻”陰平第一個小韻：

東齊東牆東陳東江陽韻異冬丁冬思冬欸冬蝀螮蝀去韻同[涷]暴雨

除了增加注解，我們以監咸韻陰平的小韻為例，就可以發現他對小韻及其韻字的改動是很大的。比較訥菴本跟山民本的差異如下：

訥菴本	山民本
○菴菴鵪馣唵諳	○菴馣諳鵪喑
○擔聃儋耽湛酖眈	○擔聃儋耽躭湛酖眈髧
○監緘椷	○監緘椷鑒
○堪龕戡弇	○堪戡
○三鬖毿	○三毿鬖叄
○甘柑疳泔	○甘柑泔疳弇
○杉衫	○杉衫髟芟
○貪探	○貪探
○參驂	○驂叄
○憨酣	○酣憨蚶龕
○簪篸曆鐕	○簪攢鐕咱
○嵌	○嵌
○鴿	
○詀	○詀嘶
○湴	○湴
○攙	○攙嶄劖
	○摻
	○鑱
	○椷
	○崊谽坩
	○盦

山民本把“○鴿”小韻删除，增加了“○摻○鑱○椷○崊谽坩○盦”小韻。小韻内的韻字增加、删除和調序俱如上表所示。因此，該本已非《中原》舊本。

（四）今人刊行本（音節字表）

1. 石山福治《考定中原音韻》本（1925）。

該書是日人石山福治所著，該書用日人内藤湖南所藏本為底本，校以日本内閣文庫本王文璧《中州音韻》、葉以震本、北京大學出版的《中州音韻》和瞿藏本，編制成校訂字表。

2. 趙蔭棠《中原音韻研究·原著標音》本（商務印書館1936、1955）。

趙蔭棠《中原音韻研究》一書有"原著標音"部分，根據他所構擬的《中原》的音系，將各小韻及其韻字排入音節表，並對有關的小韻和韻字作出校勘和説明。其小韻和韻字的依據是瞿藏本。

3. 日人服部四郎等《中原音韻研究·校編本》（江南書院1958）。

日人服部四郎、藤堂明保著《中原音韻研究》内有《中原音韻校本》，係韻譜部分的小韻和韻字的校訂，以表格的形式把每一個韻字進行訂正。該校本以瞿藏本為底本，校以：内藤湖南藏本、陳乃乾印本、謝天瑞校勘本、《嘯餘譜》本、趙蔭棠《原著標音》本、葉以震《重訂中原音韻》本、石山福治《考定中原音韻》。

唯該校本用葉以震本、石山氏本之處甚多，有嫌繁瑣，而失《中原》校訂之本。該書收有瞿藏本原書，只有諸序和韻譜，無起例部分。由於該書所校各點，很少作者斷語，所以可引用之處不多。

4.《中國古典戲曲論著集成·中原音韻》本（中國戲劇出版社1959）。

中國戲曲研究院編成《中國古典戲曲論著集成》標點本，共10册。第1册收有《中原》。該本是現見最早的標點本，在學界流行很廣，影響很大，方便了許多研讀者。該本以瞿藏本為底本，主要校以《嘯餘譜》本，並加舊式標點。

校訂者似乎音韻知識不足，小韻的分合很少校出，文字校訂問題不少，標點錯誤亦多。下面略舉三例，即可見一斑：

該本把周德清自序中的一段話標點為："未聞有如此平仄、如此開合韻脚、《德勝令》，亦未聞有八句《殿前歡》，此自己字之開合、平仄，句之對偶、短長，俱不知，而又妄編他人之語，奚足以知其妍媸歟？嗚呼！言語可不究乎？以板行謬語而指時賢作者，皆自為之詞，將正其己之是，影其己之非，務取媚於市井之徒，不求知於高明之士，能不受其惑者幾人哉！"並出校語説："這幾處，字句前後似有錯亂。今試為移改如下，僅供參考。'未聞有如此平仄、如此開合韻脚《德勝令》，亦未聞有八句《殿前歡》。字之開合、平仄，句之對偶、短長，俱不知，而又妄編他人之語以板行，奚足以知其妍媸歟？嗚呼！言語可不究乎？此自己之謬語，而指時賢作者，皆自為之

詞……’”其斷句與校語多不妥，應該標點為：“未聞有如此平仄、如此開合韻脚《德勝令》；亦未聞有八句《殿前歡》。此自己字之開合、平仄。句之對偶、短長，俱不知，而又妄編他人之語，奚足以知其妍媸歟？嗚呼！言語可不究乎？以板行謬語而指時賢作者，皆自為之詞，將正其己之是，影其己之非，務取媚於市井之徒，不求知於高明之士。能不受其惑者幾人哉？”理解這段話的關鍵在於“此自己字之開合、平仄”要與後面斷開，這是周氏指責那些作曲的人妄作開合、平仄。後面的“句之對偶、短長”等，則是指責楊朝英不辨良莠，胡亂編刊曲作選集。

又如，該本把周德清自序中另一段標點為：“則‘煙’字唱作去聲，為‘沉宴裊珠簾’，皆非也，呵呵！‘忺忺’者，何等語句？”此句當斷作：“則‘煙’字唱作去聲，為‘沉宴裊珠簾’，皆非也。‘呵呵、忺忺’者，何等語句？”該本斷句錯誤的原因是把“呵呵”一詞當作前句的語氣詞來使用，其實“呵呵”不表語氣，而是與下一句中的“忺忺”並列的，周氏列舉出來證明有人作曲用詞不當，是要指出《樂府新編陽春白雪集》【德勝令】“花影壓重簷，沉煙裊綉簾，人去青鸞杳，春嬌酒病懨。眉尖，常瑣傷春怨。忺忺，忺的來不待忺”這樣的曲中亂用“呵呵、忺忺”這類詞語。

再如，該本把歐陽玄序中“宋季有周清真者，善樂府，故時人有‘美誠𢇍妙詞’之稱”的“𢇍”字，注為“古文‘繼’字”，更是匪夷所思。“美誠繼妙詞”不辭。“𢇍”當為“絶”字。《説文》：“絶，斷絲也。从糸，从刀，从卩。𢇍，古文絶，象不連體，絶二絲。”作如此理解，則豁然開朗。

5. 許世瑛校訂、劉德智注音《音注中原音韻》本（廣文書局1962）。

該本手寫印刷。所據底本不詳，似據瞿藏本而來，只收周德清自序和韻譜部分。每一個小韻前注有董同龢《中國語音史》所擬的《中原》的擬音。書後有14條校語，主要説明小韻的分合問題。

6. 楊耐思《中原音韻音系》之《同音字表》本（中國社會科學出版社1981）。

楊耐思《中原音韻音系》一書有《〈中原音韻〉同音字表》，該表依據楊氏所擬《中原》聲韻調系統，把訥菴本全部小韻和每一小韻的韻字排入音節表，並對一些小韻和韻字作出了校訂和位置安排，所校多據《蒙古字韻》

《古今韻會舉要》等元代韻書，所論多為確論。

7. 寧繼福《中原音韻表稿》之《單字音表》本（吉林文史出版社1985）。

寧繼福《中原音韻表稿》一書有《單字音表》，該表依據寧氏所擬《中原》聲韻調系統，把訥菴本全部小韻和每一小韻的韻字排入音節表，並對一些小韻和韻字作出了校訂。該校本對小韻和韻字的校訂，多從音韻演變的角度着眼，所論多精。

8. 李殿魁《校訂補正中原音韻及正語作詞起例》本（學海出版社1976）。

該書以陳乃乾印本為底本，校以服部四郎收景元本、東洋文庫全帙本、拼音並索引本、戲劇本、趙蔭棠《原著標音》本、隋樹森《全元散曲》、汪薇史《中原音韻講疏》等材料，在天頭處或正文中校改文字。所校之處不多。

9. 俞為民、孫蓉蓉《歷代曲話彙編——新編中國古典戲曲論著集成》本（黄山書社2006）。

該書收有《中原》標點本。據編者自稱該本以瞿藏本為底本，以明刊《嘯餘譜》本校補。但該本出校甚少，只有10條，斷句標點與戲劇本類似，音韻分析絶少，校訂並不完善。錯誤多沿戲曲本。

10. 冒廣生校訂材料。

冒廣生（1873～1959，字鶴亭，江蘇如臯人，詞曲家）1942年在《東方文化》第1卷第4期發表《中原音韻校記》（又收入《冒鶴亭詞曲論文集》，上海古籍出版社1992）一文。該文以明刊某本為底本，參照瞿藏本，校正多條，惟多出己見，確證不多。

11. 《傳世藏書》標點排印本（海南國際新聞出版中心1996）。

該本是《傳世藏書》叢書之《語言文字》卷所收本，李敏辭校編。該本以訥菴本為底本，參校瞿藏本和《嘯餘譜》本。但没有任何校語，錯訛之處仍然不少。

（五）卓從之《中州樂府音韻類編》本

常熟瞿氏鐵琴銅劍樓藏元人楊朝英編《朝野新聲太平樂府》卷首收有《中州樂府音韻類編》一卷。其他各版本《朝野新聲太平樂府》皆不見該

書。書前巴西鄧子晉序稱“且以燕山卓氏《北腔韻類》冠之”，看來這書又稱為《北腔韻類》。燕山卓從之生平無所考，但是楊氏書刊於1351年（至正辛卯）是明確的。那麼，該書應當在1351年之前問世。

該書與《中原》同出一源，雖不是《中原》版本，但也應算作《中原》系統，它在訂正《中原》的小韻和韻字方面具有重要的參考價值。

該書印製粗糙，漫漶不清、錯訛、異體字、簡體字甚多，韻譜内小韻間牽合不清的錯誤觸目皆是。

中原音韻校本

校勘説明

一、校勘原則

本校本只取對底本疑誤有意義者寫入校語。原則上底本誤而據他本改者，出校；底本與參校本兩可，從底本者，出校；底本與參校本同並疑誤者，出校；底本脱漏、不清等漫漶之處據他本補者，出校；底本不誤而他本誤者不出校。底本與他本存有歧異，與文義理解有關者，從底本，出校語説明他本情況，供研讀者參考。

二、確定字形

1. 異體字。

底本存有一定數量的異體字（含俗體、簡體），本校本一般不作改動，以保留底本原貌。比如，“菴”不改作“庵”、“羣”不改作“群”、“峯”不改作“峰”、“冲”不改作“沖”、“胷”不改作“胸”、“搢”不改作“縉”、“烟”不改作“煙”、“墻”不改作“牆”、“牎”不改作“窗”等等。為了方便讀者識認，這裏把韻譜中主要的異體字開列如下：

底本字	揷 厦 賖 流 㓜 呪 綉 欵 皁 峩 弔 鵞 臥 恩 靈 陰 僕 䰟 劎 鹽 恠 攷 澁 蕋 艸
通行字	插 厦 賒 流 幼 咒 繡 款 皂 峨 吊 鵝 卧 恩 靈 陰 僕 魂 劍 鹽 怪 考 澀 蕊 草
底本字	蟯 珎 擏 橶 靣 麪 烟 墻 牎 搢 菴 羣 峯 冲 胷 悮 朶 蠏 歛 玫 却 埶 緫 歬 踈
通行字	蟯 珍 擎 檠 面 麫 煙 牆 窗 縉 庵 群 峰 沖 胸 誤 朵 蟹 斂 好 卻 埶 總 前 疏
底本字	床 㫗 刱 朞 戕 戇 巇 類 偘 沿 欞 鯰 叅 驂 贑 𢇍 廻 荅 唇 鴈 棊 槩 庄
通行字	牀 昶 創 期 戕 戇 巇 類 侃 沿 欞 鯰 参 驂 贛 絕 迴 答 脣 雁 棋 概 莊

底本的某些異體字識認有困難的，則特別出校語説明。

2. 错字。

底本有些字或多筆或省筆，或筆劃不到位，或過頭，等等，嚴格説來，都屬錯字，如：勤作勤、毋作毋、毒作毒、俎作俎、男作男、卵作卵、曳作曳；還有的字因為偏旁寫錯，所有同偏旁的字都錯，如“丏”錯寫成“丐”，“麪眄沔”就錯寫成“麫眄沔”，等等。對這類錯字，則徑改，不出校。

其他錯寫的别字，如“喚（起）”錯為“換（起）”則改作正體，出校語，説明改字的依據。

3. 形體變異字。

底本有些字形或草率或變異或省筆或添筆或位置不正，即所謂“破體字”，本校本徑楷定為通行正體字，不出校，比如：取（取）、珎（珍）、随（隨）、协（協）、勝（勝）、貳（貳）、幾（幾）、墊（墊）、些（些），等等。有一些字是相同偏旁變異而造成字形特異，如“亥”字寫作亥，“荄該劾”等字就寫成了“荄該劾”，等等。這類字一律改寫成正體字。

4. 版本差異字。

底本與他本間相同位置上存在一定數量的不同用字，一般依底本處理；如文義需要，亦有改從他本者。凡有改動，則出校説明。如瞿藏本、内藤本、陳印本、趙校本、戲曲本東鍾韻有“樒”字，《廣韻》不載，音讀可疑。底本相同位置是“擁”字，《廣韻》腫韻於隴切，符合此小韻音讀，底本是，不改字，不出校。又如，底本江陽韻有“挷”字，即“俗搒字”（《正字通》），去聲，音韻地位不合。瞿藏本、嘯餘本等作“梆”。梆，《廣韻》江韻博江切，符合此小韻音讀，當改從瞿藏本、嘯餘本等，出校説明。

5. 通假字。

底本有個别習慣性的通假字，如“早”寫作“蚤”之類。此類不改字，出校語説明某為某之假借。

6. 新舊字形。

國家公布的現行漢字規範文件中，繁體字没有像現行簡化字的《印刷通用漢字字形表》。為了避免出版物用字的混亂，許多繁體字的字形需要參照《新舊字形對照表》進行處理。本校本依照通行的《新舊字形對照表》對一些字體作了必要的改動。實際上，許多字是因偏旁類推而改動的，如：兑改為兑，則說、悅、閱改為説、悦、閲；直改為直，則値、置改為值、置；爭改為争，则箏、錚、掙改為筝、铮、挣；奐改為奂，则換、喚改为换、唤；吳改为吴，则誤、悞改為誤、悮；等等。《中原》裹個别不是類推改動的字形，也參照

《新舊字形對照表》處理。

三、處理漫漶不清

底本因印刷不精，文字漫漶或殘缺或不清之處不少，本校本皆據他本予以補正，比如，底本羅宗信序“每調有押三聲者，有各押一聲者”之“押”字形不清，據瞿藏本補作“押”。又如，瑣非復初序“群臣頓首，山呼萬歲，洪福齊天”之“齊”字形漫漶，據瞿藏本等補作“齊”。

至於稍有模糊不影響辨認者，則不出校。如底本有“而”字，即徑作“而”、“緋”徑作“緋”字，等等。

四、標點

本校本據國家語言文字工作委員會、國家新聞出版總署1990年發布的《標點符號用法》對底本需標點的原文施以標點。

五、出校位置

正文中出校處用右上標注數字表示，如①②③④⑤……，如校語涉及整段文字，則在整段文字後加注上標數字。

六、添補

1. 各序前添補[ ]符號。

由於底本各序連在一起出現，序後才署序者名字，眉目不夠清楚，不便研讀，故本校本於每一序前加注序者名字，用[ ]括起。

2.《中原》之原目録後添加頁碼。

《中原》目録各韻目無頁碼，今在每一韻目後面添加頁碼，放入括弧（ ）内，以方便檢閱。

3. 韻譜内各韻目前加序號，序號放入（ ）内。

4. 添補歐陽玄序。

底本虞集序後原無歐陽玄序，但有半頁空白。瞿藏本有此序文。陸楊本認為歐陽玄序是後補的。從瞿藏本内容來看，不似後補，應是底本漏刻或故意删除。今據瞿藏本補。

5. 曲牌名稱統一外加【 】作為標志，如【竹枝歌】【沽美酒】【太平令】等。

6. 添補“東、紅”字。

底本周德清自序有如下一段："如　　二字之類，　字下平聲屬陰，　字上平聲屬陽。陰者，即下平聲；陽者，即上平聲。試以　字調平仄，又以　字調平仄，便可知平聲陰、陽字音，又可知上、去二聲各止一聲，俱無陰、陽之别矣。"依次空二字、一字、一字、一字、一字。楊一潮《重訂中原音韻》序："余嘗讀《蔡虚齋先生文集》，有《中原音韻序》，為同邑暇堂周公德清作也。企慕於衷，欲見其書而不可得。越十餘年，公之族裔鳳崗君僑於伊，邇會間訊及，出以覽。余欲捐貲續梓以垂世……觀是書，所謂平分二義、入派三聲，乃超然獨得之見。至於自序肯綮，多虚其字，非闕文也，引而不發，欲學者默悟而自得之。欲因測以'烘、洪'二字。'烘'字屬上平聲，'洪'字屬下平聲。二字調其平仄而上去入聲可以類推。管中窺豹一斑，豈其盡識其全也……"可見原刻即闕。今據嘯餘本、曲譜本、謝啓昆《小學考》等依次填補"東紅"、"東"、"紅"、"東"、"紅"。

7. 添補"附己作中吕【滿庭芳】詞"。

底本起例第21條之後，有四首中吕【滿庭芳】曲，為周德清所作。原無任何標志和説明，今據冒校記補"附己作中吕【滿庭芳】詞"，補文放入[　]内，表示添加。

七、起例編序

底本起例部分，每條之前原有豎綫標識，共有25條豎綫，其中第21條和22條之間突兀地加進周德清自作的四首中吕【滿庭芳】曲，與前後内容無關聯，與起例之通例亦不符，其前亦无豎綫，但又非第21條的内容。又，第24條和25條之間有"樂府共三百三十五章"，前面也没有豎綫，但屬於起例的範疇。為了閲讀方便起見，本校本將無豎綫的兩條與其他25條一併編號，在各條之前標注數字序號，用括弧（　）括起，表示後加，總計27條。原有豎綫的各條改加横綫，没有豎綫的兩條不加横綫，以示區别。

八、韻譜

韻譜中有些韻字涉及語音歸類問題，需要予以説明，以便揭示《中原》語音系統的特點。如東鍾韻去聲内"粽"，《廣韻》送韻作弄切，精母一等字。本小韻前兩字"縱從"為三等字。按《中原》體例，"粽、縱從"應保持精組字一、三等韻母的區别，"縱從"應歸入後一小韻"綜"。

《中原》"粽、縱從"作同音處置，當是從俗音。

韻譜中某些不合音韻演變規律和音系結構系統的小韻，本校本力圖從版本異同、方言讀音、古音來源等方面尋找解釋。有争議或不能一時解决的問題，則列出觀點，提出討論，以便讀者參考，但不隨意作分或合的處理，凡有改動必出校語説明。

九、校勘材料

本校本以訥菴本為底本，主要參校了五个全本：瞿氏鐵琴銅劍樓藏元刊本、《嘯餘譜》本、《四库全书》本、《南九宫十三調曲譜》本、《古今圖書集成·理學彙編·文學典·第二百四十九卷詞曲部·彙考七》与《古今圖書集成·理學彙編·文學典·第二百五十卷詞曲部·彙考八》所收本。同時也參考了其他有關的節選本、增補本等材料，隨文使用下表所列簡稱。校勘中使用的下表内没有列出的材料，則隨文予以説明。

校勘材料簡稱一覽表

版本	簡稱
訥菴本	底　本
瞿氏鐵琴銅劍樓藏元刊本	瞿藏本
陳乃乾寫印瞿氏鐵琴銅劍樓藏元刊本	陳印本
《嘯餘譜》本	嘯餘本
《南九宫十三調曲譜》本	曲譜本
文淵閣《四庫全書》本	四庫本
謝天瑞《樂府通用中原音韻》本	謝刻本
《彙選歷代名賢詞府全集》本	彙選本
《古今圖書集成·理學彙編·文學典·第二百四十九卷詞曲部·彙考七》《古今圖書集成·理學彙編·文學典·第二百五十卷詞曲部·彙考八》本	古一本
《古今圖書集成·理學彙編·字學典·第一百三十三卷聲韻部·彙考三》收"《嘯餘譜》二中原音韻"本	古二本
朱琰《韻譜》卷六之《曲韻》本	朱琰本
掃葉山房《作詞須知》本	山房本
王文璧增訂《中州音韻》本	王中州
葉以震《重訂中原音韻》本	葉编本

续表

版本	簡稱
信天山民增删補注《中原音韻》本	山民本
石山福治《考定中原音韻》本	石山本
趙蔭棠《中原音韻研究·原著標音》本	趙校本
内藤湖南本	内藤本
楊耐思《中原音韻音系》同音字表本	楊校本
寧繼福《中原音韻表稿》單字音表本	寧校本
《中國古典戲曲論著集成·中原音韻》本	戲曲本
許世瑛校訂、劉德智注音《音注中原音韻》本	許校本
李殿魁《校訂補正中原音韻及正語作詞起例》本	李校本
陸志韋、楊耐思訥菴影印本校記	陸楊本
冒廣生校訂材料	冒校記
卓從之《中州樂府音韻類編》本	韻編本

本校本雖然收集了比較多的參校材料，但並不是每種材料都有校勘價值。本校本並非資料彙編，也不作彙校工作，而是有選擇性地采用參校材料，以能夠説明底本存在的問題為限。諸如清抄《韻略易通》附《中原》起例本、信天山民增删補注本《中原》、胡薇元據《嘯餘譜》刻本《中原》、《傳世藏書》標點排印本等材料校勘價值不大，就没有或很少采用。

十、其他

本校本依底本不分卷數。

本校本附有本《中原音韻校本》的《韻字索引》，每一韻字都添加了《廣韻》的音韻地位，供音韻史研究者參考。

中原音韻序

［虞集序］

樂府作而聲律盛，自漢以來然矣。魏、晉、隋、唐體制不一，音調亦異。往往於文雖工，於律則弊。宋代作者，如蘇子瞻變化不測之才，猶不免“製詞如詩”之誚；若周邦彦、姜堯章輩，自製譜曲，稍稱通[1]律，而詞氣又不無卑弱之憾；辛幼安自北而南，元裕之在金末、國初，雖詞多慷慨，而音節則為中州之正，學者取之。我朝混一以來，朔南暨聲[2]教，士大夫歌詠，必求正聲。凡所製作，皆足以鳴國家氣化之盛。自是北樂府出，一洗東南習俗之陋。大抵雅樂之不作，聲音之學不傳也，久矣。五方言語，又復不類：吴、楚傷於輕浮，燕、冀失於重濁，秦、隴去聲為入，梁、益平聲似去；河北、河東取韻尤遠；吴人呼“饒”為“堯”，讀“武”為“姥”，説“如”近“魚”，切“珍”為“丁心”之類，正音豈不誤哉！

高安周德清，工樂府，善音律，自著《中州音韻》一帙，分若干部，以為正語之本，變雅之端。其法以聲之清濁，定字為陰陽，如高聲從陽，低聲從陰，使用字者隨聲高下，措字為詞，各有攸當，則清濁得宜，而無淩犯之患矣；以聲之上下，分韻為平仄。如入聲直促，難諧音調，成韻之入聲悉派三聲，誌以黑白，使用韻者隨字陰陽，置韻成文，各有所協，則上下中律，而無拘拗之病矣。是書既行，於樂府之士豈無補哉？又自製樂府若干調，隨時體制，不失法度。屬律必嚴，比事[3]必切；審律必當，擇字必精。是以和於宮商，合於節奏，而無宿昔聲律之弊矣。

余昔在朝，以文字為職，樂律之事，每與聞之。嘗恨世之儒者，薄其事而不究心，俗工執其藝而不知理，由是文、律二者不能兼美。每朝會大合樂，樂署必以其譜來翰苑請樂章，唯吴興趙公承旨時，以屬官所撰不協，自撰以進，并言其故，為延祐天子嘉賞焉。及余備員，亦稍為櫽括，終為樂工

---

① “通”字下半不清，據瞿藏本、嘯餘本等補。

② “聲”字下半不清，據瞿藏本、嘯餘本、王中州等補。

③ 事，瞿藏本作“字”。

所哂，不能如吴興時也。當是時，苟得德清之為人，引之禁林，相與討論斯事，豈無一日起余之助乎？惜哉！余還山中，眊且廢矣；德清留滯江南，又無有賞其音者！方今天下治平，朝廷將必有大製作，興樂府以協律，如漢武、宣之世。然則頌清廟，歌郊祀，攄和平正大之音，以揄揚[①]今日之盛者，其不在於諸君子乎？德清勉之！前奎章閣侍書學士虞集書

[歐陽玄序][②]

高安周德清，通聲音之學，工樂章之詞，嘗自製聲韻若干部，樂府若干篇，皆審音以達詞，成章以協律，所謂“詞律兼優”者。青原玫[③]事君子，有繡梓以廣其傳，且徵予序。予謂：“孫吴時有周公瑾者，善音律，故時人有‘曲有誤，周郎顧’之語。宋季有周清真者，善樂府，故時人有‘美成[④]𢇍[⑤]妙詞’之稱。今德清兼二者之能，而皆本於家學如此。”予故表諸其端云。翰林學士歐陽玄序

[周德清自序]

青原蕭存存，博學，工於文詞。每病今之樂府有遵音調作者；有增襯字作者；有《陽春白雪集》【德勝令[⑥]】“花影壓重簷，沉煙裊繡簾，人去青鸞杳，春嬌酒病懨。眉尖，常瑣[⑦]傷春怨。忺忺，忺的來不待忺”。“繡”唱為“羞”，與“怨”字同押者；有同集【殿前歡】《白雲窩[⑧]》二段，俱八句，“白”字不能歌者；有板行逢雙不對，襯字尤多，文

① “揚”誤作“楊”，據瞿藏本、王中州等改。

② “歐陽玄序”無，有半頁空白，據瞿藏本補。

③ “玫”即“好”之異體。《説文段注》：“今《尚書》‘玫’作‘好’，此引經説假借也。”

④ “成”誤作“诚”。北宋詞人周邦彦字美成，非“美诚”。

⑤ “𢇍”即“絶”字。《説文》：“絶，斷絲也。從糸，從刀，從卩。𢇍，古文絶，象不連體，絶二絲。”《宋本玉篇·糸部》：“斷也。滅也。最也。”“美成絶妙詞”之“絶”即為最意。

⑥ 隋樹森《全元散曲》、曲譜本等作“得勝令”。曲牌“得勝令”又名“德勝令”。

⑦ 四庫本、隋樹森《全元散曲》作“鎖”，或是。

⑧ 原誤作“白雪窩”。《陽春白雪集》内未見有“白雪窩”者，僅見“白雲窩”，如楊朝英雙調【殿前歡】《和阿里西瑛韻》“白雲窩，樵童斟酒牧童歌。醉時林下和衣臥，半世磨陀。富和貧争甚麽？自有閑功課，共野叟閑吟和。呵呵笑我，我笑呵呵……”《陽春白雪集》中還有“雲窩、懶雲窩、錦雲窩”等用語。

律俱謬，而指時賢作者；有韻脚用平、上、去，不一一，云"也唱得"者；有句中用入聲，不能歌者；有歌其字，音非其字者。令人無所守。

泰定甲子，存存託友張漢英以其説問作詞之法[①]於予。予曰："言語一科，欲作樂府，必正言語；欲正言語，必宗中原之音。樂府之盛、之備、之難，莫如今時。其盛，則自搢紳及閭閻歌咏者衆。其備，則自關、鄭、白、馬一新製作，韻共守自然之音，字能通天下之語，字暢語俊，韻促[②]音調。觀其所述，曰忠，曰孝，有補於世。其難，則有六字三韻：'忽聽、一聲、猛驚'是也。諸公已矣，後學莫及！何也？蓋其不悟聲分平、仄，字别陰、陽。夫聲分平、仄者，謂無入聲，以入聲派入平、上、去三聲也。作平者最為緊切，施之句中，不可不謹。派入三聲者，廣其韻耳，有才者本韻自足矣。字别陰、陽者，陰、陽字平聲有之，上、去俱無。上、去各止[③]一聲，平聲獨有二聲：有上平聲，有下平聲。上平聲非指一東至二十八山而言，下平聲非指一先至二十七咸而言。前輩為《廣韻》平聲多，分為上、下卷，非分其音也。殊不知平聲字字俱有上平、下平之分，但有有音無字之别，非一東至山皆上平，一先至咸皆下平聲也。如'東紅'二字之類，'東'字下平聲屬陰，'紅'字上平聲屬陽。陰者，即下平聲；陽者，即上平聲。試以'東'字調平仄，又以'紅'字調平仄，便可知平聲陰、陽字音，又可知上、去二聲各止一聲，俱無陰、陽之别矣。且上、去二聲，施於句中，施於韻脚，無用陰陽，惟慢詞中僅可曳其聲爾，此自然之理也。妙處在此，初學者何由知之！乃作詞之膏肓[④]，用字之骨髓，皆不傳之妙，獨予知之！屢嘗揣其聲病於桃花扇影而得之也。吁！考其詞音者，人人能之；究其詞之平仄、陰陽者，則無有也！彼之能遵音調而有協音俊語可與前輩頡頏，而謂'成文章曰樂府'也；不遵而增襯字，名樂府者，自名之也。【德勝令】'綉'字、'怨'字，【殿前歡】八句、'白'字者，若以'綉'字是'珠'字誤刊，則'烟'字唱作去聲，為'沉宴裊珠簾'，皆非也。'呵呵、忺忺'者，何等語句？未聞有如此平仄、如此開合韻脚

① 原字不清，據瞿藏本補。

② 冒校記疑作"足"。

③ 原字不清，據瞿藏本補。

④ 原誤作"盲"，據瞿藏本、嘯餘本等改。

【德[①]勝令】；亦未聞有八句【殿前歡】。此自己[②]字之開合、平仄。句之對偶、短長，俱不知，而又妄編他人之語，奚足以知其妍媸歟？嗚呼！言語可不究乎？以板行謬語而指時賢作者，皆自為之詞，將正其己之是，影其己之非，務取媚於市井之徒，不求知於高明之士，能不受其惑者幾人哉！使真時賢所作，亦不足為法。取之者之罪，非公器也。韻脚用三聲，何者為是？不思前輩某字、某韻必用某聲，却云'也唱得'，乃文過之詞，非作者之言也。平而仄，仄而平，上、去而去、上，去、上而上、去者，諺云'鈕折嗓子'是也，其如歌姬之喉咽何？入聲於句中不能歌者，不知入聲作平聲也；歌其字，音非其字者，合用陰而陽，陽而陰也。此皆用盡自己心，徒快一時意，不能傳久。深可哂哉！深可憐哉！惜無有以訓之者！予甚欲為訂砭之文以正其語、便其作而使成樂府，恐起争端，矧為人之學乎？"

因重張之請，遂分平聲陰、陽及撮其三聲同音，兼以入聲派入三聲，如"鞞"[③]字，次本聲後，葺成一帙，分為十九，名之曰《中原音韻》，并起例

① "脚德"原空，據瞿藏本、嘯餘本、曲譜本等補。

② 原誤作"已"，據古一本、古二本改。

③ 嘯餘本、曲譜本、四庫本、山房本等作"碑"。鞞，見於《廣韻》支韻、紙韻、齊韻、迥韻，都不是入聲字；碑，見於《廣韻》支韻，也不是入聲字。戲曲本因此認為"恐均有誤"。"鞞"字或不誤。"鞞"與"韠、韡"通，是古時臣子朝覲或祭祀時遮蔽在衣裳前面的一種服飾。韠，《廣韻》質韻卑吉切："韠，胡服蔽膝。《説文》曰：'韍也，所以蔽前也，下廣二尺，上廣一尺，其頸五寸。一命縕韠，再命赤韠。'俗作韡。""韡"是入聲字。"韡"又與"鞞"通。《吕氏春秋·先識覽·樂成》："麛裘而韠，投之無戾。韠而麛裘，投之無郵。"畢沅校曰："韠字舊訛鞞。案：當作韠，與芾、韍、紱字同。"《明史·列傳第一百七十·儒林一》記録了晉江人蔡清（字介夫）的一則故事："正德改元，即家起江西提學副使。寧王宸濠驕恣，遇朔望，諸司先朝王，次日謁文廟。清不可，先廟而後王。王生辰，令諸司以朝服賀。清曰：'非禮也。'去蔽膝而入，王積不悦。"這裏的"蔽膝"當是"韠"或"韡"字義。而清初吳肅公所撰的《明語林·方正》恰有同樣的記録："江西諸司賀寧王壽，皆朝服。按察蔡介夫至，謂其屬曰：'是覲君之服而以朝王，非禮也。'去其鞞。"可見"鞞"字通"韠、韡"。因此，不能説底本、瞿藏本用"鞞"字是錯誤的。"鞞"字在起例部分又連續出現，如第6條："入聲派入平、上、去三聲，如'鞞'字次本韻後，使黑白分明，以别本聲、外來，庶便學者。有才者，本韻自足矣。"第7條："平聲如尤侯韻'浮'字、'否'字、'阜'字等類，亦如'鞞'字收入各韻平、上、去字下，以别本聲、外來，更不别立名頭。"若皆以錯誤論，實在勉强。另外，四庫本齊微韻"入聲作上聲"的"鞞畢蹕篳碧壁璧襞"小韻的首字即是"鞞"，其他各本皆作"必"。"必"為常用字，四庫本舍"必"用"鞞"，當不是篡改，恐另有所據。"韠"果與"鞞"通，"韠"正是幫母字，按《中原》體例當入"入作上聲"。

以遺之，可與識者道。是秋九日，高安挺齋周德清自序[①]

［羅宗信序］

世之共稱唐詩、宋詞、大元樂府，誠哉！學唐詩者，為其中律也；學宋詞者，止依其字數而填之耳；學今之樂府則不然。儒者每薄之。愚謂：“迂闊庸腐之資無能也，非薄之也；必若通儒俊才，乃能造其妙也。”其法：四聲無入，平有陰、陽，每調有押三聲者，有各押[②]一聲者，有四字二韻、六字三韻者，皆位置有定，不可倒置而逆施，愈嚴密而不容於忽易，雖毫髮不可以間也。當其歌詠之時，得俊語而平仄不協，平仄協語則不俊，必使耳中聳聽，紙上可觀為上，太非止以填字而已。此其所以難於宋詞也。

國初混一，北方諸俊新聲一作，古未有之，實治世之[③]音也。後之不得其傳，不遵其律，襯墊字多於本文，開合韻與之同押，平仄不一，句法亦粗，而又妄亂板行。某人號即某人名，分之為二；甲之詞為乙之作，似此太[④]多。感東道而欲報者，非詞人而有爵者併取之，列名於諸俊之前。公乎？私乎？詞乎？爵乎？徒惑後人，皆不得其正。遺山有云：“羸牸老羝之味也。”高安友人周德清，觀其病焉，編葺《中原音韻》并起例以砭焫之。

余因覘其著作，悉能心會，但無其筆力耳。乃正人語、作詞法，其[⑤]可秘乎？毋[⑥]使如《陽春》《白雪》，徒稱寡和[⑦]，而有不傳之嘆也。矧吾吉素稱文郡，非無賞音。自有樂府以來，歌詠者如山立焉，未有如德清之所述也。予非過言。争壽諸梓以廣其傳，與知音者共之，未必無補於將來。青原羅宗信序

① 嘯餘本、曲譜本、古一本、古二本作“書”。

② 原字不清，據瞿藏本補。

③ 原字不清，據瞿藏本補。

④ 原空，據瞿藏本補。

⑤ 原字不清，據瞿藏本補。

⑥ 原誤作“母”，據瞿藏本改。

⑦ 原字不清，據瞿藏本補。

［瑣非復初序］

余勳業相門，貂蟬滿座，列伶女之國色，歌名公之俊詞，備嘗見聞矣。如大德天壽賀詞【普天樂】云：“鳳凰朝，麒麟見，明君天下，大德元年。萬乘尊，諸王宴，四海安然。朝金殿，五雲樓，瑞靄祥煙。群臣頓首，山呼萬歲，洪福齊天。”音亮語熟，渾厚宮樣，黄鍾、大吕之音也。跡之江南，無一二焉。

吾友高安挺齋周德清，以出類拔萃通濟之才，為移[①]宫换羽製作之具。所編《中原音韻》并諸起例，平分二義，入派三聲，能使四方出語不偏，作詞有法，皆發前人之所未嘗發者；所[②]作樂府、回文、集句、連環、簡梅、雪花諸體，皆作今人之[③]所不能作者。略舉：回文“畫家名有數家嗔，人門閉却時來問”，皆往[④]復二意；《夏日》詞“蟬自潔其身，螢不照他人”，有古樂府之風；《紅指甲》詞“朱颜如退却，白首恐成空”，有言外意；俊語有“合掌玉蓮花未開，笑靨破香腮”；切對有“殘梅千片雪，爆竹一聲雷”，雪非雪，雷非雷，佳作也。長篇、短章悉可為人[⑤]作詞之定格。《贈人黄鍾》云“篇篇句句靈芝，字字與人為樣子”，其亦自道也。以余觀京師之目、聞雅樂之耳而公議曰：“德清之韻，不獨中原，乃天下之正音也；德清之詞，不惟江[⑥]南，實當時之獨步也。”然德清不欲矜[⑦]名於世，青原友人羅宗信能以具眼識之，求鋟諸梓。噫！後輩學詞之福[⑧]耳！西域拙齋瑣非復初序

① 原字只有左旁“禾”，據瞿藏本補。
② 原字不清，據瞿藏本補。
③ 原字不清，據瞿藏本補。
④ 原字左旁不清，據瞿藏本補。
⑤ 原字不清，據瞿藏本補。
⑥ 原字不清，據瞿藏本補。
⑦ 原字右半不清，據瞿藏本補。
⑧ 原誤作“楅”，據瞿藏本改为“福”。

中原音韻目録

一　東鍾（16）
二　江陽（17）
三　支思（19）
四　齊微（20）
五　魚模（24）
六　皆來（26）
七　真文（28）
八　寒山（29）
九　桓歡（30）
十　先天（31）
十一　蕭豪（32）
十二　歌戈（34）
十三　家麻（35）
十四　車遮（36）
十五　庚青（38）
十六　尤侯（39）
十七　侵尋（40）
十八　監咸（41）
十九　廉纖（42）

中原音韻

正語之本　變雅之端

高安挺齋周德清　輯

（一）東鍾

平聲

陰

東冬○鍾鐘中忠衷終○通蓪○松嵩○冲充衝舂忡搈艟穜翀种○邕噰雍○空悾○宗椶騣○風楓豐封葑峯鋒烽丰蜂○鬆憽[1]○匆葱聰驄囪煙突○蹤縱樅○穹芎傾○工功攻公蚣弓躬恭宫龔供肱觥○烘叿人聲轟薨○凶兇胷洶兄○翁鞥癰廱辟[2]壅泓[3]○崩綳○烹

陽

同筒銅桐峒童僮曈[4]瞳朣潼鼕○戎茙駥絨毦茸○龍隆癃窿○窮藭蛩卭笻○籠曨朧櫳瓏礲礱聾嚨○膿農儂○濃穠醲○重蟲慵鱅崇[5]○馮逢縫○叢藂琮○熊雄○容溶蓉鎔瑢庸傭鄘鏞墉融榮○蒙濛朦矇甍盲甿萌○紅䃔虹洪鴻宏紘横嶸弘○蓬篷芃髼彭棚鵬○從

---

① 原作“愡”，據趙校本、陸楊本改。“愡”為“憁”之俗體，《廣韻》千弄切，與“鬆”字不同音。憽，《廣韻》蘇公切，合此小韻音讀。

② 辟，當為“廱”字的注釋。《廣韻》鍾韻：“廱，辟廱，天子教宮。”

③ 泓，《廣韻》烏宏切，影母字，《中原》歸“翁”小韻，合乎音變規律。北京話xuŋ^{35}音當另有來源。

④ 曈，嘯餘本、四庫本、趙校本作“橦”。橦，《廣韻》徒紅切，與此小韻音合。本小韻或添“橦”字。

⑤ 古二本、朱琰本“崇”前有“○”，無“鱅”字。嘯餘本、古一本“崇”前有一空，亦無“鱅”字。此處有無“○”涉及古知莊章組聲母在《中原》中分合的問題。莊知$_{二}$組字、章知$_{三}$組字在《中原》中界限基本分明，所拼韻母有洪細之别，僅支思、東鍾兩韻相混。東鍾韻裏，知莊章組聲母普遍相混，故“重”與“崇”同小韻為規則音變。韻編本“重蟲鱅”在行末，“崇”在行首，是否同小韻，不能判斷，但“崇”後注“上一字方言”，説明韻編本“重”與“崇”也還有讀音的分别。

上聲

董懂○腫踵種冢○孔恐○桶統○[①]汞嗊○隴壟○箵[②]攏○洶詾○聳竦○拱鞏珙○勇擁涌踊慂永俑○蠓懵猛艋蜢○總○捧[③]○寵○冗○噥[④]○唪

去聲

洞動棟凍蝀○鳳奉諷縫○貢共供○宋送○弄哢礱○控空鞚○訟誦頌○甕齆韼○痛慟○衆中仲重種○縱從粽[⑤]○夢孟○用詠瑩○哄閧横○綜○迸○銃

(二)江陽

平聲

陰

姜江杠釭薑韁繮殭僵○邦掷[⑥]幫○桑喪○雙艭霜孀鸘驦○章漳獐樟璋彰麞張○商傷殤觴湯洪水○漿螿將○莊粧裝樁○岡剛鋼綱缸扛矼亢○康糠○光胱○當璫簹襠膛○荒慌肓○香鄉○鎊滂霶○腔跫蜣羗[⑦]○鴦央殃秧泱○方芳枋妨坊肪○昌猖娼菖閶○湯鏜○湘廂相箱襄驤[⑧]○搶鏘蹡○匡筐眶○汪尫○倉蒼○膓瘡○贓臧

① 原空，據瞿藏本、嘯餘本補“○”。

② 箵，《廣韻》東韻古紅切，與“攏”字音不合。冒校記、趙校本疑作“籠”。籠，《廣韻》董韻力董切，合此小韻音讀，似是。然“箵、攏”同音或從方音，黄侃《蘄春語》：“吾鄉為死者作齋，編竹為小匧以盛紙錢曰箵，而讀籠上聲，恒言箱匧，亦多曰箱箵。”

③ “捧”字不清，據瞿藏本、嘯餘本等補。

④ 噥，《廣韻》冬韻奴冬切、江韻女江切，皆平聲，非上聲音。《中原》或從俗音。

⑤ 粽，《廣韻》送韻作弄切，精母一等字。本小韻前兩字“縱從”為三等字。按《中原》體例，“粽、縱從”應有精組字一、三等韻母的區别，“縱從”應歸入後一小韻“綜”小韻。《中原》“粽、縱從”作同音處置，當是精母一、三等韻母合併。

⑥ 掷，瞿藏本、嘯餘本、彙選本、四庫本、朱琰本等作“梆”。掷，《正字通》：“俗搒字。”本小韻或可添“梆”字。

⑦ “羗”即“羌”之異體。

⑧ 驤，嘯餘本、彙選本、四庫本等作“瓖”。本小韻或可添“瓖”字。

陽

陽揚楊暘昜颺羊徉洋佯○忙茫邙芒鋩哤狵[1]厖○粮良凉綡輬梁粱量○穰禳瀼瓤○忘亡○郎榔廊螂稂浪琅狼○杭行頏航○昂卬○床幢撞[2]咊[3]○傍旁房龐逄○房防○長萇腸場常裳嚐償○唐搪瑭[4]糖堂棠○詳祥翔○牆檣嬙戕○黄潢簧鰉蝗皇篁凰惶艎遑隍○藏○强○娘○降○王○狂○[5]囊

上聲

講港鏹○養痒鞅○蔣獎槳○兩[6]魎○想鯗○蟒莽漭○爽塽○響蠁享饗夯○敞氅昶○壤穰○舫倣放訪昉○罔網輞○枉往○顙磉嗓○榜搒○倘帑○黨讜○掌長○朗○謊恍○仰○廣○沆沆瀣○髒○强○搶○賞晌

去聲

絳降洚虹糨强○象像相○亮諒量緉輛○瀁[7]恙煬養[8]樣怏鞅漾恙○狀壯撞○上尚餉○讓懷鑲○帳脹漲丈仗杖障墇瘴○巷向項○匠將醬

---

① “哤狵”原作“哤狵”，嘯餘本、古一本、古二本、四庫本、石山本作“宎狵”，朱琰本作“宎”。彙選本、謝刻本前字作“狵”，後字缺。内藤本作“呆狵”。“哤、狵”，字皆不正，當為“哤狵”之訛。哤、狵，《廣韻》江韻莫江切，與後字“厖”同音。宎，《廣韻》唐韻莫郎切，與小韻内“忙芒”等字同音。本小韻或可添“宎”字。

② 撞，石山本疑作“橦”。橦，《廣韻》江韻傳江切，合此小韻音讀。撞，《廣韻》有宅江切、直絳切平去二讀，此處當從平聲讀，今官話方言“撞”與“床”有音同者，“撞”字則不誤。本小韻或可添“橦”字。

③ 咊，嘯餘本、曲譜本、古二本、四庫本、朱琰本、内藤本、趙校本、石山本作“淙”。葉編本作“噇”，其後另有“淙”。《漢語大字典》認為“咊”與“噇”同。噇，《廣韻》江韻宅江切，與上字“撞”字同音。淙，《廣韻》江韻士江切，亦與上字“撞”字同音。“咊、淙”皆合此小韻讀音，本小韻或可添“淙”字。

④ 瑭，瞿藏本、曲譜本、彙選本、謝刻本、嘯餘本、葉編本、朱琰本、古一本、古二本等作“塘”。寧校本亦改作“塘”。瑭、塘，《廣韻》唐韻徒郎切，音同。“塘”字常用，本小韻或可添“塘”字。

⑤ 原空，據瞿藏本、嘯餘本等及音韻規律補“○”。

⑥ “兩”字不清，據瞿藏本等補。

⑦ “瀁”誤作“瀁”，嘯餘本、古一本、古二本、四庫本、朱琰本、石山本、冒校記、陸楊本、寧校本作“瀁”。

⑧ “養”誤作“養”。《字彙·食部》：“養，俗作養，非。養音眷。”

○唱倡暢悵鬯○創[1]刱○望忘妄○旺王○放訪○蕩宕碭當擋○浪閬○葬藏戇[2]○謗傍[3]蚌棒○炕亢抗○曠壙纊○晃[4]幌[5]況[6]貺○釀○[7]仰○喪○胖○行○愴[8]○誑○盎○戧○鋼○盪湯[9]

(三)支思

平聲

陰

支枝肢卮氏梔禧之芝脂胝○髭貲觜兹孳孜滋資咨淄諮姿秄[10]○眵鴟差○施詩師獅螄尸屍鳲蓍○斯撕[11]廝澌鷥颸思司私絲偲罳○雌

陽

兒而洏○慈鶿磁兹餈茨疵玼[12]茈[13]○時塒鰣匙○詞祠辭辤

上聲

紙砥底旨指止沚芷趾祉阯址徵咫○爾邇耳餌珥駬○此玼跐泚○史駛使弛豕矢始屎菌○子紫姊梓○死○齒

入聲作上聲

澁瑟音史○[14]塞音死

---

①⑧　陸楊本認為，"創"與"愴"兩小韻當從《韻會》《蒙古字韻》《中原雅音》合併。創、愴，《廣韻》漾韻初亮切，《中原》這兩小韻相距甚遠，似難同音。今有"愴"讀[ts'aŋ]、"創"讀[tʂ'uaŋ]的方言。《中原》或據此分辨二小韻。

②　戇，"戇"之俗體。戇，《廣韻》陟降切，知母，與"葬藏"等同音，可疑。

③　"傍"字左旁不清，據瞿藏本、嘯餘本等補。

④⑥　"晃幌、況貺"本作兩小韻，中間有"○"號。韻編本"晃"在上聲，與"謊"同小韻，無"況貺"小韻。陸楊本認為二者當同音，中間衍"○"號。許校本亦認為"○"號為傳抄之誤。晃幌，《廣韻》胡廣切，匣母養韻；況貺，《廣韻》許訪切，曉母漾韻。《中原》濁上已經變去，則二者當同音，疑因循舊韻書格局導致連出，當合併。

⑤　"幌"字不清，據瞿藏本、嘯餘本等補。

⑦　○，許校本認為為傳抄之誤，衍，"釀、仰"當同音。"釀"為娘母，"仰"為疑母，不當併。

⑨　"湯"字左旁不清，據瞿藏本、嘯餘本等補。

⑩　秄，《廣韻》止韻即里切，上聲，不符此處讀音，疑有誤。

⑪　"撕"原作"撕"，據彙選本、古一本、古二本等改。撕，字不正。撕，《集韻》支韻相支切，正與本小韻内"廝"字同音。

⑫　玼，原作"玼"，字可疑，據瞿藏本、嘯餘本等改。

⑬　"茈"字不清，據瞿藏本、嘯餘本等補。

⑭　"○"原缺，據瞿藏本、嘯餘本、四庫本等補。

去聲

是氏市柹侍士仕使示[①]謚蒔恃事施嗜豉試弑筮視噬○似兕賜姒巳汜祀嗣飼笥耜涘俟寺食思四肆泗駟○次刺莿○字漬牸[②]自恣胔髊○志至誌○二貳餌○翅[③]廁[④]

(四)齊微

平聲

陰

機幾磯璣譏肌飢笄朞箕[⑤]基雞稽[⑥]饑姬奇羈羇○歸圭邽龜閨規○虀齏擠躋○雖荽綏睢尿[⑦]○低堤磾眡氐羝○妻凄萋棲悽○西犀嘶○灰揮暉輝翬麾徽虺○杯悲卑碑陂○追騅錐○威偎隈煨○非扉緋霏騑餥菲妃飛○溪欺欹○希稀豨羲曦犧醯熹嘻僖熙○衣依伊醫鷖猗漪噫[⑧]○吹炊推[⑨]○醅披邳丕呸胚紕○魁[⑩]盔虧窺瑰[⑪]奎○笞癡郗蚩媸螭鴟絺○崔催衰榱○紕批鈚○堆鎚[⑫]○篦鎞[⑬]○知蜘○梯

---

① “示”字不清，據瞿藏本、嘯餘本等補。

② 牸，原作“拧”，字不正，據瞿藏本、嘯餘本改。

③④ “翅、廁”本作兩小韻。趙校本認為中間衍一“○”號，宜將二者歸併。許校本認為“○”號為傳抄之誤。彙選本兩字間無“○”。葉編本缺“○”號和後一“廁”字。陸楊本認為今“北方話區域内‘翅’與‘廁’同音常見”。“翅、廁”古音來源不同，官話方言或同音或不同音，如作兩小韻，則音系位置有衝突，宜合併。

⑤ 箕，趙校本校作“簊”。箕，《廣韻》居之切，符合此處音讀，無需改字。

⑥ “稽”字不清，據瞿藏本、嘯餘本等補。

⑦ 尿，寧校本以為不是《廣韻》奴弔切之“尿”字。《説文·尾部》：“尿，人小便也。”徐灝注箋：“今俗語尿‘息遺切’，讀若綏。”《六書故》亦作息遺切。

⑧ “漪噫”左旁皆不清，瞿藏本、陳印本、謝刻本、趙校本、葉編本等作“漪噫”。

⑨ 推，《廣韻》有尺隹切一讀，與“吹”等同音。然，本韻缺[t‘ui]音節，當讀他回切更妥，“推”前或當有“○”，為獨立小韻。

⑩ “魁”字右半不清，據瞿藏本、嘯餘本等補。

⑪ “瑰”字不清，據瞿藏本、嘯餘本等補。

⑫ 鎚，謝刻本作“鎚”。鎚，《廣韻》不載。鎚，《廣韻》灰韻都回切，與“堆”音同。北方有一種燒或烤的棒狀麵食方言有讀[tui]，其俗字為“鎚”，或是。

⑬ 鎞，原作“鎞”，字不正，瞿藏本、嘯餘本、古一本、古二本、四庫本、朱琰本等作“鎞”。

陽

微薇維惟[①]○黎黧犂棃藜瓈離璃籬醨纚离鸝驪麗狸蜊鼈鬠漓○泥尼臡○梅莓枚媒煤眉湄楣嵋麋縻醾㕻○雷檑纍壘羸○隋隨○齊臍○回徊廻○圍闈韋幃違嵬巍危桅爲○肥淝○奇騎琦碕萁期旗旂棊祈祁其畿衹耆鬐芪[②]岐麒琪蘄○奚兮畦携蹊○移扅兒鯢霓倪猊輗姨夷痍疑嶷鷖沂宜儀鵜彝貽怡眙飴圯頤遺虵○啼蹄提題醍綈稊○鎚垂陲○裴陪培皮○葵馗夔逵○池馳遲墀篪持○頹魋○脾疲比[③]毗羆○迷彌瀰○誰○摧○蕤

入聲作平聲

陽後同

實十什石射食蝕拾○直值[④]姪擲秩○疾嫉葺集寂○夕習[⑤]席襲○荻狄敵逖笛糴○及極○惑○逼○[⑥]劾○賊

去聲作平聲

陽[⑦]

鼻

上聲

迤[⑧]旖○尾亹○倚[⑨]椅錡扆偯螘矣已以苡顗擬艤○浼美○蟣幾己几麂

---

① 本小韻内，“微薇”為微母字，“維惟”為以母字。《中原》以母字多與影、云母字併為零聲母，僅此一處與微母混，可疑。韻編本作兩小韻，周氏或另有語音依據。

② 芪，誤作“芪”，據古二本、謝刻本、趙校本等改。芪，《廣韻》旨韻軄雉切，不合此小韻音讀。芪，《廣韻》巨支切，符合此小韻音讀。

③ “比”字不清，據瞿藏本、嘯餘本等補。

④ 值，寧校本以為不讀《廣韻》直吏切，當讀《集韻》逐力切。

⑤ 習，嘯餘本、曲譜本、古一本、古二本、四庫本、朱琰本、内藤本、石山本作“昔”。《中原》此小韻的字都來自古邪母字，而“昔”字係心母字，當在“入作上聲”，嘯餘本等誤。

⑥ ○，原缺，據瞿藏本、嘯餘本等及音韻規律補。

⑦ 全書“去聲作平聲陽”僅此一例，陸楊本認為佛經中“鼻”本作平聲讀，周德清“不必開此一例”。

⑧⑨ 許校本認為“迤”小韻與後面“倚”小韻同音，中間隔以“尾亹”，為傳抄之誤。楊校本將兩小韻合併。迤，《集韻》紙韻演爾切，可併入“倚”小韻。旖，《廣韻》紙韻墟彼切，則與“迤、倚”音不同，當併入“起”小韻。“迤”小韻為上聲第一個小韻，僅此兩個字，又非常用字，可疑。韻編本只有“倚”小韻。從音韻關係看，兩小韻當合併。

紀〇耻侈〇捶箠〇痞否嚭圮[1]秕〇鬼簋癸軌詭晷宄〇悔賄毁卉譭[2]燬虺〇妣比匕〇禮醴里裹理鯉娌李蠡履〇濟擠〇底[3]邸詆柢[4]觝〇洗璽枲徙屣〇起棨啓綮綺杞[5]豈〇米弭眯〇你旎禰[6]〇彼鄙〇喜蟢〇委猥唯隗葦偉〇壘磊儡蕾〇體〇腿〇蕊〇觜〇髓〇水〇餒

入聲作上聲

質隻炙織騭汁只[7]〇七戚漆刺〇匹闢僻劈〇吉擊激譤棘戟急汲給〇筆北〇失室識適拭軾飾釋濕奭〇唧積稷績跡脊鯽〇必[8]畢蹕篳碧壁璧襞〇昔惜息錫淅〇尺赤喫勑叱鶒〇的靮嫡滴〇德得〇滌[9]剔踢〇吸隙翕橄覡〇乞泣訖〇國〇黑〇一[10]

去聲

未味〇胃蝟渭謂䮹[11]尉慰緯穢衛魏畏餧位飫〇貴櫃餽愧悸桂檜膾鱠

---

① 圮，誤作“圯”，據古一本、古二本、趙校本改。瞿藏本、陳印本、嘯餘本、四庫本、朱琰本、謝刻本、葉編本作“圯”。圯，《廣韻》不載，音讀可疑。圯，《廣韻》之韻與之切，不合此小韻音讀。圮，《廣韻》旨韻符鄙切，合此小韻音讀。

② “譭”字中間不清，據瞿藏本、嘯餘本等補。

③ 底，誤作“厎”，據瞿藏本、嘯餘本、古一本、古二本、四庫本等改。厎，《廣韻》兩讀：職雉切、諸市切，皆不合此小韻音讀。底，《廣韻》都禮切，合此小韻音讀。

④ 柢，誤作“祇”，據瞿藏本、嘯餘本等改。

⑤ 杞，誤作“杷”。“杷”同“耙”，音讀不合。杞，《廣韻》墟里切，合此小韻音讀。

⑥ 禰，誤作“禰”，據瞿藏本、嘯餘本等改。禰，《廣韻》奴禮切，合此小韻音讀。禰，《龍龕手鑑》陟几切，不合此小韻音讀。

⑦ 只，寧校本以為不是《廣韻》章移切、諸氏切的音，當從《佩觿》的“欒只之只讀若質”之音。

⑧ 必，四庫本作“鞸”。“必”為常用字，四庫本舍“必”用“鞸”，當另有所據。

⑨ 滌，《廣韻》錫韻徒歷切，定母，按規律不當在“入聲作上聲”內，更不應與透母字“剔踢”在同一小韻。韻編本“滌”在行末，“剔踢”在行首，有半字左右空格，分合不好判定。《中原》“滌剔踢”在同一小韻，亦不能斷其錯誤。今方言中“滌、剔”同音者亦有之，《中原》或有其語音依據。如分立，與其前的“的”小韻衝突。

⑩ 一，陸楊本根據“《中原》中影母字除本韻的‘一’及魚模韻的‘屋沃’以外一律歸‘入聲作去聲’”這一規律，認定這裏的“一”在韻末，當是後加的。“一”為影母，全清。《中原》全清聲母歸上聲是一條規律，但影母特殊，它與次濁聲母一致，多歸去聲。“一”字在《中原》中分別歸入入聲作上聲、入聲作去聲，而韻編本“一”字只歸入聲作去聲。《中原》的安排或另有所據。

⑪ 䮹，古二本作“焆”，古一本作“騩”。冒校記認為字書無“䮹”字，疑當為“䱼”。“焆、䱼”同音，《廣韻》未韻于貴切，符合此小韻音讀。“騩”字不正。䮹，元胡祇遹小令中吕【快活三過朝天子】《賞春》：“蹇䮹山翁，輕衫烏帽，醉模糊歸去好。”隋樹森《全元散曲校勘記》：“䮹，明大字本《太平樂府》䮹作衛，瞿本作驢。”《爾雅翼·釋獸》：“驢，一名為衛。”“䮹”字不誤。

跪獪繪○吠沸費肺廢芾○會晦誨諱惠蕙慧潰闠○翠脆顇倅萃悴①淬焠○異裔義議誼毅藝②易翳瘞勩枻曳③瞖詣饐刈乂意劓懿○氣器棄憩契褉○霽濟祭際劑○替剃涕嚏○帝諦締弟娣第悌地遞蔕棣○背貝狽焙倍婢備避輩被弊幣臂髮詖忮④○利痢莉俐例唳戾沴離隸癘礪厲沴荔詈劙麗○砌妻○細壻○罪醉最○對隊碓兑○計記寄繫繼妓忮技髻偈忌季縊⑤騎既驥冀薊鱖○閉蔽畀笓斃嬖庇比秘陛賁○謎尜○睡税説瑞○退蜕○歲碎粹祟邃繸穗燧隧遂彗○墜贅綴縋懟○製制置滯雉稚致彘治智幟熾質○世勢逝誓○淚累酹擂纇纇誄耒磑⑥○配佩珮轡霈沛悖誖○妹昧媚魅袂瑁寐○戲系係○簣蕢揆○殢⑦膩泥○蚋芮鋭蜹⑧○吹⑨喙⑩○内

入声作去声

日入○覓蜜○墨密○立粒笠曆歷櫪瀝癧靂皪力栗○逸易埸⑪譯驛益溢

① 悴，嘯餘本、古一本、古二本、四庫本、朱琰本、内藤本、趙校本、石山本等作“粹”。粹，《廣韻》至韻雖遂切，當與後面“歲”小韻同音，韻編本、底本即在“歲”小韻。嘯餘本等置“粹”字於“翠”小韻（“歲”小韻重出），或是從俗音，或是誤改。

② “藝”字下半不清，據瞿藏本、嘯餘本等補。

③ 曳，誤作“曵”，據古一本、古二本改。“曵”為“曳”之訛，《正字通·曰部》：“曳，從申，丿聲，舒徐之意。俗加點作‘曵’，非。”

④ 忮，誤作“帔”，據嘯餘本、曲譜本、古二本、朱琰本、石山本改。古一本、古二本“詖”後有“忮”，“忮”後還有“帔”字，即多一字。帔，《廣韻》寘韻披義切，不合此小韻音讀。忮，《集韻》寘韻彼義切，合此小韻音讀。

⑤ 縊，《廣韻》寘韻於賜切、霽韻於計切，《中原》將其歸入“計”小韻，音理不通，當入“異”小韻。韻編本該小韻收字為“計記寄繫繼妓忮技髻偈忌季縊”，“縊”在韻末，或為獨立小韻，疑《中原》誤抄。

⑥ 磑，《廣韻》隊韻五隊切，不合此小韻音讀，按規律當入“胃”小韻。

⑦ “殢膩泥”為同一小韻。殢，《廣韻》有他計切、呼計切二讀，當入“替”小韻或“戲”小韻，不當與“膩泥”同小韻。韻編本“殢”獨立為一小韻，“泥”歸平聲陽，無“膩”字。《中原》或將“殢”字訓讀為“膩”字。

⑧ 蜹，誤作“焫”，據嘯餘本、曲譜本、古一本、古二本、四庫本、朱琰本、謝刻本、趙校本、石山本改。焫，《廣韻》如列切，不合此小韻音讀。蜹，《廣韻》以芮切，合此小韻音讀。

⑨ “吹”小韻，韻編本無。

⑩ 喙，《廣韻》雖有昌芮切一讀，但祭韻並無此字，《中原》置此，或另有根據。

⑪ “埸”字左旁不清。瞿藏本、陳印本作“埸”。四庫本、石山本作“場”。當據古一本、古二本、李校本作“埸”。埸，《廣韻》昔韻羊益切，合此小韻音讀。“場”字顯誤。埸，《廣韻》不載，字可疑。

鎰鷁液腋掖疫役一佾泆逆[①]乙邑憶揖射翊翼○勒肋○劇[②]○匿[③]

（五）魚模

平聲

陰

居裾琚鶋車駒拘俱○諸猪瀦朱姝株蛛誅珠邾侏○蘇酥穌甦○逋餔晡○樞樗攄○粗芻○梳蔬疏踈○虛墟噓歔歘吁○蛆趍○疽沮趄苴狙[④]睢○孤姑辜鴣酤沽蛄菰觚○枯刳○迂紆於○嗚汙烏○書舒輸紓○區軀驅嶇貙○須需鬚胥醑需繻○膚夫鈇玞趺敷麩孚鄜莩枹桴郛○呼○初○都○租

陽

廬閭驢臚蔞○如茹駕儒蕠襦繻[⑤]嚅濡○無蕪巫誣○模謨摸謀○徒圖菟屠荼途瘏駼塗○奴孥砮駑○盧蘆顱鱸轤艫櫨瀘罏爐○魚漁虞余餘竽于[⑥]畬雩與輿旟[⑦]璵舁妤歟譽愚盂隅禺臾榆愉俞覦毹瑜窬逾渝闍腴諛萸○吾浯鋙蜈珸吳梧娛鼯○雛鋤○殊茱銖洙○渠蕖磲籧劬瞿衢臞○除蜍滁篨厨蹰躕儲○扶夫蚨符芙鳧浮○蒲脯酺蒱○胡糊湖醐瑚鶘壺狐弧乎○殂徂○徐

---

① 逆，《廣韻》陌韻宜戟切，疑母字，或可歸入“匿”小韻。韻編本“逆、匿”同屬“逸”小韻，疑母字皆變零聲母，與《中原》審音不同。

② “劇”小韻按規律當歸入聲作平聲陽，陸楊本認為也許是錯字。劇，現在官話多讀去聲，亦有讀齊齒[i]者，不能斷言周氏歸併一定失誤。

③ “匿”與前“逸”小韻内之“逆”同為疑母字，《中原》“匿”讀n-母，“逆”讀零聲母，音變不規則。韻編本“匿、逆”皆入“逸”小韻。兩書審音有差異。

④ 狙，嘯餘本、古一本、古二本、四庫本、朱琰本、内藤本、石山本等作“蛆”。蛆，《廣韻》魚韻有子魚切、七余切兩讀。子魚切合此小韻音讀；七余切音已是前小韻“蛆”。狙，《廣韻》魚韻七余切，或可入前一小韻，與“蛆趍”同音，但據官话方言入“疽”小韻或不誤。

⑤ 繻，嘯餘本、古一本、古二本、四庫本、朱琰本、内藤本、石山本等作“孺”。孺，《廣韻》遇韻而遇切，去聲，不合此小韻音讀。

⑥ 于，嘯餘本、四庫本、朱琰本等作“予”，兩字皆合音讀，本小韻或可添“予”字。

⑦ “旟”誤作“旟”。謝刻本作“旟”。“旟、旟”字不正，當據葉編本、趙校本作“旟”。嘯餘本、曲譜本、古一本、古二本、四庫本、朱琰本、内藤本、石山本作“歈”，音合，本小韻或可添“歈”字。

入聲作平聲

獨讀牘瀆犢毒突纛○復佛伏鵩袱服○鵠鶻斛槲○贖[1]屬述秫術术○俗續○逐軸○族鏃○僕[2]○局○淑[3]蜀孰熟塾

上聲

語雨與圄圉齬敔禦愈羽宇禹庾○吕侶旅膂縷僂○主麈柱渚麈墅翥○汝乳○鼠黍暑○阻俎○杵楮褚[4]處杼[5]○數所○祖組○武舞鵡侮廡○土吐○魯櫓虜鹵滷○覩堵賭○古罟詁沽牯[6]蠱估鹽鼓瞽股羖賈○五伍午仵忤塢鄔○虎滸○補浦圃鵏○普溥譜○甫斧撫黼脯府俯腑父否○母某牡姥畝○楚礎憷○舉莒矩櫸○弩努○許詡○取○苦○咀○女○嶼○傴去

入聲作上聲

谷穀轂骨○蔌縮謖速○復福幅蝠腹覆拂○卜不○菊踘局廷[7]○笏忽○築燭粥竹○粟宿○曲麯[8]屈伸○哭窟酷○出黜畜○叔菽○督篤○暴撲

---

①③ "贖、淑"兩小韻重出，陸楊本認為當合。從古音看，"贖"小韻的幾個字"贖（船燭入通合三）屬（章燭入通合三/禪燭入通合三）述（船術入臻合三）秫（船術入臻合三）術（船術入臻合三）术（船術入臻合三）"與"淑"小韻的幾個字"淑（禪屋入通合三）蜀（禪燭入通合三）孰（禪屋入通合三）熟（禪屋入通合三）塾（禪屋入通合三）"的韻母來源上雖有交叉，但界限還是清楚的："贖"小韻既有通攝三等也有臻攝三等入聲字，但是"淑"小韻全部是通攝三等入聲字。這兩個小韻分辨的應是-u-與-iu-的不同。韻編本把"贖"小韻的"贖屬"歸入"淑"小韻，讀-u-，是正確的。周德清歸併有誤。

② 僕，"僕"之異體。

④ 褚，誤作"褚"。《正字通·示部》："褚，褚之譌。"嘯餘本、四庫本、古一本、古二本等作"緒"。緒，《廣韻》徐吕切，音讀不合，顯誤。

⑤ "杼"所在小韻"杵昌楮徹褚徹處昌"等皆讀送氣聲母，而"杼"為全濁聲母澄/船的上聲，按《中原》音變規律當讀不送氣去聲，此字疑有誤。

⑥ 牯，誤作"拈"，"拈"字音義來源不明，據嘯餘本、四庫本、古一本、古二本、朱琰本等改。

⑦ 寧校本認為本小韻內當據葉編本增"屈"字，起例第8條有："世之有呼'屈原'之'屈'為'屈伸'之'屈'，字同，音非也。因注其韻。"但各本皆无。另，"局廷"之"廷"是指"局"有處所義。

⑧ "麯"字左半不清，據瞿藏本、嘯餘本等補。

○觸束○簇○足[①]○[②]促[③]○禿○卒○蹙[④]○屋[⑤]沃兀

去聲

御馭遇嫗裕諭芋譽預豫○慮濾屨○鋸懼句據詎巨拒秬距炬苣踞屨絇具○恕庶樹戍豎署曙○覷趣娶○注澍住著柱註鑄畀炷駐紵苧貯竚○數疏○絮序敘緒○孺茹○杜妬肚渡鍍斁度蠹○赴父釜輔付賦傅富仆鮒賻訃拊婦附阜負○户扈護瓠互戽頀岵怙○務霧鶩戊○素訴塑遡泝嗉○暮慕墓募○路潞鷺輅露賂○故錮固顧雇○誤悞悟寤惡汚○布怖佈部簿哺捕步○醋措錯○做祚胙詛○兔吐○怒○鋪○處[⑥]○去○聚○助

入聲作去聲

祿鹿漉麓○木沐[⑦]穆睦没牧目鶩○録籙緑醁陸戮律○物勿○辱褥入○玉獄欲浴郁育鵒○訥[⑧]

（六）皆來

平聲

陰

皆堦階喈街偕楷稭○該垓荄陔[⑨]○哉栽灾○釵差○台胎駘哈[⑩]部○哀

---

①④ "足、促"本作一小韻，中間無"○"號，據韻編本、彙選本作兩小韻。足（精燭入通合三）、促（清燭入通合三），古音聲母來源不同，一讀ts，一讀ts‘。

② "○"原無，據韻編本、彙選本加。

③ 葉編本無"蹙"。許校本認為"促、蹙"二字同音，中間隔以"禿、卒"為傳抄之誤。陸楊本亦認為當合併。從音韻來源看，"促"清聲母、"蹙"精聲母，有送氣和不送氣的區别，不宜合併。"蹙"与"足"小韻音韻來源相同，據音系結構，兩小韻應當合併。

⑤ "屋沃"屬影母，"兀"字屬疑母，影疑母入聲作上聲，屬例外。影母與次濁入聲作去聲是《中原》的一般規律。陸楊本據王中州入聲作上聲不收此小韻，"屋"字正收在入聲作去聲内而認為《中原》這小韻在韻末，或後加。韻編本與王中州一致，只有入聲作去内有"屋"字。同齊微韻的"一"字一樣，周氏的這一歸類有違影母與次濁變化一致的規律，或另有語音依據。

⑥ "處"字不清，據瞿藏本、嘯餘本等補。

⑦ 沐，誤作"沭"，據嘯餘本、陳印本、四庫本、朱琰本等改。

⑧ "訥"後衍"○"號，删。

⑨ "陔"字不清，據瞿藏本、嘯餘本等補。

⑩ 哈，趙校本作"嗆"。嗆，《廣韻》海韻徒亥切，應讀陽平，不合此小韻音讀。哈，不讀《廣韻》哈韻呼來切，當讀《字彙·口部》湯來切音，是俗音。

埃唉○猜○挨○衰○腮○歪○開○揩○齋○乖○篩○揣

陽

來萊騋○鞋諧骸○排牌簰俳○懷淮槐褱瀤○埋霾○騃皚○孩頦○柴

柴犲儕○崖厓捱○才材財裁纔○臺薹擡儓苔炱籉○能

入聲作平聲

白帛舶○宅獏[①]澤擇○畫劃

上聲

海醢○逮詒紿○駭蟹○宰載○采彩採寀綵○靄藹乃[②]毐○奶乃○

㧟[③]○[④]拐[⑤]夬○凱鎧塏○揣○擺○矮○解○楷○買○改

入聲作上聲

拍珀魄○策册栅測跚[⑥]○伯百栢迫擘檗○骼革隔格○客刻○責幘摘

讁側窄仄昃簀迮○色穡索○摑○摔○嚇○則

去聲

懈[⑦]械薤解獬○寨豸瘵債蠆眦○態泰太汰○蓋丐○艾愛噫餲○捱隘

阨搤○柰奈耐鼐○害亥妎○帶戴怠迨待代袋大黛岱○戒誡廨解界

介芥疥届玠犗恝○外瞶○快噲塊○在再載○賣邁○賴籟瀨賚癩○

---

① 獏，古一本、古二本無，趙校本疑作“檡”。獏，《漢語大字典》：“‘白獏’，同‘白澤’。傳説中的神獸名。”據此，“獏”與“澤”通，音合，“獏”字不誤。

② 乃，寧校本以為不讀《廣韻》奴亥切之字，而讀起例第25條“略舉釋疑字樣”的“欸乃”（音襖靄，魚歌）的“乃”。韻編本“乃”字後注“欸乃”，即讀“靄”音。

③⑤ “㧟、拐夬”原為同一小韻。韻編本、王中州、陸楊本、趙校本分作兩小韻。寧校本認為“拐”不是《廣韻》求蟹切（《中原》應變去聲讀）之音，而是《韻學集成》卷七“騙”字注“《中原雅音》云拐騙，拐音柺”。柺，《廣韻》乖買切，上聲，與“㧟”小韻聲母不同。今作兩小韻處理。

④ “○”原無，據音理加。

⑥ 跚，趙校本疑作“跐”。戲曲本認為“跚”字不誤，元劇中“跚”同“躧”。寧校本認為此字非《廣韻》蘇干切之音，或為當時新造的形聲字。此字音讀待考。

⑦ “懈”与“瀣”原為兩小韻，韻編本不收“瀣”小韻。王中州將“瀣”併入“懈”小韻。陸楊本認為“瀣”小韻在韻末，或後加。許校本疑傳抄有誤，“瀣”與“懈”似當同音。“懈”小韻除“懈”字外，其他四字古音皆匣母上聲或去聲，當讀x母，僅“懈”字古隘切，見母，不規則混入x讀。瀣，《廣韻》有怪韻胡介切、代韻胡槩切两音。胡介切與“懈”小韻同音。胡槩切與“害”小韻同音。本韻音系結構無“瀣”小韻之位置。“瀣”小韻當併入“懈”小韻。

拜湃敗憊稗○莱蔡○曬灑煞[①]鎩○賽塞○恠○壞○慨○派○帥率○瀣[②]

入聲作去聲

麥貊陌驀脉○額厄客輵○搦[③]

(七)真文

平聲

陰

分紛芬氛汾○昏惛婚葷閽○因姻茵湮殷闉○申紳伸身○嗔瞋○春椿○詢荀○呑○暾○諄迍○逡皴○根跟○欣忻昕○氳煴○真珎振甄○新薪辛○賓濵鑌彬○坤髡○君麏軍皸均鈞○榛臻○莘詵○薰醺勳曛燻○鯤鵾裩[④]昆○温瘟○孫飧蓀搎[⑤]○尊樽[⑥]○敦墩燉○奔賁犇○巾斤筋○村○親○遵○恩○噴○哏○津

陽

隣燐鱗磷麟粼轔○貧瀕頻蘋顰嚬○民珉緡旻○人仁○倫綸掄輪淪○裙羣○勤懃芹○門捫○論崘○文紋聞蚊○銀誾齦垠寅夤嚚鄞○盆湓○陳臣塵娠辰晨宸○秦蓁○唇純蓴淳醇錞鶉○巡旬馴循○雲芸云紜耘匀員伍員，人名筠○墳焚棼○魂渾○豚屯飩臀○神○存蹲○痕○紉

上聲

軫疹診稹○肯懇墾齦○緊謹槿巹瑾○隱引蚓尹○閔憫泯愍敏○准

① 煞，寧校本以為不讀《廣韻》所八切，當讀《集韻》所介切。

② “懈”与“瀣”原為兩小韻，韻編本不收“瀣”小韻。王中州將“瀣”併入“懈”小韻。陸楊本認為“瀣”小韻在韻末，或後加。許校本疑傳抄有誤，“瀣”與“懈”似當同音。“懈”小韻除“懈”字外，其他四字古音皆匣母上聲或去聲，當讀x母，僅“懈”字古隘切，見母，不規則混入x讀。瀣，《廣韻》有怪韻胡介切、代韻胡槩切两音。胡介切與“懈”小韻同音。胡槩切與“害”小韻同音。本韻音系結構無“瀣”小韻之位置。“瀣”小韻當併入“懈”小韻。

③ “搦”後衍“○”號，删。

④ 裩，趙校本疑作“棍”。“裩”同“褌、幝”。褌、幝，《廣韻》魂韻古渾切，正讀見母，“裩”字不誤。

⑤ 搎，瞿藏本不清，嘯餘本、四庫本、曲譜本等作“猻”。“搎、猻”音讀皆合。本小韻或可添“猻”字。

⑥ 樽，原作“稕”，據瞿藏本、陳印本、嘯餘本、曲譜本、古一本、古二本、四庫本改。稕，《集韻》混韻粗本切，上聲，不合此小韻音讀。樽、尊，《廣韻》祖昆切，平聲，合此音讀。

準○刎吻○笱隼○允殞隕狁○本畚○閫壼咽[①]悃○窘困○哂蜃○牝[②]品○狠○不[③]○忍○盾[④]○撙○損○蠢○忖○粉○穩○衮○瞬[⑤]○儘

去聲

震陣振賑鎮○信訊迅贐燼○刃訒仞認○吝悋藺磷○鬢殯臏○腎慎○醞慍運蘊惲暈韻○盡晉進璡○忿分糞奮○近覲○櫬齔○印孕○峻浚殉噀○遜巽○俊駿○舜順○閏潤○問紊○頓囤鈍遁盾沌○悶懣○逩奔○訓○郡○困○噴○釁○論○混○寸○恨○嫩○褪○搵諢○趁疢[⑥]

(八)寒山

平聲

陰

山刪潸○丹單殫鄲簞○干竿肝玕乾○安鞍○姦奸間艱菅○刊看○關綸鰥擐○櫶[⑦]拴○斑班般扳頒○彎灣○灘攤○番蕃翻幡旛藩反○珊跚○攀○慳○赸○餐○跧○殷

陽

寒邯韓汗翰○闌蘭欄斕襴攔○還環鬟寰闤圜鐶○殘戔○閑鷳癇○壇檀彈○煩繁膰礬蟠帆樊凡○難○蠻○顏○潺○頑

上聲

反返坂○散傘繖○晚挽○板鈑○簡揀○産鏟剗○癉亶○赶[⑧]稈簳○坦

① “咽”字不清，據瞿藏本、嘯餘本等補。

② 牝，《廣韻》並母上聲，不應與“品”字同音，音讀可疑。

③ “不”小韻僅此一字，各本參差：瞿藏本、曲譜本、朱琰本同。嘯餘本、葉編本、四庫本、石山本誤作“不”。謝刻本作“不未然”，亦誤。古一本、古二本無此小韻。冒校記認為當作“笨”。許校本認為“近人汪經昌《中原音韻講疏》補‘笨’字，不當，存疑”。陸楊本認為是方音，粵語、客家方言皆有此字音。韻編本“不”與“腯”同小韻。腯，《集韻》混韻杜本切。清朱琰《陶説·陶冶圖説》有“白不”，並注“敦上聲。凡造瓷泥土，皆從此名。蓋景德土音也”。“敦上聲”音可從。

④⑤ “盾、瞬”作兩小韻，《韻會》《蒙古字韻》二者亦不同音，“瞬”在去聲。陸楊本認為或是誤出。盾，船準上臻合三；瞬，書稕去臻合三，按音變都應歸入去聲，“盾”全濁上聲不變去聲或為例外，“瞬”字歸上聲則不合音理。《中原》“瞬”字在韻末，或是周德清誤加。

⑥ “疢”後衍“○”號，删。

⑦ 櫶，通“栓”。

⑧ “赶”為“趕”字俗體，非《廣韻》巨言切之“赶”字音讀。

袒○罕○佷○懶○趲○綰○赧○盞琖○眼

去聲

旱悍銲漢翰瀚汗鼾骭○旦誕嘽彈憚但○萬蔓曼○嘆炭○案按岸犴旰閈喭○幹榦[①]○粲燦璨○棧綻組○盼襻○譔饌○渲[②]瀭○慢嫚謾○慣丱摜[③]○贊讚濽瓚酇○患幻宦擐豢○間澗諫覸○訕[④]疝汕○辦瓣扮絆○飯販畈範泛[⑤]范犯○限閬莧[⑥]○鴈贗晏鷃○看○爛○篡○散○難○腕

（九）桓歡

平聲

陰

官冠棺觀○搬般○歡讙驩貛獾○潘拚○端耑○剜豌蜿○酸狻○寬○鑽○湍○攛

陽

鸞鑾巒欒灤圞○瞞謾縵漫鞔饅𩅰鏝○桓[⑦]綄○丸刓蚖綄紈完貒岏○團摶漙慱○盤槃瘢磐鬆般鞶媻磻蟠胖弁幣○攢欑

上聲

館管痯琯脘○纂纘穳酇○欵○盥[⑧]澣[⑨]○滿懣○暖餪○椀○疃○卵○短

---

① 榦，誤作“幹”，據瞿藏本、四庫本、古一本等改。

② 渲，陸楊本認為與後一字“瀭”為異體。瀭，《集韻》數患切，屬生母；“渲”屬心母，不成異體。

③ 摜，誤作“樌”，據瞿藏本、嘯餘本、朱琰本等改。樌，《廣韻》换韻古玩切，一等，當入桓歡韻。摜，《廣韻》諫韻古患切，二等，合此處音讀。

④ “訕”字不清，據瞿藏本、嘯餘本等補。

⑤ “泛”字不清，據瞿藏本、嘯餘本等補。

⑥ 莧，誤作“莧”，據瞿藏本、嘯餘本等改。莧，《廣韻》桓韻胡官切，不合此小韻音讀。

⑦ “桓”與後一小韻“丸”兩小韻共十字，趙校本認為當重新分隔“桓綄丸綄紈完貒”七字為一小韻，“刓蚖岏”三字為一小韻。“桓、綄”桓韻匣母字，同音，讀x，當不誤。“丸綄紈完貒”等字雖為桓韻匣母，但已混入“刓蚖岏”等疑母字，當讀同零聲母。韻編本“桓綄”與“丸完紈”亦不同音。顯見當時共同語讀音“丸完綄”等字已類現在多數官話方言由匣母變為零声母。《中原》不誤，無需重新分隔。

⑧⑨ 《中原》“盥、澣”同小韻，韻編本“盥”在“館”小韻後，隔一“欵”小韻，“盥、澣”不同小韻。王中州有“澣”小韻，“盥”小韻歸“館”小韻。“盥”古音見母，“澣”古音匣母，不應同音。周氏此種合併處置，似有意為之，或另有其語音依據。

去聲

喚換煥渙緩逭奐○翫玩腕惋○鏝幔漫墁○竄爨攛躥[1]○斷鍛段○筭蒜○判拚○貫冠觀灌祼瓘鸛○半伴泮沜畔絆○鑽○亂○彖○愌

(十)先天

平聲

陰

先仙躚鮮○煎湔箋韉濺籛○堅肩甄○顛瘨巔○鵑涓娟蠲○邊籩編鞭鯿○喧暄萱塤諠○氈鸇饘饘邅旃栴○羶扇煽○專磚○千阡芊遷韆○軒掀祆[2]○煙燕胭咽嫣○牽愆褰騫○篇扁蹁偏翩○淵冤宛鵷鴛蜿○痊詮筌銓悛朘荃○宣揎瑄○川穿○圈○天○鐫

陽

連蓮憐○眠綿○然燃○廛躔纏禪蟬○前錢○田畋闐填鈿○賢絃弦舷懸[3]○玄○延筵鋋埏蜒緣妍言研焉沿[4]○乾虔○元黿圓員捐園圜袁猿轅原嫄源垣鉛鳶湲援○全泉○旋還璇○船傳椽○拳顴權鬈○胼駢軿便○聯攣○年○涎

上聲

遠阮苑畹○兖偃演堰[5]衍鼴○卷捲○鮮跣洗銑毨筅獮蘚癬○腆殄沴○蹇蹇繭筧挸齞○剪翦○撚輾碾讞○輦璉○臠孌○囀轉○貶扁匾艑緶○沔湎黽免冕勉俛眄○喘舛○闡蕆○典○顯○犬○淺○展○遣○吮○軟○選○諞

去聲

院願愿怨遠援○勸券[6]○見建徤[7]絹件○獻現憲縣○鞙眩絢○電殿甸

① 躥，誤作“蹿”，字不正，據嘯餘本、四庫本等改。

② “祆”誤作“祅”。祅，《廣韻》宵韻於喬切，不合此小韻音讀。起例第25條“略舉釋疑字樣”：“祆，音軒，胡神也。”《廣韻》呼煙切小韻：“祆，胡神，官品令有祆正。”當據改。

③ 懸，韻編本“懸、玄”同屬“賢”小韻。“賢絃弦舷”為古開口字，“玄懸”為古合口字，不應該在同一小韻。“懸”字或可歸入“玄”小韻。

④ 沿，即“沿”的俗體。

⑤ “堰”字不清，據瞿藏本、嘯餘本等補。

⑥ 券，誤作“券”，據古一本、古二本等改。

⑦ “徤”字左旁不清，據瞿藏本、嘯餘本等補。“徤”即“健”的異體。

佃鈿填闐靛奠○硯燕嚥[1]讌諺堰緣掾宴彥喭嬿○眷倦圈綣絹狷罥○面麪○片騙○變便遍徧辨辯卞汴弁○線羨霰○釧穿串○扇善煽鱔禪饍擅墠單○箭薦煎賤濺餞踐牮○鏇選旋漩○傳囀轉篆○戰顫纏○譴牽○練煉楝○戀

（十一）蕭豪

平聲

陰

蕭簫瀟蠨飍綃消銷宵霄硝蛸痟魈翛○刁貂琱彫鵰凋○梟鴞囂枵驍歊○梢捎弰筲旓髾鞘颵○嬌驕○蕉焦椒燋膲○標膘臕幖[2]杓飇○交蛟咬郊茭鮫膠教○包[3]胞苞○嘲抓啁○高篙膏羔糕槔皐櫜鼛○刀叨舠魛○騷搔艘臊繅颾○遭糟○鏖鑣爊○昭招朝○邀夭訞么喓腰妖要葽○飄漂○抛胞脬○絛掏饕叨滔韜慆○趫橇○哮虓[4]烋嗃詨○敲磽○抄謅○坳凹[5]○蒿薅○燒○褒○挑[6]○超○鍬○操

陽

豪毫號濠嘷○寮遼僚鷯憀聊○饒襓蕘○苗描緢○毛芼旄茅蝥猫髦○猱獶鐃呶怓撓譊○牢勞轑澇醪撈○迢髫蜩調條佻跳○潮朝韶鼂○遥搖謠瑤飆窯堯陶姚嶢○樵瞧譙○鼇聱嗷厫敖璈謷獒驁鷔遨熬磝○喬蕎橋僑翹○爻肴淆殽[7]○袍炮跑鞄匏咆庖○桃逃咷鼗[8]陶萄綯醄淘濤檮○曹漕槽嘈螬○瓢薸○巢漅

入聲作平聲

濁濯鐲擢○鐸度踱○薄箔泊博○學鷽○縛○鶴[9]涸○鑿○鑊[10]○着○芍杓

---

① "嚥"字不清，據瞿藏本、嘯餘本等補。

② "幖"字不清，據瞿藏本、嘯餘本等補。

③ "包"字不清，據瞿藏本、嘯餘本等補。

④ 虓，原作"○"，據瞿藏本、嘯餘本等改。虓，《廣韻》肴韻許交切，與"哮、嗃"正同音。

⑤ 凹，寧校本認為不是《廣韻》烏洽切之音，當從《集韻》於交切，是。

⑥ 挑，誤作"姚"，聲調不合，據瞿藏本、嘯餘本等改。

⑦ "殽"字不清，據瞿藏本、嘯餘本等補。

⑧ "鼗"字不清，據瞿藏本、嘯餘本等補。

⑨⑩ "鶴、鑊"作兩小韻，音理可疑，待考。

上聲

小篠謏○皎繳矯撟○梟鳥嫋褭○了瞭燎蓼○杳夭殀舀○遶繞嬈擾○眇淼杪藐淼○悄愀○寶保堡褓葆○卯昴○狡攪鉸姣筊絞○老栳獠潦藔[①]橑○腦惱碯嫍○掃嫂○殍漂僄剽勡○早棗澡藻蚤璪○倒島搗禱○杲藁縞鎬鄗槁○襖懊媼○考栲○挑窕○沼○少○表○巧○曉○飽○爪○炒○討○草○好○撓○齩○稍○剖○缶[②]

入聲作上聲

角覺脚桷○捉卓琢○斫酌繳灼○爍鑠爍○鵲雀趞○託拓槖[③]魄[④]飥柝○繂索摌○郭廓○朔稍○剝駮○爵○削○柞作鑿[⑤]○錯逪○閣各○壑熇○綽婥○謔○戳槊

去聲

笑嘯肖鞘○糶眺跳○釣弔寫調掉○豹爆瀑○抱報暴鮑鞄袌○竈皁造漕慥躁○料鐐廖罾療○傲奡鼇○趙兆照旐詔召肇○少紹邵燒○號皓好昊皡秏浩顥灝○道翿纛翿盜導悼蹈稻到倒○曜耀曜[⑥]要鷂○吅[⑦]轎嶠○醮噍○糙操造慥○俏峭誚○俵鰾驃○孝効傚校○窖校教覺珓鉸較酵[⑧]徼○罩笊棹○拗靿樂凹○貌冒帽耄眊茂○砲泡○告誥部○澇勞嫪○噪燥譟掃○妙廟○鬧淖○奧懊澳○鈔○竅○溺[⑨]○哨○覆

入聲作去聲

岳樂藥約躍鑰瀹○搙諾○末幕漠寞莫沫○落絡烙洛酪樂珞○萼鶚鰐惡愕○弱蒻箬○略掠○虐瘧

---

① 藔，誤作“撩”，字不正，據古一本、古二本、謝刻本、葉編本改。藔，《廣韻》盧晧切，合此小韻音讀。

② “缶”字不清，據瞿藏本、嘯餘本等補。

③ “槖”字不清，據瞿藏本、嘯餘本等補。

④ “魄”字不清，據瞿藏本、嘯餘本等補。

⑤ “鑿”字不清，據瞿藏本、嘯餘本等補。

⑥ “曜”字不清，據瞿藏本、嘯餘本等補。

⑦ 吅，即“叫”之異體。

⑧ 酵，原作“酘”，據瞿藏本、嘯餘本、曲譜本、四庫本等改。酘，《廣韻》肴韻胡茅切，不合此小韻聲調。酵，《廣韻》效韻古孝切，合此小韻音讀。

⑨ 溺，《廣韻》嘯韻奴弔切小韻“尿”字注：“小便也，或作溺。”起例第25條“略舉釋疑字樣”：“溺，奴料切，尿也，沛公溺儒冠。”“尿”字聲母當讀n-。

(十二)歌戈

平聲

陰

歌哥柯牁○科蝌窠○軻珂○戈過鍋○莎簑唆睃梭娑挲○磋瑳蹉瘥齹搓○他拖佗詑○阿痾○窩渦倭踒○坡頗○波玻皤番○呵訶○多○麽

陽

羅蘿籮儸囉鑼螺騾灑攞[1]蠡鑹[2]○摩磨魔劘[3]麽○梛[4]那挼儺○禾和○何河荷苛菏○駝紽陀迱跎鮀[5]酡[6]沱鼉馱○矬鹾○哦蛾娥峨莪[7]鵝俄○婆皤鄱膰[8]○訛吪

入聲作平聲

合盒鶴盍○跋[9]魃○縛佛○活鑊○薄[10]箔勃泊渤○鐸度○濁濯鐲○學○鑿○奪○着○杓

上聲

鎖瑣䅋○果裹蜾○裸[11]蠃攞夥[12]儸○舸哿○朵趓軃跢鬌○娜那○荷

---

① 攞，瞿藏本、嘯餘本、曲譜本等作“欏”，寧校本認為當從“欏”。《廣韻》歌韻魯何切小韻有“欏”，音合。攞，《廣韻》無，《集韻》歌韻有良何切，音合。“攞、欏”皆可，本小韻或可添“欏”字。

② “鑹”字不清，據嘯餘本、古二本、四庫本等作“鑹”。《廣韻》戈韻落戈切小韻有“鑹”字，正合此小韻音讀。

③ 劘，原作“劗”，據葉編本、古一本、古二本等改。《廣韻》戈韻莫婆切小韻有“劘”無“劗”。“劘”字是。

④ 梛，戲曲本誤認作“挪”。

⑤ 鮀，嘯餘本、古一本、古二本、四庫本等作“舵”。趙校本作“鉈”。“鮀、舵”音皆合，本小韻或可添“舵”字。“鉈”音不合，趙校本誤。

⑥ “鮀”字後瞿藏本、嘯餘本、古一本、古二本、四庫本、朱琰本、内藤本、謝刻本等還有一“酡”字。“酡”與“鮀”同音，本小韻當添“酡”。

⑦ 莪，原作“䓊”，寧校本認為“䓊”與“峨”重，當據韻編本作“莪”，是。

⑧ 膰，《廣韻》附袁切、《集韻》蒲官切，皆不合此小韻音讀，疑有誤。

⑨⑩ “跋”與“薄”不同小韻，韻編本歌戈韻只有“跋”小韻，没有“薄”小韻。《中原》的這種處理似乎顯示唇音聲母有開合口的對立，但全書僅此一見，其他各韻唇音全無開合對立，可疑，或是誤分。

⑪ 裸，誤作“棵”。“棵”字音讀不合，據嘯餘本、曲譜本、古一本、古二本、四庫本、朱琰本、趙校本、石山本等改。

⑫ 夥，《廣韻》果韻胡果切，不合此小韻音讀。夥，匣母上聲既不歸去聲，當入後面的“火”小韻。韻編本“夥”在“裸”小韻之后，似不在同一小韻。此字疑有誤，存疑。

歌○可坷軻○頗叵○婀○跛簸○我○左○妥○火○顆○嫷○脞

入聲作上聲

葛割鴿閤蛤○鉢撥跋○潑粕鏺○聒括○渴癗○闊[1]○撮○掇○脱○抹

去聲

賀荷襩[2]○佐左坐座○舵墮鬌惰剁垛駄大癉○銼挫剉莝磋○禍貨和○邏囉摞○簸播譒○磨麽○臥涴○糯懦那柰○箇个○餓○些○過○課○唾○破○嗑[3]

入聲作去聲

岳樂藥約躍鑰[4]○幕末沫莫寞○諾搦○若弱蒻○落洛絡酪樂烙○萼鶚鰐惡堊鄂○略掠○虐瘧

（十三）家麻

平聲

陰

家加跏珈笳枷袈迦痂葭豭麚佳嘉○巴疤笆豝芭○蛙洼窪哇媧蝸○沙砂紗鯊裟○查楂踏[5]吒○撾抓髽○鴉丫呀○叉杈靫差艖槎○誇夸○蝦○葩○花○瓜[6]

陽

麻蟆痲摩○譁划華驊○牙芽衙涯衙䆉○霞遐瑕○琶杷爬○茶槎搽○拏○咱

入聲作平聲

達撻踏沓○滑猾○狎轄鍩俠峽洽匣袷○乏伐筏罰○拔○雜○閘

上聲

馬媽○雅瘂○洒傻傻俏不仁○賈假斝○寡冎剮○奼詫○把○瓦○鮓○打

---

① “闊”字不清，據瞿藏本、嘯餘本等補。

② 襩，原作“㯍”，字不正，據葉編本、趙校本等改。

③ “嗑”後衍“○”號，删。

④ 鑰，趙校本疑作“瀹”。“瀹、鑰”同音，二字皆可，或可添“瀹”字。

⑤ 踏，趙校本疑作“蹅”。“踏”字不誤，王中州之沙切合此小韻音。蹅，《集韻》麻韻鉏加切，不合此小韻音讀。

⑥ “瓜”後衍“○”號，删。

○耍

入聲作上聲

塔獺榻塌○殺霎○劄扎①○哑匝○察②揷鍤○法發髮○甲胛夾○答搭嗒踏○颯撒薩靸○笈③○刮○瞎○八○恰④掐⑤

去聲

駕嫁稼價架假○凹窊⑥○跨胯髁○亞迓訝砑⑦娅○汊咤姹詫覩釋醜⑧○帕怕○詐乍榨褯⑨○下芐夏嚇罅暇厦○化畫華鱯樺話○那○罷覇欛靶壩鈀弝○卦掛○庘⑩傍屋○大○罵

入聲作去聲

臘蠟鑞拉糲辣○納衲○壓押鴨○抹○韈○刷⑪

(十四)車遮

平聲

陰

嗟罝○奢賒⑫○車○遮○爹○靴○些

---

① 扎，謝刻本、趙校本作"札"。"扎、札"同音，二字皆可，本小韻或可添"札"字。

②③ "察、笈"原作兩小韻，韻編本無"笈"小韻。《韻會》《蒙古字韻》二者同音。《廣韻》"察"音初八切、"笈"音楚洽切，二小韻音理上實無分別的理據，應合。

④ "恰"字不清，據瞿藏本、嘯餘本等補。

⑤ 掐，誤作"搯"，據四庫本等改。搯，《廣韻》土刀切，音不合。

⑥ 窊，寧校本認為當從《集韻》吾化切音。

⑦ 砑，本作"呀"，據瞿藏本、嘯餘本等改。呀，《廣韻》麻韻五加切，不合此小韻音讀。砑，《廣韻》禡韻五駕切，符合此小韻音讀。

⑧ 釋醜，謝刻本作"什醜"。冒校記認為"釋"應作"同"。覩，《廣韻》馬韻昌者切小韻："覩，醜覩。"《集韻》馬韻齒者切小韻："䩪，醜䩪，惡也，或省。"《韻會》馬韻："醜覩，惡也，本作䩪，今省作覩。""釋醜"即"義同醜"。

⑨ 褯，誤作"措"，據王中州、趙校本改。措，《廣韻》思積切，《字彙》七各切，皆不符合此小韻音讀。褯，《廣韻》鋤駕切，合此小韻音讀。

⑩ 庘，字形來歷不明。古一本作"庌"。《玉篇·广部》："庌，傍屋也。"《集韻》禡韻所嫁切："厦，傍屋也，或作庌。"據此，"庘"或即"厦"字。

⑪ 刷，韻編本不收，陸楊本據《中原》系統認為該字當入聲作上聲。本小韻只此一字，又在韻末，或後加。

⑫ 賒，即"賖"之異體。

陽

爺耶琊鎁呆[1]○斜邪○蛇佘[2]○俫[3]○瘸

入聲作平聲

協穴俠挾纈○傑竭碣○疊迭牒揲喋諜垤絰凸蝶跌○鐝撅○折舌涉○捷截睫○別○絕○葜[4]

上聲

野也冶○者赭○寫瀉○捨舍○惹若喏○撦哆○姐○且

入聲作上聲

屑薛紲泄媟褻爕[5]屧疶○切竊妾沏○結潔刼頰鋏莢○怯挈篋客○節接楫癤○血歇嚇蝎○闕缺闋○玦决訣譎蕨鴂○鐵餮帖貼○瞥撇○鼈別憋○拙輟○轍撤澈掣○哲褶摺折浙○設攝灄○啜○雪○說

去聲

舍社射麝貰赦○謝卸榭瀉○夜射○柘鷓炙蔗[6]○借藉○趄[7]○偖

入聲作去聲

捏聶躡鑷囓臬蘖○滅篾蔑○拽噎謁葉燁○業鄴額[8]○裂冽獵鬣列○月悅說閱軏越鉞樾蠛刖○熱○爇○劣

---

① 呆，韻編本與"爺耶琊鎁"作兩小韻，且入平聲陰。

② 佘，誤作"佘"，字不正，瞿藏本、内藤本、趙校本等作"佘"。

③ 俫，《廣韻》之韻里之切，不合此小韻音讀。韻編本歸入作平聲陽，與《中原》審音不同。《篇海類編》利遮切："俫，聲軟小皃。"與《中原》音合，當是俗音。

④ "葜"後衍"○"號，删。

⑤ 爕，誤作"爕"，據瞿藏本、嘯餘本等作"爕"。

⑥ 蔗，誤作"蔗"，據韻編本、葉編本改。蔗，《集韻》商署切，音讀不合。蔗，《廣韻》之夜切，合此小韻音讀。

⑦ 趄，趙校本認為是"趄"字別體。趄，《篇海類編》千謝切，音合。元曲常用"趄"字，王實甫《西厢記》第四本第四折："欹珊枕把身軀兒趄。"虞集《正宫·端正好·上高监司·十二月》："口將言而囁嚅，足欲進而趑趄。"趄，《廣韻》禡韻充夜切、遷謝切，亦合音讀。本小韻或可添"趄"字。

⑧ ○業鄴額，趙校本認為當與前"拽"小韻合併。許校本亦認為"業、拽"同音，"○"號為傳抄之誤。"業鄴額"皆為疑母字，"拽噎謁葉燁"為影、云、以母字，是ŋ-與零聲母的區別，《中原》不誤。

（十五）庚青

平聲

陰

京麖庚鶊賡更粳羹畊驚荆經兢矜涇○精睛[1]晶旌鶄菁○生甥笙牲猩○筝争○丁釘玎仃○扃坰○征正貞禎徵蒸烝○冰兵并○登簦毲甑燈○轟薨○憎曾矰罾增○鐺錚枨[2]琤撐瞠○稱秤赬檉蟶○英瑛鷹應膺櫻嬰嚶膺鸚纓瓔縈○輕坑卿誙硜罄傾鏗○馨興○青清鯖○聲升勝昇[3]陞○汀廳聽鞓鞓○星醒惺鯹腥騂○崩[4]繃○觥肱○甖○僧○亨○兄[5]○泓○烹

陽

平評萍枰憑馮凭屏瓶俜娉○明盟鵬名銘鳴冥溟瞑螟蓂○靈櫺醽麢令零苓伶聆鈴齡蛉泠瓴翎鴒陵淩菱綾凌○鵬朋棚○楞稜○層曾○能獰○藤滕騰縢䲢疼○莖恒○盈贏攍[6]瀛瑩[7]螢營迎蠅凝嬴○檠擎鯨黥勍○行形刑邢桁衡鉶珩硎○情晴晴繒○亭停婷廷庭蜓霆○瓊煢惸○澄呈程酲成城宬誠盛承丞懲乘塍○熒瞢○盲氓甍萌○横宏紘閎嶸鈜弘○橙棖棖○榮○寧○仍○繩○餳[8]

上聲

景儆璟檠[9]骾鯁綆梗警境頸耿哽[10]○頃檾○丙炳邴秉餅屏○惺醒省

---

① 睛，誤作“晴”，據瞿藏本、嘯餘本等改。

② 枨，誤作“狰”，據嘯餘本、曲譜本等改。狰，《廣韻》耕韻側莖切、静韻疾郢切，皆不合此小韻音讀。“枨”，《廣韻》耕韻楚耕切，合此小韻音讀。

③ “昇”字不清，據瞿藏本、嘯餘本等補。

④ “崩”字不清，據瞿藏本、嘯餘本等補。

⑤ “兄”字不清，據瞿藏本、嘯餘本等補。

⑥ “攍”字不清，據瞿藏本、嘯餘本等補。

⑦ 瑩，瞿藏本、嘯餘本、古一本、古二本、朱琰本等作“塋”。瑩，《廣韻》永兵切；塋，《廣韻》余傾切，皆合此小韻音讀。本小韻或可添“塋”。

⑧ “餳”字不清，據瞿藏本、嘯餘本等補。

⑨ 檠，原作“撽”，據瞿藏本、葉編本、内藤本、謝刻本改。檠，即“檠”之異體，《廣韻》居影切，音合。撽，即“擎”的異體，《廣韻》渠京切，聲調不合。

⑩ “哽”字不清，據瞿藏本、嘯餘本等補。

痏○影郢潁癭○省眚○礦鑛懭○憪冏○艋蜢○整拯○茗皿酩○騁逞○領嶺○鼎酊頂○艇挺莛町奵○冷○井○請○等○永○涬

去聲

敬徑俓經鏡獍竟競勁更○暎應膺凝硬○慶罄[①]磬罄謦○命暝○鄧凳嶝隥鐙[②]磴○迥詗敻○倩請○諍掙○正政鄭證○詠瑩○病並柄凭○令凌○聖賸勝乘剩盛○性姓○娉聘○佞濘甯○凈静穽甑靖凊[③]圊○杏幸倖脛興行○稱秤○定錠矴釘訂飣○贈○聽○迸○孟○横○撐○亘

（十六）尤侯

平聲

陰

啾揫湫○鳩鬮○搜[④]颼○鄒諏鯫陬騶緅○休咻貅庥○謳鷗漚甌歐區○鉤勾篝溝韝緱○兜篼○秋鰍鞧楸鞦鶖○憂幽優耰麀○脩修羞饈○抽瘳○周賙啁週洲州舟輈○丘坵○偷媮鍮○篘搊○溲[⑤]鎪餿○彪○收○齁○摳[⑥]

陽

尤蚰疣訧遊游蝣由油郵牛庮猷蕕輶猶繇猶楢悠攸○侯猴喉餱篌○劉留遛瘤榴鶹騮流旒○柔揉[⑦]鍒蹂輮○抔裒○繆矛眸鍪蝥牟麰侔○樓婁膢摟髏慺○囚泅○紬稠綢犨讎酬籌儔躊疇惆○求賕銶毬逑球俅仇梂裘虬○酋遒○頭投骰○愁

入聲作平聲

軸逐○熟

---

① “罄”字不清，據瞿藏本、嘯餘本等補。

② “鄧凳嶝隥鐙”五字不清，據瞿藏本、嘯餘本等補。

③ 凊，誤作“清”，據瞿藏本、嘯餘本、古一本、古二本、四庫本、朱琰本、謝刻本、内藤本等改。清，《廣韻》清韻七情切，不合此小韻音讀。凊，《廣韻》勁韻七政切，合此小韻音讀。

④⑤ “搜、溲”作兩小韻，韻編本平聲有“搜”無“溲”，“溲”在上聲。搜、溲，《廣韻》尤韻所鳩切，同音。但起例第21條“諸方語之病”尤侯韻有“溲有搜”之辨，則《中原》二者當不同音，當是s-與ʂ-之異。

⑥ “摳”後原衍“○”號，删。

⑦ 揉，誤作“怓”，據瞿藏本、嘯餘本等改。怓，《廣韻》豪韻奴刀切，不合此小韻音讀。揉，《廣韻》尤韻耳尤切，合此小韻音讀。

上聲

有酉牖羑友誘黝莠○柳罶飀○杻[1]狃紐鈕忸○丑醜○九韭久玖糾[2]灸疚○首手守○叟瞍藪○斗枓蚪陡抖○狗垢苟耇枸○藕耦偶嘔毆○摟嶁簍○肘箒酎○朽○酒○扻[3]○剖○吼○走○否○煣[4]○口○傷○憵[5]

入聲作上聲

竹燭粥○宿

去聲

又右佑祐狖宥柚[6]幼囿侑○晝呪胄紂宙籀咮○臼舅舊咎救柩廄究○受授綬壽獸首售狩○秀岫袖綉琇宿○嗽漱○皺驟○溜霤留餾鎦廇瀏窌○扣冦蔻○后逅候堠後厚○就鷲○豆脰竇鬪[7]逗○搆遘媾購姤彀詬勾○湊輳[8]甃○漏陋鏤瘻○謬繆○臭○嗅○瘦○僽○耨○奏○透○貿懋[9]

入聲作去聲

肉褥○六

（十七）侵尋

平聲

陰

針斟箴砧椹鱵瑊○金今衿襟禁○駸綅浸祲○深蔜○簪鮗[10]○森槮參

---

① 杻，趙校本作"扭"。《廣韻》有韻女久切有"杻、扭"，二字同音。本小韻或可添"扭"字。

② 糾，誤作"斜"，據四庫本改。斜，《集韻》他口切，音不合。

③ 扻，趙校本疑是"抳"。《龍龕手鑑·手部》將"扻"作"抵"的俗字，不合此小韻音讀。抳，《廣韻》不載，韻讀不明。楊校本、寧校本俱歸k'母細音，或為俗讀。

④ 煣，原空，瞿藏本、嘯餘本、四庫本等作"揉"。"揉"已見於平聲陽，或為"煣"之訛。煣，《廣韻》有韻人九切，合此小韻音讀。《集韻》有韻"煣，或作揉"，當以"煣"為正。

⑤ 憵，瞿藏本、嘯餘本、四庫本等誤作"憷"。《字彙補·心部》"憷"同"憯"，《廣韻》七感切，音不合。

⑥ 柚，原作"袖"，瞿藏本、陳印本同。據嘯餘本、曲譜本、王中州、古一本、古二本、内藤本、趙校本、石山本改。"袖"同"褶"，《玉篇·示部》："袖，古籀褶。"褶，《廣韻》力救切，音不合。

⑦ "鬪"字不清，據瞿藏本、嘯餘本等補。

⑧ "輳"字不清，據瞿藏本、嘯餘本等補。

⑨ "懋"後原衍"○"號，删。

⑩ 鮗，同"舲"，《廣韻》侵韻昨淫切，據規律當讀平聲陽，不應與"簪"（陰平）字同小韻。韻編本該小韻僅有"簪"字。《中原》或另有所據。

○琛賝郴○音瘖陰喑○心杺○欽衾嶔○侵○歆

陽

林淋琳痳霖臨綝箖○壬任紝鵀○尋潯鱘鐔燖鬵○吟淫崟婬霪蟫○琴芩禽檎擒噙○岑鵜鍖涔[①]霫○沉霃鈂湛○忱煁

上聲

廩懍凜○稔飪淰衽荏○審嬸沈瞫○錦噤○磣墋瘆○枕○飲○您○怎○寑

去聲

朕沈鴆枕○甚葚○任衽紝姙○禁噤澿矜○蔭廕窨飲恁○沁伈○浸祲○臨淋○滲罧○譖○譛○賃○啉○唔

(十八)監咸

平聲

陰

菴庵鵪醃唵諳○擔聃儋耽湛酖躭[②]○監緘椷○堪龕戡弇○三鬖[③]毵○甘柑疳泔○杉衫○貪探○參驂○憨酣○簪篸謄鐕○嵌[④]鴿[⑤]○詀譫[⑥]○渰○攙

陽

南諵喃楠男○咸醎諴函銜嗛○婪爁燣藍籃嵐○覃潭談餤譚燂[⑦]藫曇痰○蠶慚○含涵邯○讒毚饞鑱劖巉○巖岩○喒

① “涔”字不清，據嘯餘本、曲譜本、四庫本補。涔，《廣韻》侵韻鋤針切，正合此小韻音讀。

② 躭，誤作“耽”，與前一“耽”字重，據嘯餘本、古一本、古二本、四庫本、朱琰本、趙校本、石山本等改。

③ “鬖”字不清，據瞿藏本、嘯餘本等補。

④⑤ “嵌、鴿”原作兩小韻，瞿藏本、嘯餘本、内藤本、趙校本、石山本同。謝刻本缺“○鴿”。趙校本、陸楊本、許校本合併為一個小韻。“嵌、鴿”古音同，《廣韻》咸韻苦咸切，兩小韻當併。

⑥ 譫，誤作“嘶”。古一本作“譫”。古二本作“嶄”。葉編本缺此字。趙校本疑是“嶄”或“嶃”。《漢語大字典》認為“嘶”同“囋”，才赞切，不合此小韻音讀。“嶃、嶄”崇母字，當讀平聲陽，亦不合此小韻音讀。譫，《集韻》鹽韻之廉切，音合，古一本是。

⑦ “燂”字不清，據瞿藏本、嘯餘本等補。

上聲

感鱤噉敢○覽攬欖爦○膽礴[1]紞○慘黲○揞[2]晻菴○喊㺂○毯禫[3]倓萏窞○減鰜○坎[4]砍[5]○昝歜○俺[6]○糝○黯[7]○斬○腩[8]

去聲

勘[9]磡○贑淦紺○憾撼頷琀菡唅[10]○淡啖惔擔○轞檻艦餡陷○濫醠纜糮[11]○瞰[12]嵌闞○蘸站賺湛○鑑監○暫蹔㜞揝○暗闇○三○探○湳○慘○儳

(十九)廉纖

平聲

陰

瞻詹占粘沾霑○兼縑鶼鰜○淹腌醃稖閹猒懕○纖銛憸暹纖○僉塹籤○襜韂覘○杴忺○尖漸殲○掂[13]○苫○謙○添

---

① "礴"字不清,據瞿藏本、嘯餘本等補。

②⑥⑦⑧ 《中原》"揞、俺、黯、腩"四小韻分立,互有間隔。從古音來源看,揞,影開一;俺,《正字通》安敢切,即影開一;黯,影開二;腩,泥開一。"揞、俺"無分別條件,或許"俺"字從官話俗音讀ŋ-聲母。黯,讀有-i-介音的韻母。腩,當讀n-聲母。這樣,四小韻的對立如下:揞am:俺ŋam:黯iam:腩nam。

③ "禫"字不清,據瞿藏本、陳印本、古一本、古二本、朱珓本、内藤本、趙校本、石山本等補。禫,《廣韻》感韻徒感切,與同小韻的"倓萏窞"等皆為定母上聲字。本小韻按規律應變去聲,讀上聲屬例外。

④⑤ "坎、砍"原作兩小韻,韻編本、王中州、《韻會》《蒙古字韻》"砍、坎"同音。砍,《篇海類編》苦感切,與"坎"同音。當是周德清誤分。

⑨⑫ 《中原》"勘"與後面"瞰"作兩小韻,《韻會》《蒙古字韻》同音。陸楊本認為當合。"勘"小韻的兩字皆為一等字,"瞰"小韻的"瞰闞"皆為一等,"嵌"字為二等。這兩小韻似是要辨别喉牙一、二等的不同。然而"瞰"小韻内二等字與一等字混,不像對立的樣子。這應是一等字類化為二等字。可將"勘"歸洪音,"瞰"歸細音。

⑩ 唅,誤作"啥",據瞿藏本、嘯餘本等改。

⑪ 糮,古二本、朱珓本作"欖"。糮,《廣韻》不載,字不正,疑有誤。欖,《廣韻》盧敢切,上聲,音不合。待考。

⑬ 掂,原作"椃",字不正,據瞿藏本、嘯餘本等改。

陽

廉簾臁奩帘○鮎黏拈○挦燖○鈐鉗黔○蟾幨[①]○壛炎閻簷嚴○甜恬○髯○潛○嫌

上聲

掩魘靨埯奄晻崦琰剡○撿鐮臉[②]○歛臉○染苒冉○閃陝○忝餂○險譣○颭○點○謟

去聲

艷焰厭饜驗灩釅菴○贍苫○欠芡歉○玷店菧墊○瀲歛[③]殮○念艌○劒儉○僭漸○塹茜嬱○染○占○韂[④]

① 幨，原作“憺”，据王中州、寧校本等改。憺，定母字，不合此小韻音讀。幨，《廣韻》鹽韻處占切，合此小韻音讀。

② “臉”與後一小韻内的“臉”字不同，當讀如起例第25條“臉，桃腮杏臉則呼為檢”之音。

③ 古一本、古二本、四庫本等作“斂”。《漢語大字典》認為“歛”同“斂”。

④ 韂，原作“艪”，據嘯餘本、彙選本、四庫本等改。艪，字不正。“韂”，《廣韻》豔韻昌豔切，合此小韻音讀。

中原音韻正語作詞起例

（1）——《音韻》不能盡收《廣韻》，如“崆峒”之“崆”、“鹗鶚”之“鹗”、“倥傯”之“倥”、“鵓鴿”之“鵓”字之類，皆不可施於詞之韻脚，毋譏其不備。

（2）——“龐涓”呼為“龐堅”，“泉堅堅而始流”可乎？“陶淵明”呼為“陶煙明”，“魚躍于煙”可乎？“一堆兒”為“一醉平聲兒”，“捲起千醉平聲雪”可乎？“羊尾子”為“羊椅子”，“吴頭楚椅”可乎？“來也未”為“來也異”，“辰巳午異”可乎？此類未能從命，以待士夫之辨。

（3）——余與清原[①]曾玄隱言：“世之有呼‘屈原’之‘屈’為‘屈伸’之‘屈’，字同，音非也。因注其韻。”玄隱曰：“嘗聞前輩有一對句，可正之：‘投水屈原終是屈，殺人曾子又何曾？’明矣。”

（4）——平、上、去、入，四聲。《音韻》無入聲，派入平、上、去三聲。前輩佳作中間，備載明白，但未有以集之者，今撮其同聲。或有未當，與我同志改而正諸。

（5）——入聲派入平、上、去三聲者，以廣其押韻，為作詞而設耳，然呼吸言語之間還有入聲之别。

（6）——入聲派入平、上、去三聲，如“鞞”[②]字次本韻後，使黑白分明，以别本聲、外來，庶使[③]學者有才者本韻自足矣。

（7）——平聲[④]如尤侯韻“浮”字、“否”字、“阜”字等顃，亦如“鞞”字，收入各韻平、上、去字下，以别本聲、外來，更不别立名頭。

（8）——《中原音韻》的本内“平聲陰如此字、陽如此字”，蕭存存欲鋟梓以啓後學，值其蚤逝。泰定甲子以後，嘗寫數十本，散之江湖，其韻内

---

① “清原”或為“青原”之誤。“青原”為江西吉安之地名，“清原”是何处地名待考。

② 鞞，嘯餘本、四庫本等作“碑”字。起例第7條也作“鞞”，不似誤筆。可參見周德清序之“鞞”字校語。

③ 使，陸志韋（1946）、寧校本改作“便”字。從文意看，似不必。

④ “平聲”或為“三聲”之誤，“浮、否、阜”等字分别為平、上、去聲。

平聲“陰如此字、陽如此字、陰陽如此字”。夫一字不屬[①]陰則屬[②]陽，不屬陽則屬陰，豈有一字而屬陰又屬陽也哉[③]？此蓋傳寫之謬。今既的本刊行，或有得余墨本者，幸毋譏其前後不一。

（9）——分别陰、陽二義，熟看諸序。

（10）——東鍾韻三聲[④]内“轟”字，許與庚青韻出入通押。

（11）——《音韻》内每空是一音，以易識字為頭，止依頭一字呼吸，更不别立切脚。

（12）——《漢書》“東方朔滑稽”，“滑”字讀為“骨”；“金日磾”，“日”字讀為“密”。諸韻[⑤]皆不載，亦不敢擅收，况不可押於韻脚，姑録以辨其字音耳。

（13）——《漢書》“曹大家”之“家”字，讀為“姑”，可押，然諸韻不載，亦不敢擅收，附此以備採取。

（14）——《廣韻》入聲緝至乏，《中原音韻》無合口，派入三聲亦然。切不可開合同押。《陽春白雪集》【水仙子】：“壽陽宫額得魁名，南浦、西湖分外清，横斜疎影牕間印，惹詩人説到今。萬花中先綻瓊英。自古詩人，愛騎驢踏雪，尋凍在前村。”開合同押，用了三韻，大可笑焉。詞之法度全不知，妄亂編集板行，其不耻者如是，作者緊戒。

（15）——逐一字解註《中原音韻》，見行刊雕。

（16）——齊微韻“璽”字，前輩《剮王莽》傳奇與支思韻通押。

（17）——有客謂：“世有稱‘往’為‘網’、‘桂’為‘寄’、‘羨’為‘選’、‘到’為‘豆’、‘叢’為‘從’。”此乃與稱“陶淵明”之“淵”字為“煙”字之所同也。

（18）——亳州友人孫德卿長於隱語，謂：“《中原音韻》三聲，乃四海所同者，不獨正語作詞。夫曹娥義社，天下一家，雖有謎韻，學者反被其

① “屬”字原無，據瞿藏本、嘯餘本、曲譜本等補。

② “屬”字前、“則”字後原空一字。

③ “哉”字不清，據瞿藏本、嘯餘本等補。

④ 三聲，或為“平聲”之誤。“轟”字《中原》内僅讀平聲陰，無上、去讀法。

⑤ “諸韻”雖所指不明，但説明周德清寫作時參考過前人韻書。寧校本：“滑音骨，《廣韻》《集韻》《古今韻會舉要》載，《禮部韻略》《五音集韻》不載。日字讀為密、家字讀為姑，以上五韻均不載。”

誤，半是南方之音，不能施於四方，非一家之義。今之所編，四海同音，何所往而不可也？詩禪得之，字字皆可為法。”余曰：“嘗有此恨。竊[①]謂言語既正，謎字亦正矣。從葺《音韻》以來，每與同志包猜，用此為則。平、上、去本聲則可；但入聲作三聲，如平聲‘伏’與‘扶’、上聲‘拂’與‘斧’、去聲‘屋’與‘誤’字之類，俱同聲，則不可。何也？入聲作三聲者，廣其押韻，為作詞而設耳，毋以此為比，當以呼吸言語還有入聲之别而辨之可也。”德卿曰：“然。”

（19）——“歡娱”之“娱”《廣韻》音愚，四海之人皆讀為“吴”；“提撕”之“撕”《廣韻》音西。四海之人皆讀為“斯”。有誚之者，謂讀白字，依其邊傍字音也。“犁牛之子[②]騂且角”之“騂”《廣韻》息營切，音星[③]字而讀為“辛”，却依其邊傍字音。誚之者而不誚之，蓋知其彼之誤而不知此之謬。前輩制字，有云“日、月象形，江、河諧聲，止戈為武”，如此取義，“娱、撕”二字依傍有“吴、斯”讀之，又何害於義理，豈不長於傍是“辛”而讀為“星”字之音乎？

（20）——余嘗於天下都會之所，聞人間通濟之言：“世之泥古非今、不達時變者衆。呼吸之間，動引《廣韻》為證，寧甘受鴂舌之誚而不悔。亦不思混一日久，四海同音，上自縉紳講論治道及國語翻譯、國學教授言語，下至訟庭理民，莫非中原之音。不爾，止依《廣韻》呼吸，上、去、入聲姑置未暇殫述，略舉平聲，如‘靴’許戈切在戈韻，‘車、邪、遮’却在麻韻，‘靴’不協‘車’，‘車’却協‘麻’；‘元、暄、鴛、言、褰[④]、焉’俱不協‘先’，却與‘魂、痕’同押；‘煩翻’不協寒山，亦與魂痕同押[⑤]。‘靴’與‘戈’、‘車’與‘麻’、‘元’與‘痕’[⑥]、‘煩’與‘魂’其音何以相著？‘佳、街’同音，

---

① 竊，誤作“切”，據四庫本、冒校記等改。

② 子，誤作“字”，據瞿藏本、嘯餘本、四庫本、曲譜本等改。語出《論語·雍也》：“犁牛之子騂且角，雖欲勿用，山川其舍諸？”

③ 原注“《廣韻》息營切，音星”誤置後字“字”下，當移至“騂”字後。

④ 褰，《廣韻》去乾切，仙韻開口字。寧校本根據前後幾個字的聲母、開合次序等判定此處當為元韻平聲曉母開口字“軒”，或是。

⑤ “‘煩翻’不協寒山，亦與魂痕同押”一句原無，據瞿藏本、嘯餘本等補。補後文義方完整。

⑥ 痕，原作“煩”，據寧校本改。

與‘皆’同押，不協‘咍’，‘咍’却與‘灰’同押；‘灰’不協‘揮’、‘杯’不協‘碑’、‘梅’不協‘麋’、‘雷’不協‘羸’，必呼‘梅’為‘埋’、‘雷’為‘來’，方與‘咍’協。如此呼吸，非鴂舌而何？不獨中原，盡使天下之人俱為閩浙[1]之音，可乎？切[2]聞《大學》《中庸》，乃《禮記》中語，程子取為二經，定其闕疑，如‘在親民’之‘親’字，當作‘新’字之類是也。聖經尚然，況於韻乎？合於四海同音，分豁而歸併之，與堅守《廣韻》方語之徒，轉其喉舌，換其齒牙。使執而不變，迂闊庸腐之儒，皆為通儒；道聽途説，輕浮市廛之子，悉為才子矣。”余曰：“若非諸賢公論如此，區區獨力，何以争之！”

（21）——依後項呼吸之法，庶無“之、知”不辨，“王、楊”不分及諸方語之病矣。

東鍾

宗有蹤　松有鬆　龍有籠　濃有膿　隴有攏[3]
送有訟　從有綜

江陽

缸有釭　桑有双　倉有牕　糠有腔　贓有粧
楊有王　杭有降　强有狂　藏有床　磉有爽
網有往　讓有釀　葬有狀　唱有丈　胖有傍

支思

絲有師　死有史

齊微

知有之　癡有眵　恥有齒　世有市　智有志以上三聲係與支思[4]分別
篦有杯　紕有坯　迷有梅　脾有裴　米有美　妣有彼
謎有媚　閉有避以上三聲，本聲自相分別

魚模

蘇有疎　粗有初　吴有胡　殂有鶵　祖有阻　櫓有弩

① 閩浙，誤作“閩海”，見起例第23條“閩海”校语。
② “切”字，或為“竊”字之誤。
③ 攏，原作“櫳”。寧校本認為“櫳”字在陽平，當作“攏”。寧校本是。
④ 思，誤作“絲”，據瞿藏本、嘯餘本改。

素有數　措有助

皆來

猜有差　灾有齋　才有柴　孩有鞋　海有駭　採有揣
凱有楷　太有大　捱有艾　賽有曬

真文與庚青分別

真有貞　因有英　申有升　嗔有稱　欣有興　新有星
賓有冰　君有扃　榛有箏　莘有生　薰有兄　鯤有觥
温有泓　奔有崩　巾有驚　親有青　恩有罌　噴有烹
哏有亨　津有精　昏有轟　隣有靈　貧有平　民有明
仁有仍　裙有瓊　勤有擎　門有萌　銀有嬴　盆有棚
塵有成　秦有情　雲有榮　神有繩　痕有莖　紉有寧
魂有横　緊有景　引有影　衮有礦　窘有炯　軫有整
閔有茗　儘有井　允有永　敬有近　印有暎　訓有迥
鎮有正　運有詠　鬢有病　吝有另　慎有聖　信有性
盡有净　釁有興　趁有稱　遴有迸　悶有孟　混有横
襯有撑

寒山

珊有山　殘有潺　趲有盞　散有疝

桓歡

完有頑[1]　官有關　慢有幔　患有綏　慣有貫

先天

年有妍　碾有輦　羨有旋

蕭豪

包有褒　飽有保　爆有抱　造有造上音皁，下音操

歌戈

鵞有訛　和有何　過有箇　薄有箔

---

① 頑，原作“岏”。寧校本認為當是“頑”之訛。“完、岏”在《中原》屬同一小韻，皆桓韻字，都為零聲母，無辨析的意義。“頑”為删韻字，屬寒山韻，正是“完”區分的对象。寧校本是。

家麻

查有咱① 馬有麽② 罷有怕

車遮

爺有衙 也有雅 夜有亞

庚青與真文分別

尤侯

溲有搜 走有㑳 叟有獀 嗽有瘦 奏有皺

侵尋③

針有真 金有斤 侵有親 深有申 森有莘 琛有嗔
音有因 心有辛 歆有欣 林有隣 壬有人 尋有信
吟有寅 琴有勤 沉有陳 忱有神 稔有忍 審有哂
錦有緊 枕有瑱④ 飲有引 朕有鎮 甚有腎 任有認
禁有近 蔭有印 沁有信 浸有進

監咸⑤

菴有安 擔有單 監有間 三有珊 貪有灘 酣有邯
南有難 咸有閑 藍有闌 談有壇 岩有顔 感有捍⑥
覽有懶 膽有癉 毯有坦 減有簡 坎有侃 斬有盞
勘有看 淦有幹 憾有漢 淡有旦 陷有限 濫有爛
賺有綻 鑑有澗 暗有按 探有炭

① 查有咱，寧校本認為“查、咱”聲調不同，疑誤。此處重在强調“查”与“咱”聲母不同，“查”讀tʂ，咱讀ts，聲調不是重點。

② “馬、麽”聲調不同，寧校本疑是“媽有嬤”。此處重在强調“馬”與“麽”是家麻與歌戈的不同，聲調不是重點。

③ 冒校記以為“侵尋”下當注“與真文分別”。

④ 瑱，冒校記、寧校本改作“稹”。“枕”（章沁去深開三）與“瑱”（知震去臻開三）聲母、声调相同，辨別的正是-m尾與-n尾，不必改字。

⑤ 冒校記以為“監咸”下當注“與寒山分別”。

⑥ 捍，寧校本認為“捍”當改作“稈”。“捍”字不誤，“捍”通“擀、桿”，正是平聲。明朱有燉《豹子和尚自還俗》：“今日捍了些麵，請出魯婆婆來，着我女兒伴着吃些麵咱。”“捍”又同“桿”，作量詞。《西游記》第三回：“龍王又着鮊太尉領鱔力士擡出一捍九股叉來。”

廉纖[1]

詹有氈	兼有堅	淹有煙	纖有先	僉有千	忺有掀
尖有煎	掂有顛	謙有牽	添有天	撏有涎	鉗有虔
簾有連	粘有年	甜有田	髯有然	蟾有纏	鹽有延
潛有前	嫌有賢	臉有輦	染有燃	掩有偃	撿有蹇
險有顯	颭有展	閃有僐	忝有腆	點有典	諂有闡
豔有硯	欠有搴	店有鈿	念有年去聲	劍有見	僭有箭
塹有倩	占有戰				

[2]

（22）[3][附己作中吕【滿庭芳】詞]

《看岳王傳》

披文握武，建中興廟宇，載青史圖書。功成却被權臣妬，正落奸謀。閃殺人，望旌節中原士夫；悮殺人，棄丘陵南渡鑾輿。錢塘路，愁風怨雨，長是灑西湖！

《韓世忠》

安危屬君，立勤王志節，比翊漢功勳。臨機料敵存威信，際會風雲。似恁地[4]，盡忠勇匡君報本；也消得，坐都堂秉笏垂紳。閑評論，中興宰臣，萬古揖清芬。

《悮國賊秦檜》

官居極品，欺天悮主，賤土輕民。把一塲和議為公論，妬害功臣。通賊虜懷奸誑君，那些兒立朝堂仗義依仁？英雄恨！使飛、雲幸存，那裏有南北二朝分？

《張俊》

謀淵略廣，論兵用武，立國安邦。佐中興一代賢明將，怎生來險幸如

① 冒校記以為“廉纖”下當注“與先天分別”。據前面體例，冒校記是。

② 此處原空一行，下面是周德清作的四首【滿庭芳】曲。冒校記認為，當補“附己作滿庭芳詞”，且不應夾於此，當移在“作詞十法”馬東籬套數之後。李校本於此處補“中吕滿庭芳”五字。

③ 此處無“——”，本不當為一條，但這四首曲與前後各條皆無關聯，衹能單列一條。

④ “地”字不清，據瞿藏本、嘯餘本補。

狼？蓄禍心奸私放黨，附權臣構陷忠良。朝堂上，把一箇精忠岳王，屈死葬錢塘。

（23）——泰定甲子秋，復聞前章[①]餘論："四海之人，皆稱'父'去聲、'母'為'姥'音[②]。《廣韻》'父'，扶雨切，上聲；'母'，在有韻[③]；'婦'，亦在有韻；'卦'古賣切與'恠'通；'副、富'，敷救切，在有韻[④]；'道士'呼為'討死'之類，猶平聲之所論也[⑤]。入聲以平聲次第調之，互有可調之音。且以開口陌以庚至德以登六韻[⑥]，閉口緝以侵至乏以凡九韻，逐一字調平、上、去、入，必須極力念之，悉如今之南宋戲文唱念聲腔。攷自漢、魏無製韻者。按南、北朝史：南朝吴、晉、宋、齊、梁、陳建都金陵。齊史沈約，字休文，吴興人，將平、上、去、入製韻，仕齊為太子中令。梁武時為尚書僕射。詳約製韻之意，寧忍弱其本朝，而以敵國中原之音為正耶？不取所都之内通言，却以所生吴興之音，蓋其地隣東南海角，閩浙[⑦]之音無疑，故有前病。且六朝所都，江、淮之間，緝至乏俱無閉口，獨浙有也。以此論之，止可施於約之鄉里矣。又以史言之，約才如此，齊為史職，梁為大臣，孰不行其聲韻也？歷陳，陳亡，流入中原。自隋至宋，國有中原，才爵如約者何限？惜無有以辨約之韻乃閩浙之音，而製中原之韻者。嗚呼！年年依樣畫葫蘆耳！南宋都杭，吴興與切隣，故其戲文如《樂昌分鏡》等類，唱念呼吸，皆如約韻。昔陳之【後庭花】曲，未必無此聲也。總亡國之音，奚足為

① 前章，嘯餘本、古一本作"前輩"，據文義"前章"是。

② 為"姥"音，原作"為'姥'音一"，據瞿藏本、嘯餘本删"一"字。

③ 寧校本：母，《廣韻》莫厚切，不在有韵，應在厚韻，是周德清誤記。

④ 寧校本指出：富，《廣韻》方副切，非敷救切，周德清誤記。

⑤ "四海之人，皆稱'父'去聲……猶平聲之所論也"原作"四海之人皆稱父去聲母為姥音廣韻父扶雨切上聲母在有韻婦亦在有韻卦古賣切與恠通副富敷救切在有韻道士呼為討死之類猶平聲之所論也"，戲劇本標點為"四海之人，皆稱'父'，去聲；'母'，為姥音。《廣韻》：'父'，扶雨切，上聲；'母'在有韻，'婦'亦在有韻；'卦'，古賣切，與'怪'通，'副、富'，敷救切，在有韻；道士呼為討死……之類，猶平聲之所論也。"這樣標點，句子難通，文義澀滯。本校將小注"去聲、為姥音、扶雨切、上聲、在有韻、亦在有韻、敷救切、在有韻"俱作正文處理，僅"古賣切"作小注處理。如此標點，文義庶幾可通。

⑥ "且以開口陌以庚至德以登六韻"原作"且以開口陌以唐内盲至德以登五韻"，句子錯亂，不合《廣韻》韻目，據下句句式改。

⑦ "閩浙"原作"閩海"，據瞿藏本、嘯餘本、古一本、四庫本改。下文"惜無有以辨約之韻乃閩浙之音"即作"閩浙"。"閩浙"於文義更合。

明世法[①]！惟我聖朝興自北方，五十餘年，言語之間，必以中原之音為正。鼓舞歌頌，治世之音，始自太[②]保劉公、牧菴姚公、疎齋盧公輩，自成一家。今之所編，得非其意乎？彼之沈約不忍弱者，私意也。且一方之語，雖渠之南朝亦不可行，況四海乎？予[③]生當混一之盛時，耻為亡國搬演之呼吸，以中原為則，而又取四海同音而編之，實天下之公論也。”余曰：“晦菴有云：‘世無魯連子，千載徒悲傷。’信矣。”

（24）——辨明古字略

東鍾

菄東	㚵冬	营芎	仝同	戙戎	蠓螽
㟨崇	崧嵩	鬷騣	窯松	農莀檂並農	亯[④]庸
㞢封	逄烽	丰丰	逢蜂	䨇風	殈凶
揔總	雍擁	宂冗	恿勇[⑤]	忈恐	運動
䳶鳳	㝱夢				

江陽

炗光	匨臧	峀邦	瓨缸	㹉腔	暘塲
羐羌	薑薑	畕疆	囊瀼	創瘡	䘮[⑥]喪
剛剛	袂殃	喝歇並唐	㒳两	亯享	驚鼈
网網	宔調	朖誏並朗	痮脹	廗障	牆牆並醬
爌曠					

支思

㞢之	旹時	恖思	眎眡並視	攱豉	秲蒔

① “世法”後原衍“世法”二字，據瞿藏本、嘯餘本删。

② 太，原作“大”，據瞿藏本、嘯餘本、四庫本改。

③ 予，寧校本以為當作“子”。

④ “亯”字不清，當作“亯”。亯，《説文》：“用也，從亯，從自……讀若庸。”《玉篇·亯部》：“亯，今作庸。”《廣韻》鍾韻餘封切，音讀亦合。

⑤ “勇”字不清，據瞿藏本、嘯餘本等補。

⑥ 䘮，原作“罜”。《字彙補·口部》：“䘮，喪本字，從哭，從亡。”據改。

竢俟　　孠嗣　　卯亖並四　　⿰犭氏[1]翅

齊微

袘移	靡麾	埀垂	闚窺	䙨羆	㕟多並宜
萎芟並萎	龜[2]龜	蟻儀	夔夔	眉眉	㵟湄
丕丕	岐[3]紕	稘朞	嗁啼	卤西	靁雷
穨頹	吕以	䭫稽	磥磊	骽腿	辠罪
竩誼	䛄智	彪魅	籥吹	采穗	嚮喟
墬[4]埊並地	驥驥	閇閉	炁氣	普替	弖羿
丗世	㣟退並退	袠秩	弌一	覊㮚並栗	昔昔
烾赤	㡿斥	枂析	篴笛	宗寂	㔎剔
翼㺴並翼	閾閾	劓劕並則	遻及	遏逖	戠埴

魚[5]模

伃妤	鼄蛛	扶扶	伮奴	乎乎	辻徒
舁與	鬻煮	畮畝	釜釜	矑覰	㝢寓
豎竪	妒妬	衮裕	遡泝	悑怖	屋屋
秃秃	豚[6]启	遬警並速	舩服	篁築	㑴㑴[7]並夙[8]
㒒僕	㮚[9]粟				

---

① ⿰犭氏，誤作“⿰犭氏”，據瞿藏本、嘯餘本、四庫本改。⿰犭氏，《漢語大字典》據《孔子家語·禮運》王肅注“況必反”，注音xī，意為飛走，音義皆不合。“⿰犭氏”同“翄”，“翄”即“翅”之異體。《說文·羽部》：“翄，翼也。⿰犭氏，翄或從氏。”

② 龜，原作“龜”，字不正。《集韻》脂韻：“龜，故作龜。”

③ “岐”字不清，據瞿藏本、嘯餘本補。“岐”同“跛”，《集韻》：“岐，《方言》：‘楚南之間器破而未離謂之岐。或從皮。’”“紕”與“岐”似非同義，僅《集韻》脂韻有：“紕，繒欲壞。”或可與“岐”同。

④ 墬，原作“墬”，字不正。《說文·土部》：“墬，籀文地從㒸。”

⑤ 魚，誤作“漁”，與韻目“魚模”不合。

⑥ 豚，誤作“豚”，據瞿藏本改。《廣韻》屋韻丁木切小韻：“豚，尾下竅也。”據改。

⑦ 㑴㑴，原作“㑴㑴”，字不正。《說文·夕部》：“㑴㑴，古文夙。”據改。

⑧ “並夙”字不清，據瞿藏本、嘯餘本等補。

⑨ 㮚，誤作“㮚”，據瞿藏本、嘯餘本改。

皆來

薶埋　菲①乖　菭苔　烖扖並灾　孡胎　押擺
匃丐　攀𢪱②並拜　𢡟憊　黱黛　瑇玳　帒袋
敀迫　厇宅　𧖴脉　笧册　戹厄

真文

鞇茵　寴親　欥呻　賔賓③　粦憐　麐麟
敶陳　䑳津　薲蘋　麇麏　穷貧　匑踆
旬旬　亲榛　䎽聞　蟁蚊　矤矧④　筍笋⑤
𢧵蠢　昚慎　㶳燼　䑞舜

寒山

𠦝看　韓韓　鶾翰　䕼難　𦰭艱　笴簳
繖傘　組綻　㪚散

桓歡

𩎟韉　槃柈並盤　园刓　貆猨⑥　拪短　暖曈
㬇煖　毌貫　爟逭　牉判

先天

兲萸並天　歬前　𧁊箋　垔烟　𥇣吙　𡲬展
研硯　綫線　𥳑箭

蕭豪

鼂晁　𦩘朝　𤏩⑦焦　袌袍　𣋞曹　擾擾
𧘌表　鬻炒　衜道　嘂叫　䣭⑧爵　腳脚

---

① “菲”字不清，似作“菲”，字不正，嘯餘本作“菲”。

② 𢪱，原作“𢪱”，嘯餘本同，字不正。《正字通·手部》：“𢪱，拜本字。”據改。

③ “賓”字上不清，據瞿藏本、嘯餘本補。

④ “矧”字不清，據瞿藏本、嘯餘本補。

⑤ 笋，原空，據瞿藏本、嘯餘本補。

⑥ “猨”字不清，據瞿藏本、嘯餘本補。

⑦ 𤏩，誤作“𤏩”，字不正，當作“𤏩”。𤏩，《説文·火部》：“𤏩，火所傷也。從火，雥聲。焦或聲。”

⑧ “䣭”字上半不清。《玉篇·鬯部》：“䣭，竹器，所以酌酒，今作爵。”據補。

歌戈

桫梭　譌訛　驘[1]騾　龢和　𢿱播　礳磨
堊坐　盋[2]鉢　敓奪　㵣渴

家麻

誇譁　𣘻茶　簻篫並撾　瘚痆[3]　冎剮[4]　搚拉
灋法　踕鍤

車遮

衺斜　善嗟　埜野　銕鐵　飻餮　𠛱列
悊喆嚞並哲　䨮雪　氒厥　叶協　蜨蝶

庚青

𩰲[5]鶯　梗粳　硎阬並坑　觵觥　𥂨盟　鎗鐺
麠麖　狌猩　䵞剠並黥　𨧚鏗　盳氓　峇嶸
輷轟　䏦鯖　璚瓊[6]　延征　曐星　鮏鯹
霝䨩[7]並靈　蓱萍　冋坰　澂[8]澄　朕凌　恆[9]恒
蔆菱　椉𡗝並乘　儆警　𨥉鑛　𡹝頃　𩠐頂
㚔[10]幸　鞕硬　瀞净　殸磬　䰝鬵並甑

尤侯

𣲙流　𨒌遊　𢭃抽　丠丘　𡩋求　矦侯

---

① 驘，誤作"臝"。臝，《漢語大字典》"同裸"，義不合。驘，朱駿聲《説文通訓定聲》"俗字作騾"，音義合，當據改。

② 盋，原作"盇"，嘯餘本作"盇"，字皆不正。《説文新附·皿部》："盋，盋器，盂屬。從皿，犮聲；或從金，從本。"《廣韻》末韻："鉢，鉢器也，亦作盋。"據改。

③ "痆"字不清，據瞿藏本、嘯餘本等補。

④ "冎剮"字不清，據瞿藏本、嘯餘本補。

⑤ 𩰲，誤作"鸎"。𩰲，《字彙補·鬲部》："𩰲，與鶯同。"據改。

⑥ "璚瓊"字左旁皆不清，據瞿藏本、嘯餘本補。

⑦ 䨩，原作"䨩"，字不正。《字彙補·雨部》："䨩，古文靈字。"據改。

⑧ 澂，原作"瀓"，字不正，據嘯餘本改。

⑨ 恆，原作"悔"，字不正。《集韻》登韻："恒，古作恆。"據改。

⑩ 㚔，原作"㚔"，字不正。《説文·夭部》："㚔，吉而免凶也。"《篇海類編·干支類·干部》："幸，本作㚔。"據改。

鋀鍮	杽杻	峕首	丣酉	羑誘	藕藕
叜叟	呴吽並吼	垕厚	胄胄	匱柩	鬬鬪
槈鎒並耨	復復	窗岫[1]	逡後		

侵尋

沈沉	擒捡並擒	訡吟	襟襟	曑参	蔘参[2]
歓[3]飲	亩廩	朕朕	稖[4]蔭		

監咸

枏楠	諵喃	弎三	䨄[5]鵮	敢[6]叙並敢	擥攬
塹暫					

廉纖

黏粘	箝鉗	猒饜	讇諂	豔艷	爓焰

（25）——畧舉釋疑字樣

閼氏音烟支。

魯般下音班。

樊於期於音烏。

角[9]里先生角音鹿。

寧馨兒寧去聲。

僕射下音夜。

無射下音益。

可汗音克寒[7]。

冒頓音墨特[8]。

嫪毐音澇靄。

酈食其音異飢。

万俟[10]卨[11]音木奇屑。

姑射下音益。

龜茲音丘慈，國名。

---

① “窗岫”不清，據瞿藏本、嘯餘本等補。

② 参，原空。瞿藏本作“参”。嘯餘本、曲譜本、四庫本作“人参”。蔘，俗作“参”，是。“人参”則成注釋，不合體例。

③ “歓”字左下不清，據瞿藏本、嘯餘本、四庫本補。

④ 稖，原作“楮”，字不正，據瞿藏本、嘯餘本、曲譜本、四庫本改。《廣韻》沁韻：“稖，同蔭。”

⑤ 䨄，原作“䨄”，字不正，據瞿藏本改。《廣韻》咸韻“䨄”同“鵮”。

⑥ 敢，原作“㪋”，字不正。《集韻》敢韻：“叙，古作敢，隸作敢。”據改。

⑦ “音克”字不清，據瞿藏本、嘯餘本等補。

⑧ 冒頓音墨特，瞿藏本、嘯餘本、四庫本在“魯般下音班”之前。

⑨ “角’與“甪”通。

⑩ 俟，誤作“侯”據四庫本改。

⑪ 卨，誤作“离”，據四庫本改。

番禺音潘愚，縣名。
滹沱音烏駄，河名。
盟津上音孟。
陶甄音堅，又音真。
枹鼓上音敷。
邪谷上音耶。
犧樽上音梭。
盤飧下音孫，熟食也。
黄能奴來切，三足鼈。
朝請去聲。漢官名。春曰朝，秋曰請。
彳亍音躑躅，小步也。
尸解下音芈。
宿留音秀溜。
衆生上音中，釋經。
落魄下音託。
野燒燒去聲。
閤閣上音割，黄閤、東閤之類。下音各，天禄、石渠諸閣之類。
俊與雋③通。
涯音牙，詞押。音移、崖，詩押。
祆音軒，胡神也。
扁音貶，牌⑥額也。
溺奴料切，尿也。沛公溺儒冠。
臨去聲，哭也。
牂牁音臧歌，郡名。
疆埸下音益。
國土下音①度。
矰繳下音勺。
琅邪下音耶，郡名。
綸巾綸、關二音皆可。
率更上音律。
矛盾食蠢切。
委蛇音威移。
於戲音嗚呼，嘆②辭。
欸乃音襖靄，漁歌。
般若音鉢惹，釋經。
句讀下音豆。
隱几隱去聲。
雨木冰雨去聲。
遠去聲。遠害全身、遠市朝。
些息个切，楚辭。
造二音：造作之造、造次④之造。
殷烏關切⑤，赤黑色。
聞去聲，聞于天。
大大都、大路不可同語。
臉桃腮杏臉，則呼為檢；若呼美臉兒，當呼為斂字音。

① “音”字不清，據瞿藏本、嘯餘本、四庫本等補。
② “嘆”字不清，據瞿藏本、嘯餘本、四庫本等補。
③ 雋，瞿藏本、嘯餘本作“儁”。《正字通·隹部》：“雋，與俊通。”《玉篇·人部》：“儁，同俊。”“雋、儁”皆可。
④ “次”字不清，據瞿藏本、嘯餘本、四庫本等補。
⑤ “烏關切”字不清，據瞿藏本、嘯餘本等補。
⑥ “音貶牌”三字不清，據瞿藏本、嘯餘本、四庫本等補。

蠡《單于傳》有谷蠡，音离。又音螺，瓠瓢也。

（26）樂府共三百三十五章自軒轅制律一十七宮調，今之所傳者一十有二

黄鍾二十四章

【醉花陰】 【喜遷鶯】 【出隊子】
【刮地風】 【四門子】 【水仙子】
【寨兒令】 【神仗兒】亦作煞 【節節[1]高】
【者剌古】 【願成雙】 【賀聖朝】
【紅錦袍】即紅衲襖 【晝夜樂】 【人月圓】
【文如錦】 【綵樓春】即抛毬樂 【侍香金童】
【降黄龍衮】 【雙鳳翹】即女冠子 【傾盃序】
【九條龍】 【興[2]隆引】 【尾聲】

正宫二十五章

【端正好】 【衮繡毬】亦作子母調 【倘秀才】亦作子母調
【靈壽杖】即呆骨朵 【叨叨令】 【塞鴻秋】
【脱布衫】 【小梁州】 【醉太平】
【伴讀書】即村裏秀才 【笑和尚】 【白鶴子】
【雙鴛鴦】 【貨郎兒】入南吕，轉調 【蠻姑兒】
【窮河西】 【芙蓉花】 【菩薩蠻】
【黑漆弩】即學士吟、鸚鵡曲 【月照庭】 【六幺遍】即柳稍青
【甘草子】 【三煞】[3] 【啄木兒煞】亦入中吕
【煞尾】

大石調二十一章

【六國朝】 【歸塞北】即望江南 【卜金錢】即初問占
【怨别離】 【鴈過南樓】 【催花樂】即擂鼓體[4]
【净瓶兒】 【念奴嬌】 【喜秋風】

---

① 莭，瞿藏本、嘯餘本作“節”。“莭”為“節”之俗體。
② 興，誤作“與”，據瞿藏本、嘯餘本改。
③ 三煞，原作“二煞”，據瞿藏本、嘯餘本改。正宫調内應作“三煞”。
④ “擂鼓體”字不清，據嘯餘本、《太和正音譜》補。

【好觀音】亦作煞 【青杏子】 【蒙童兒】即憨郭郎
【還京樂】 【荼蘪香】 【擢拍子】
【陽關三疊】 【驀山溪】 【初生月兒】
【百字令】 【玉翼蟬煞】 【隨煞】

小石調五章

【青杏兒】即青杏子，亦入大石調 【天上謠】 【惱殺人】
【伊州遍】 【尾聲】

仙吕四十二章

【端正好】楔兒 【賞花時】 【八聲甘州】
【點絳唇】 【混江龍】 【油葫蘆】
【天下樂】 【那吒令】 【鵲踏枝】
【寄生草】 【六幺序】 【醉中天】
【金盞兒】即醉金琖 【醉扶歸】 【憶王孫】
【一半兒】 【瑞鶴仙】 【憶帝京】
【村裏迓古】 【元和令】 【上馬嬌】
【遊四門】 【勝葫蘆】 【後庭花】亦作煞
【柳葉兒】 【青哥兒】 【翠裙腰】
【六幺令】 【上京馬】 【祆神急】
【大安樂】 【綠牕愁】 【穿牕月】
【四季花】 【鴈兒】 【玉花秋】
【三番玉樓人】亦入越調 【錦橙梅】 【雙鴈子】
【太常引】 【柳外梅】 【賺煞尾】

中吕三十二章

【粉蝶兒】 【呌[①]聲】 【醉春風】
【迎仙客】 【紅繡鞋】即朱履曲 【普天樂】
【醉高歌】 【喜春來】即陽春曲 【石榴花】
【鬬鵪鶉】 【上小樓】 【滿庭芳】

---

① 呌，“叫”之俗體。

【十二月】 【堯民歌】 【快活三】
【鮑老兒】 【古鮑老】 【紅芍藥】
【剔銀燈】 【蔓菁菜】 【柳青娘】
【道和】 【朝天子】即謁金門 【四邊静】
【齊天樂】 【紅衫兒】 【蘇武持節】即山坡裏羊
【賣花聲】即昇平樂，亦作煞 【四換頭】 【攤破喜春來】
【喬捉蛇】 【煞尾】

南吕二十一章

【一枝花】即占春魁 【梁州第七】 【隔尾】
【牧羊關】 【菩薩梁州】 【玄鶴鳴】即哭皇天[①]
【烏夜啼】 【罵玉郎】 【感皇恩】
【採茶歌】即楚江秋 【賀新郎】 【梧桐樹】
【紅芍藥】 【四塊玉】 【草池春】即鬬蝦蟆
【鵪鶉兒】 【閱金經】即金字經 【翠盤秋】亦入中吕，即乾荷葉
【玉交枝】 【煞】 【黄鍾尾】

雙調一百章

【新水令】 【駐馬聽】 【喬牌兒】
【沉醉東風】 【步步嬌】即潘妃曲 【夜行船】
【銀漢浮槎】即喬木查 【慶宣和】 【五供養】
【月上海棠】 【慶東原】 【撥不斷】即續斷絃
【攪箏琶】 【落梅風】即壽陽曲 【風入松】
【萬花方三臺】 【鴈兒落】即平沙落鴈 【德勝令】即陣陣贏、凱[②]歌回
【水仙子】即淩波仙、湘妃怨、馮夷曲 【大德歌】
【鎮江迴】 【殿前歡】即小婦孩兒、鳳將雛[③]

① “天”字不清，據瞿藏本、嘯餘本補。
② 凱，原作“𣤌”，字不正，據四庫本改。
③ “即小婦孩兒鳳將雛”字不清。瞿藏本、四库本作“即小婦孩兒鳳將雛”。嘯餘本、古一本作“即小婦孫兒鳳將雛”。《論曲》《太和正音譜》皆作“小婦孩兒鳳將雛”，當據補。

【滴滴金】即甜水令 【折桂令】即秋風第一枝、天[1]香引、蟾宫曲、步蟾宫
【清江引】 【春閨怨】 【牡丹春】
【漢江秋】即荆襄怨 【小將軍】 【慶豐年】
【太清歌】 【小陽關】 【搗練子】即胡搗練
【秋蓮曲】 【掛玉鈎序】 【荆山玉】即側[2]磚兒
【竹枝歌】 【沽美酒】即瓊林宴 【太平令】
【快活年】 【亂柳葉】 【豆葉黄】
【川撥棹[3]】 【七弟兄】 【梅花酒】
【收江南】 【掛玉鈎】即挂搭沽 【早鄉詞】
【石竹子】 【山石榴】 【醉娘子】即醉也摩挲
【駙馬還朝】即相公愛 【胡十八】 【一錠銀】
【阿納忽】 【小拜門】即不拜門 【慢金盞】即金盞兒
【大拜門】 【也不羅】即野落索 【小喜人心】
【風流體】 【古都白】 【唐兀歹】
【河西水仙子】 【華嚴讚】 【行香子】
【錦上花】 【碧玉簫】 【祆神急】
【驟雨打新荷】 【駐馬聽近】 【金娥神曲】
【神曲纏】 【德勝樂】 【大德樂】
【楚天遙】 【天仙令】 【新時令】
【阿忽令】 【山丹花】 【十棒鼓】
【殿前喜】 【播海令】 【大喜人心】
【醉春風】 【間金四塊玉】 【減字木蘭兒】
【高過金盞兒】 【對玉環】 【青玉案】
【魚遊春水】 【秋江送】 【枳郎兒】
【河西六娘子】 【皁旗兒】 【本調煞】
【鴛鴦煞】 【離亭宴帶歇指煞】 【收尾】

① “天”字不清，據瞿藏本、嘯餘本補。
② “側”字不清，據瞿藏本、嘯餘本、古一本補。
③ 棹，誤作“掉”，據瞿藏本、嘯餘本、古一本改。

【離亭宴煞】

越調三十五章

【鬬鵪鶉】 【紫花兒序】 【金蕉葉】
【小桃紅】 【踏陣①馬】 【天净沙】
【調笑令】即含笑花 【禿厮兒】即小沙門 【聖藥王】
【麻郎兒】 【東原樂】 【絡絲娘】
【送遠行】 【錦苔絮】 【拙魯速】
【雪裏梅】 【古竹馬】 【鄆州春】
【眉兒彎】 【酒旗兒】 【青山口】
【寨兒令】即柳營曲 【黄薔薇】 【慶元貞】
【三臺印】即鬼三台 【凭闌人】 【耍三台】
【梅花引】 【看花回】 【南鄉子】
【糖多令】 【雪中梅】 【小絡絲娘】
【煞】 【尾聲】

商調十六章

【集賢賓】 【逍遥樂】 【上京馬】
【梧葉兒】即知秋令 【金菊香】 【醋葫蘆】
【掛金索】 【浪來裏】亦作煞 【雙鴈兒】
【望遠行】 【鳳鸞吟】 【玉胞②肚】亦入雙調③
【秦樓月】 【桃花娘】 【高平煞】
【尾聲】

商角調六章

【黄鶯兒】 【踏莎行】 【蓋天旗】
【垂絲釣】 【應天長】 【尾聲】

---

① 陣，誤作“車”，據瞿藏本、嘯餘本、《太和正音譜》等改。

② 瞿藏本作“袍”，《太和正音譜》作“抱”。作為詞牌，“袍、抱”字皆是。

③ “雙調”字不清，據瞿藏本、嘯餘本補。

般涉調八章

【哨遍】　【臉兒紅】即麻婆子　【牆頭花】
【瑤臺月】　【急曲子】即促拍令　【耍孩兒】即魔合羅
【煞】　【尾聲】與中吕煞尾同

名同音律不同者一十六章

黄鍾【水仙子】　雙調【水仙子】　黄鍾【寨兒令】　越調【寨兒令】
仙吕【端正好】　正宫【端正好】　仙吕【祆神急】　雙調【祆神急】
仙吕【上京馬】　商調【上京馬】　中吕【鬬鵪鶉】　越調【鬬鵪鶉】
中吕【紅芍藥】　南吕【紅芍藥】　中吕【醉春風】　雙調【醉春風】

句字不拘可以增損者一十四章

正宫

【端正好】　【貨郎兒】　【煞尾】

仙吕

【混江龍】　【後庭花】　【青哥兒】

南吕

【草池春】　【鵪鶉兒】　【黄鍾尾】

中吕

【道和】

雙調

【新水令】　【折桂令】　【梅花酒】　【尾聲】

大凡聲音，各應於律吕，分於六宫十一調，共計十七宫調：
仙吕調清新綿邈
南吕宫感嘆傷悲
中吕宫高下閃賺
黄鍾宫富貴纏綿①
正宫惆悵雄壯
道宫飄逸清幽

①　“黄鍾宫富貴纏綿”原無，據瞿藏本、嘯餘本、芝庵《唱論》、四庫本、古一本等補。

大石風流醞藉

小石旖旎嫵媚

高平條物[①]滉漾

般涉拾掇坑塹

歇指急併虛歇

商角悲傷宛轉

雙調健捷激裊

商調悽愴怨慕

角調嗚咽悠揚

宮調典雅沉重

越調陶寫冷笑

有子母調[②]，有字多聲少，有聲多字少，所謂一串驪珠也。

凡作樂府，古人云："有文章者謂之樂府。"如無文飾者謂之俚歌，不可與樂府共論也。又云："作樂府，切忌有傷於音律。"且如女真【風流體】等樂章，皆以女真人音聲歌之，雖字有舛訛，不傷於音律者，不為害也。大抵先要明腔，後要識譜，審其音而作之，庶無劣調之失。而知韻、造語、用事、用字之法，名人詞調可為式者，并列于[③]後。

（27）——作詞十法：

知韻無入聲，止有平、上、去三聲。

平聲有陰，有陽；入聲作平聲俱屬陽。

上聲無陽，無陰；入聲作上聲亦然。

去聲無陰，無陽；入聲作去聲亦然。

造語

可作——

樂府語　經史語　天下通語

---

① 物，原作"㧻"，"㧻"字不正，瞿藏本、芝菴《唱論》作"物"。嘯餘本、四庫本作"拘"。古一本作"暢"。"條物、條拘"語意澀滯。"條暢"語意更合，或是。

② 《南村輟耕録》、芝庵《唱論》"有子母調"後皆有"有姑舅兄弟"一句。

③ "于"誤作"手"，據瞿藏本、嘯餘本等改。

未造其語，先立其意。語、意俱高為上。短章辭既簡，意欲盡；長篇要腰腹飽滿，首尾相救。造語必俊，用字必熟。太文則迂，不文則俗；文而不文，俗而不俗。要聳觀，又聳聽，格調高，音律好，襯字無，平仄穩。

不可作——

俗語　蠻語　譃語

嗑語　市語　方語各處鄉談也。

書生語書之紙上，詳解方曉，歌則莫知所云。

譏誚語諷刺，古有之。不可直述，託一景、託一物可也。

全句語

短章樂府，務頭上不可多用全句，還是自立一家言語為上。全句語者，惟傳奇中務頭上用此法耳。

拘肆語

不必要上紙[①]，但只要好聽，俗語、譃語、市語皆可。前輩云："街市小令唱尖新茜意、成文章曰樂府"是也。樂府、小令兩途，樂府語可入小令，小令語不可入樂府。

張打油語

吉安龍泉縣冰[②]湶米倉，有于志能號無心者，欲縣官利塞其口，作【水仙子】示人，自謂得意，末句云："早難道水米無交。"觀其全集，自名之曰樂府，悉皆此類。士大夫評之曰："此乃張打油乞化出門語也，敢曰樂府？"作者當以為戒。

雙聲疊韻語

如"故國觀光君未歸"是也。夫樂府貴在音律瀏亮，何乃反入艱難之鄉？此體不可無，亦不可專意作而歌之，但可拘肆中白念耳。

六字三韻語

前輩《周公攝政傳奇》【太平令】云"口來豁開兩腮"；

① 紙，誤作"紙"。據瞿藏本、嘯餘本、四庫本等改。紙，《廣韻》都奚切，音讀不合。

② 冰，古一本作"水"，或是。

《西厢記》【麻郎么】云“忽聽一聲猛驚、本宫始終不同”，韻脚俱用平聲，若雜一上聲，便屬第二著。皆於務頭上使。近有【折桂令】，皆二字一韻，不分務頭，亦不能喝采，全淳則已；若不淳，則句句急口令矣。所謂畫虎不成反類犬也。殊不知前輩止於全篇中務頭上使，以别精粗，如衆星中顯一月之孤明也。可與識者道。

語病

如“達不着主母機”，有答之曰：“‘燒公鴨’亦可。”似此之類，切忌。

語澀

句生硬而平仄不好。

語粗

無細膩俊美之言。

語嫩

謂其言太弱，既庸且腐，又不切當，鄙猥小家而無大氣象也。

用事

明事隱使，隱事明使。

用字

切不可用——

生硬字　太文字　太俗字　襯墊字[1]

套數中可摘為樂府者能幾？每調多則無十二、三句，每句七字而止，却用襯字加倍，則剌眼矣。倘有人作出協音俊語，無此節病，我不及矣。緊戒勿言。妄亂板行【塞鴻秋[2]】末句本七字，有云“今日箇病[3]懨懨，剛寫下兩箇相思字”，

① 襯墊字，原與其前“生硬字、太文字、太俗字”等并列，但與後面文字“套數中可……”連在一起。戲曲本將之與上下文分行。今置於“太俗字”後，不另分行。

② “鴻秋”字不清，據瞿藏本、嘯餘本等補。

③ “病”字不清，據瞿藏本、嘯餘本等補。

却十四字矣。此[1]何等句法？而又託名於時賢，没興遭此誚謗，無為雪冤者！已辨於序。

入聲作平聲施於句中，不可不謹。皆不能正其音[2]。

澤國江山入戰圖第一“澤”字，無害。

紅白花開烟[3]雨中第二“白”字。

瘦馬獨行真可哀第三“獨”字。若施於“仄仄平平仄仄平”[4]之句則可，施於它調皆不可。

人生七十古來稀第四“十”字。

點溪荷葉疊青錢第五“疊”字。

劉項元來不讀書第六“讀”字。

鳳凰不共雞争食第七“食”字。

陰陽

用陰字法——

【點絳唇】首句韻脚必用陰字，試以“天地玄黄”為句歌之，則歌“黄”字為“荒”字，非也；若以“宇宙洪荒”為句，協矣。蓋“荒”字屬陰，“黄”字屬陽也。

用陽字法——

【寄生草】末句七字内，第五字必用陽字，以“歸來飽飯黄昏後”為句，歌之協矣；若以“昏黄後”歌之，則歌“昏”字為“渾”字，非也。蓋“黄”字屬陽，“昏”字屬陰也。

務頭

要知某調、某句、某字是務頭，可施俊語於其上，後註於定格各調内。

對耦[5]

逢雙必對，自然之理，人皆知之。

---

① 此，誤作“比”，據瞿藏本、嘯餘本改。

② “施於句中，不可不謹。皆不能正其音”，原無，據瞿藏本、陳印本、嘯餘本補。

③ 烟，寧校本認為當據《萬首唐人絶句》及《樊川文集》改作“山”。

④ 仄仄平平仄仄平，誤作“仄仄平平仄仄平平”，任訥《作詞十法疏證》：“末行衍一平字，兹删去。”任说是。

⑤ 耦，通“偶”。

扇面對

【調笑令】第四句對第六句，第五句對第七句。【駐馬聽】起四句是也。

重疊對

【鬼三臺】第一句對第二句，第四句對第五句；第一、第二、第三句，却對第四、第五、第六句是也。

救尾對

【紅繡鞋】第四句、第五句、第六句為三對。【寨兒令】第九句、第十句、第十一句為三對。

二調若是末句稍弱，即以此法救之。

末句

詩頭曲尾是也。如得好句，其句意盡，可為末句。前輩已有"某調末句是平煞、某調末句是上煞、某調末句是去煞"。照依後項用之。夫平仄者，平者平聲，仄者上、去聲也。後云"上"者，必要上；"去"者，必要去；"上去"者，必要"上去"；"去上①"者，必要"去上"；"仄仄"者，"上去"、"去上"皆可。"上上"、"去去"，皆得迴避，尤妙；若是古句且熟，亦無害。

去上去平屬第二②着，切不可上平。

【慶宣和】

仄平平

【鴈兒落】　【漢東山】

平去平平去上屬第二③着。

【山坡羊】　【四塊玉④】

仄仄平平

【折桂令】　【水仙子】　【殿前歡】　【喬木查】

【普天樂】

平平去上

【醉太平】

① 去上，原作"去上上"，瞿藏本同，嘯餘本"去上"後空一格。據古一本，末一"上"字衍。

② "二"字不清，據瞿藏本、嘯餘本補。

③ 二，誤作"三"，瞿藏本、嘯餘本等同，語意不通，據冒校記當為"二"之訛。

④ "玉"字不清，據瞿藏本、嘯餘本、古一本作"玉"。

仄仄仄平平

【金盞兒】　【賀新郎】　【喜春來】　【滿庭芳】

【小桃紅】　【寨兒令】　【小梁州】　【賞花時】

平平上去平　仄平平去平亦可。

【呆古朵】　【牧羊關】　【德勝令】

仄平平去平

【喬牌兒】

上平平去平

【凭闌人】

仄平平去上

【紅繡鞋】　【黄鍾尾】，

仄仄平平去上聲屬第二着。

【醉扶歸】　【迎仙客】　【朝天子】　【快活三】

【四换頭】　【慶東原】　【笑和尚】　【白鶴子】

【堯民歌】　【碧玉簫】　【端正好】　【步步嬌】

仄仄仄平平

【新水令】　【胡十八】

平平去平上

【越調尾】　【離亭宴】歇指鴛鴦煞。

平平仄仄平平

【天净沙】　【醉中天】　【調笑令】　【風入松】

【祆神急】

仄平平仄平平去

【落梅風】　【上小樓】　【夜行船】　【撥不斷】

【賣花聲】

平仄仄平平平去

【太平令】

平仄仄平平去上去平屬第二着。

【村裏迓鼓】　【醉高歌】　【梧葉兒】　【沉醉東風】

【願成雙】　　【金蕉葉】

平平仄仄仄平平

【賺煞尾聲】　【採茶歌】

平平仄平平去平

【攪筝琶】

平去仄平平去上

【江兒水】

①

平平仄仄平平去上聲屬第二着。

【寄生草】　　【塞鴻秋】　　【駐馬聽】

仄仄平平去平上

正宫、中吕、雙調、尾聲

定格四十首

仙吕

【寄生草】飲

長醉後方何礙？不醒時有甚思？糟醃兩箇功名字，醅渰千古興亡事，麴埋萬丈虹蜺[2]志。不達時皆笑屈原非，但知音盡説陶潛是。

評曰：命意、造語、下字，俱好。最是"陶"字屬陽，協音；若以"淵明"字，則"淵"字唱作"元"字，蓋"淵"字屬陰。"有甚"二字上去聲；"盡説"二字去上聲，更妙。"虹蜺志、陶潛是"，務頭也。

【醉中天】

疑是楊妃在，怎脱馬嵬灾？曾與明皇捧硯來。美臉風流殺，叵柰揮毫李白，覷着嬌態，洒松煙點破桃腮。

評曰：體詠最難，音律調暢。"捧硯、點破"，俱是上去

① "江兒水"與"平平仄仄平平去上聲屬第二着"間原有一葉空白，瞿藏本、嘯餘本不空。

② 蜺，誤作"霓"，據嘯餘本、嘯餘本、古一本改。下文"評曰"即作"蜺"。

聲，妙。第四句、末句是務頭。

【醉扶歸】禿指甲

十指如枯筍，和袖捧金樽，搊殺銀筝字不真，揉痒天生鈍；縱有相思泪痕，索把拳頭搵。

評曰："筍"字若得去聲字，好。"字不"二字去上聲，便不及前詞音律。餘無玼。第四句、末句是務頭。

【鴈兒】

你有出世超凡神仙分。一抹條，九陽巾。君，敢作箇真人！

評曰：此調極罕，伯牙琴也。妙在"君"字屬陰。

【一半兒】春粧

自將楊柳品題人，笑撚花枝比較春，輸與海棠三四分。再偷[①]匀，一半兒胭脂一半兒粉。

評曰：一樣八首，臨川陳克明所作，俊詞也。此調作者雖衆，音律獨先。

【金盞兒】岳陽樓

據胡牀，對瀟湘，黃鶴送酒仙人唱，主人無量醉何妨？若捲簾邀皓月，勝開宴出紅粧；但一尊留墨客，是兩處夢黃粱[②]。

評曰：此是《岳陽樓》頭摺中詞也。妙在七字"黃鶴送酒仙人唱"，俊語也。況"酒"字上聲以轉[③]其音，務頭在其上。有不識文義，以"送"為"賫送"之義，言"黃鶴豈能送酒乎"？改為"對舞"。殊不知黃鶴事：仙人用榴皮畫鶴一隻，以報酒家。客飲，撫掌，則所畫鶴舞以送酒。初無雙鶴，豈能對舞？且失飲酒之意。送者，如吴姬壓酒之謂。甚矣，俗士不可醫也！

---

① 偷，誤作"輸"，據瞿藏本、嘯餘本、《全元散曲》改。

② 粱，原作"粮"，據嘯餘本、古一本改。

③ "轉"字不清，據瞿藏本、嘯餘本等補。

中吕

【迎仙客】登樓

雕簷紅日低，畫棟彩雲飛，十二玉闌天外倚。望中原，思故國，感慨傷悲，一片鄉心碎。

評曰：妙在"倚"字上聲起音，一篇之中，唱此一字，況務頭在其上。"原①、思"字屬陰，"感慨"上去，尤妙。【迎仙客】累百無此調也。美哉！德輝之才，名不虛傳！

【朝天子】廬山

早霞，晚霞，妝點廬山畫。仙翁何處錬丹砂？一縷白雲下。客去齋餘，人來茶②罷。嘆浮生指落花。楚家，漢家，作了漁樵話！

【紅繡鞋】隱士

嘆孔子嘗聞俎豆，羨嚴陵不事王侯。百尺雲帆洞庭秋。醉呼元亮酒，懶③上仲宣樓，功名不挂④口。

評曰：二詞對偶、音律、語句、平仄俱好。前詞務頭在"人"字。後詞妙在"口"字上聲，務頭在其上。知音傑作也！

【普天樂】別友

浙江秋，吴山夜，愁隨潮去，恨與山疊。鴻鴈來，芙蓉謝，冷雨青燈讀書舍，怕⑤離別又早離別。今宵醉也，明朝去也，留戀些些！

評曰：妙在"芙"字屬陽，取務頭。造語、音律、對偶、平仄皆好。看他用"疊"字與"别"字，俱是入聲作平聲字，下得妥貼，可敬。"冷雨"二字，"去上"為上，"平上、上上、上

① 原，疑母字，屬陽，當有誤。

② 茶，誤作"荼"，據嘯餘本、古一本等改。

③ "懶"字不清，據瞿藏本、嘯餘本、《全元散曲》補。

④ 挂，誤作"桂"，據瞿藏本、四庫本、古一本、《全元散曲》改。

⑤ 怕，誤作"旧"，據瞿藏本、嘯餘本等改。另，"怕離別又早離別"句，《全元散曲》作"待離別怎忍離别"，後一句"留戀些些"，作"寧奈些些"。

去”[1]次之，“去去”屬下着。“讀書舍”方是别友也。又第八句是務頭也，“也”字上聲，妙！

【喜春来】春思

閑花醞釀蜂兒蜜，細雨調和燕子泥，緑牕蝶夢覺來遲。誰喚[2]起？簾外曉鶯啼。

評曰：“調”字、“遲”字俱屬陽，妙！“蜜”字去聲，好！切不可上聲。但要“喚”字去聲，“起”字平上皆可。

【滿庭芳】春晚

知音到此，舞雩點也，脩禊羲之。海棠春已無多事，雨洗胭脂。誰感慨蘭亭古紙？自沉吟桃扇新詞。急管催銀字，哀絃玉指，忙過賞花時。

評曰：此一詞，但取其平仄，庶幾。若“此”字是平聲，屬第二着。喜“羲”字屬陰，妙。可惜第四、第五句，上下失粘。妙在“紙”字上聲起音，“扇”字去聲取務頭。若是“紙”字平聲，屬第二着；“扇”字上聲，止可作【折桂令】中一對。多了“急管”二字，不成調，得一意結之方好。吁！今之樂府，難而又難，為格之詞不多見也。

【十二月堯民歌】别情

自别後遙山隱隱，更那堪遠水粼粼？見楊柳飛綿袞袞，對桃花醉臉醺醺。透内閣香風陣陣，掩重門暮雨紛紛。怕黄昏忽地又黄昏，不銷魂怎地不銷魂？新啼痕壓舊啼痕，斷腸人憶斷腸人！今春，香肌瘦幾分？摟帶寬三寸。

評曰：對偶、音律、平仄、語句皆妙。務頭在後詞起句。

【四邊静】西厢

今宵歡慶，軟弱鶯鶯可曾慣經？欸欸輕輕，燈下交鴛

---

① “上去”脱“上”字，據嘯餘本、古一本等補。

② 喚，誤作“换”，瞿藏本、嘯餘本、《全元散曲》等作“喚”。下文“評曰”中即作“喚”。

頸。端詳着[①]可曾[②]，好殺無乾净！

評曰：務頭在第二句及尾。“可曾”，俊語也。

【醉高歌】感懷

十年燕市歌聲，幾點吳霜鬢影。西風吹老鱸魚興，晚節桑榆暮景。

評曰：妙在“點、節”二[③]字上聲起音。務頭在第二句及尾。

南吕

【四塊玉】

買笑金，纏頭錦，得遇知音可人心。怕逢狂客天生沁，紐死鶴，劈碎琴，不害磣。

評曰：“纏”字屬陽，妙。對偶、音調俱好，詞也可宗。務頭在第二句及尾。

【罵玉郎】【感皇恩】【採茶歌】得書

長江有盡思無盡，空目斷楚天雲。人來得紙真實信，親手開，在意讀，從頭認。　織錦迴文，帶艸連真。意誠實，心想念，話慇懃。佳期未准，愁黛長顰。怨青春，捱白晝，怕黄昏。　叙寒温，問緣因，斷腸人憶斷腸人。錦字香粘新泪粉，彩箋紅漬舊啼痕。

評曰：音律、對偶、平仄皆好。妙在“長”字屬陽，“紙”字上聲起音，務頭在上，及【感皇恩】起句至“斷腸”句上[④]。

正宫

【醉太平】感懷

① 着，誤作“看”，據瞿藏本、嘯餘本、古一本等改。

② 可曾，本作“可憎”，不合文意，當作“可曾”。下文評語中即作“可曾”。

③ 二，誤作“一”，據瞿藏本、嘯餘本改。

④ 及【感皇恩】起句至“斷腸”句上，後衍“及【感皇恩】起句至‘斷腸’句上”。

人皆嫌命窘，誰不見錢親？水晶丸[①]入麪糊盆，纔粘拈便袞。文章糊了盛錢囤，門庭改作迷䰟陣，清廉貶入睡餛飩。葫蘆提倒穩[②]。

評曰：“窘”字若平，屬第二着。平仄好。務頭在三對，末句收之[③]。

【塞鴻秋】春怨

腕冰消鬆却黄金釧，粉脂殘淡了芙蓉面。紫霜毫蘸濕端溪硯，斷腸詞寫在桃花扇。風輕柳絮天，月冷梨花院。恨鴛鴦不鎖黄金殿。

評曰：音律瀏亮，貴在“却、濕”二字上聲，音從上轉，取務頭也。韻脚若用上聲，屬下着，切不可以傳奇中全句比之。若得“天”字屬陽，更妙。“在”字上聲，尤佳。

商調

【山坡羊】春睡

雲鬆螺髻，香温鴛鴦被，掩春閨一覺傷春睡。柳花飛，小瓊姬，一片聲雪下呈祥瑞，把團圓夢兒生喚起。誰？不作美。呸！却是你！

評曰：意度、平仄俱好，止欠對耳。務頭在第七句至尾。

【梧[④]葉兒】别情

别離易，相見難，何處鎖雕鞍？春將去，人未還，這其間，殃及殺愁眉泪眼。

評曰：如此方是樂府。音如破竹，語盡意盡，冠絶諸詞。妙在“這其間”三字，承上接下，了無瑕玼。“殃及殺”三

---

① 丸，誤作“九”，據瞿藏本、嘯餘本改。

② 葫蘆提倒穩，誤作“葫蘆倒提穩”，據瞿藏本、嘯餘本、《全元散曲》改。“葫蘆提”為俗語，為糊塗不清意，瞿藏本等合文意。

③ 三對，末句收之，原無，據瞿藏本、嘯餘本等補。

④ 梧，誤作“捂”，據瞿藏本、嘯餘本、古一本等改。

字，俊語也！有言："六句俱對，非調也"，殊不知第六句止用三字，歌至此，音促急，欲過聲以聽末句，不可加也。兼三字是務頭，字有顯對展才之調。"眼"字上聲，尤妙，平聲屬第二着。

越調

【天净沙】秋思

枯藤老樹昏雅[①]，小橋流水人家，古道西風瘦馬。夕陽西下，斷腸人在天涯。

評曰：前三對，更"瘦、馬"二字去上，極妙！《秋思》之祖也。

【小桃紅】情

斷腸人寄斷腸詞，詞寫心間事。事到頭來不由自。自尋思，思量往日真誠志。志誠是有，有情誰似？似俺那人兒。

評曰：頂真妙，且音律諧和。

【凭闌人】章臺行

花陣贏輸隨鏝生，桃扇炎凉逐世情。雙郎空藏瓶，小卿一塊冰。

評曰：陣有贏輸，扇有炎凉，俊語也。妙在"小"字上聲，務頭在上。"鏝、世"二字去聲，皆妙。

【寨兒令】漁夫

煙艇閑，雨簑乾，漁翁醉醒江上還。啼鳥關關，流水潺潺，樂似富春山。數聲柔櫓江灣，一鈎香餌波寒。回頭觀兔魄，失憶放魚竿，看，流下蓼花灘。

評曰：緊要在"兔魄"二字去上取音；且"看"字屬陰，妙。"還"字平聲，好；若上聲，紐，屬下下着。

雙調

【沉醉東風】漁夫

---

① 雅，通"鴉"，瞿藏本、嘯餘本等作"鴉"。

黄蘆岸白蘋渡口，緑楊堤紅蓼灘頭。雖無刎頸交，却有忘機友。點秋江白鷺沙鷗[①]。傲殺人間萬户侯，不識字煙波釣叟。

評曰：妙在“楊”字屬陽，以起其音，取務頭；“殺”字上聲，以轉其音；至下“户”字去聲，以承其音。緊在此一句，承上接下。末句收之。“刎頸”二字，若得上去聲，尤妙；“萬”字若得上聲，更好。

【落梅風】切鱠

金刀利，錦鯉肥，更那堪玉葱纖細。若得醋來風韻美，試嘗着這生滋味。

評曰：第三句承上二句，第四句承上三句，生末句，緊要。“美”字上聲為妙，以起其音，切不可平聲。“錦鯉”二字，若得[②]上去聲，尤妙。

【撥不斷】隱居

利名竭，是非絶。紅塵不向門前惹，緑樹偏宜屋上遮，青山正補墻頭缺。竹籬茅舍。

評曰：務頭在三對，急以尾收之。

【水仙子】夜雨

一聲梧葉一聲秋，一點芭蕉一點愁，三更歸夢三更後，落燈花棊未收，嘆新豐逆旅淹溜。枕上十年事，江南二老憂，都到心頭。

評曰：賦者甚多，但第二句第五字、第六字及“棊未”二字，并“二老”二字，但得“上去”為上，“平去”次之，“平上”下下着。惜哉！此詞語好，而平仄不稱也！

【慶東原】奇遇

參旗動，斗柄挪，為多情攬下風流禍。眉攢翠蛾，裙拖

① 鷗，誤作“甌”，據瞿藏本、嘯餘本、古一本等改。

② “得”字脱，據瞿藏本、嘯餘本、古一本等補。

絳羅，韈冷淩波。耽驚怕萬千般，得受用些[1]兒个。

評曰："冷"字上聲，妙！務頭在上，轉，急以對收。"斗柄"二字"上去"，妙！【落梅风】得此起二句平仄，尤妙。

【鴈兒落】【德勝令】指甲摘

宜將鬪草尋，宜把花枝浸，宜將綉線尋，宜把金針紝。宜操七絃琴，宜結兩同心，宜託[2]腮邊玉，宜圈鞋上金。難禁，得一掐通身沁；知音，治相思十个針[3]。

評曰：俊詞也。平仄、對偶、音律，皆妙。務頭在【德勝令】起句，頭字要屬陽及在中一對後，必要扇面對方好。

【殿前歡】醉歸來

醉歸來，入門下馬笑盈腮。笙歌接至朱簾外，夜宴重開。十年前一秀才，黃虀菜，打敁作文章伯。江湖氣槩，風月情懷。

評曰：妙在"馬"字上聲，"笑"字去聲，"一"字上聲，"秀"字去聲。歌至"才"字，音促，"黃"字急接，且要陽字，好！"氣槩"二字，若得"去上"尤妙。三對者，非也，自有三對之調。"伯"字若得去聲，尤妙。

【慶宣和】五柳庄

五柳莊前陶令宅，大似[4]彭澤。無限黃花有誰戴？去來！去來！

評曰[5]：妙在"彭"字屬陽。僅二十二字，愈字少，愈難作，五字絶句法也。佳詞，與【鴈兒】同意。

【賣花聲】香茶

細研片腦梅花粉，新剥真珠豆蔻仁，依方修合鳳團春。

---

① 些，誤作"此"，據瞿藏本、嘯餘本、古一本、《全元散曲》改。

② "託"字不清，據嘯餘本、嘯餘本、古一本補。

③ "針"字不清，據瞿藏本、嘯餘本、《全元散曲》等補。

④ 似，原空，據瞿藏本同，嘯餘本、古一本補。

⑤ 評曰，原無，據嘯餘本、古一本補。

醉䰀清爽，舌尖香嫩，這孩兒那些風韻！

評曰：俊詞也。務頭在對起及尾。

【清江引】九日

蕭蕭五株門外柳，屈指重陽又。霜清紫蟹肥，露冷黄花瘦，白衣不來琴當酒。

評曰："柳、酒"二字上聲，極是，切不可作平聲。曾有人用"拍拍滿懷都是春"，語固俊矣，然歌為"都是蠢"，甚遭譏誚。若用之於【攪箏琶】，以四字承之，有何不可？第三句切不可作仄仄平平，屬下着。

【折桂令】金山寺

長江浩浩西來，水面雲山，山上樓臺。山水相連，樓臺上下，天地安排。詩句就[①]雲山失色，酒杯寬天地忘懷。醉眼睁開，回首蓬萊，一半雲遮，一半煙埋。

評曰：此詞稱賞者衆，妙在"色"字上聲以起其音，平聲便屬[②]第二着。平聲若是陽字，僅可；若是陰字，愈無用矣。歌者每歌"天地安排"為"天巧安排"，"失色"字為"用色"，取其便於音而好唱也，改此平仄，極是。然前引"雲山、天地"，後説"雲山失色、天地忘懷"，若此則損其意，失其對矣。"安排"上"天地"二字，若得"去上"為上，"上去"次之，餘無[③]用矣，蓋務頭在上。"失色"字若得"去上"為上，餘者風斯下矣。若全句是平平上[④]上，歌者不能改矣。嗚呼！前輩尚有此失，後學可不究乎？

套數

雙調秋思

【夜行船】

---

① "就"字脱，據瞿藏本、嘯餘本、古一本等補。

② "屬"字不清，據嘯餘本、古一本作補。

③ "餘無"字不清，據瞿藏本、嘯餘本、古一本補。

④ 上，寧校本認為根據周德清所論，當為"去"字。

百歲光陰如夢蝶，重回首往事堪嗟。昨日春來，今朝花謝。急罰盞，夜筵燈滅。

【喬木查】

秦宮、漢闕[1]，做衰艸牛羊野，不恁漁樵無話説。縱荒墳橫斷碑，不辨龍蛇。

【慶宣和】

投至狐蹤與兔穴，多少豪傑！鼎足三分半腰折，魏耶？晉耶？

【落梅風】

天教富，不待奢，無多時好天良夜。看錢奴硬將心似鐵，空辜負錦堂風月。

【風入松】

眼前紅日又西斜，疾似下坡車。曉來清鏡添白雪，上牀和鞋履相別。莫笑鳩巢計拙，葫蘆提一就粧呆。

【撥不斷】

利名竭，是非絶，紅塵不向門前惹。緑樹偏宜屋上遮，青山正補[2]墻頭缺。竹籬茅舍。

【離亭宴歇】指雙鴛鴦煞尾聲

蛩吟一覺纔寧貼，雞鳴萬事無休歇。争名利何年是徹？密匝匝蟻排兵，亂紛紛蜂釀蜜，鬧穰穰[3]蠅争血。裴公緑野堂，陶令白蓮社。愛秋來那些：和露摘黄花，帶霜烹紫蠏，煮酒燒紅葉。人生有限杯，幾個登高節？囑付俺頑童記者：便北海探吾來，道東籬醉[4]了也。

評曰：此詞乃東籬馬致遠先生所作也。此方是樂府。不重韻，無襯字，韻險，語俊。諺曰："百中無一。"余曰："萬

① 闕，誤作"關"，據瞿藏本、嘯餘本、古一本改。

② "補"字不清，據瞿藏本、嘯餘本等補。

③ "穰穰"字不清，據瞿藏本、嘯餘本補。

④ "醉"字不清，據瞿藏本、嘯餘本補。

中無一。”看他用“蝶、穴、傑、别、竭、絶”字，是入聲作平聲；“闕、説、鐵、雪、拙、缺、貼、歇、徹、血、節”字，是入聲作上聲；“滅、月、葉”，是入聲作去聲，無一字不妥，後輩學去！

中原音韻正語作詞起例終

中原音韻後序

泰定甲子秋，余既作《中原音韻》并起例以遺青原蕭存存。未幾，訪西域友人瑣非復初，讀書是邦。同志羅宗信見餉，携東山之妓，開北海之樽，於時[①]英才若雲，文筆如槊。復初舉杯，謳者歌樂府【四塊玉】，至"彩扇歌，青樓飲"，宗信止其音而謂余曰："'彩'字對'青'字，而歌'青'字為'晴'。吾揣其音[②]，此字合用平聲，必欲揚其音，而'青'字乃抑之，非也。疇昔嘗聞蕭存存言，君所著《中原音韻》迺正語作詞之法，以别陰、陽字義，其斯之謂歟？細詳其調，非歌者之責也。"予因大笑，越其席，捋其鬚而言曰："信哉！吉[③]之多士，而君又士之俊者也！嘗遊江海，歌臺舞榭，觀其稱豪傑者，非富即貴耳，然能正其語之差，顧其曲之誤，而以才動之之者[④]，鮮矣哉！"語未迄，復初前驅紅袖而白同調歌曰："'買笑金，纏頭錦'，則是矣。"乃復嘆曰："予作樂府三十年，未有如今日之遇宗信知某曲之非，復初知某曲之是也。"舉首四顧，螺山之色，鷺渚之波，為之改容。遂捧巨觴於二公之前，口占【折桂令】一闋，煩皓齒歌以送之，以報其能賞音也。明當盡携《音韻》的本并諸起例以歸知音。調曰："宰金頭黑脚天鵞。客有鍾期，座有韓娥，吟既能吟，聽還能聽，歌也能歌。和《白雪》新來較可，放行雲飛去如何？醉覩銀河，燦燦蟾孤[⑤]，點點星多。"歌既畢，客醉，予亦醉，筆亦大醉，莫知其所云也。挺齋周德清書

---

① 嘯餘本、古二本、四庫本等"英才若雲"前有"於時"二字，於文義更順，據補。

② 音，原作"意"。瞿藏本、嘯餘本、古二本、四庫本作"音"。據文義，"音"字是。

③ "吉"字下半不清，據瞿藏本、嘯餘本、古二本、四庫本補。

④ 而以才動之之者，嘯餘本、古二本、四庫本無。句中似衍一"之"字。

⑤ "孤"字不清，據瞿藏本、嘯餘本、古二本、四庫本補。

書中原音韻後

《音韻》一帙，高安周德清所輯也。德清蒐獵群書，深於音律，論者評其製詞如“玉笛横秋”，名言也。書以《中原音韻》名者，聲成文為音，諧音為韻。四方之音，萬有不同，惟中州為得其正，入於正音之中。審夫清濁、低昂、平分二義，入派三聲，非但備作詞之用，蓋欲矯四方之弊，一歸於中州之正，可嘉也已。然起例有云：“分别陰陽二義，熟看諸序。”而序所論肯綮乃空其字，豈獨得之妙，秘之不傳歟？抑引而不發使人自悟歟？予不能作詞，愛其有補於正音，故於暇中，稍為正其傳寫之譌，可闕者仍闕之，以俟知者訂焉。正統辛酉冬十二月朔旴江訥菴書

參考文獻

古代文獻及工具書

（有關《中原》各版本見《前言》）

爾雅，《十三經注疏》本，中華書局1998

爾雅翼，羅願，文淵閣《四庫全書》本，上海古籍出版社2003

朝野新聲太平樂府，楊朝英編，隋樹森校訂，中華書局1957

詞話叢編，唐圭璋編，中華書局1986

詞林韻釋，陳鐸，《叢書集成》本，中華書局1985

詞林摘豔，張祿輯，《續修四庫全書》本，上海古籍出版社1995

詞林正韻，戈載，上海古籍出版社1981

唱論，燕南芝菴，《中國古典戲曲論著集成》本，中國戲劇出版社1959

度曲須知，沈寵綏，《中國古典戲曲論著集成》本，中國戲劇出版社1959

漢語大字典，四川辭書出版社、湖北辭書出版社1990

漢語方音字彙，北京大學中文系語言學教研室編，語文出版社2003

古今詞話，沈雄，《詞話叢編》本，唐圭璋編，中華書局1986

古今韻會舉要，熊忠，寧忌浮校訂，中華書局2000

顧曲雜言，沈德符，《中國古典戲曲論著集成》本，中國戲劇出版社1959

顧誤録，王德輝，《中國古典戲曲論著集成》本，中國戲劇出版社1959

廣陽雜記，劉獻廷，中華書局1957

廣韻，陳彭年，周祖謨校，中華書局1988

集韻，丁度，中華書局影印宋刻本1989

交泰韻，吕坤，《四庫全書存目叢書》本，齊魯書社1997

類篇，司馬光，中華書局1984

龍龕手鑒，行均，中華書局1985

録鬼簿，鍾嗣成，《中國古典戲曲論著集成》本，中國戲劇出版社1959

録鬼簿續編，賈仲明，《中國古典戲曲論著集成》本，中國戲劇出版社1959

吕氏春秋，陳奇猷新校釋，上海古籍出版社2002
蒙古字韻，照那斯圖、楊耐思校，民族出版社1987
明史，張廷玉等，中華書局1974
明語林，吴肅公，《續修四庫全書》本，上海古籍出版社1995
木天禁語，范德機，《歷代詩話》本，中華書局2004
南詞敘録，徐渭，《中國古典戲曲論著集成》本，中國戲劇出版社1959
南村輟耕録，陶宗儀，中華書局1997
佩觿，郭忠恕，《叢書集成》本，中華書局1985
篇海類編，《續修四庫全書》本，上海古籍出版社1995
切韻指掌圖，《叢書集成》本，中華書局1985
瓊林雅韻，朱權，《續修四庫全書》本，上海古籍出版社1995
曲論，燕南芝庵，《中國古典戲曲論著集成》本，中國戲劇出版社1959
曲律，王驥德，《中國古典戲曲論著集成》本，中國戲劇出版社1959
曲律，魏良輔，《中國古典戲曲論著集成》本，中國戲劇出版社1959
曲藻，王世貞，《中國古典戲曲論著集成》本，中國戲劇出版社1959
全元散曲，隋樹森校訂，中華書局1964
全元戲曲，王季思編，人民文學出版社1999
詩詞通韻，璞隱，《中華漢語工具書書庫》本，安徽教育出版社2002
説文解字，許慎，影印陳昌治本，中華書局1963
説文解字注，段玉裁，上海古籍出版社1988
説文解字注箋，徐灝，《續修四庫全書》本，上海古籍出版社1995
四友齋叢説，何良俊，中華書局1997
太和正音譜，朱權，《中國古典戲曲論著集成》本，中國戲劇出版社1959
陶説，朱琰，《續修四庫全書》本，上海古籍出版社1995
五音集韻，韓道昭，寧忌浮校訂，中華書局1992
閒情偶寄，李漁，《中國古典戲曲論著集成》本，中國戲劇出版社1959
宋本玉篇，中國書店1983
元史，宋濂等，中華書局1976
元刊雜劇三十種，徐沁君新校，中華書局1980

樂府新編陽春白雪集，楊朝英編，隋樹森校，中華書局1957
韻學集成，章黼，《續修四庫全書》本，上海古籍出版社1995
正字通，張自烈，《續修四庫全書》本，上海古籍出版社1995
至正直記，孔齊，《歷代筆記小説大觀》本，上海古籍出版社2001
字彙，梅膺祚，影印康熙二十七年靈隱寺刻本，上海辭書出版社1991
字彙補，吴任臣，影印康熙二十七年靈隱寺刻本《字彙》附，上海辭書出版社1991

著作及論文

陳新雄1976　中原音韻概要，臺灣學海出版社
服部四郎、藤堂明保1958　中原音韻研究·校本編，日本江南書院
耿振生2005　《中原音韻》的原始著作權和它的基礎方言問題，語言學論叢，第31輯
胡　適1916　胡適學術文集——新文學運動，姜義華編，中華書局1998
黄　侃　蘄春語，黄侃論學雜著，上海古籍出版社1980
冀　伏1980　《中原雅音》考辨，吉林大學學報，第2期
蔣紹愚1994　近代漢語研究概況，北京大學出版社
金井保三1913　論《中原音韻》，東洋學報（日本），第3期
金有景1989　山西襄垣方言和《中原音韻》的入聲問題，語文研究，第4期
金欣欣2004　也談《中原音韻》的寫作緣起——兼與趙誠先生商榷，東南大學學報，第4期
金薰鎬1994　元雜劇《謝天香》的用韻，首屆元曲國際研討會論文集，河北教育出版社
黎新第1987　《中原音韻》入派三聲析疑，重慶師院學報，第4期
黎新第1991　早中期元北曲與《中原音韻》“入派三聲”，中原音韻新論，北京大學出版社
黎新第1992　《中原音韻》清入聲作上聲證，古漢語研究，第4期
黎新第1993　金諸宮調曲句的平仄與入聲分派，語言研究，第2期

黎新第2000 20世紀《中原音韻》音系研究進程與方法回顧，重慶師院學報，第1期
李樹儼2000 論“平分陰陽，入派三聲”，語文研究，第1期。
李無未2003 《辨音纂要》所传《中原雅音》，中国语言学报，第11期
李無未、洪飀2004 《中原雅音》的體例問題，音韻論叢，齊魯書社
李新魁1963 關於《中原音韻》音系的基礎和“入派三聲”的性質，中國語文，第4期
李新魁1983 《中原音韻》音系研究，中州書畫社
劉能先、劉裕黑1991 有關周德清幾個史實的研究，中原音韻新論，北京大學出版社
陸志韋1946 釋《中原音韻》，燕京學報，第31期
陸志韋1964 中州樂府音韻類編抄校本説明，中原音韻·附中州樂府音韻類編，中華書局1978
羅常培1932 中原音韻聲類考，史語所集刊，第2本第4分
羅常培、蔡美彪1959 八思巴字與元代漢語[資料彙編]，科學出版社
麥 耘1999 古影母字在“平分陰陽”和“入派三聲”中的表現及其他，慶祝詹伯慧教授從教45周年文集，暨南大學出版社
寧繼福1985 中原音韻表稿，吉林文史出版社
任 訥1930 作詞十法疏證，散曲叢刊，中華書局
錢玄同1918 文字學音篇，錢玄同音學論著選輯，山西人民出版社1988
邵榮芬1979 漢語語音史講話，天津人民出版社
邵榮芬1981 中原雅音研究，山東人民出版社
邵榮芬1991 《中原音韻》音系的幾個問題，中原音韻新論，北京大學出版社
石山福治1925 考定中原音韻，東京東洋文庫
孫楷第1981 元曲家考略，上海古籍出版社
王國維1915 宋元戲曲考，王國維遺書，商務印書館1940
許德寶1989 《中州音韻》的作者、年代以及同《中原音韻》的關係，中國語文，第4期

許德寶1991　王文璧校正《中州音韻》初刻年代和諸版本的關係問題，中國語文，第1期
楊耐思1957　周德清的《中原音韻》，中國語文，第11期
楊耐思1981　中原音韻音系，中國社會科學出版社
趙　誠1979　中國古代韻書，中華書局
趙　誠1991　周德清和《中原音韻》，中原音韻新論，北京大學出版社
照那斯圖、楊耐思1987　蒙古字韻校本，民族出版社
趙蔭棠1936　中原音韻研究，商務印書館
周維培1990　論《中原音韻》，中國戲劇出版社
周維培1991　《中原音韻》與元人曲籍五種小考，中原音韻新論，北京大學出版社

中州樂府音韻類編校本

校勘説明

本校本所用底本為瞿氏鐵琴銅劍樓藏明刻九卷本《朝野新聲太平樂府》卷首所收《中州樂府音韻類編》（原書版框高211毫米，寬270毫米），是瞿氏藏書的第七百六十五種。

中華書局1978年出版的訥菴本《中原音韻》後附《中州樂府音韻類編》、《續修四庫全書》第1739册所收本，亦係從鐵琴銅劍樓藏明刻九卷本《朝野新聲太平樂府》抽出的。

該本為細字刻本。寫者與刻者可能不懂音韻知識，小韻排列雖有空格，但常常界限不明，錯字、訛字隨處可見。如無校勘，幾不可卒讀。

該本不知何人在表聲調的字面上作了圈涂。在目録下有兩處實心黑框。中華書局本收入時作過版面處理。

由於該書無其他版本可供對校，只能靠内校並參證《中原》等文獻完成。《中原》與該書同出一源，可取校之處甚多。用來校用的《中原》是我們的校勘本。簡稱"《中原》"。

校訂過該書的有如下三家，可供參考：

1. 盧前校訂本，簡稱"盧校本"。盧前（1905～1951，江蘇南京人，原名正紳，字冀野，自號飲虹、小疏，戲曲史家）所校本，收入商務印書館1936年出版的《萬有文庫》第二集和1939年出版的《國學基本叢書》。另外，1955年文學古籍刊行社出版他校勘的《朝野新聲太平樂府》也收有該校本。

盧校花費時間很多，但從校本中可看出盧氏缺乏音韻知識，小韻分合的處理錯誤甚多。故該校本除文字校勘可以參證外，其他不足為據。

2. 隋樹森校訂本，簡稱"隋校本"。隋樹森（1906～1989，字育楠，山東招遠縣人，元曲研究專家）1958年在中華書局出版他校勘的《朝野新聲太平樂府》，内有他校勘過的《中州樂府音韻類編》。

隋校在小韻的處理上稍優於盧校，文字校勘也有出盧校之上者，但整體看，该校本不明各小韻的音韻關係，不能正確處理之處為數亦多。

3. 陸志韋、廖珣英校訂本，簡稱"陸校本"。中華書局1978年出版的訥

菴本《中原音韻》後附瞿氏藏《中州樂府音韻類編》，陸志韋、廖珣英寫有校語。

陸、廖二位係系音韻學名家，故該校本對大多數相聯小韻的分合都作了比較精確的處理，所作文字校勘也大都言之有據，可從者甚多。

其他有關校勘原則一如《中原音韻校本》。需要特別説明的有以下幾點：

1. 底本各小韻之間界限不清之處甚多，該分的小韻，韻字有的聯在一起；該合的小韻，韻字中間反倒有空格。本校本多參證陸校本，並結合音韻規律決定小韻的分合。陸校本偶爾有一些失誤，如，江陽韻“旺○放訪”當分，但陸校本誤合。凡關涉小韻的改動，皆出校語説明。

2. 在平聲陰陽類内，按一般體例，陰小韻在前，陽小韻在後，但是本書内也有不合體例的，説明卓氏書體例不嚴。本校本予以説明，不作改動。

3. 由於底本各小韻之間没有標志，只用空格處理，閱讀不便，會誤判不同小韻的字。本校本參照《中原》一律在小韻之間加“○”號，以示區別。

4. 底本各聲調常不空行，閱讀十分不便。本校本則將各聲調作獨行處理，以醒目。

5. 根據體例，本書“平聲陰陽”類有前後相配的兩組小韻，但韻書中有的韻里有空缺，應該據《中原》補加。補加的小韻用“[　]”標識。如東鍾平聲陰陽：“通蓪○同童銅桐峒筒瞳潼鼕○沖充衝○重蟲鳙崇上一字方言○邕噰雍○容融溶庸墉鎔蓉榮上一字收○胸凶兄上一字收[○熊雄]○風楓豐封峯鋒蜂烽○馮逢縫……”陰小韻“胸”無相配的陽小韻，據《中原》添加[○熊雄]小韻與之相配。

中州樂府音韻類編

燕山卓從之述

一　東鍾　　二　江陽
三　支思　　四　齊微
五　魚模　　六　皆萊[①]
七　真文　　八　寒山
九　桓歡　　十　先天
十一　蕭豪　　十二　哥[②]戈
十三　家麻　　十四　車遮
十五　庚青　　十六　尤侯
十七　尋侵[③]　　十八　監咸
十九　廉纖

海宇盛治，朔南同聲。中州小樂府，今之學詞者輒用其調，音歌者即按其聲。然或押韻未通其出入變換，調音未合其平仄[④]轉切，此燕山卓氏《韻編》所以作也。是用録[⑤]刊予《樂府》之前，庶使作者、歌者皆有所本，而識音韻之奇、合律度之正。雖引商刻羽，雜以流徵之曲，亦當有取於斯焉。

一　東鍾

平聲

陰

東冬〇中衷忠終鍾鐘〇松嵩〇公躬恭弓功工蚣攻宫供肱觥上二字

---

① 《中原》作“來”，韻目作“皆來”。

② 《中原》作“歌”，韻目作“歌戈”。

③ 《中原》“侵”在“尋”字前，韻目作“侵尋”。

④ 原誤作“亥”，語義不合，据各校本改。

⑤ 原字不清，據各校本當為“録”字。

收[①]〇空悾〇翁泓上一字收〇宗梭騣〇鬆憽[②]〇蹤縱〇崩綳上二字收

陽

戎茸〇龍隆癃窿〇蒙濛朦盲[③]甍萌上三字收〇籠朧聾嚨曨[④]櫳瓏〇膿農儂〇濃醲穠〇從[⑤]

陰陽

通蓪〇同童銅桐峒筒瞳潼鼕〇冲充衝〇重蟲鱅[⑥]崇上一字方言〇邕喝雍〇容融溶庸墉鎔蓉榮上一字收[⑦]〇胸[⑧]凶兄上一字收[〇熊雄]〇風楓豊封峯鋒蜂烽〇馮逢縫〇烘薨轟上二字收〇紅烘[⑨]虹鴻宏紘嶸横弘上五字收〇葱[⑩]匆聰驄〇叢〇蓬篷[⑪]彭棚鵬上三字收[⑫]〇烹上一字收[⑬]

上聲

董懂〇孔恐〇懞蠓猛艋蜢上三字收〇桶統〇總〇汞[⑭]嗊〇捧〇寵〇箕〇

---

① 原作“上三字收”。陸校本據本書體例改為“上二字收”。“供”字通攝鍾韻字，非外來的梗攝字。陸校本是。

② 原作“惚”。陸校本：“‘惚’與‘鬆’不同音，《中》同誤，‘惚’當是‘憽’之誤。”憽，心母；“惚、憁”，清母；鬆，心母。“憽、鬆”音同。陸校本是。

③ 原誤作“旨”，音理不合，據《中原》、各校本改。

④ 原作“隴”字。陸校本：“當是《中》‘曨’字之誤。”隴，《廣韻》來腫上通合三，上聲，不合此音韻地位。《中原》有“曨礲礱”三字，正是平聲，當是“曨”或“礲”之誤。

⑤ 原誤與上小韻聯，據音理當分。

⑥ 原誤作“鋪”，音理不合，據《中原》當為“鱅”字。鱅，禪母，合乎此音韻地位。

⑦ 原作“上二字收”。本小韻只“榮”字來自梗攝，不當為“二”。陸校本改為“一”，是。

⑧ 陸校本：“‘胸’（陰）小韻下脱‘熊’（陽）。”“胸”小韻無陽平對應，不合體例。《中原》正好有“熊雄”小韻與之對應。陸校本是。

⑨ 陸校本：“‘烘’當是《中》‘谼’字或‘洪’字之誤。”“烘”有清濁聲母曉、匣母讀法，並已在陰平出現，此處之“烘”字或為濁音匣母讀法，但非常用音義。《中原》此小韻另有“谼、洪”，或是“洪”字之誤。

⑩ 即“蔥”之異體。

⑪ “蓬篷烹彭棚鵬”六字原相聯。陸校本分作“蓬篷、烹、彭棚鵬”三個小韻，並説：“‘蓬’小韻當併入‘彭’小韻。”實即兩小韻。“蓬篷、彭棚鵬”皆濁音並母字，當同讀平聲陽；“烹”字清音滂母，當讀為平聲陰。陸校本是。《中原》“蓬篷彭棚鵬”即為同小韻。“烹”字當是誤置“彭”字之前。今將“烹”字移後，單立一小韻。

⑫ 原作“上四字收”。陸校本：“本作‘上四字收’，其中一字指上小韻‘烹’字，故‘四’改作‘三’。”是。

⑬ 原無“上一字收”。陸校本：“‘上一字收’，據本書體例補。”“烹”是梗攝字，当是外來，據體例應注“上一字收”。

⑭ 原字不清，陸校本認作“汞”字。陸校本：“‘本作‘永’。”“永”字在“擁”小韻。陸校本是。

隴壠○腫踵種○冗○擁勇湧踴永上一字收○聳○噥

去聲

送宋○鳳奉諷縫○貢共供○弄哢礱○棟凍蝀洞動○控空鞚○訟頌誦○瓮齆○痛慟○衆重中種仲○夢孟上一字收[1]○用詠瑩上二字收[2]○綜○縱從粽○迸收○横收

二　江陽

平聲

陰

姜江釭薑彊[3]韁○邦梆幫○雙霜孀鸘○章樟張障[4]彰麞○商傷殤觴○漿螿將○莊粧裝樁○岡剛鋼綱亢杠[5]釭[6]扛玒○桑喪○康穅○光胱○當璫

陽

忙茫哤[7]厖邙芒鋩○良涼量粮梁粱○穰攘[8]瀼○忘亡○娘○郎琅榔廊狼○航行杭頏[9]○囊○昂

陰陽

牕瘡○床幢撞[10]咮○香鄉○降○鎊雱○傍龐逄○腔○强○鴦央殃秧○陽揚[11]颺羊徉[12]楊[13]洋佯○方芳枋坊妨○房防○昌菖娼閶○長腸場常

① 原作“下取”，不合體例。陸校本：“本作‘下取’，誤，現據本書體例改。”是。

② 原作“取”。陸校本據體例改為“收”，是。

③ 即“疆”之異體。

④ 陸校本：“當是《中》‘獐’字或‘璋’字之誤。”陸校本根據“障”字作去聲讀作此推測。“障”有平聲一讀，《廣韻》諸良切，章陽平宕開三，可不改。

⑤ 杠，《中原》收在“姜”小韻内。

⑥ 陸校本將“釭扛玒”三字與其前“岡剛鋼綱亢杠”分為兩個小韻，無據，《中原》亦同小韻。

⑦ 原字不清，盧校本、隋校本作“陙”，陸校本作“哤”。從字形看似“哤”字。“哤”即“咙”之異體。

⑧ 原字不清。盧校本、隋校本、陸校本皆認作“攘”。陸校本：“‘攘’或《中》‘禳’字之誤。”從字形看，左邊不似“礻”。“攘”字是。

⑨ 盧校本誤認為“頑”。

⑩ 原字不清。據《中原》、陸校本作“撞”。“床幢撞咮”《中原》同小韻。是。

⑪ 隋校本誤作“楊”。

⑫ 原字不清。據《中原》、陸校本當為“徉”。

⑬ 隋校本誤作“揚”。

裳償萇○湯○唐塘堂棠糖○湘相箱襄廂○詳祥翔○槍[①]鏘○牆戕檣墻[②]○匡筐眶○狂○汪○王○倉蒼○藏○荒肓[③]○黄皇篁簧隍凰惶遑

上聲

講港○養癢鞅○槳[④]獎蔣[⑤]○兩魎○强○搶○想鯗○掌長○爽○響蠁享[⑥]饗○敞氅昶[⑦]○壤穰○賞○倣舫○罔網輞[⑧]○枉往○顙磉嗓○榜梆鎊[⑨]○倘帑○黨○莽蟒○朗○謊晃[⑩]○仰

去聲

絳降虹洚糨强○喪○胖○象相像○恙煬漾樣怏[⑪]○亮量緉輛○狀[⑫]壯撞○上尚餉○讓○帳賬漲仗杖障嶂[⑬]瘴○巷向項○匠將醬○唱暢悵倡○創刱愴[⑭]○望忘妄○誑○旺○放訪○盪[⑮]○宕[⑯]碭○浪○行○葬○謗傍○當[⑰]蕩○亢炕抗○壙曠

① 陸校本:"'槍'或《中》'搶'字之誤。"《中原》之嘯餘本、四庫本、石山本皆作"槍"。"槍搶"在此小韻應為同音,故"槍"字可。

② 陸校本:"'牆'或《中》'嬙'字之誤。"此説可取,"墻、牆、嬙"同音,"墻、牆"異體同義,或可改为"嬙"字。考慮到卓書異體重出之字不少,可不改。

③ 原誤作"盲"字,音理不合,據《中原》改。

④ 原作"漿"。"漿"已見平聲陰。陸校本:"'漿'當是《中》'槳'字之誤。"是。

⑤ 原字不清,據《中原》當為"蔣"字。

⑥ 原字不清,據《中原》當為"享"字。

⑦ 即"昶"之異體。

⑧ 原誤"綱、輞"。陸校本:"'網、輞'二字,本作'綱、輞'。"

⑨ 隋校本:"鎊,此字已見本韻平聲陰陽,此處疑誤收。《中原音韻》上聲無此字。"陸校本:"'鎊'字已收在平聲,本無上聲音,或傳鈔衍。"存疑。

⑩ 晃,《中原》收在去聲。

⑪ 盧校本誤作"快"。

⑫ "狀"字後誤衍另一"狀"字,删。

⑬ 《中原》無"嶂"字。

⑭ "創刱"與"愴"原前後相聯,但中間有空,疑非同小韻。《中原》相隔較遠,作兩小韻。如分立不同小韻,無音理。今暫作同小韻處理。

⑮ "盪"與"宕"相聯,似為同小韻。但處理作同小韻,不合音系結構,導致本調内僅有端母字,而無透母字。《中原》分為兩小韻,"盪"小韻還另有一"湯"字,顯示"盪"小韻讀透母。《中原》是。

⑯ 原誤作"岩",據《中原》改。

⑰ 陸校本説:"'當'小韻當併入'宕'小韻。"《中原》"蕩宕碭當擋"同音。"蕩宕碭當擋"前三字定母,後二字端母,按音變當同音,卓氏分立恐為清濁所誤,陸校本是。

三 支思

平聲

陰

支巵梔枝肢氏閼氏梏[①]之芝脂○髭[②]貲觜兹孜滋緇[③]資咨姿耔[④]○差眵媸[⑤]嗤[⑥]

陽

兒而洏

陰陽

雌○慈鶿[⑦]磁兹龜兹[⑧]餈茨疵[⑨]玼玭○施詩師獅螄尸蓍[⑩]○時塒匙○斯厮澌鷥颸司私罳絲偲○詞祠辭辤

上聲

紙旨指止沚趾址芷○邇爾耳餌○此玼跐○史駛弛豕矢始屎使○子紫姊梓○死○齒

入聲作上聲

塞[⑪]○澁[⑫]瑟

---

① 原字不清，據《中原》、盧校本、隋校本作"梏"。

② "髭貲觜兹、孜滋緇資咨姿耔"原不聯，陸校本作同一小韻處理。"髭、孜"無音理分別，當是誤分。《中原》即為同音。

③ 《中原》該小韻内作"淄"字。"緇、淄"兩字同音，不必改為"淄"字。

④ 原作"耔"，字不正，據《中原》改。

⑤ 媸，《中原》在齊微韻。

⑥ 嗤，《中原》不收。

⑦ 原作"鷥"，陆校本认为是"鶿"。鷥，古心母字；鶿，古從母字。從母合乎本小韻的類别，"鶿"字是。"鷥"在"斯"小韻内。

⑧ 盧校本、隋校本誤認為"龜兹"為一字，作"𪛊"，誤。"龜兹"當是"兹"字的注釋。

⑨ "疵玼玭"前原有空格，與"慈鶿磁兹餈茨"分立。陸校本、《中原》合為一個小韻，音理合，是。

⑩ 原誤作"著"，音理不合。據《中原》、各校本改。

⑪ "塞"原與"澀瑟"相聯。《中原》"塞音死、澀瑟音史"，分作二小韻。"塞"古心母字，"澀瑟"古生母字，不同音。《中原》是。

⑫ 即"澀"之異體。

去聲

是氏市柹侍士仕使示謚蒔侍事施嗜豉試視〇似兕柹[1]姒巳嗣飼耜涘俟寺食笥思四肆泗駟〇次刺〇字漬牸自恣胔〇翅〇厠[2]〇志至誌〇二貳鉺[3]

四 齊微

平聲

陰

機幾磯肌飢鷄稽笄箕基璣姬譏〇歸圭龜閨規〇低堤磾〇西犀嘶〇杯悲卑碑陂〇蓖〇追[4]騅錐〇知

陽

微薇〇犂黎梨藜鸝璨離籬麗[5]漓狸蜊鼈[6]〇迷〇泥尼糵〇梅枚媒煤醿眉湄麋糜[7]〇雷罍檑羸〇隋隨〇誰

陰陽

妻淒萋棲〇齊臍〇灰揮徽暉輝〇回徊〇威隈偎煨〇圍幃[8]闈違為危嵬巍桅維惟[9]遺[10]〇非飛扉緋霏妃菲〇肥淝〇溪欺〇奇祈期旗棊畿

---

① "柹"已見"是"小韻。"似"小韻内又出現"柹"字，也許是方音影響。《中原》"似"小韻内有"賜"字與"柹"字對應，或是。

② 陸校本認為，按音理，"翅、厠"應同音。"翅"古書母字、"厠"古初母字，今方言或同音或不同音，《中原》亦作兩小韻，今不予合併。

③ 原作"鉺"。盧校本、隋校本作"餌"。陸校本説："或《中》'餌'字之誤。""鉺、餌"皆合音理，可不改字。

④ "追騅錐、知"聯出，盧校本、隋校本作同一小韻。據音理當分為二小韻，"追騅錐"合口韻字，"知"開口韻字。

⑤ 即"麗"之異體。

⑥ 即"鼈"之異體。

⑦ 原與上字同作"麋"，重。陸校本説："當是《中》'糜'字之誤。"是。

⑧ 原誤作"愇"，盧校本、隋校本作"幃"。陸校本説："'愇'當是《中》'幃'字之誤。""愇"上聲字，不合音理。"幃"平聲字，合音理，是。

⑨ "維惟"二字，《中原》合入平聲陽"微"小韻内。

⑩ 遺，《中原》收在"移"小韻内。

騎琦○希稀醯[1]犧羲○衣依醫伊鷖[2]○奚[3]兮携畦○移姨沂蜺霓倪鯢廖宜儀夷彝疑怡嶷頤○梯○啼提題蹄荑○吹炊推[4]○鎚垂陲○醅披邳丕○裴陪培皮○魁虧窺○葵馗夔逵○笞螭癡[5]○池遲馳箎墀○推[6]○頹魋○崔[7]催衰○摧○紕批○脾疲

入聲作平聲陽

十什石射食蝕拾○直姪秩值擲○疾嫉葺集寂○夕席習襲○荻狄敵笛糴○及極○惑○逼

去聲作平聲陽

鼻

上聲

尾亹○倚扆椅蟻矣已擬○蟣幾己几麂○鬼簋○悔賄毀卉○禮醴俚[8]蠡里裏李鯉履○濟擠○體○底邸○洗璽徙屣○起啓杞○米弭○美浼○彼○妣[9]○委猥唯○壘磊儡蕾○腿○蕊○觜○水○喜○恥○髓

入聲作上聲

質隻炙織騭執汁[10]○七戚漆刺○匹闢僻劈○吉擊激棘吃戟急汲給○失室識適拭飾軾濕釋奭○唧積稷績跡脊[11]鯽○必畢碧磨[12]璧躄○昔

① “醯”即“醯”字之異體。

② “鷖”字原不與其前“衣依醫伊”等字聯，盧校本、隋校本分為兩個小韻。陸校本合為同音。“鷖、衣依醫伊”無音理分別，當合。

③ “奚”小韻（陽）當配“希”小韻（陰），應移到“衣”小韻前。移動后，“衣”小韻（陰）與“移”小韻（陽）也配。

④ 盧校本、隋校本、陸校本作“推”，當是古初母字音。

⑤ 原誤作“凝”，據《中原》改。

⑥ 原作“椎”，盧校本、隋校本同。陸校本：“今據本書體例改‘推’(陰) 配‘頹’(陽)。《中》脱‘推’小韻。”陸校本是。

⑦ 盧校本、隋校本皆把“崔催衰”與下一“摧”字當作同小韻，不合體例。“崔催衰”清聲母字，“摧”濁聲母字，分立是。

⑧ 《中原》無“俚”字，有“理”字或“娌”字與之對應。

⑨ “彼妣”二字，一在行末，一在行首，陸校本分為兩個小韻，同《中原》。陆校本是。

⑩ 原誤作“汗”，據《中原》改。

⑪ 原誤作“春”，據《中原》改。

⑫ 《中原》無此字，有“壁”字與之對應。

惜息錫淅〇尺赤喫勅鶒〇的靮嫡滴〇德得〇國〇筆北[1]〇黑〇滌[2]剔踢〇隙吸翕檄覡〇乞泣

去聲作上聲[3]

悔

去聲

未味〇胃渭緯魏尉慰畏衛䳑〇貴跪桂檜膾鱠旝[4]櫃〇吠沸廢費肺〇會晦誨諱〇翠脆〇異裔義毅藝易翳意〇殢〇氣器棄〇霽濟祭際〇替剃涕〇帝地第悌[5]遞蔕棣〇背貝婢偹[6]避焙輩被倍〇利唳離隸俐麗例痢〇砌妻〇細壻〇罪最〇對隊碓兑〇計記寄繫繼妓忌季縊[7]〇閉蔽〇謎〇鋭〇睡税説瑞蜕[8]〇退蜕〇歲碎粹祟[9]〇墜贅綴〇制置滯彘稚智〇世勢逝誓〇淚累酹[10]擂[11]類纇〇妹昧媚瑁[12]寐〇簣[13]塊[14]〇配珮〇内

入聲作去聲

日入〇蜜[15]密覔[16]〇墨〇立粒笠曆歷靂櫪瀝瀝皪力栗〇一易逸佾溢泆

---

① 隋校本誤認作“比”。

② “滌”在行末，與“剔踢”不聯，似不同小韻。“滌”字古定母，按音變應入陽平“狄”小韻，不应与透母的“剔踢”二字同小韻。但，如分立，又與前面的“的”小韻衝突。今暫依《中原》處理作同小韻。此處“滌”可能從俗音讀。

③ 全書僅此一條“去聲作上聲”。“悔”字，已見上聲，《中原》亦歸上聲。陸校本認為此條或衍。

④ 原作“旝”，不成字，當為“旝”字。《中原》無“旝”字。

⑤ 原字不清。陸校本認作“俤”，《中原》、盧校本、隋校本認作“悌”。《中原》是。

⑥ 即“備”之異體。

⑦ 《中原》、陸校本將該字併入其前的“計”小韻，音理不合，當移入“異”小韻。或是誤置於此，存疑。

⑧ 《中原》“睡”小韻無“蜕”字，“蜕”字僅收入“退”小韻內。卓氏置於此處，當從古書母讀。

⑨ 原誤作“崇”，據《中原》改。

⑩ 原誤作“酧”。“酧”即“酬”字之異體，音義不和。據《中原》改。

⑪ 盧校本誤認作“播”。

⑫ 即“瑁”之異體。

⑬ 原字不清。據《中原》、各校本當為“簣”。

⑭ 該字又見皆萊。《中原》不在本小韻，僅收在皆來。

⑮ 該字連同下一字原皆作“密”，誤。《中原》有“密、蜜”二字對應，且分“覔蜜、墨密”為二小韻。今從《中原》將該字改為“蜜”。“蜜密覔”與“墨”對立。

⑯ 即“覓”之異體。

鎰液疫役逆益鶂譯腋掖驛邑乙憶揖射匿[①]埸[②]翊翼○勒肋○劇

五　魚模

平聲

陰

居車駒拘俱○諸猪朱株蛛誅珠○蘇酥甦○蔬疏踈○虚墟嘘吁○蛆趍○疽沮[③]雎○孤姑辜鴣沽菰○枯刳○都○逋○租

陽

盧閭驢○如儒薷[④]襦[⑤]嚅○無蕪巫○模謨謀收○徒圖屠荼途塗○奴孥○廬蘆顱鱸轤瀘

陰陽

迂於○魚漁余虞餘與歟譽愚[⑥]盂隅臾瑀[⑦]瑜窬○烏嗚○吾鋙吴梧娱鼯○初○雛鋤○粗麄○殂○書舒輸○殊茱銖○區軀驅嶇○渠蕖衢臞○須鬚胥需○徐○樞○除蜍厨蹰儲○膚夫桴玞○扶符鳧蚨浮收○鋪[⑧]○蒲脯○呼○糊湖胡壺[⑨]狐醐乎瑚

入聲作平聲陽

獨讀牘瀆犢毒突○族鏃○伏鵩[⑩]袱服○鵠斛槲○逐軸二字尤韻通○蜀贖屬[⑪]塾孰熟三字尤韻通○僕○俗續○術述秫术○佛[⑫]○鶻[⑬]○局

---

① 《中原》“匿”字自成一小韻，在韻末。周氏与卓氏審音依據或有差異。

② 原誤作“惕”，不合音理。據《中原》、陸校本改作“埸”。

③ 原字不清，據《中原》當為“沮”。

④ 原字不清，據《中原》、隋校本、陸校本當為“薷”。

⑤ 原作“儒”，與前一“儒”字重出。《中原》有“襦、繻”與之對應，隋校本改為“襦”字，是。

⑥ 原作“遇”，“遇”字去聲，不合音理。《中原》作“愚”，是。

⑦ 原作“瑀”。陸校本：“不成字，不知何字之誤。”待考。

⑧ 《中原》平聲内無“鋪”小韻。

⑨ 原誤作“壼”，據《中原》改。

⑩ 原誤作“鵬”，據《中原》改。

⑪ “贖屬”二字，《中原》在“術述”小韻内。

⑫ 陸校本認為“佛”小韻當併入“伏”小韻。《中原》“佛、伏”同音，陸校本有據。依音理，二字應為同音。“佛”臻攝物韻、“伏”通攝屋韻，皆奉母。卓氏分立，或另有依據。

⑬ 陸校本認為，“鶻”小韻當併入“鵠”小韻。《中原》“鶻、鵠”同音，陸校本有據。依音理，二字應為同音。“鶻”臻攝没韻匣母，“鵠”通攝沃韻匣母，確應同音。卓氏分立，或另有依據。

上聲

語雨與圄齬羽宇禹庾○吕旅侣縷○主煑渚麈[1]○汝乳○暑鼠黍○杵處○女○嶼醑○許○數所○楚○阻○祖組○舉○武舞鵡侮○甫斧撫否收○取○母某牡上三字收[2]○土吐○魯櫓虜○覩賭○弩○古鼓股罟羖詁賈估[3]牯瞽○五仵伍[4]午塢○虎滸○苦○浦圃譜[5]補○普溥

入聲作上聲

谷穀轂骨○哭窟○秃○速縮○簇○福腹幅覆蝠○卜不○菊踘○曲麯屈○叔○粥竺築竹○肅宿粟○束○足○促○出○忽笏○拂[6]

去聲

御馭遇嫗裕諭芋預豫○慮屢○鋸懼句據○恕庶樹戍○覷趣娶○去○注澍住著炷駐紵苧貯竚○數疏○絮序叙緒○助○處滁[7]○孺茹○杜妬肚渡度蠹○赴父輔付賦傅[8]婦阜上二字收[9]○怒○户扈護瓠互戽○怒[10]○務霧○素訴愬塑○暮慕墓○路露鷺輅○兔○顧固故錮○誤悟悮惡○布怖簿[11]捕步○醋措○做胙祚○鋪

入聲作去聲

屋[12]○禄鹿漉麓○木沐穆睦没牧目○陸绿戮録籙○玉[13]育獄欲浴郁○物勿○辱入

---

① 原誤作“塵”，據《中原》改。

② 原作“二字收”。陸校本據本書體例改為“三字收”。“母某牡”三字皆流攝厚韻字，入魚模韻是外來，當注“收”。

③ 原字不清，盧校本、隋校本作“估”，陸校本作“羖”。細察該字，應為“估”字。

④ 原字不清，據《中原》、各校本當為“伍”。

⑤ “譜”字，《中原》在“普”小韻内。按音理，“譜”字歸“浦”小韻，卓氏是。

⑥ “拂”與前“福”小韻分立，無音理依據，《中原》同小韻。本書不聯，或另有依據。

⑦ “滁”字，《中原》在平聲“除”小韻内。“滁”平聲，《中原》是。卓氏誤收在去聲。

⑧ 原誤作“傳”，據《中原》改。

⑨ 原只作“收”，據本書體例改。

⑩ 該字與前一“怒”字重出，陸校本認為衍出，並誤與下聯小韻合併。隋校本删除。應删。

⑪ 原誤作“薄”，據《中原》改。

⑫ 《中原》“入作去聲”無“屋”小韻，“屋”與“沃兀”同小韻，在“入作上”内。

⑬ 原誤作“王”，據《中原》改。

六 皆萊[①]

平聲

陰

階皆街稭〇乖〇齋〇揩[②]〇開〇歪〇腮〇該垓〇哉災𢦏[③]栽〇衰

陽

諧[④]骸鞋〇排牌〇懷淮槐〇埋霾〇騋來萊〇能三足鱉〇孩頦

陰陽

釵差〇柴豺儕〇崖捱〇挨[⑤]〇台胎駘〇臺擡苔[⑥]〇哀埃唉〇騃〇猜〇才裁財材纔

入聲作平聲陽

白帛舶[⑦]〇宅擇澤䍐〇畫劃

上聲

買〇揣〇擺〇矮〇觧〇海醢〇蟹駭〇楷[⑧]〇凱鎧〇宰載〇駘[⑨]〇改〇采綵彩〇靄乃欸乃毐嫪[⑩]毐〇崽〇拐〇歹[⑪]〇妳乃迺

入聲作上聲

伯百栢〇策柵册測蹦足踏，收〇客刻〇拍魄〇格骼革隔〇色穡索〇責幘[⑫]摘謫側窄仄昃〇摑〇檗[⑬]擘〇捽

---

① 《中原》作“皆來”。

② 原作“揩”，盧校本、隋校本作“楷”，陸校本作“揩”。“楷”聲調不合。“揩”是。

③ 即“栽”之異體。

④ 原誤作“諸”，據《中原》改。

⑤ “挨”小韻陰字，與前“崖”小韻陽字應倒置，方為陰陽配。

⑥ 原字不清，據《中原》當為“苔”。

⑦ 原字不清，據《中原》當為“舶”。

⑧ 原字左邊不清，應為“楷”字，方與上聲合。

⑨⑪ 《中原》無“駘、歹”兩小韻。駘，古音是定海上蟹開一；歹，古音是端海上蟹開一，按音變規律，“駘”應讀去聲。卓書“駘、歹”兩小韻同在上聲，“駘”字沒變去聲，使兩字讀音成疑。卓氏或從誤讀，將“駘”讀為t‘聲母了。

⑩ 原作“妎”，不成字，據《中原》當為“嫪”字。

⑫ 原字不清，據《中原》、隋校本、陸校本當為“幘”。

⑬ 《中原》“檗”小韻與前面的“伯”小韻合併。“檗、伯”兩小韻無分別的音理，卓氏分立條件不明。

去聲

解蟹薤械○寨豸瘵債蠆○泰太[1]汰態○盖丐○艾愛礙○隘捱○柰耐鼐○害亥○帶戴怠待代袋黛大○戒廨觧界介芥疥○外聵[2]○快噲[3]塊○在再載[4]○賣邁○賴癩○拜敗憊○派○菜蔡[5]○晒煞○塞賽○怪○壞

入聲作去聲

貊陌驀麥脈墨○額厄○搦

七 真文

平聲

陰

真珍振甄○新薪辛○賓濱鑌彬○津○諄○巾斤○君軍均鈞皸[6]○遵○榛臻○莘詵○薰勳醺○裩鯤○温瘟[7]○孫飧○尊樽○敦墩○奔賁犇○坤髠○根跟○恩○欣

陽

隣[8]鱗麟鄰[9]○貧頻蘋顰○民緡岷○人仁○倫輪掄淪○裙群○勤懃芹○門捫○論[10]崘[11]○文蚊聞紋[12]

陰陽[13]

因湮姻殷茵○銀齦垠寅嚚○申紳身伸○神[14]○嗔瞋○陳塵臣辰晨宸

① 原作“大”，據《中原》改。

② 原作“瞶”，不成字，據《中原》作“聵”。

③ 原作“噲”，不成字，據《中原》作“噲”。

④ 原誤作“戴”，據《中原》改。

⑤ 原誤作“察”，據《中原》改。

⑥ 原误作“歎”。歎，《玉篇》五困切，音讀不合。據《中原》、各校本改。

⑦ 原作“愠”字。《中原》無，有“瘟”字。“愠”字古去聲，見去聲，當據《中原》改作“瘟”字。

⑧ 原字不清。據《中原》、各校本當為“鄰”。

⑨ 陸校本：“‘鄰’，《中》無。實與‘隣’重出。”異體重出無礙，不必刪。

⑩ 原字不清。據《中原》、各校本當為“論”。

⑪ 原誤作“惀”，據《中原》改。“倫”小韻與“論”小韻不同音，韻母不同，前者古音三等，後者古音一等，“崘”字合。

⑫ 原誤作“蚊”字，致同小韻内“蚊”字重出。《中原》有“紋”字對應，當據改。

⑬ 原無聲調“陰陽”標識，據體例補。

⑭ 原字不清，據《中原》、各校本當為“神”。

○親○秦篆[①]○春椿○脣純蓴醇鶉○詢荀[②]○巡旬馴○氳○雲勻紜耘云員筠○分紛芬○墳焚○昏婚葷[○魂][③]○村○存○吞暾[④]○豚屯鈍○噴○盆○哏[⑤]○痕

上聲

軫疹診稹○哂○忍○緊謹槿[⑥]巹[⑦]瑾[⑧]○窘○隱引蚓○閔僶[⑨]敏○准準○允○笋○損○蠢○忖[⑩]○刎吻○粉○穩○本畚○袞○狠○閫壼○咽○懇肯○腯不[⑪]○品收

去聲

震振陣鎮○信訊燼○刃[⑫]認仞訒○吝悋[⑬]藺磷○鬢殯臏○腎慎○醞愠運暈韵○盡晉進○分忿糞奮○近覲○襯齔○印孕○峻浚狥[⑭]噀○遜巽○俊駿○舜順○閏潤○問紊○訓○郡○困○頓囤鈍○悶懣○噴○褪○遁[⑮]○釁○論○混○逩倴○寸○恨○嫩

八　寒山

平聲

陰

丹單殫○安鞍○山刪○珊○干竿肝玕乾○姦奸間艱○刊看○關鰥○

① 原作“篆”。盧校本、隋校本改為“蓁”，誤。蓁，莊母，不合音理。“篆”字是。

② 原作“筍”。陸校本從《中原》改為“荀”，是。“筍”字上聲，不合音理。

③ “昏”（陰）小韻没有相配的陽小韻，不合體例，當據《中原》補“魂”（陽）小韻。

④ 吞暾，《中原》為二小韻。

⑤ 原誤作“限”，與下小韻“痕”字不配。據《中原》改。

⑥ 原字左邊不清，據《中原》當為“槿”。

⑦ 原字下部不清，《中原》有“巹”字，據改。

⑧ 原字不清，據《中原》、盧校本、隋校本當為“瑾”。

⑨ 僶，《中原》作“憫”。

⑩ 原誤作“付”，據《中原》改。

⑪ 原作“不”，音理不合，據《中原》當為“不”。

⑫ 原誤作“忍”。“忍”字上聲，音理不合，據《中原》改。

⑬ 原作“倍”，不成字，據《中原》改。

⑭ 《中原》無“狥”字，有“殉”字，“狥”或為形誤。

⑮ “遁”小韻與其前“頓”小韻無分立音理，《中原》同小韻，似應合併。“遁”字古音定母，有上去兩讀，“頓”字古音端母，只讀去聲，按規律，應為同音。卓氏分立根據不明。

栓欏〇班斑般魯班〇攀扳[①]〇慳〇赸

陽

寒邯韓汗翰〇難〇闌欄蘭斕〇還環鬟〇蠻〇顔〇閑鷴〇潺

陰陽

餐〇残〇灘〇檀壇彈〇彎灣〇頑〇番翻幡旛反藩〇煩繁礬樊帆凡[②]上二字收[③]

上聲

反返〇袒[④]〇罕〇侃〇散傘〇懶〇趲〇晚挽〇綰〇鈑[⑤]板〇赧〇盞〇簡揀〇産鏟〇眼

去聲

萬蔓〇限〇棧綻〇撰〇旱漢翰[⑥]汗〇旦誕嘽憚但〇飯販範泛范犯上四字收[⑦]〇嘆炭〇按岸〇榦[⑧]幹〇看〇粲燦〇爛〇贊讚〇慣〇患宦[⑨]幻〇間澗〇諫〇鴈晏贗〇訕〇辦瓣扮絆〇慢〇篡〇散

九　桓歡

平聲

陰

端〇酸〇官冠棺觀〇寬〇鑽〇搬般

陽

鸞鑾峦栾〇瞞謾縵漫

---

① 原字似“板”，音理不合，據《中原》當为“扳”字。

② 原誤作“几”，據《中原》改。

③ 原作“二字收”，無“上”字，據體例補。

④ 原字不清。據《中原》、陸校本當為“袒”字。

⑤ 《中原》本小韻無“版”字，有“鈑”字。“版”與“板”異體，“鈑”字是。

⑥ 原字似“輸“，不合音理，據《中原》當為“翰”。

⑦ 原無“上”字，據體例補。

⑧ 原誤作“榦”，音理不合，據《中原》改。

⑨ “宧”即“宦”之異體。

陰陽

歡驩貛〇桓綄①〇剜〇丸完紈〇湍〇團漙摶〇攛〇攢〇潘拚②〇盤槃
磻蟠胖弁瘢

上聲

暖〇舘管脘盥③〇欵〇灤〇短〇椀〇疃〇卵④〇纂纘〇滿

去聲

喚換煥緩〇鑽〇翫玩腕〇慢⑤〇鏝漫〇竄爨〇斷鍛段〇亂〇筭蒜⑥〇判
拚〇貫冠觀灌〇半伴泮畔絆

十　先天

平聲

陰

煎箋韉濺籛〇堅肩甄〇顛巔〇鵑涓娟〇邊邊編鞭鯿〇暄⑦喧萱〇氈
鸇〇羶煽〇鐫〇專磚

陽

連蓮憐〇年〇眠綿〇然燃〇廛纏躔蟬禪〇聯

陰陽

先僊躚鮮〇涎〇千阡芊遷韆〇前錢〇天〇闐⑧田填鈿〇軒掀〇賢弦
絃舷懸玄⑨〇煙燕胭蔫⑩嫣〇延筵緣妍言研焉〇牽愆騫褰〇乾虔〇
篇蹁偏翩〇便〇淵冤宛鴛〇元圓員園原源黿袁垣轅捐鈆⑪鳶猿湲〇

---

① 原字不清，盧校本作“紈”，隋校本作“紘”，陸校本作“紞”。據《中原》當為“綄”。

② 下衍“潘拚”二字，刪。

③ 原不成字，據《中原》改。

④ 原字不清，據《中原》當為“卵”字。

⑤ 《中原》無“慢”字，有“幔”字對應。

⑥ 原誤作“荅”。荅，《字彙補》：“古《孝經》‘莫’字。”音讀不合。據《中原》改。

⑦ 《中原》無“暄”字，有“喧”字。“暄”字生僻，或“喧”字是。

⑧ 原誤作“闉”，音理不合，據《中原》改。

⑨ 《中原》“玄”字不與“賢”等同小韻。

⑩ 《中原》無“蔫”字。

⑪ 即“鉛”字俗體。

痊玶[1]筌銓悛○全泉○宣揎○旋還○川穿○船傳椽[2]○圈○拳權

上聲

遠阮苑畹○兖偃堰演衍○卷捲○鮮跣洗[3]如冼蘚癬○腆殄○典○騫蹇繭筧梘[4]𪘀○撚輾碾○顯○犬○淺○展○遣○剪[5]○輦璉○巘𪘀[6]○囀轉○軟○喘舛○選○免[7]冕勉○闡[8]○匾貶

去聲

院願怨遠○勸券○見建徤[9]絹件○獻現憲縣○韗眩○電殿甸佃鈿填靛澱○硯嚥宴燕讌諺堰緣掾○練楝○眷倦圈綣○面麪○片騙○變辨遍汳[10]便○線羨霰○釧穿串○扇善煽鱔禪○箭薦煎賤濺餞踐栫○戀○鏇選旋○傳囀轉○戰顫

十一　蕭豪

平聲

陰

蕭簫瀟綃銷翛[11]宵霄硝蛸魈○刁[12]貂雕[13]彫凋○梟鴞[14]囂○梢筲捎[15]弰○嬌驕○蕉焦椒樵○燒○標飈杓臕膘○交蛟膠郊嘐[16]教○包胞○

① 原作“玶”，《中原》無。該字生僻，《中原》或是。

② 原字似“掾”，音理不合，據《中原》改。

③ “洗”與“冼”異體。

④ 原字似“掍”，隋校本、陸校本作“棍”，皆不合音理。據《中原》當為“梘”字。

⑤ 原為“剪”，盧校本、隋校本作“翦”。

⑥ “𪘀”字生僻，《中原》無。

⑦ 原不成字，據《中原》改。

⑧ 原字不清，據《中原》當為“闡”。

⑨ 原作“徤”字，《中原》無，有“健”字。盧校本、隋校本皆作“徤”字。“徤”即“健”字俗體。《正字通·人部》：“健，俗作徤。”

⑩ 《中原》無“汳”，有“汴”字。“汳”即“汴”字異體。

⑪ 原誤作“修”，音理不合，據《中原》改“翛”。

⑫ 原誤作“刀”，音理不合，據《中原》改。

⑬ 《中原》無“雕”字，有“琱”字。

⑭ 原誤作“鴞”，音理不合，據《中原》改。

⑮ 原誤作“梢”字，音理不合，據《中原》改。

⑯ “嘐”字，《中原》無。

褒○敲○嘲抓[1]○凹○高糕羔篙臯膏○刀叨○騷艘臊搔繅○遭糟○鏖熝[2]○昭朝招

陽

寮遼聊僚鷯憀○饒橈○苗猫[3]描○毛猫旄[4]茅○鐃[5]呶猱○牢劳涝醪

陰陽

挑○迢條髫蜩調○邀[6][○遙]○鍬○樵瞧譙○趫○喬橋○飄漂○瓢○哮○爻肴○抛[7][○袍][○蒿]○豪[8]號濠○慆饕叨滔○桃逃陶濤咷萄淘騊○操○曹槽漕[9]

入聲作平聲陽

濁濯鐲○鐸度○學○薄泊○縛○鶴○鑿○鑊○着○杓

上聲

小篠○皎繳矯○鳥[10]裊嫋○了瞭蓼○曉○杳夭○挑[11]○沼○少○擾遶○眇渺杪[12]○表○悄愀○巧○飽○宝保堡褓○卯昴○狡攪[13]○爪[14]○炒○老栳○討○腦惱瑙○嫂掃○草○早棗澡藻蚤○倒擣島禱○杲槀縞槁[15]○好○襖媼○考栲○撓○缶收

① 盧校本認“抓”為“柧”。“柧”乃“瓢”字，音理不合，誤。

② 原字不清，據陸校本作“熝”。

③ 即“貓”字異體。《中原》“貓”字僅在“毛”小韻內。卓書有兩讀。

④ 原不成字，據《中原》改。

⑤ 原作“饒”，與前“饒”小韻重出，據《中原》改。

⑥ 原不成字，據《中原》當為“邀”字。據體例，“邀”(陰)小韻下應脱“遙”（陽）小韻。《中原》即有“遙”小韻。

⑦ 據體例，“抛”（陰）小韻下應脱“袍”（陽）小韻。《中原》即有“袍”小韻，據補。

⑧ 據體例，“豪”（陽）小韻上應脱“蒿”（陰）小韻。《中原》即有“蒿”小韻，據補。

⑨ “曹”字誤在同小韻重出。《中原》本小韻有“漕嘈螬”等字，當是“漕”字。

⑩ 原誤作“烏”，音理不合，據《中原》改。

⑪ 原誤作“桃”，音理不合，據《中原》改。

⑫ 原誤作“抄”，音理不合，據《中原》改。

⑬ 原作“撹”，不成字，據《中原》改。

⑭ 原誤作“爪”，字不正，據《中原》改。

⑮ 原作“槔”，不成字，據《中原》改。

入聲作上聲

角斍[①]脚○捉卓○朔○剥○斫酌繳○爍鑠○爵○雀[②]鵲○削○託拓槖魄飥○作○錯○閣○壑○繨索○廓郭○綽○謔

去聲

笑哨[③]肖鞘○粜[④]眺跳○釣[⑤]吊窵調掉[⑥]○竅○趙兆照詔召○少紹邵燒○浩號皓昊○道纛[⑦]盜導蹈到倒○耀鷂要○窖校教酵[⑧]斍○罩棹○豹爆瀑○曝抱報○造皂竈○拗靿樂凹○貌冒帽耄○砲泡○鬧○告誥○傲鏊○勞澇○操○奥○掃○鈔

入聲作去聲

岳樂藥約躍鑰○搭諾○略○弱蒻○虐○幕漠寞莫○落絡烙酪樂○萼鶚鰐惡

十二　哥戈[⑨]

平聲

陰

歌哥柯○多○科窠○軻珂○戈過鍋○莎簑唆[⑩]睃梭娑○波

陽

羅蘿儸囉鑼螺騾○那挼[⑪]挪儺○禾和

① 即“覺”之異體。

② 原誤作“崔”，據《中原》改。《中原》“雀”字與後一字“鵲”同小韻。陸校本誤合“爵○雀鵲”為一小韻。

③ 《中原》作“嘯”字。

④ “粜”即“糶”之異體。

⑤ 原誤作“鈎”，音理不合，據《中原》改。

⑥ 原誤作“棹”，音理不合，據《中原》改。

⑦ 原誤作“毒縣”二字，據《中原》改。

⑧ 原誤作“酸”，音理不合，據《中原》改。

⑨ 《中原》作“歌戈”。

⑩ 原誤作“峻”，音理不合，據《中原》改。

⑪ 原誤作“援”，音理不合，據《中原》改。

陰陽

呵○何河荷苛○蹉搓○矬○他拖○駝[1]鼉陀佗[2]跎鮀紽馱鍔[3]酡○阿[4]痾○哦峨莪娥蛾鵝○窩[5]渦○坡[6]頗○訛[7]○婆[8]皤

入聲作平聲

活○奪○合盒○跋魃

上聲

舸○鎖瑣○我○可○左○果裹○裸蠃[9]欏夥[10]○朶趓䙐○妥○跛簸[11]○火○荷○顆○娜○嬷

入聲作上聲

葛割鴿閤[12]○撥鉢○聒○渴○闊○撮○掇○脱○潑○抹○粕[13]

去聲

箇○賀荷○餓○佐左坐座○舵垛墮惰[14]剁大馱○些○過○銼挫磋[15]○課○禍貨和○唾○簸播○磨麼○破○卧涴○邏○糯懦那○磕溪个[16]切

入聲作去聲

岳藥樂約躍鑰○幕末沫莫○捋[17]○掿[18]諾○略○弱蒻○虐○落絡烙洛

---

① 原誤作“馳”，音理不合，據《中原》改。

② 《中原》“駝”小韻不收“佗”，有“沱”字。“佗”字收在“他”小韻内。

③ “鍔”字不當在此小韻，音理不合，《中原》無。

④ “阿”（陰）小韻與“哦”（陽）小韻配陰陽。

⑤⑦ “窩”（陰）小韻與“訛”（陽）小韻配陰陽。因此，“訛”小韻應置“坡”小韻前。

⑥⑧ “坡”（陰）小韻與“婆”（陽）小韻配陰陽。因此，“坡”小韻應置“訛”小韻後。

⑨ 原誤作“羸”，音理不合，據《中原》改。

⑩ “夥”原在“裸蠃欏”之後，《中原》合為同小韻。夥，《廣韻》胡果切（匣果上果合一），匣母上聲字，當歸去聲。此處與後面的“火”小韻衝突。疑有誤。

⑪ 原字不清，據《中原》、各校本當為“簸”。

⑫ 《中原》無“閤”字，有“閣”字，“閤”與“閣”同。

⑬ “粕”小韻與前面“潑”小韻無分立的音理，應合併。《中原》合。

⑭ 原誤作“隋”，音理不合，據《中原》改。

⑮ 原作“搓”，“搓”已見平聲，此处不合音理。《中原》有“磋”字，據改。

⑯ 盧校本、隋校本誤認作“過”字，誤。

⑰ 原誤作“將”，音理不合，據《中原》當為“捋”字。

⑱ 原字不清，據《中原》、隋校本、陸校本當為“掿”字。

酪樂○萼鶚鰐惡

十三　家麻

平聲

陰

家加佳嘉葭笳痂枷[1]○蛙媧蝸窪娃[2]○誇○巴疤○沙紗砂裟[3]○查踏○檛抓

陽

麻蟆○拏○咱

陰陽

花○華划譁○鴉丫啞○牙崖衙芽呀[○蝦]○霞[4]瑕遐[5]○葩○琶杷爬○叉杈差艖鎈[6]○茶槎

入聲作平聲陽

達踏○滑猾○轄鍣狹[7]○雜○伐筏罰○閘

上聲

馬媽○雅啞○賈假斝[8]○洒○把○寡剮○瓦[9]○鮓○奼詫○打○要

入聲作上聲

塔獺榻塌○殺霎○劄札○察插○八○刮○瞎○答○颯撒薩○掐○法髮發○甲胛夾○恰[10]

去聲

罵○駕嫁價架假○亞迓訝砑○汊吒姹詫○詐乍榨○下夏嚇罅暇厦○

---

① 原字不清，據《中原》、各校本當為“枷”。

② 《中原》無“娃”字，有“哇”字。

③ 原誤作“娑”，音理不合，據《中原》改。

④ “霞”（陽）小韻無陰平小韻對應，據《中原》其上應補“蝦”（陰）小韻。

⑤ 原字不清，據《中原》應為“遐”字。

⑥ 原作“槎”。“槎”字古崇母，應為陽平，不當在陰平出現，又與下一小韻“茶槎”（陽）小韻重出，當誤。據《中原》當為“鎈”字。

⑦ 《中原》無，有“俠、峽”字與之對應。

⑧ 原字不清，據《中原》當為“斝”字。

⑨ 原字不清，據《中原》當為“瓦”字。

⑩ “恰”小韻與其前“掐”小韻分立無音理，《中原》合。卓氏或别有語音根據。

化畫華樺話〇怕〇跨〇罷霸欛鈀〇大〇卦掛〇凹

入聲作去聲

臈[1]臘鑞拉辣〇納衲[2]〇壓押鴨〇抹[3]〇襪

十四　車遮

平聲

陰

車〇遮〇爺[4]耶琊鎁〇呆〇爹〇嗟〇靴

陽

瘸

陰陽

奢賒〇蛇〇些〇斜邪

入[5]聲作平聲陽

協穴[6]俠挾纈〇傑竭碣〇疊迭牒揲喋諜垤絰凸蝶跕[7]〇舌涉折〇絕〇別〇截睫捷〇蔑〇獗〇俠[8]

上聲

野也冶〇者赭〇寫瀉〇捨〇且〇惹喏[9]〇姐〇撦[10]扯[11]

入聲作上聲

屑薛紲媟褻爕猰[12]〇切竊妾〇結劫潔頰莢〇怯挈篋〇節接楫[13]〇血歇

---

① 即"臘"之異體。

② 原誤作"枘"，據《中原》改。

③ 原誤作"揀"，音理不合，據隋校本、陸校本作"抹"。

④ "爺"小韻《中原》在陽平，且與"呆"小韻合。

⑤ 原誤作"上"，音理不合，徑改。

⑥ 原誤作"宂"，音讀不合。據《中原》改。

⑦ 《中原》無"跕'字，有"跌"字。

⑧ 《中原》"俠"小韻在陽平。

⑨ 原作"碏"，字不正，據《中原》改。

⑩ 原誤作"犞"，字不正，據《中原》改。

⑪ 《中原》無"扯"字。

⑫ 《中原》無"猰"字。

⑬ 原誤作"揖"字，音理不合，據《中原》改。

嚇蠍○闕缺闋○決訣譎蕨鴂○鐵餮帖怗貼○雪○蝎[①]○鼈別儆[②]○説○拙輟○轍撤澈掣○瞥○哲摺褶折○設攝○啜

去聲

舍社射麝赦○謝卸榭瀉○夜射○柘鷓炙蔗○借藉[③]○趄七柘切○偖尺柘切

入聲作去聲

捏聶躡鑷囓臬蘗[④]○滅蔑篾○拽[⑤]噎謁葉業鄴○列烈冽獵裂鬣○熱○月刖[⑥]悦閲軏越鉞栊[⑦]蠛○爇[⑧]○劣

十五　庚青

平聲

陰

庚鶊更秔賡羹畊○驚[⑨]京荆經兢矜○生甥笙牲猩○箏争○丁釘○征正貞徵蒸烝○扃○冰[⑩]兵并○登灯○僧○憎矰曾罾[⑪]增

陽

平憑評凭屏瓶萍○盟明名銘鳴冥溟○靈令鈴翎齡伶蛉苓櫺零泠[⑫]陵凌綾○寧○楞稜○曾層○能獰○藤騰滕疼謄

---

① “蝎”小韻已見入作上聲的“血”小韻，疑衍。

② 儆，《中原》無，有“撇”字與之對應。

③ 原不成字，據《中原》改。

④ 《中原》無，有“糵”字。

⑤ “拽”小韻，《中原》“業鄴”與“拽”分立，顯示“業鄴”讀疑母ŋ。

⑥ 盧校本誤認為“别”字。

⑦ 《中原》無“栊”字，有“樾”字。

⑧ 原作“褻”字，於音理不合，據《中原》改。

⑨ “驚”小韻與前面“庚”小韻，《中原》合併。陸校本：“據《中》體例以及本書本韻體例當合併，現仍分列以備研究音韻源流者參考。”“驚”小韻皆古三、四等字，“庚”小韻除“畊”字四等（畊或耕字之異體，則亦為二等）外，皆古二等字。現代許多官話方言“驚”細音，“庚”洪音，也許正是洪細之别。

⑩ 原誤作“水”，音理不合，據《中原》改。

⑪ 原字不清，據《中原》當為“罾”字。

⑫ 原誤作“冷”，音理不合，據《中原》改。

陰陽

鐺挣[1]○橙○亨○莖○英鷹應癃[2]膺鶯嬰纓○盈嬴[3]嬴瀛營迎蠅○称秤○澄程成城呈盛酲承丞懲乘塍○輕坑傾卿○擎檠鯨黥[4]○馨興○行形刑衡○青清○情繒晴○聲升昇陞○繩○汀廳聽鞓○亭庭廷停莛[5]蜓婷霆○星醒鯹腥騂○餳[6]

上聲

景梗哽骾警境頸○影郢潁癭○省惺醒○茗皿酩○冷○逞騁○領嶺○頃○井[7]○請○鼎酊頂○艇挺○等○整○省

去聲

敬徑鏡境競勁○暎應膺硬○慶罄磬○命瞑[8]○病並凭併柄○鄧凳鐙○諍挣○正政鄭證○聖勝盛乘剩○性姓○令○娉聘[9]○凈静穽甑靖清[10]○侫濘○杏幸脛興行○贈○称秤○聽○定錠矴釘訂飣

十六　尤侯

平聲

陰

啾楸[11]揪○鳩鬮○搜颼○鄒陬○休貅庥○謳鷗漚甌○彪○摳○鉤[12]篝溝韝[13]○兜篼○秋鰍鞦

---

① 《中原》無"挣"字，有"錚、猙"字與之對應。

② "癃"字，《中原》無。"癃"是-m韻尾字，不當在庚青韻。《中原》有"膺"字與之形似。

③ 原下半部不清，據《中原》當為"嬴"字。

④ 原作"烹"，不成字。《中原》有"黥"字與之對應，據改。

⑤ 《中原》無"莛"字。

⑥ 原誤作"錫"，音理不合，據《中原》改。

⑦ 原誤作"並"，音理不合，據《中原》改。

⑧ 原誤作"暝"，平聲，音理不合，據《中原》改。

⑨ 原誤作"婷"，音理不合，據《中原》改。

⑩ 原誤作"清"，音理不合，據《中原》改。

⑪ 《中原》本小韻無"楸"字，"楸"字收在"秋"小韻內。"楸"古清母字，在"秋"小韻合乎音理。卓書或誤。

⑫ 原誤作"鈎"，據《中原》改。

⑬ 原誤作"韝"，不成字，據《中原》改。

陽

劉留鷚[①]流榴[②]旒[③]遛〇柔揉〇牟眸矛鍪繆〇樓婁髏〇抔[④]

陰陽

憂幽優〇遊尤郵牛猷悠油由蝣〇修脩羞饈[⑤]〇囚泅〇抽瘳〇綢稠讎酧儔籌疇〇周[⑥]舟洲州賙週〇收[⑦]〇丘坵〇求賕毬虬裘〇齁〇侯喉猴篌〇偷〇頭投〇鄒[⑧]芻搊〇愁

入聲作平聲陽[⑨]

軸逐上二字收[⑩]〇熟收

上聲

有酉牖友誘〇柳〇紐〇丑醜〇肘箒竹收入作上[⑪]〇朽[⑫]〇九久韭灸糾[⑬]〇首手守〇酒〇叟瞍藪〇溲[⑭]〇斗陡蚪〇剖[⑮]〇狗垢〇藕耦偶嘔〇摟塿〇吼〇走

去聲

又右宥祐佑柚幼囿〇晝[⑯]咒冑紂宙籀〇舅臼舊咎救柩廄〇受壽獸首

---

① 原誤作"鷚"字，音理不合，據《中原》改。

② 原誤作"擂"字，音理不合，據《中原》改。

③ 原誤作"旈"，字不正，音理不合，據《中原》改。

④ 原誤作"柘"字，音理不合，據《中原》改。

⑤ 原誤作"饝"字。陸校本："或臡字之誤，臡即《中》饈字。"陸校本是。

⑥ "周"小韻没有與之對應的陽平小韻。陸校本："據本書體例，當收在陰類下。"卓氏或不誤，本韻入聲作平聲陽有"軸逐"小韻，可與之配，或限於"軸逐"小韻是入聲字，不便移動位置。

⑦ "收"小韻没有與之對應的陽平小韻。陸校本："據本書體例，當收在陰類下。"卓氏或不誤，本韻入聲作平聲陽有"熟"小韻可與之配，可能限於"熟"小韻是入聲字，不便移動位置。

⑧ "鄒"字已見於平聲陰"鄒"小韻，此處或為又讀。

⑨ 原"陽"字闕，據體例補。

⑩ 原無"上二字"，據體例補。"軸逐"又見魚模韻。

⑪ 原作"收入作去"，與實際不合，當為"收入作上"之誤。此"竹"字未單立為入聲作上，與"肘箒"等直接合併，與體例不合。也許"竹"字真的讀與"肘"同，已非入聲讀。

⑫ 原誤作"杇"，據《中原》改。

⑬ 原誤作"糺"，據《中原》改。

⑭ "溲"小韻《中原》在平聲。"溲"有平上兩讀，收上聲亦可。

⑮ 原誤作"部"字，不合音理，據《中原》改。

⑯ 原誤作"書"字，不合音理，據《中原》改。

授售綬○臭○嗅○秀岫袖繡宿○瘦○嗽漱○僽○皺驟○溜六收入作去[1]留○扣寇蔻○后後堠逅候厚○茂[2]○豆竇逗鬭○耨○奏○透○勾[3]媾構○湊輳甃○謬○陋漏鏤

十七　尋侵[4]

平聲

陰

侵○駸○針斟箴砧○深○歆○金今衿襟禁○森參○簪

陽

林臨淋霖琳痳○壬任○岑

陰陽

心○尋潯鐔覃[5]○琛郴○沉○音陰瘖○吟淫[6]婬[7]○欽衾○琴禽檎芩擒

上聲

寢○廩凜○稔飳袵○枕○審沈○磣[8]七稔切○錦○飲[9]○您○怎

去聲

沁○浸○朕沉鴆[10]枕○甚椹[11]○任妊○禁噤○賃恁[12]○蔭癊窨飲○滲○譖○讖○闖[13]

---

① 原"收入作去"在"留"字下，不合音理，應在"六"字下。"六"字未單立為入聲作去，與"溜"直接合併，與體例不合，也許這個字真的讀與"溜"同，已非入聲讀。

② "茂"字，《中原》本韻無，在蕭豪韻，本韻有"貿"小韻。

③ 原不成字，據《中原》改。

④ 《中原》作"侵尋"。

⑤ 《中原》無此字。

⑥ 原作"滛"，字不正，據《中原》改。

⑦ 原作"媱"，字不正，據《中原》改。

⑧ 據"磣"字"七稔切"的小注，應與本調内"寢"小韻同音。但是，"磣、寢"古聲母不同，前者初母，後者清母。也許卓氏認為俗音同，但又不敢合併，所以加一小注，强調兩者應不同音。

⑨ 盧校本丟掉了此小韻。

⑩ 原誤作"鳴"，據《中原》改。

⑪ 《中原》作"糂"字。"椹"即"糂"之異體。

⑫ 《中原》"恁"在"蔭"小韻内。

⑬ 《中原》無"闖"小韻。

十八　監咸

平聲

陰

菴[①]諳唵○擔耼[②]耽湛躭[③]○堪龕○三鬖毿○甘[④]柑疳○杉衫○監椷[⑤]緘

陽

南男喃○咸鹹函[⑥]銜嗡○婪藍嵐慍[⑦]惏

陰陽

貪探○覃潭談譚曇痰○參驂○蠶慚○憨酣○含涵○簪瞻[⑧]○啗○湌○巖○攙○讒饞鑱

上聲

感敢○糝○俺○黯○覽攬纜[⑨]○膽[⑩]○毯○慘黲[⑪]○斬○喊○揞[⑫]烏[⑬]敢切○減鹻[⑭]○坎砍

去聲

勘○贑[⑮]淦紺○憾撼頷○暗○淡啖惔甔○檻轞艦○濫纜○瞰[⑯]嵌

---

① 即"庵"之異體。

② 原字不正，從《中原》作"耼"。

③ 即"耽"之異體。

④ 原誤作"北"，據《中原》改。

⑤ 原作"諴"。陆校本說："'諴'當是《中》'椷'字之誤。否則當收在甘小韻下。""諴"字，古匣母字，不當入"監"小韻。陸校本是。

⑥ 原誤作"亟"，據《中原》改。

⑦ 盧校本誤認作"爁"。

⑧ 原作"噆"，字不正，據《中原》改。

⑨ 《中原》無"纜"，有"欖、爦"字對應。

⑩ 原作"贍"，去聲，音理不合，據《中原》改。

⑪ 隋校本作"驂"。"驂"平聲字，誤。

⑫ 揞，《中原》作"揞"。"揞、揞"音同。

⑬ 原誤作"烏"，"揞"古影母字，"烏"字是。

⑭ 《中原》作"鹼"。

⑮ 即"贛"之異體。

⑯ "瞰嵌"小韻與本調内"勘"小韻分立，《中原》亦分。"瞰"字古音溪闞去咸開一、嵌"字古音溪銜平咸開二、"勘"字古音溪勘去咸開一，分立的條件不明。"嵌"字常用，為二等，《中原》分立這兩小韻可能是辨别一、二等。或許"勘"小韻為開口韻母，"瞰"小韻是有-i-介音的韻母，"瞰"隨"嵌"字類變。

○三○陷[①]餡○站蘸賺○儖監○探○暫鏨揞○湆○傪[②]七濫切

十九　廉纖

平聲

陰

瞻占粘詹沾○尖○兼縑鶼○掂[③]○苫

陽

簾臁奩鐮帘○髯○鮎粘

陰陽

淹醃閹猒懨○鹽炎閻簷嚴○纖銛憸○撏燖○僉槧籤○潛○覘○憺蟾○鈐[④]鉗黔箝[⑤]○謙[⑥]○添○甜恬○杴忺○嫌

上聲

掩魘黶[⑦]奄琰○檢臉[⑧]○險○颭○點○染冉○閃陝○諂○忝舔

去聲

黶焰厭驗灩釅奄[⑨]○染○贍苫○欠芡歉○玷店墊[⑩]墊○塹茜收○瀲歛殮○韂○占○念稔○劒儉○僭漸

① "陷餡"小韻與本調内"檻轞艦"小韻分立條件不明,《中原》合併。

② 傪,《中原》作"慘"。

③ 原字不清,據《中原》當為"掂"。

④ 原誤作"鈐",音理不合,據《中原》改。

⑤ 《中原》無"箝"字。

⑥ "謙"(陰)與"鈐"(陽)小韻相配,據體例,"謙"(陰)應在"鈐"(陽)之前。

⑦ 《中原》無"黶"字,有"靨"字。

⑧ 原字不清,據《中原》當為"臉"字。

⑨ 原作"菴",音理不合,據《中原》當為"奄"字。

⑩ 原作"墊",不成字,據《中原》改。

中原音韻校本韻字索引

説　明

一、韻字

本索引包括《中原音韻》之韻譜全部韻字。

二、字形

本索引各韻字的字形以本校本所定為依據。

三、部首索引

本索引所列韻字以部首排列。部首參照《漢語大字典》斟酌安排。部首後面的數字是該部首在本索引内的頁碼。

四、檢索項目

本索引含有以下項目：韻字、韻字在本校本中的頁碼、韻字的中古音韻地位（以《廣韻》為主，據他書者則予説明）、韻字所屬《中原》的韻部、韻字所屬《中原》小韻（小韻含聲調和首字）、韻字擬音，比如：

字頭	頁碼	音韻地位	韻部	小韻	擬音
東	xx	通合一東平端	東鍾	平陰東	tuŋ

韻字的擬音主要依據楊耐思先生（1981）的擬音系統，有些字音作了必要的調整，可參考校訂者的《中原音韻的史實及其音系結構》（待刊）一書的有關内容。

聲調采用簡稱：

平聲陰	平聲陽	上聲	去聲	入聲作平聲	入聲作上聲	入聲作去聲
平陰	平陽	上	去	入作平陽	入作上	入作去

五、音韻地位的處理方式

本索引對所收韻字的中古音韻地位根據不同情况作了不同的處理。有以下幾種方式：

1. 大多數韻字與《廣韻》音系整齊對應的，即加注《廣韻》的音韻地位，如：

東　端東平通合一　東鍾　平陰東　tuŋ

冬　端冬平通合一　東鍾　平陰東　tuŋ

鍾　章鍾平通合三　東鍾　平陰鍾　tʂuŋ

鐘　章鍾平通合三　東鍾　平陰鍾　tʂuŋ

中　知東平通合三　東鍾　平陰鍾　tʂuŋ

2. 有的韻字與《廣韻》的多個讀音相對應，而又不能根據語義作出判斷，這些讀音則都列出來，如：

喊　曉敢上咸開一　監咸　上喊　xiam

　　曉豏上咸開二

　　匣豏上咸開二

3. 由於部分韻字的讀音與《廣韻》的讀音不對應，或者有些字是後起字，本索引則根據其他字書的音讀確定音韻地位，如：

篭　《漢語大字典》同罨。罨，影琰上咸開三　廉纖　去艷　Øiɛm

襜　《集韻》都甘切　廉纖　平陰襜　tʂ'iɛm

嗛　《字彙》通銜。銜，匣銜平咸開二　監咸　平陽咸　xiam

俺　《正字通》安敢切　監咸　上俺　Øam

4. 有個別韻字找不到語音依據的，存疑，不加音韻地位，如：

爦　存疑　監咸　上覽　lam

部首表

一畫

一 126
丨（亅） 127
丿 127
丶 127
乙（乛⺄乚） 127

二畫

十 128
厂（𠂆） 128
匚（匸） 129
卜（⺊） 129
冂（⺆） 129
人（入亻） 129
八（丷） 133
勹 134
匕 134
儿 134
几（⺇） 135
亠 135
冫 136
冖 136
凵 136
卩（㔾） 136
刀（⺈刂） 137
力 138
厶 139
又 139
廴 140

三畫

干 140
工 140
土（士） 140
寸 142
廾 143
大 143
尢（兀尣） 144
弋 144
小（⺌） 144
口 144
囗 148
巾 149
山 150
彳 151
彡 152
夕 152
夊（夂） 153
广 153
宀 154
彐（彑） 155
尸 155
己（巳） 156
弓 156
子 157
女 157
幺 159
巛 160

四畫

王（玉） 160
无（旡） 162
木 162
支 166
犬（犭） 166
歹（歺） 168
戈 168
比 169
牙 169
瓦 169
止 170
攴（攵） 170
日（曰曰） 171
水（氵氺） 173
牛（⺧牜） 179
手（扌） 179
毛 184
气 185
片 185
斤 185
爪（爫） 185
父 185
月（⺝） 185
氏（民） 188
欠 188
殳 189
文 189
方 189
火（灬） 190
斗 192
户 192
心（忄⺗） 192
爿（丬） 196
毋（母） 196

五畫

示（礻） 196
甘 197
石 197
目 198
田 200
皿 200
生 201
矢 201
禾 202
白 203
瓜 203
疒 203
立 205
穴 205
疋（⺪） 206
皮 206
癶 206
矛 206

六畫

耒 207
老（耂） 207
耳 207
臣 208
襾（覀西） 208
而 208
至 208
虍（虎） 208
虫 209
网（罒冈） 211
肉 211
缶 211
舌 212

竹(⺮) 212
臼 214
自 214
血 215
舟 215
色 215
衣(衤) 215
羊(⺶⺷) 217
米 217
艮 218
聿(⺻肀) 218
艸(⺿艹卄) 218
羽 223
糸(纟) 224

七畫

走 227
赤 227
車 228
豆 229
酉 229
辰 230
豕 230
貝 231
見 232
里 233
足(⻊) 233
邑(阝) 234
身 235
辵(辶⻌) 235
采 238
谷 238
豸 238
角(⻆) 238
言 238
辛 242

八畫

青 242
長(镸) 242
雨 243
非 243
隹 243
阜(𠂤阝) 244
金 245
門 248
隶 249

九畫

革 249
頁 250
面 251
韭 251
骨 251
香 252
鬼 252
食(飠) 252
風 254
音 254
首(𩠐) 254
韋 254
飛 254

十畫

鬥 255
髟 255
馬 255
鬲 257
高 257

十一畫

黃 257
麥 257
鹵 257
鳥 257
魚 259
麻 260
鹿 260

十二畫

黹 260
鼎 261
黑 261
黍 261

十三畫

鼓 261
黽(黾) 261
鼠 261

十四畫

鼻 262
齊 262

十五畫

齒 262

十六畫

龍 262

十八畫

龜 262

《中原音韻校本》韻譜韻字部首索引

一畫

一部

一22影質入臻開三齊微入作上一Øi
一24影質入臻開三齊微入作去逸Øi

1

二20日至去止開三支思去二zï
丁38端青平梗開四庚青平陰丁tiəŋ
七22清質入臻開三齊微入作上七ts‘i

2

三41心談平咸開一監咸平陰三sam
三42心闞去咸開一監咸去三sam
于24云虞平遇合三魚模平陽魚Øiu
上19禪養上宕開三江陽去上ʂiaŋ
禪漾去宕開三
下36匣馬上假開二家麻去下xia
匣禡去假開二
丈18澄養上宕開三江陽去帳tʂiaŋ

3

井39精靜上梗開三庚青上井tsiəŋ
丐27見泰去蟹開一皆來去蓋kai
五25疑姥上遇合一魚模上五Øu
不25幫物入臻合三魚模入作上卜pu
不29《韻編》與“腯”同小韻，“腯”，《集韻》“杜本切”。真文上不tuən
丑40徹有上流開三尤侯上丑tʂ‘iəu
屯28定魂平臻合一真文平陽豚t‘uən
互26匣暮去遇合一魚模去户xu

4

世23書祭去蟹開三齊微去世ʂi
丕20滂脂平止開三齊微平陰醅p‘ei
且37清馬上假開三車遮上且ts‘iɛ
丙38幫梗上梗開三庚青上丙piəŋ
丘39溪尤平流開三尤侯平陰丘k‘iəu

5

亘39見嶝去曾開一庚青去亘kəŋ
再27精代去蟹開一皆來去在tsai
丞38禪蒸平曾開三庚青平陽澄tʂ‘iəŋ

6

甫25幫麌上遇合三魚模上甫fu
更38見庚平梗開二庚青平陰京kiəŋ
更39見映去梗開二庚青去敬kiəŋ

7

表33幫小上效開三蕭豪上表piau
亞36影禡去假開二家麻去亞Øia
事20崇志去止開三支思去是ʂï
兩18來養上宕開三江陽上兩liaŋ

8

甚41禪寢上深開三侵尋去甚ʂiəm
禪沁去深開三

11

奡33疑号去效開一蕭豪去傲ŋɑu

13

爾19日紙上止開三支思上爾zʅ

丨（亅）部

2

丫35影麻平假開二家麻平陰鴉Øia

3

丰16滂鍾平通合三東鍾平陰風fuŋ
中16知东平通合三東鍾平陰鍾tʂuŋ
中17知送去通合三東鍾去衆tʂuŋ

6

串32昌線去山合三先天去穿tʂ'iuɛn

丿部

1

乂23疑廢去蟹開三齊微去異Øi
乃27泥海上蟹開一皆來上靄Øai
乃27泥海上蟹開一皆來上奶nai

2

川31昌仙平山合三先天平陰川tʂ'iuɛn
么32影蕭平效開四蕭豪平陰邀Øiau
久40見有上流開三尤侯上九kiəu

3

升38書蒸平曾開三庚青平陰ʂiəŋ
乏35並乏入咸合三家麻入作平陽乏fa
爻32匣肴平效開二蕭豪平陽爻xau
及21群緝入深開三齊微入作平陽及ki

4

乍36崇禡去假開二家麻去詐tʂa
乎24匣模平遇合一魚模平陽胡xu

5

年31泥先平山開四先天平陽年niɛn

7

乖27見皆平蟹合二皆來平陰乖kuai

8

禹25云麌上遇合三魚模上語Øiu

9

乘38船蒸平曾開三庚青平陽澄tʂ'iəŋ
乘39船證去曾開三庚青去聖ʂiəŋ

丶部

2

丸30匣桓平山合一桓歡平陽丸Øon
之19章之平止開三支思平陰支tʂʅ
丹29端寒平山開一寒山平陰丹tan

3

主25章麌上遇合三魚模上主tʂiu

4

半31幫換去山合一桓歡去半pon

5

州39章尤平流開三尤侯平陰周tʂiəu

乙（乛乚乚）部

乙24影質入臻開三齊微入作去逸Øi

1

九40見有上流開三尤侯上九kiəu
了33來篠上效開四蕭豪上了liau

2

也37以馬上假開三車遮上野Øiɛ

乞22溪迄入臻開三齊微入作上乞k'i

3

夬27見夬去蟹合二皆來上拐kuai

4

丱30見諫去山合二寒山去慣kuan

7

承38禪蒸平曾開三庚青平陽澄tʂ'iəŋ

乳25日麌上遇合三魚模上汝ʐiu

10

乾29見寒平山開一寒山平陰干kan

乾31群仙平山開三先天平陽乾k'iɛn

12

亂31來換去山合一桓歡去亂lon

二畫

十部

十21禪緝入深開三齊微入作平陽實ʂi

1

千31清先平山開四先天平陰千ts'iɛn

3

卉22曉尾上止合三齊微上悔xuei

6

卓33知覺入江開二蕭豪入作上捉tʂau

直21澄職入曾開三齊微入作平陽直tʂi

卑20幫支平止開三齊微平陰杯pei

卒26精沒入臻合一魚模入作上卒tsu

協37匣帖入咸開四車遮入作平陽協xiɛ

7

南41泥覃平咸開一監咸平陽南nam

10

博32幫鐸入宕合一蕭豪入作平陽薄pɑu

厂（𠂆）部

2

厄28影麥入梗開二皆來入作去額Øiai

5

巵19章支平止開三支思平陰支tʂï

厎19章旨上止開三支思上紙tʂï

4

厑36匣馬上假開二家麻去厑ʂa

6

厓27疑佳平蟹開二皆來平陽崖Øiai

7

厖18明江平江開二江陽平陽忙maŋ

厚40匣厚上流開一尤侯去后xəu

匣候去流開一

8

原31疑元平山合三先天平陽元Øiuɛn

9

厠20初志去止開三支思去翅tʂ'ï

厩40見宥去流開三尤侯去臼kiəu

10

厫32疑豪平效開一蕭豪平陽鼇ŋɑu

厦36匣馬上假開二家麻去下xia

厨24澄虞平遇合三魚模平陽除tʂ'iu

12

厮19心支平止開三支思平陰斯sï

厲23來祭去蟹開三齊微去利li

厭43影豔去咸開三廉纖去豔øiɛm

21

廳38透青平梗開四庚青平陰汀t‘iəŋ

匸（匚）部

2

匹22滂質入臻開三齊微入作上匹p‘i

巨26群語上遇合三魚模去鋸kiu

3

叵35滂果上果合一歌戈上頗p‘o

匝36精合入咸開一家麻入作上咂tsa

4

匡17溪陽平宕合三江陽平陰匡k‘uaŋ

匠18從漾去宕開三江陽去匠tsiaŋ

5

匣35匣狎入咸開二家麻入作平陽狎xia

8

匿24娘職入曾開三齊微入作去匿ni

9

區24溪虞平遇合三魚模平陰區k‘iu

區39影侯平流開一尤侯平陰謳øəu

匾31幫銑上山開四先天上貶piɛn

卜（⺊）部

卜25幫屋入通合一魚模入作上卜pu

2

卞32並線去山開三先天去變piɛn

3

占42章鹽平咸開三廉纖平陰瞻tʂiɛm

占43章豔去咸開三廉纖去占tʂiɛm

6

卦36見卦去蟹合二家麻去卦kua

冂（⺆）部

2

内23泥隊去蟹合一齊微去内nuei

3

用17以用去通合三東鍾去用øiuŋ

冉43日琰上咸開三廉纖上染ʐiɛm

冎35見馬上假合二家麻上寡kua

册27初麥入梗開二皆來入作上策ts‘ai

5

冋39《博雅音》古丙切。庚青上𢗰kiuəŋ

6

岡17見唐平宕開一江陽平陰岡kaŋ

人（入亻）部

人28日真平臻開三真文平陽人ʐiən

入23日緝入深開三齊微入作去日ʐi

入26日緝入深開三魚模入作去辱ʐiu

1

个35見箇去果開一歌戈去箇ko

2

仁28日真平臻開三真文平陽人ʐiən

什21禪緝入深開三齊微入作平陽實ʂi

仄27莊職入曾開三皆來入作上責tʂai

仃38端青平梗開四庚青平陰丁tiəŋ

仆26滂遇去遇合三魚模去赴fu

介27見怪去蟹開二皆來去戒kiai
化36曉禡去假合二家麻去化xua
今40見侵平深開三侵尋平陰金kiəm
仍38日蒸平曾開三庚青平陽仍ʐiəŋ
仇39群尤平流開三尤侯平陽求k'iəu
以21以止上止開三齊微上迤Øi

3

仕20崇止上止開三支思去是ʂï
仗18澄養上宕開三江陽去帳tʂiaŋ
澄漾去宕開三
付26幫遇去遇合三魚模去赴fu
代27定代去蟹開一皆來去帶tai
令38來清平梗開三庚青平陽靈liəŋ
來青平梗開四
令39來勁去梗開三庚青去令liəŋ
來徑去梗開四
仙31心仙平山開三先天平陰先siɛn
他34透歌平果開一歌戈平陰他t'uo
仞29日震去臻開三真文去刃ʐiən

4

全31從仙平山合三先天平陽全ts'iuɛn
休39曉尤平流開三尤侯平陰休xiəu
伍25疑姥上遇合一魚模上五Øu
伏25並屋入通合三魚模入作平陽復fu
伐35並月入山合三家麻入作平陽乏fa
仲17澄送去通合三東鍾去衆tʂuŋ
仵25疑姥上遇合一魚模上五Øu
件31群獮上山開三先天去見kiɛn
任41日侵平深開三侵尋平陽壬ʐiəm
任41日沁去深開三侵尋去任ʐiəm
仰17疑養上宕開三江陽上仰ŋiaŋ
仰19疑漾去宕開三江陽去仰ŋiaŋ
伈41心寑上深開三侵尋去沁ts'iəm
伊20影脂平止開三齊微平陰衣Øi
似20邪止上止開三支思去似sï

5

佘37禪麻平假開三車遮平陽蛇ʂiɛ
余24以魚平遇合三魚模平陽魚Øiu
佞39泥徑去梗開四庚青去佞niəŋ
估25見姥上遇合一魚模上古ku
何34匣歌平果開一歌戈平陽何xo
佐35精箇去果開一歌戈去佐tsuo
佑40云宥去流開三尤侯去又Øiəu
佈26幫暮去遇合一魚模去布pu
但30定旱上山開一寒山去旦tan
定翰去山開一
佃32定霰去山開四先天去電tiɛn
伸28書真平臻開三真文平陰申ʂiən
攸39以尤平流開三尤侯平陽尤Øiəu
作33精鐸入宕開一蕭豪入作上柞tsɑu
伯27幫陌入梗開二皆來入作上伯pai
低20端齊平蟹開四齊微平陰低ti
伶38來青平梗開四庚青平陽靈liəŋ
你22娘止上止開三齊微上你ni
住26澄遇去遇合三魚模去注tʂiu
知遇去遇合三
位22云至去止合三齊微去胃Øuei
伴31並緩上山合一桓歡去半pon

並換去山合一
佗34透歌平果開一歌戈平陰他t‘uo
佛25並物入臻合三魚模入作平陽復fu
佛34並物入臻合三歌戈入作平陽縛fo

6

佳35見佳平蟹開二家麻平陰家kia
侍20禪志去止開三支思去是ʂï
供16見鍾平通合三東鍾平陰工kuŋ
供17見用去通合三東鍾去貢kuŋ
來27來咍平蟹開一皆來平陽來lai
使19生止上止開三支思上史ʂï
使20生志去止開三支思去是ʂï
侑40云宥去流開三尤侯去又Øiəu
例23來祭去蟹開三齊微去利li
侶25來語上遇合三魚模上呂liu
侃30溪旱上山開一寒山上侃k‘an
侏24章虞平遇合三魚模平陰諸tʂiu
佻32定蕭平效開四蕭豪平陽迢t‘iau
透蕭平效開四
佾24以質入臻開三齊微入作去逸Øi
佩23並隊去蟹合一齊微去配p‘ei
侈22昌紙上止開三齊微上恥tʂ‘i
依20影微平止開三齊微平陰衣Øi
佯18以陽平宕開三江陽平陽陽Øiaŋ
侔39明尤平流開三尤侯平陽繆miəu

7

俞24以虞平遇合三魚模平陽魚Øiu
俜38滂青平梗開四庚青平陽平p‘iəŋ
便31並仙平山開三先天平陽胼p‘iɛn
便32並線去山開三先天去變piɛn
俠35匣帖入咸開四家麻入作平陽狎xia
俠37匣帖入咸開四車遮入作平陽協xiɛ
俅39群尤平流開三尤侯平陽求k‘iəu
俓39見徑去梗開四庚青去敬kiəŋ
修39心尤平流開三尤侯平陰脩siəu
俏33清笑去效開三蕭豪去俏ts‘iau
保33幫晧上效開一蕭豪上寶pɑu
促26清燭入通合三魚模入作上促ts‘iu
俐23《龍龕手鑑》音利。齊微去利li
俄34疑歌平果開一歌戈平陽哦ŋo
侮25明麌上遇合三魚模上武vu
俛31明獮上山開三先天上沔miɛn
係23見霽去蟹開四齊微去戲xi
信29心震去臻開三真文去信siən
俗25邪燭入通合三魚模入作平陽俗siu
侵41清侵平深開三侵尋平陰侵ts‘iəm
侯39匣侯平流開一尤侯平陽侯xəu
俑17以東上通合一東鍾上勇Øiuŋ
俟20俟止上止開三支思去似sï
俊29精稕去臻合三真文去俊tsiuən
俎25莊語上遇合三魚模上阻tʂu

8

倩39清勁去梗開三庚青去倩ts‘iəŋ
俵33幫笑去效開三蕭豪去俵piau
倖39匣耿上梗開二庚青去杏xiəŋ
借37精禡去假開三車遮去借tsiɛ
值21澄職入曾開三齊微入作平陽直tʂi
倈37《篇海類編》利遮切。車遮平陽倈liɛ

倚21影紙上止開三齊微上迤Øi
俺42《正字通》安敢切。監咸上俺Øam
倒33端晧上效開一蕭豪上倒tɑu
倒33端号去效開一蕭豪去道tɑu
俱24見虞平遇合三魚模平陰居kiu
俳27並皆平蟹開二皆來平陽排p'ai
倏32定蕭平效開四蕭豪平陽迢t'iau
脩39心尤平流開三尤侯平陰脩siəu
候40匣候去流開一尤侯去后xəu
倡19昌漾去宕開三江陽去唱tʂ'iaŋ
倘18透蕩上宕開一江陽上倘t'aŋ
倭34影戈平果合一歌戈平陰窩Øuo
倪21疑齊平蟹開四齊微平陽移Øi
倫28來諄平臻合三真文平陽倫liuən
俯25幫麌上遇合三魚模上甫fu
倍23並海上蟹開一齊微去背pei
倅23清隊去蟹合一齊微去翠ts'uei
傚33匣效去效開二蕭豪去孝xiau
倣18幫養上宕合三江陽上舫faŋ
倦32群線去山合三先天去眷kiuɛn
倓42定感上咸開一監咸上毯t'am
倉17清唐平宕開一江陽平陰倉ts'aŋ

9

做26精暮去遇合一魚模去做tsu
偃31影阮上山開三先天上兖Øiɛn
偕26見皆平蟹開二皆來平陰皆kiai
側27莊職入曾開三皆來入作上責tʂai
假35見馬上假開二家麻上賈kia
假36見禡去假開二家麻去駕kia
偎20影灰平蟹合一齊微平陰威Øuei
偶40疑厚上流開一尤侯上藕Øəu
偈23群祭去蟹開三齊微去計ki
偲19心之平止開三支思平陰斯sï
偉22云尾上止合三齊微上委Øuei
偷39透侯平流開一尤侯平陰偷təu
偯21影尾上止開三齊微上迤Øi
停38定青平梗開四庚青平陽亭t'iəŋ
偏31滂仙平山開三先天平陰篇p'iɛn

10

傲33疑号去效開一蕭豪去傲ŋɑu
備23並至去止開三齊微去背pei
傅26幫遇去遇合三魚模去赴fu
傃32心蕭平效開四蕭豪平陰蕭siau
傘29心旱上山開一寒山上散san
傑37群薛入山開三車遮入作平陽傑kiɛ
傷40崇宥去流開三尤侯上傷tʂəu
傖41群侵平深開三侵尋平陽琴k'iəm
傍18並唐平宕開一江陽平陽傍p'aŋ
傍19並宕去宕開一江陽去謗paŋ
健31群願去山開三先天去見kiɛn

11

債27莊卦去蟹開二皆來去寨tʂai
傳31澄仙平山合三先天平陽船tʂ'iuɛn
傳32澄線去山合三先天去傳tʂiuɛn
知線去山合三
僂25來麌上遇合三魚模上吕liu
僉42清鹽平咸開三廉纖平陰僉ts'iɛm
傴25影麌上遇合三魚模上傴k'iu

僄33滂笑去效開三蕭豪上殍p‘iau
傛37《漢語大字典》“用同‘啥（shà）’。”
車遮去傛tʂ‘iɛ
傾16溪清平梗合三東鍾平陰穹k‘iuŋ
傾38溪清平梗合三庚青平陰輕k‘iəŋ
絛32透豪平效開一蕭豪平陰絛t‘ɑu
催20清灰平蟹合一齊微平陰崔ts‘uei
傷17書陽平宕開三江陽平陰商ʂiaŋ
傻35生馬上假合二家麻上洒ʂa
傭16以鍾平通合三東鍾平陽容Øiuŋ
像18邪養上宕開三江陽去象siaŋ

12

僖20曉之平止開三齊微平陰希xi
儆38見梗上梗開三庚青上景kiəŋ
僚32來蕭平效開四蕭豪平陽寮liau
僭43精㮇去咸開四廉纖去僭tsiɛm
僕25並屋入通合一魚模入作平陽僕p‘u
並沃入通合一
僑32群宵平效開三蕭豪平陽喬k‘iau
僧38心登平曾開一庚青平陰僧səŋ
僮16定東平通合一東鍾平陽同t‘uŋ

13

僵17見陽平宕開三江陽平陰姜k‘iaŋ
價36見禡去假開二家麻去駕kia
儂16泥冬平通合一東鍾平陽膿nuŋ
僽40崇宥去流開三尤侯去僽tʂ‘əu
儉43群琰上咸開三廉纖去劒kiɛm
儋41端談平咸開一監咸平陰擔tam
儀21疑支平止開三齊微平陽移Øi
僻22滂昔入梗開三齊微入作上匹p‘i
滂錫入梗開四

14

儓27定咍平蟹開一皆來平陽臺t‘ai
儔39澄尤平流開三尤侯平陽紬tʂ‘iəu
儒24日虞平遇合三魚模平陽如ʐiu
儕27崇皆平蟹開二皆來平陽柴tʂ‘ai
儘29《字彙》子忍切。真文上儘tsiən

15

優39影尤平流開三尤侯平陰憂Øiəu
儡22來賄上蟹合一齊微上壘luei
償18禪陽平宕開三江陽平陽長tʂ‘iaŋ
儲24澄魚平遇合三魚模平陽除tʂ‘iu

19

儺34泥歌平果開一歌戈平陽挪nuo
儸34來歌平果開一歌戈平陽羅luo

八（丷）部

八36幫黠入山開二家麻入作上八pa

2

兮21匣齊平蟹開四齊微平陽奚xi
公16見東平通合一東鍾平陰工kuŋ
六40來屋入通合三尤侯入作去六liəu

4

并38幫清平梗開三庚青平陰冰piəŋ
共17群用去通合三東鍾去貢kuŋ

5

兵38幫庚平梗開三庚青平陰冰piəŋ
弟23定薺上蟹開四齊微去帝ti

定霽去蟹開四
6
其21群之平止開三齊微平陽奇k'i
並39並迥上梗開四庚青去病piəŋ
具26群遇去遇合三魚模去鋸kiu
典31端銑上山開四先天上典tiɛn
7
前31從先平山開四先天平陽前ts'iɛn
8
真28章真平臻開三真文平陰真tʂiən
兼42見添平咸開四廉纖平陰兼kiɛm
11
與24以魚平遇合三魚模平陽魚Øiu
與25以語上遇合三魚模上語Øiu
14
冀23見至去止開三齊微去計ki
興38曉蒸平曾開三庚青平陰馨xiəŋ
興39曉證去曾開三庚青去杏xiəŋ

勹部

2
勻28以諄平臻合三真文平陽雲Øiuən
勿26明物入臻合三魚模入作去物vu
勾39見侯平流開一尤侯平陰鉤kəu
勾40见侯平流开一尤侯去搆kəu
3
匆16清東平通合一東鍾平陰匆ts'uŋ
包32幫肴平效開二蕭豪平陰包pau
8
芻24初虞平遇合三魚模平陰粗ts'u

匕部

匕22幫旨上止開三齊微上妣pi
3
北22幫德入曾開一齊微入作上筆pei
8
鬯19徹漾去宕開三江陽去唱tʂ'iaŋ
9
匙19禪支平止開三支思平陽時ʂï

儿部

1
兀26疑没入臻合一魚模入作上屋Øu
2
元31疑元平山合三先天平陽元Øiuɛn
允29以準上臻合三真文上允Øiuən
3
兄16曉庚平梗合三東鍾平陰凶xiuŋ
兄38曉庚平梗合三庚青平陰兄xiuəŋ
4
光17見唐平宕合一江陽平陰光kuaŋ
先31心先平山開四先天平陰先siɛn
兆33澄小上效開三蕭豪去趙tʂiau
兇16曉鍾平通合三東鍾平陰凶xiuŋ
充16昌東平通合三東鍾平陰沖tʂ'uŋ
5
兕20邪旨上止開三支思去似sï
免31明獮上山開三先天上沔miɛn

兑23定泰去蟹合一齊微去對tuei
6
兒19日支平止開三支思平陽兒zï
兒21疑齊平蟹開四齊微平陽移Øi
兔26透暮去遇合一魚模去兔t'u
9
兜39端侯平流開一尤侯平陰兜təu
12
兢38見蒸平曾開三庚青平陰京kiəŋ

几（𠘨）部
几21見旨上止開三齊微上蟣ki
1
凡29並凡平咸合三寒山平陽煩fan
6
凭38並蒸平曾開三庚青平陽平p'iəŋ
凭39並證去曾開三庚青去病piəŋ
7
凫24《集韻》馮無切。魚模平陽扶fu
9
凰18匣唐平宕合一江陽平陽黄xuaŋ
10
凱27溪海上蟹開一皆來上凱k'ai
12
凳39端嶝去曾開一庚青去鄧təŋ

亠部
1
亡18明陽平宕合三江陽平陽忘vaŋ
2
亢17見唐平宕開一江陽平陰岡kaŋ
亢19溪宕去宕開一江陽去炕k'aŋ
3
玄31匣先平山合四先天平陽玄xiuɛn
4
交32見肴平效開二蕭豪平陰交kau
亥27匣海上蟹開一皆來去害xai
5
亨38曉庚平梗開二庚青平陰亨xəŋ
6
京38見庚平梗開三庚青平陰京kiəŋ
享18曉養上宕開三江陽上響xiaŋ
夜37以禡去假開三車遮去夜Øiɛ
兖31以獮上山合三先天上兖Øiɛn
7
亭38定青平梗開四庚青平陽亭t'iəŋ
亮18來漾去宕開三江陽去亮liaŋ
8
离21來支平止開三齊微平陽黎li
9
商17書陽平宕開三江陽平陰商ʂiaŋ
率28生至去止合三皆來去帥ʂuai
11
亶29端旱上山開一寒山上癉tan
雍16影鍾平通合三東鍾平陰邕Øiuŋ
19
亹22明尾上止合三齊微上尾vei

冫部

4

冲16澄東平通合三東鍾平陰冲tʂ'uŋ
決37見屑入山合四車遮入作上玦kiuɛ
冰38幫蒸平曾開三庚青平陰冰piəŋ

5

况19曉漾去宕合三江陽去况xuaŋ
冷39來梗上梗開二庚青上冷ləŋ
冶37以馬上假開三車遮上野Øiɛ

6

冽37來薛入山開三車遮入作去裂liɛ

8

凊39清勁去梗開三庚青去凈tsiəŋ
凌38來蒸平曾開三庚青平陽靈liəŋ
凍17端東平通合一東鍾去洞tuŋ
凄20清齊平蟹開四齊微平陰妻ts'i
凉18來陽平宕開三江陽平陽粮liaŋ
浼21明賄上蟹合一齊微上浼mei
凈39從勁去梗開三庚青去凈tsiəŋ
准28章準上臻合三真文上准tʂiuən
凋32端蕭平效開四蕭豪平陰刁tiau

9

減42見豏上咸開二監咸上減kiam

10

準29章準上臻合三真文上准tʂiuən

13

凜41來寑上深開三侵尋上廩liəm

14

凝38疑蒸平曾開三庚青平陽盈Øiəŋ
凝39疑證去曾開三庚青去暎Øiəŋ

冖部

2

冗17日腫上通合三東鍾上冗ʐuŋ

7

冠30見桓平山合一桓歡平陰官kon
冠31見换去山合一桓歡去貫kon

8

冢17知腫上通合三東鍾上腫tʂuŋ
冥38明青平梗開四庚青平陽明miəŋ

凵部

2

凶16曉鍾平通合三東鍾平陰凶xiuŋ

3

凸37定屑入山開四車遮入作平陽疊tiɛ
出25昌術入臻合三魚模入作上出tʂ'iu
凹32《集韻》於交切。蕭豪平陰坳Øau
凹33《集韻》於交切。蕭豪去拗Øau
凹36影洽入咸開二家麻去凹Øua

6

函41匣覃平咸開一監咸平陽咸xiam
匣咸平咸開二

卩（㔾）部

2

卬18疑唐平宕開一江陽平陽昂ŋaŋ

3

卭16群鍾平通合三東鍾平陽窮k'iuŋ

夘33明巧上效開二蕭豪上卯mau

4

印29影震去臻開三真文去印Øiən

危21疑支平止合三齊微平陽圍Øuei

5

卵30來緩上山合一桓歡上卵lon

6

卸37心禡去假開三車遮去謝siɛ

巻31見獮上山合三先天上卷kiuɛn

8

卿38溪庚平梗開三庚青平陰輕k'iəŋ

刀（⺈刂）部

刀32端豪平效開一蕭豪平陰刀tɑu

刁32端蕭平效開四蕭豪平陰刁tiau

1

刃29日震去臻開三真文去刃ʐiən

2

切37清屑入山開四車遮入作上切ts'iɛ

分28幫文平臻合三真文平陰分fən

分29並問去臻合三真文去忿fən

刈23疑廢去蟹開三齊微去異Øi

3

刊29溪寒平山開一寒山平陰刊k'an

4

刑38匣青平梗開四庚青平陽行xiəŋ

刓30疑桓平山合一桓歡平陽丸Øon

列37來薛入山開三車遮入作去裂liɛ

划35匣麻平假合二家麻平陽譁xua

刖37疑月入山合三車遮入作去月Øiuɛ

刎29明吻上臻合三真文上刎vən

初24初魚平遇合三魚模平陰初tʂ'u

争38莊耕平梗開二庚青平陰箏tʂəŋ

5

刧37見業入咸開三車遮入作上結kiɛ

别37並薛入山開三車遮入作上鼈piɛ

别37並薛入山開三車遮入作平陽別piɛ

　幫薛入山開三

利23來至去止開三齊微去利li

删29生删平山開二寒山平陰山ʂan

判31滂換去山合一桓歡去判p'on

6

刺20清寘去止開三支思去次ts'ï

刺22清昔入梗開三齊微入作上七ts'i

刳24溪模平遇合一魚模平陰枯k'u

到33端号去效開一蕭豪去道tɑu

制23章祭去蟹開三齊微去製tʂi

刮36見鎋入山合二家麻入作上刮kua

刻27溪德入曾開一皆來入作上客k'iai

券31溪願去山合三先天去勸k'iuɛn

刷36生鎋入山合二家麻入作去刷ʂua

剁35端過去果合一歌戈去舵tuo

7

荆38見庚平梗開三庚青平陰京kiəŋ

則27精德入曾開一皆來入作上則tsai

削33心藥入宕開三蕭豪入作上削siau

剉35清過去果合一歌戈去銼ts'uo

刱19初漾去宕開三江陽去創tʂʻuaŋ
剃23透霽去蟹開四齊微去替tʻi

8

剗29初産上山開二寒山上産tʂʻan
剔22透錫入梗開四齊微入作上滌tʻi
剛17見唐平宕開一江陽平陰岡kaŋ
剮35見馬上假合二家麻上寡kua
剖33滂厚上流開一蕭豪上剖pʻɑu
剖40滂厚上流開一尤侯上剖pʻəu
剡43以琰上咸開三廉纖上掩øiɛm
剜30影桓平山合一桓歡平陰剜øon
剥33幫覺入江開二蕭豪入作上剥pau

9

剪31精獮上山開三先天上剪tsiɛn

10

剩39船證去曾開三庚青去聖ʂiəŋ
創19初漾去宕開三江陽去創tʂʻuaŋ
割35見曷入山開一歌戈入作上葛ko

11

蒯27溪怪去蟹合二皆來上蒯kʻuai
剽33滂笑去效開三蕭豪上殍pʻiau

12

剳36知洽入咸開二家麻入作上劄tʂa
劃27匣麥入梗合二皆來入作平陽畫xuai
　　曉麥入梗合二

13

劒43見釅去咸開三廉纖去劒kiɛm
劈22滂錫入梗開四齊微入作上匹pʻi
劇24群陌入梗開三齊微入作去劇ki
劉39來尤平流開三尤侯平陽劉liəu

14

劓23疑至去止開三齊微去異øi
劑23從霽去蟹開四齊微去霽tsi

15

劖41崇咸平咸開二監咸平陽讒tʂʻam
　　崇銜平咸開二

17

劖41崇銜平咸開二監咸平陽讒tʂʻam

19

劘34明戈平果合一歌戈平陽摩mo

21

劙23來霽去蟹開四齊微去利li

24

釁29曉震去臻開三真文去釁xiən

力部

力23來職入曾開三齊微入作去立li

3

功16見東平通合一東鍾平陰工kuŋ
加35見麻平假開二家麻平陰家kia

4

劣37來薛入山合三車遮入作去劣liuɛ

5

助26崇御去遇合三魚模去助tʂu
劬24群虞平遇合三魚模平陽渠kʻiu
努25泥姥上遇合一魚模上弩nu

6

効33匣效去效開二蕭豪去孝xiau

劾21匣德入曾開一齊微入作平陽劾xei
7
勃34並没入臻合一歌戈入作平陽薄po
勁39見勁去梗開三庚青去敬kiəŋ
勉31明獮上山開三先天上沔miɛn
勇17以腫上通合三東鍾上勇Øiuŋ
8
勑22《集韻》蓄力切。齊微入作上尺tʂ‘i
勍38群庚平梗開三庚青平陽檠k‘iəŋ
9
勘42溪勘去咸開一監咸去勘k‘am
勒24來德入曾開一齊微入作去勒lei
動17定董上通合一東鍾去洞tuŋ
10
募26明暮去遇合一魚模去暮mu
勞32來豪平效開一蕭豪平陽牢lɑu
勞33來号去效開一蕭豪去澇lɑu
11
勢23書祭去蟹開三齊微去世ʂi
勤28群欣平臻開三真文平陽勤k‘iən
勡33滂笑去效開三蕭豪上殍p‘iau
12
勩23以至去止開三齊微去異Øi
以祭去蟹開三
14
勳28曉文平臻合三真文平陰薰xiuən
17
勸31溪願去山合三先天去勸k‘iuɛn

厶部
2
云28云文平臻合三真文平陽雲Øiuən
3
去25溪語上遇合三魚模上去k‘iu
去26溪御去遇合三魚模去去k‘iu
9
參40生侵平深開三侵尋平陰森ʂəm
10
叅41清覃平咸開一監咸平陰叅ts‘am

又部
又40云宥去流開三尤侯去又Øiəu
1
叉35初麻平假開二家麻平陰叉tʂ‘a
2
友40云有上流開三尤侯上有Øiəu
反29滂元平山合三寒山平陰番fan
反29幫阮上山合三寒山上反fan
6
取25清麌上遇合三魚模上取ts‘iu
叔25書屋入通合三魚模入作上叔ʂu
受40禪有上流開三尤侯去受ʂiəu
7
敘26邪語上遇合三魚模去絮siu
8
叟40心厚上流開一尤侯上叟səu
15
燮37心帖入咸開四車遮入作上屑siɛ

16

叢16從東平通合一東鍾平陽叢tsʻuŋ

廴部

4

廷38定青平梗開四庚青平陽亭tʻiəŋ

延31以仙平山開三先天平陽延Øiɛn

6

廻21同迴。齊微平陽回xuei

灰平蟹合一

建31見願去山開三先天去見kiɛn

三畫

干部

干29見寒平山開一寒山平陰干kan

1

午25疑姥上遇合一魚模上五Øu

2

平38並庚平梗開三庚青平陽平pʻiəŋ

10

幹30見翰去山開一寒山去幹kan

工部

工16見東平通合一東鍾平陰工kuŋ

2

左35精哿上果開一歌戈上左tsuo

左35精箇去果開一歌戈去佐tsuo

巧33溪巧上效開二蕭豪上巧kʻau

4

巫24明虞平遇合三魚模平陽無vu

6

差19初支平止開三支思平陰眵tʂʻï

差26初皆平蟹開二皆來平陰釵tʂʻai

初佳平蟹開二

差35初麻平假開二家麻平陰叉tʂʻa

土（士）部

土25透姥上遇合一魚模上土tʻu

士20崇止上止開三支思去是ʂï

1

壬41日侵平深開三侵尋平陽壬ʐiəm

3

圭20見齊平蟹合四齊微平陰歸kuei

在27從海上蟹開一皆來去在tsai

從代去蟹開一

圯21以之平止開三齊微平陽移Øi

圮22並旨上止開三齊微上痞pʻi

地23定至去止開三齊微去帝ti

4

址19章止上止開三支思上紙tʂï

坂29幫阮上山合三寒山上反fan

坐35從果上果合一歌戈去佐tsuo

從過去果合一

坎42溪感上咸開一監咸上坎kʻiam

均28見諄平臻合三真文平陰君kiuən

坑38溪庚平梗開二庚青平陰輕kʻiəŋ

坊17幫陽平宕合三江陽平陰方faŋ

壯18莊漾去宕開三江陽去狀tʂuaŋ

5

坷35溪哿上果開一歌戈上可k‘o

坦29透旱上山開一寒山上坦t‘an

坤28溪魂平臻合一真文平陰坤k‘uən

垂21禪支平止合三齊微平陽鎚tʂ‘uei

坵39同丘。尤侯平陰丘k‘iəu

坡34滂戈平果合一歌戈平陰坡p‘o

幸39匣耿上梗開二庚青去杏xiəŋ

坳32影肴平效開二蕭豪平陰坳Øau

6

垣31云元平山合三先天平陽元Øiuɛn

城38禪清平梗開三庚青平陽澄tʂ‘iəŋ

垤37定屑入山開四車遮入作平陽疊tiɛ

垢40見厚上流開一尤侯上狗kəu

垛35定果上果合一歌戈去舵tuo

垓26見咍平蟹開一皆來平陰該kai

垠28疑真平臻開三真文平陽銀Øiən
疑欣平臻開三

7

埋27明皆平蟹開二皆來平陽埋mai

袁31云元平山合三先天平陽元Øiuɛn

坰38見青平梗合四庚青平陰扃kiuəŋ

埃27影咍平蟹開一皆來平陰哀Øai

埏31以仙平山開三先天平陽延Øiɛn

8

基20見之平止開三齊微平陰機ki

堵25端姥上遇合一魚模上覩tu

堅31見先平山開四先天平陰堅kiɛn

堊35影鐸入宕開一歌戈入作去萼Øo

埯43影儼上咸開三廉纖上掩Øiɛm

堂18定唐平宕開一江陽平陽唐t‘aŋ

埸23以昔入梗開三齊微入作去逸Øi

堆20端灰平蟹合一齊微平陰堆tuei

培21並灰平蟹合一齊微平陽裴p‘ei

9

堯32疑蕭平效開四蕭豪平陽遥Øiau

堪41溪覃平咸開一監咸平陰堪k‘am

塔36透盍入咸開一家麻入作上塔t‘a

堰31影阮上山開三先天上兖Øiɛn

堰32影願去山開三先天去硯Øiɛn
影線去山開三

堦26見皆平蟹開二皆來平陰皆kiai

堤20端齊平蟹開四齊微平陰低ti

場18澄陽平宕開三江陽平陽長tʂ‘iaŋ

堡33幫晧上效開一蕭豪上寶pɑu

塊27溪怪去蟹合二皆來去快k‘uai

堠40匣候去流開一尤侯去后xəu

壻23心霽去蟹開四齊微去細si

報33幫号去效開一蕭豪去抱pɑu

壺24匣模平遇合一魚模平陽胡xu

10

墓26明暮去遇合一魚模去暮mu

填31定先平山開四先天平陽田t‘iɛn

填32定霰去山開四先天去電tiɛn

塒19禪之平止開三支思平陽時ʂï

塌36透盍入咸開一家麻入作上塔t‘a

塤31曉元平山合三先天平陰喧xiuɛn

塏27溪海上蟹開一皆來上凱k‘ai

塗24定模平遇合一魚模平陽徒t'u
塢25影姥上遇合一魚模上五Øu
塘18定唐平宕開一江陽平陽唐t'aŋ
塑26心暮去遇合一魚模去素su
塋38以清平梗合三庚青平陽盈Øiəŋ
塞19心德入曾開一支思入作上塞sï
塞28心代去蟹開一皆來去賽sai
壼29溪混上臻合一真文上閫k'uən

11

墊43端㮇去咸開四廉纖去玷tiɛm
塹43清豔去咸開三廉纖去塹ts'iɛm
墅25禪語上遇合三魚模上主tʂiu
塿40來厚上流開一尤侯上摟ləu
墁31明換去山合一桓歡去鏝mon
墟24溪魚平遇合三魚模平陰虛xiu
塾25禪屋入通合三魚模入作平陽淑ʂu
塵28澄真平臻開三真文平陽陳tʂ'iən
墇18章漾去宕開三江陽去帳tʂiaŋ
境38見梗上梗開三庚青上景kiəŋ
塺21明灰平蟹合一齊微平陽梅mei
墉16以鍾平通合三東鍾平陽容Øiuŋ
墜23澄至去止合三齊微去墜tʂuei
墮35定果上果合一歌戈去舵tuo
壽40禪有上流開三尤侯去受ʂiəu
　禪宥去流開三
墋41初寑上深開三侵尋上磣tʂ'əm

12

墳28並文平臻合三真文平陽墳fən
墠32禪獮上山開三先天去扇ʂiɛn
墨23明德入曾開一齊微入作去墨mei
增38精登平曾開一庚青平陰憎tsəŋ
墀21澄脂平止開三齊微平陽池tʂ'i
墩28端魂平臻合一真文平陰敦tuən

13

墾28溪很上臻開一真文上肯k'ən
壇29定寒平山開一寒山平陽壇t'an
壅16影鍾平通合三東鍾平陰翁Øuŋ
壁22幫錫入梗開四齊微入作上必pi

14

壓36影狎入咸開二家麻入作去壓Øia
壙19溪宕去宕合一江陽去曠k'uaŋ
壑33曉鐸入宕開一蕭豪入作上壑xɑu

15

壘22來旨上止合三齊微上壘luei

16

壞28匣怪去蟹合二皆來去壞xuai
壠17來腫上通合三東鍾上隴liuŋ

17

壤18日養上宕開三江陽上壤ʐiaŋ

21

壩36幫禡去假開二家麻去罷pa

寸部

寸29清慁去臻合一真文去寸ts'uən

3

寺20邪志去止開三支思去似sï

6

封16幫鍾平通合三東鍾平陰風fuŋ

7

射21船昔入梗開三齊微入作平陽實ʂi

射24以昔入梗開三齊微入作去逸Øi

射37以禡去假開三車遮去夜Øiɛ

射37船禡去假開三車遮去舍ʂiɛ

8

專31章仙平山合三先天平陰專tʂiuɛn

尉22影未去止合三齊微去胃Øuei

9

尊28精魂平臻合一真文平陰尊tsuən

尋41邪侵平深開三侵尋平陽尋siəm

11

對23端隊去蟹合一齊微去對tuei

12

導33定号去效開一蕭豪去道tɑu

廾部

2

弁30《集韻》蒲官切。桓歡平陽盤p‘on

弁32並線去山開三先天去變piɛn

4

弄17來送去通合一東鍾去弄luŋ

6

弇41見覃平咸開一監咸平陰堪k‘am

11

弊23並祭去蟹開三齊微去背pei

大部

大35定箇去果開一歌戈去舵tuo

大36定箇去果開一家麻去大ta

大27定泰去蟹開一皆來去帶tai

1

夫24並虞平遇合三魚模平陰膚fu

夫24並虞平遇合三魚模平陽扶fu

天31透先平山開四先天平陰天t‘iɛn

夭32影宵平效開三蕭豪平陰邀Øiau

夭33影小上效開三蕭豪上杳Øiau

太27透泰去蟹開一皆來去態t‘ai

2

央17影陽平宕開三江陽平陰鴦Øiaŋ

夯18《改併四聲篇海》引《川篇》呼講切。江陽上響xiaŋ

失22書質入臻開三齊微入作上失ʂi

3

夸35溪麻平假合二家麻平陰誇k‘ua

夷21以脂平止開三齊微平陽移Øi

4

夾36見洽入咸開二家麻入作上甲kia

5

奉17並腫上通合三東鍾去鳳fuŋ

奈27泥泰去蟹開一皆來去柰nai

奔28幫魂平臻合一真文平陰奔pən

奔29幫慁去臻合一真文去逩pən

奇20見支平止開三齊微平陰機ki

奇21群支平止開三齊微平陽奇k‘i

奄43影琰上咸開三廉纖上掩Øiɛm

6

契23溪霽去蟹開四齊微去氣k‘i

奏40精候去流開一尤侯去奏tsəu
奎20溪齊平蟹合四齊微平陰魁k'uei
奐31曉換去山合一桓歡去唤xon
7
奚21匣齊平蟹開四齊微平陽奚xi
8
奢36書麻平假開三車遮平陰嗟ʂiɛ
匏32並肴平效開二蕭豪平陽袍p'ɑu
爽18生養上宕開三江陽上爽ʂuaŋ
9
奠32定霰去山開四先天去電tiɛn
10
奧33影号去效開一蕭豪去奧Øɑu
11
奩43來鹽平咸開三廉纖平陽廉liɛm
奪34定末入山合一歌戈入作平陽奪tuo
12
奭22書昔入梗開三齊微入作上失ʂi
13
奮29幫問去臻合三真文去忿fən

尢（兀尣）部

1
尤39云尤平流開三尤侯平陽尤Øiəu
4
尫18同尢。影唐平宕合一江陽平陰汪Øuaŋ
9
就40從宥去流開三尤侯去就tsiəu

弋部

9
弑20書志去止開三支思去是ʂï

小（⺌）部

小33心小上效開三蕭豪上小siau
1
少33書小上效開三蕭豪上少ʂiau
少33書笑去效開三蕭豪去少ʂiau
3
尖42精鹽平咸開三廉纖平陰尖tsiɛm
5
尚19禪漾去宕開三江陽去上ʂiaŋ

口部

口40溪厚上流開一尤侯上口k'əu
2
古25見姥上遇合一魚模上古ku
右40云宥去流開三尤侯去又Øiəu
可35溪哿上果開一歌戈上可k'o
史19生止上止開三支思上史ʂï
只22章昔入梗开三齊微入作上質tʂi
叱22昌質入臻開三齊微入作上尺tʂ'i
句26見遇去遇合三魚模去鋸kiu
司19心之平止開三支思平陰斯sï
叨32透豪平效開一蕭豪平陰刀tɑu
叨32透豪平效開一蕭豪平陰條t'ɑu
召33澄笑去效開三蕭豪去趙tʂiau
台26透咍平蟹開一皆來平陰台t'ai

3

吁24曉虞平遇合三魚模平陰虛xiu
吉22見質入臻開三齊微入作上吉ki
吐25透姥上遇合一魚模上土t'u
吐26透暮去遇合一魚模去兔t'u
叿16曉東平通合一東鍾平陰烘xuŋ
吕25來語上遇合三魚模上呂liu
同16定東平通合一東鍾平陽同t'uŋ
吒35知禡去假開二家麻平陰查tʂa
向18曉漾去宕開三江陽去巷xiaŋ
后40匣厚上流開一尤侯去后xəu
匣候去流開一
合34匣合入咸開一歌戈入作平陽合xo
名38明清平梗開三庚青平陽明miəŋ
各33見鐸入宕開一蕭豪入作上閣kau

4

呈38澄清平梗開三庚青平陽澄tʂ'iəŋ
吞28透痕平臻開一真文平陰吞t'ən
呆37疑咍平蟹開一車遮平陽呆øiɛ
吴24疑模平遇合一魚模平陽吾øu
否22並旨上止開三齊微上痞p'i
否25幫有上流開三魚模上甫fu
否40幫有上流開三尤侯上否fəu
吾24疑模平遇合一魚模平陽吾øu
吠23並廢去蟹合三齊微去吠fei
呀35疑麻平假開二家麻平陰鵶øia
吸22曉緝入深開三齊微入作上吸xi
告33見号去效開一蕭豪去告kɑu
吻29明吻上臻合三真文上刎vən
吹20昌支平止合三齊微平陰吹tʂ'uei
吹23昌寘去止合三齊微去吹tʂ'uei
吝29來震去臻開三真文去吝liən
含41匣覃平咸開一監咸平陽含xam
吟41疑侵平深開三侵尋平陽吟øiəm
君28見文平臻合三真文平陰君kiuən
吮31從獮上山合三先天上吮tsiuɛn
吼40曉厚上流開一尤侯上吼xəu
叫33見嘯去效開四蕭豪去叫kiau

5

味22明未去止合三齊微去未vei
咂36精合入咸開一家麻入作上咂tsa
呵34曉歌平果開一歌戈平陰呵xo
呸20《字彙》鋪杯切。齊微平陰醅p'ei
咀25精語上遇合三魚模上咀tsiu
呪40章宥去流開三尤侯去晝tʂiəu
和34匣戈平果合一歌戈平陽禾xuo
和35匣過去果合一歌戈去禍xuo
命39明映去梗開三庚青去命miəŋ
呼24曉模平遇合一魚模平陰呼xu
周39章尤平流開三尤侯平陰周tʂiəu
咎40群有上流開三尤侯去臼kiəu
咆32並肴平效開二蕭豪平陽袍p'ɑu
呶32娘肴平效開二蕭豪平陽猱nɑu
咍26曉咍平蟹開一皆來平陰台t'ai

6

哇35影麻平假合二家麻平陰蛙øua
哉26精咍平蟹開一皆來平陰哉tsai
哄17匣送去通合一東鍾去哄xuŋ

哂29書軫上臻開三真文上哂ʂiən
品29滂寢上深開三真文上牝p‘iən
咽31影先平山開四先天平陰煙Øiɛn
咮40知宥去流開三尤侯去晝tʂiəu
咻39曉尤平流開三尤侯平陰休xiəu
咱35《改併四篇海》引《俗字背篇》
子葛切。家麻平陽咱tsa
咷32定豪平效開一蕭豪平陽桃t‘ɑu
哆37昌馬上假開三車遮上撦tʂ‘iɛ
哀26影咍平蟹開一皆來平陰哀Øai
咬32見肴平效開二蕭豪平陰交kau
咨19精脂平止開三支思平陰髭tsï
咤36知禡去假開二家麻去汊tʂ‘a
哏28存疑。真文平陰哏xən
咫19章紙上止開三支思上紙tʂï

7

哢17來送去通合一東鍾去弄luŋ
員28云文平臻合三真文平陽雲Øiuən
唔41《篇海類編》通懇切。侵尋去唔t‘əm
哮32曉肴平效開二蕭豪平陰哮xau
哥34見歌平果開一歌戈平陰歌ko
哺26並暮去遇合一魚模去布pu
哽38見梗上梗開二庚青上景kiəŋ
哤18明江平江開二江陽平陽忙maŋ
哲37知薛入山開三車遮入作上哲tʂiɛ
唇28船諄平臻合三真文平陽脣tʂ‘iuən
員31云仙平山合三先天平陽元Øiuɛn
啯29存疑。真文上閫k‘uən
哭25溪屋入通合一魚模入作上哭k‘u
哨33心宵平效開三蕭豪去哨ʂau
哦34疑歌平果開一歌戈平陽哦ŋo
唅42匣勘去咸開一監咸去憾xam
唻18《漢語大字典》同噇。噇，《廣韻》
宅江切。江陽平陽床tʂ‘uaŋ
唐18定唐平宕開一江陽平陽唐t‘aŋ
唧22精質入臻開三齊微入作上唧tsi
精職入曾開三
哿34見哿上果開一歌戈上舸ko
唉27影咍平蟹開一皆來平陰哀Øai
唆34心戈平果合一歌戈平陰莎suo

8

唪17並董上通合一東鍾上唪puŋ
並腫上通合三
喏37日馬上假開三車遮上惹ʐiɛ
啉41《漢語大字典》音lèn。侵尋去啉ləm
唵41影感上咸開一監咸平陰菴Øam
唱19昌漾去宕開三江陽去唱tʂ‘iaŋ
唾35透過去果合一歌戈去唾t‘uo
唯22以旨上止合三齊微上委Øuei
售40禪宥去流開三尤侯去受ʂiəu
啁32知肴平效開二蕭豪平陰嘲tʂau
啁39知尤平流開三尤侯平陰周tʂiəu
啓22溪薺上蟹開四齊微上起k‘i
啖42定敢上咸開一監咸去淡tam
定闞去咸開一
唳23來霽去蟹開四齊微去利li
啜37昌薛入山合三車遮入作上啜tʂ‘iuɛ

9

喫22溪錫入梗開四齊微入作上尺tʂ‘i
喜22曉止上止開三齊微上喜xi
喋37定帖入咸開四車遮入作平陽疊tiɛ
端帖入咸開四
嗒36端合入咸開一家麻入作上答ta
喪17心唐平宕開一江陽平陰桑saŋ
喪19心宕去宕開一江陽去喪saŋ
喓32影宵平效開三蕭豪平陰邀Øiau
喊42曉豏上咸開二監咸上喊xiam
喃41娘咸平咸開二監咸平陽南nam
喈26見皆平蟹開二皆來平陰皆kiai
單32禪線去山開三先天去扇ʂiɛn
單29端寒平山開一寒山平陰丹tan
喘31昌獮上山合三先天上喘tʂ‘iuɛn
啾39精尤平流開三尤侯平陰啾tsiəu
喬32群宵平效開三蕭豪平陽喬k‘iau
喉39匣侯平流開一尤侯平陽侯xəu
喚31曉換去山合一桓歡去喚xon
喒41《字彙》祖含切。監咸平陽喒tsam
喑41影侵平深開三侵尋平陰音Øiəm
喭30疑翰去山開一寒山去案Øan
喭32疑線去山開三先天去硯Øiɛn
啼21定齊平蟹開四齊微平陽啼t‘i
善32禪獮上山開三先天去扇ʂiɛn
嗟36精麻平假開三車遮平陰嗟tsiɛ
喧31曉元平山合三先天平陰喧xiuɛn
喙23曉廢去蟹合三齊微去吹tʂ‘uei
10
嗷32疑豪平效開一蕭豪平陽鼇ŋɑu
嗉26心暮去遇合一魚模去素su
嗊17曉董上通合一東鍾上汞xuŋ
嗜20禪至去止開三支思去是ʂï
嗑35匣盍入咸开一歌戈去嗑k‘o
见盍入咸开一
嗔28昌真平臻開三真文平陰嗔tʂ‘iən
嗣20邪志去止開三支思去似sï
嗅40曉宥去流開三尤侯去嗅xiəu
嗚24影模平遇合一魚模平陰嗚Øu
嗃32曉肴平效開二蕭豪平陰哮xau
嗓18心蕩上宕開一江陽上顙saŋ
嗈16影鍾平通合三東鍾平陰邕Øiuŋ
11
嘉35見麻平假開二家麻平陰家kia
嘆30透翰去山開一寒山去嘆t‘an
嘈32從豪平效開一蕭豪平陽曹ts‘ɑu
嗽40心候去流開一尤侯去嗽səu
嘔40影厚上流開一尤侯上藕Øəu
噓24曉魚平遇合三魚模平陰虛xiu
12
噴28滂魂平臻合一真文平陰噴p‘ən
噴29滂慁去臻合一真文去噴p‘ən
嘻20曉之平止開三齊微平陰希xi
噎37影屑入山開四車遮入作去拽Øiɛ
嘶20心齊平蟹開四齊微平陰西si
嘲32知肴平效開二蕭豪平陰嘲tʂau
嘽30《集韻》徒案切。寒山去旦tan
噍33從笑去效開三蕭豪去醮tsiau
嘷32匣豪平效開一蕭豪平陽豪xɑu

噙41《广韵》等無，當是俗音。
侵尋平陽琴k'iəm
噀29《龍龕手鑑》蘇困切。
真文去峻siuən

13

噤41群寢上深開三侵尋上錦kiəm
噤41群寢上深開三侵尋去禁kiəm
群沁去深開三
噉42《集韻》古禫切。監咸上感kam
噥17泥冬平通合一江東鍾上噥nuŋ
器23溪至去止開三齊微去氣k'i
噬20禪祭去蟹開三支思去是ʂï
噲27溪夬去蟹合二皆來去快k'uai
噫27影怪去蟹開二皆來去艾Øai
嘯33心嘯去效開四蕭豪去笑siau
噪33心号去效開一蕭豪去噪sɑu

14

嚇27曉陌入梗開二皆來入作上嚇Øiai
嚇36曉禡去假開二家麻去下xia
嚇37曉陌入梗開二車遮入作上血xiɛ
嚔23端霽去蟹開四齊微去替t'i
嚅24日虞平遇合三魚模平陽如ʐ̩iu
嗡41《字彙》通銜。銜，匣銜平咸開二
監咸平陽咸xiam
嚐18禪陽平宕開三江陽平陽長tʂ'iaŋ

15

嚚28疑真平臻開三真文平陽銀Øiən

16

嚭22滂旨上止開三齊微上痞p'i
嚥32影霰去山開四先天去硯Øiɛn
嚬28並真平臻開三真文平陽貧p'iən
嚴43疑嚴平咸開三廉纖平陽鹽Øiɛm
嚨16來東平通合一東鍾平陽籠luŋ

17

嚶38影耕平梗開二庚青平陰英Øiəŋ

18

囀31知線去山合三先天上囀tʂiuɛn
囀32知線去山合三先天去傳tʂiuɛn
囂32曉宵平效開三蕭豪平陰梟xiau
囓32同囂。《集韻》牛刀切。
蕭豪平陽鼇ŋɑu

19

囊18泥唐平宕開一江陽平陽囊naŋ
囉34來歌平果開一歌戈平陽羅luo
囉35來歌平果開一歌戈去邏luo

21

囓37《篇海類編》延結切。
車遮入作去揑niɛ

囗部

2

四20心至去止開三支思去似sï
囚39邪尤平流開三尤侯平陽囚siəu

3

因28影真平臻開三真文平陰因Øiən
回21匣灰平蟹合一齊微平陽回xuei

4

困29溪慁去臻合一真文去困k'uən

囤29定混上臻合一真文去頓tuən
囱16清東平通合一東鍾平陰匆ts'uŋ

5

固26見暮去遇合一魚模去故ku
困29溪真平臻合三真文上窘kiuən

6

囿40云宥去流開三尤侯去又Øiəu

7

圃25幫姥上遇合一魚模上補pu
圄25疑語上遇合三魚模上語Øiu

8

圊39清清平梗開三庚青去净tsiəŋ
圉25疑語上遇合三魚模上語Øiu
國22見德入曾合一齊微入作上國kuei
圈31溪仙平山合三先天平陰圈k'iuɛn
圈32群願去山合三先天去眷kiuɛn

9

圍21云微平止合三齊微平陽圍Øuei

10

園31云元平山合三先天平陽元Øiuɛn
圓31云仙平山合三先天平陽元Øiuɛn

11

團30定桓平山合一桓歡平陽團t'on
圖24定模平遇合一魚模平陽徒t'u

13

圜29匣刪平山合二寒山平陽還xuan
圜31云仙平山合三先天平陽元Øiuɛn

19

圞30來桓平山合一桓歡平陽鸞lon

巾部

巾28見真平臻開三真文平陰巾kiən

2

布26幫暮去遇合一魚模去布pu
市20禪止上止開三支思去是şï

3

帆29並凡平咸合三寒山平陽煩fan

4

希20曉微平止開三齊微平陰希xi

5

帖37透帖入咸開四車遮入作上鐵t'iɛ
帛27並陌入梗開二皆來入作平陽白pai
帕36明鎋入山開二家麻去帕p'a
帔23滂寘去止開三齊微去背pei
帑18透蕩上宕開一江陽上倘t'aŋ
帘43來鹽平咸開三廉纖平陽廉liɛm

6

帥28生至去止合三皆來去帥şuai
帝23端霽去蟹開四齊微去帝ti

7

席21邪昔入梗開三齊微入作平陽夕si
師19生脂平止開三支思平陰施şï

8

帳18知漾去宕開三江陽去帳tşiaŋ
帶27端泰去蟹開一皆來去帶tai
常18禪陽平宕開三江陽平陽長tş'iaŋ

9

幅25幫屋入通合三魚模入作上復fu
帽33明号去效開一蕭豪去貌mɑu

幃21云微平止合三齊微平陽圍Øuei
10
幕33明鐸入宕開一蕭豪入作去末mɑu
幕35明鐸入宕開一歌戈入作去幕mo
幌19匣蕩上宕合一江陽去晃xuaŋ
幋30並桓平山合一桓歡平陽盤p‘on
11
幘27莊麥入梗開二皆來入作上責tʂai
幖32幫宵平效開三蕭豪平陰標piau
幣23並祭去蟹開三齊微去背pei
幔31明換去山合一桓歡去鏝mon
12
幮24澄虞平遇合三魚模平陽除tʂ‘iu
幢18澄江平江開二江陽平陽床tʂ‘uaŋ
幟23《廣韻》音志。齊微去製tʂi
䌙24心虞平遇合三魚模平陰須siu
13
幨43昌鹽平咸開三廉纖平陽蟾tʂ‘iɛm
14
幫17幫唐平宕開一江陽平陰邦paŋ

山部

山29生山平山開二寒山平陰山ʂan
3
岩41疑銜平咸開二監咸平陽巖Øiam
4
岐21群支平止開三齊微平陽奇k‘i
岏30疑桓平山合一桓歡平陽丸Øon
岑41崇侵平深開三侵尋平陽岑tʂ‘əm
5
岵26匣姥上遇合一魚模去户xu
岸30疑翰去山開一寒山去案Øan
岫40邪宥去流開三尤侯去秀siəu
岳33疑覺入江開二蕭豪入作去岳Øiau
岳35疑覺入江開二歌戈入作去岳Øio
岱27定代去蟹開一皆來去帶tai
6
峒16定東平通合一東鍾平陽同t‘uŋ
峉28疑陌入梗開二皆來入作去額Øiai
7
峽35匣洽入咸開二家麻入作平陽狎xia
峭33清笑去效開三蕭豪去俏ts‘iau
峨34疑歌平果開一歌戈平陽哦ŋo
島33端晧上效開一蕭豪上倒tɑu
峯16滂鍾平通合三東鍾平陰風fuŋ
峻29心稕去臻合三真文去峻siuən
8
崖27疑佳平蟹開二皆來平陽崖Øiai
崦43影鹽平咸開三廉纖上掩Øiɛm
崔20清灰平蟹合一齊微平陰崔ts‘uei
崟41疑侵平深開三侵尋平陽吟Øiəm
崘28來魂平臻合一真文平陽論luən
崩16幫登平曾開一東鍾平陰崩puŋ
崩38幫登平曾開一庚青平陰崩pəŋ
崇16崇東平通合三東鍾平陽重tʂ‘uŋ
9
嵌41溪銜平咸開二監咸平陰嵌k‘iam
嵌42溪銜平咸開二監咸去瞰k‘iam

嵬21疑灰平蟹合一齊微平陽圍Øuei
嵐41來覃平咸開一監咸平陽婪lam
嵋21明脂平止開三齊微平陽梅mei
10
嵩16心東平通合三東鍾平陰松siuŋ
11
嶇24溪虞平遇合三魚模平陰區k'iu
嘘24溪魚平遇合三魚模平陰虚xiu
12
嶢32疑蕭平效開四蕭豪平陽遥Øiau
嶠33群笑去效開三蕭豪去叫kiau
嶔41溪侵平深開三侵尋平陰欽k'iəm
嶓34幫戈平果合一歌戈平陰波po
嶝39端嶝去曾開一庚青去鄧təŋ
13
嶼25邪語上遇合三魚模上嶼siu
14
嶺39來静上梗開三庚青上領liəŋ
嶷21疑之平止開三齊微平陽移Øi
嶸16匣庚平梗合三東鍾平陽紅xuŋ
嶸38匣耕平梗合二庚青平陽横xuəŋ
17
巉41崇銜平咸開二監咸平陽讒tʂ'am
18
巍21疑微平止合三齊微平陽圍Øuei
19
巔31端先平山開四先天平陰顛tiɛn
巖41疑銜平咸開二監咸平陽巖Øiam
巒30來桓平山合一桓歡平陽鸞lon

彳部
3
行38匣庚平梗開二庚青平陽行xiəŋ
行39匣映去梗開二庚青去杏xiəŋ
行18匣唐平宕開一江陽平陽杭xaŋ
行19匣宕去宕開一江陽去行xaŋ
4
役24以昔入梗合三齊微入作去逸Øi
5
征38章清平梗開三庚青平陰征tʂiəŋ
徂24從模平遇合一魚模平陽殂ts'u
往18云養上宕合三江陽上枉Øuaŋ
彼22幫紙上止開三齊微上彼pei
6
待27定海上蟹開一皆來去帶tai
徊21匣灰平蟹合一齊微平陽回xuei
徉18以陽平宕開三江陽平陽陽Øiaŋ
律26來術入臻合三魚模入作去録liu
後40匣厚上流開一尤侯去后xəu
匣候去流開一
衍31以獮上山開三先天上兖Øiɛn
7
徒24定模平遇合一魚模平陽徒t'u
徑39見徑去梗開四庚青去敬kiəŋ
徐24邪魚平遇合三魚模平陽徐siu
8
術25船術入臻合三魚模入作平陽贖ʂiu
徙22心紙上止開三齊微上洗si
得22端德入曾開一齊微入作上德tei

從16從鍾平通合三東鍾平陽從ts'iuŋ
從17從用去通合三東鍾去縱tsiuŋ

9

街26見佳平蟹開二皆來平陰皆kiai
見皆平蟹開二
御26疑御去遇合三魚模去御Øiu
復25並屋入通合三魚模入作平陽復fu
復25並屋入通合三魚模入作上復fu
循28邪諄平臻合三真文平陽巡siuən
徧32幫霰去山開四先天去變piɛn

10

衙35疑麻平假開二家麻平陽牙Øia
微21明微平止合三齊微平陽微vei

11

銜41匣銜平咸開二監咸平陽咸xiam

12

德22端德入曾開一齊微入作上德tei
衛22云祭去蟹合三齊微去胃Øuei
徵19知止上止開三支思上紙tʂï
徵38知蒸平曾開三庚青平陰征tʂiəŋ
衝16昌鍾平通合三東鍾平陰冲tʂ'uŋ

13

徼33見嘯去效開四蕭豪去窖kau
衡38匣庚平梗開二庚青平陽行xiəŋ

14

徽20曉微平止合三齊微平陰灰xuei

21

衢24群虞平遇合三魚模平陽渠k'iu

彡部

4

形38匣青平梗開四庚青平陽行xiəŋ

6

彥32疑線去山開三先天去硯Øiɛn

8

彬28幫真平臻開三真文平陰賓piən
彩27清海上蟹開一皆來上采ts'ai
彫32端蕭平效開四蕭豪平陰刁tiau

9

彭16並庚平梗開二東鍾平陽蓬p'uŋ

11

彰17章陽平宕開三江陽平陰章tʂiaŋ

12

影39影梗上梗開三庚青上影Øiəŋ

夕部

夕21邪昔入梗開三齊微入作平陽夕si

2

外27疑泰去蟹合一皆來去外Øuai

3

舛31昌獮上山合三先天上喘tʂ'iuɛn
多34端歌平果開一歌戈平陰多tuo

10

夢17明送去通合三東鍾去夢muŋ

11

夥34匣果上果合一歌戈上裸luo
舞25明麌上遇合三魚模上武vu
夤28以真平臻開三真文平陽銀Øiən

夊（夂）部

2

冬16端冬平通合一東鍾平陰東tuŋ

7

夏36匣馬上假開二家麻去下xia

匣禡去假開二

11

夐39曉勁去梗合三庚青去迥xiuəŋ

18

夔21群脂平止合三齊微平陽葵k'uei

广部

4

庇23幫至去止開三齊微去閉pi

序26邪語上遇合三魚模去絮siu

床18崇陽平宕開三江陽平陽床tʂ'uaŋ

5

店43端㮇去咸開四廉纖去玷tiɛm

府25幫麌上遇合三魚模上甫fu

底22端薺上蟹開四齊微上底ti

庖32並肴平效開二蕭豪平陽袍p'ɑu

庚38見庚平梗開二庚青平陰京kiəŋ

6

度26定暮去遇合一魚模去杜tu

度32定鐸入宕開一蕭豪入作平陽鐸tɑu

度34定鐸入宕開一歌戈入作平陽鐸to

庥39曉尤平流開三尤侯平陰休xiəu

庭38定青平梗開四庚青平陽亭t'iəŋ

7

庮39以尤平流開三尤侯平陽尤Øiəu

座35從過去果合一歌戈去佐tsuo

8

庶26書御去遇合三魚模去恕ʂiu

庵41影覃平咸開一監咸平陰菴Øam

庾25以麌上遇合三魚模上語Øiu

庸16以鍾平通合三東鍾平陽容Øiuŋ

康17溪唐平宕開一江陽平陰康k'aŋ

廊18來唐平宕開一江陽平陽郎laŋ

9

廂17心陽平宕開三江陽平陰湘siaŋ

10

廇40來宥去流開三尤侯去溜liəu

廓33溪鐸入宕合一蕭豪入作上郭kɑu

廉43來鹽平咸開三廉纖平陽廉liɛm

廕41影沁去深開三侵尋去廕Øiəm

11

廣18見蕩上宕合一江陽上廣kuaŋ

廖33來蕭平效開四蕭豪去料liau

12

廟33明笑去效開三蕭豪去妙miau

廛31澄仙平山開三先天平陽廛tʂ'iɛn

廡25明麌上遇合三魚模上武vu

慶39溪映去梗開三庚青去慶k'iəŋ

廢23幫廢去蟹合三齊微去吠fei

13

廩41來寢上深開三侵尋上廩liəm

廨27見卦去蟹開二皆來去戒kiai

16

廬24來魚平遇合三魚模平陽廬lu

蘇24心模平遇合一魚模平陰蘇su

18

廱16影鍾平通合三東鍾平陰翁Øuŋ

宀部

2

宄22見旨上止合三齊微上鬼kuei

3

宇25云麌上遇合三魚模上語Øiu

守40書有上流開三尤侯上首ʂiəu

宅27澄陌入梗開二皆來入作平陽宅tʂai

安29影寒平山開一寒山平陰安Øan

4

完30匣桓平山合一桓歡平陽丸Øon

宋17心宋去通合一東鍾去宋suŋ

宏16匣耕平梗合二東鍾平陽紅xuŋ

宏38匣耕平梗合二庚青平陽橫xuəŋ

宼36《字彙》五話切。家麻去凹Øua

5

宗16精冬平通合一東鍾平陰宗tsuŋ

定39定徑去梗開四庚青去定tiəŋ

端徑去梗開四

宕19定宕去宕開一江陽去蕩taŋ

宜21疑支平止開三齊微平陽移Øi

宙40澄宥去流開三尤侯去晝tʂiəu

官30見桓平山合一桓歡平陰官kon

宛31影元平山合三先天平陰淵Øiuɛn

6

宦30匣諫去山合二寒山去患xuan

宣31心仙平山合三先天平陰宣siuɛn

宥40云宥去流開三尤侯去又Øiəu

宬38禪清平梗開三庚青平陽澄tʂ'iəŋ

室22書質入臻開三齊微入作上失ʂi

宮16見東平通合三東鍾平陰工kuŋ

客27溪陌入梗開二皆來入作上客k'iai

客37溪陌入梗開二車遮入作上怯k'iɛ

7

害27匣泰去蟹開一皆來去害xai

宸28禪真平臻開三真文平陽陳tʂ'iən

家35見麻平假開二家麻平陰家kia

宵32心宵平效開三蕭豪平陰蕭siau

宴32影霰去山開四先天去硯Øiɛn

宰27精海上蟹開一皆來上宰tsai

容16以鍾平通合三東鍾平陽容Øiuŋ

8

寇40溪候去流開一尤侯去扣k'əu

㝩35影麻平假開二家麻平陽牙Øia

寅28以真平臻開三真文平陽銀Øiən

寄23見寘去止開三齊微去計ki

寂21從錫入梗開四齊微入作平陽疾tsi

宿25心屋入通合三魚模入作上粟siu

宿40心屋入通合三尤侯入作上宿siəu

宿40心宥去流開三尤侯去秀siəu

寀27清海上蟹開一皆來上采ts'ai

寃31影元平山合三先天平陰淵Øiuɛn

密23明質入臻開三齊微入作去墨mei

9

寒29匣寒平山開一寒山平陽寒xan

富26幫宥去流開三魚模去赴fu

寐23明至去止開三齊微去妹mei

10

寞33明鐸入宕開一蕭豪入作去末mɑu

寞35明鐸入宕開一歌戈入作去幕mo

寗39泥徑去梗開四庚青去佞niəŋ

11

寨27崇夬去蟹開二皆來去寨tʂai

寬30溪桓平山合一桓歡平陰寬k‘on

寡35見馬上假合二家麻上寡kua

寤26疑暮去遇合一魚模去誤Øu

寢41清寑上深開三侵尋上寢ts‘iəm

察36初黠入山開二家麻入作上察tʂ‘a

寧38泥青平梗開四庚青平陽寧niəŋ

實21船質入臻開三齊微入作平陽實ʂi

12

寮32來蕭平效開四蕭豪平陽寮liau

審41書寑上深開三侵尋上審ʂiəm

寫37心馬上假開三車遮上寫siɛ

13

寰29匣删平山合二寒山平陽還xuan

16

寵17徹腫上通合三東鍾上寵tʂ‘uŋ

17

寶33幫晧上效開一蕭豪上寶pɑu

彐（彑）部

6

彖31透換去山合一桓歡去彖t‘on

8

彗23邪至去止合三齊微去歲suei
　　邪祭去蟹合三

9

彘23澄祭去蟹開三齊微去製tʂi

15

彝21以脂平止開三齊微平陽移Øi

尸部

尸19書脂平止開三支思平陰施ʂï

1

尹28以準上臻合三真文上隱Øiən

尺22昌昔入梗開三齊微入作上尺tʂ‘i

2

尼21娘脂平止開三齊微平陽泥ni

4

尾22明尾上止合三齊微上尾vei

尿20《六書故》息遺切。齊微平陰雖suei

局25群燭入通合三魚模入作平陽局kiu

局25群燭入通合三魚模入作上菊kiu

5

居24見魚平遇合三魚模平陰居kiu

届27見怪去蟹開二皆來去戒kiai

屈25溪物入臻合三魚模入作上曲k‘iu

6

屍19書脂平止開三支思平陰施ʂï

屎19書旨上止開三支思上史ʂï

屋26影屋入通合一魚模入作上屋øu
屏38並青平梗開四庚青平陽平p‘iəŋ
屏38幫静上梗開三庚青上丙piəŋ

7

展31知獮上山開三先天上展tʂiɛn
屑37心屑入山開四車遮入作上屑siɛ

8

屠24定模平遇合一魚模平陽徒t‘u

11

屣22生紙上止開三齊微上洗si
屢26來遇去遇合三魚模去慮liu

12

屧37心帖入咸開四車遮入作上屑siɛ
履22來旨上止開三齊微上禮li
層38從登平曾開一庚青平陽層ts‘əŋ

14

屨26見遇去遇合三魚模去鋸kiu

18

屬25禪燭入通合三魚模入作平陽贖ʂiu

己（巳）部

巳20邪止上止開三支思去似sï
己21見止上止開三齊微上蟣ki
已21以止上止開三齊微上迤øi

1

巴35幫麻平假開二家麻平陰巴pa

6

巷18匣絳去江開二江陽去巷xiaŋ
巹28見隱上臻開三真文上緊kiən

9

巽29心慁去臻合一真文去遜suən

弓部

弓16見東平通合三東鍾平陰工kuŋ

1

引28以軫上臻開三真文上隱øiən
弔33端嘯去效開四蕭豪去釣tiau

2

弘16匣登平曾合一東鍾平陽紅xuŋ
弘38匣登平曾合一庚青平陽横xuəŋ

3

弛19書紙上止開三支思上史ʂï

4

弝36幫禡去假開二家麻去罷pa

5

弧24匣模平遇合一魚模平陽胡xu
弦31匣先平山開四先天平陽賢xiɛn
弩25泥姥上遇合一魚模上弩nu

6

弭22明紙上止開三齊微上米mi

7

弰32生肴平效開二蕭豪平陰梢ʂau
弱33日藥入宕開三蕭豪入作去弱ʐiau
弱35日藥入宕開三歌戈入作去若ʐio

8

張17知陽平宕開三江陽平陰章tʂiaŋ
强18群陽平宕開三江陽平陽强k‘iaŋ
强18《集韻》巨兩切。江陽上强k‘iaŋ

强18《集韻》巨兩切。江陽去絳kiaŋ

12

彈29定寒平山開一寒山平陽壇t‘an
彈30定翰去山開一寒山去旦tan

13

彇32心蕭平效開四蕭豪平陰蕭siau

14

彌21明支平止開三齊微平陽迷mi

19

彎29影刪平山合二寒山平陰彎Øuan

子部

子19精止上止開三支思上子tsï

1

孔17溪董上通合一東鍾上孔k‘uŋ

2

孕29以證去曾開三真文去印Øiən

3

存28從魂平臻合一真文平陽存ts‘uən
字20從志去止開三支思去字tsï

4

孝33曉效去效開二蕭豪去孝xiau
孜19精之平止開三支思平陰髭tsï
孚24滂虞平遇合三魚模平陰膚fu
季23見至去止合三齊微去計ki

5

孟17明映去梗開二東鍾去夢muŋ
孟39明映去梗開二庚青去孟məŋ
孤24見模平遇合一魚模平陰孤ku
孥24泥模平遇合一魚模平陽奴nu

6

孩27匣咍平蟹開一皆來平陽孩xai

7

孫28心魂平臻合一真文平陰孫suən

8

孰25禪屋入通合三魚模入作平陽淑ʂu

9

孳19精之平止開三支思平陰髭tsï

13

學32匣覺入江開二蕭豪入作平陽學xiau
學34匣覺入江開二歌戈入作平陽學xio

14

孺26日遇去遇合三魚模去孺ʐiu

女部

女25娘語上遇合三魚模上女niu

2

奵39端迥上梗開四庚青上艇t‘iəŋ
奶27娘蟹上蟹開二皆來上奶nai
奴24泥模平遇合一魚模平陽奴nu

3

奸29見刪平山開二寒山平陰姦kian
如24日魚平遇合三魚模平陽如ʐiu
奼35徹馬上假開二家麻上奼tʂ‘a
妄19明漾去宕合三江陽去望vaŋ
妃20滂微平止合三齊微平陰非fei
好33曉晧上效開一蕭豪上好xɑu
好33曉号去效開一蕭豪去號xɑu

4

妍31疑先平山開四先天平陽延Øiɛn
妓23群紙上止開三齊微去計ki
妣22幫旨上止開三齊微上妣pi
妙33明笑去效開三蕭豪去妙miau
妖32影宵平效開三蕭豪平陰邀Øiau
妎27匣泰去蟹開一皆來去害xai
妥35透果上果合一歌戈上妥t'uo
姊19精旨上止開三支思上子tsï
妨17滂陽平宕合三江陽平陰方faŋ
妤24以魚平遇合三魚模平陽魚Øiu
姒20邪止上止開三支思去似sï

5

妹23明隊去蟹合一齊微去妹mei
姑24見模平遇合一魚模平陰孤ku
婀35影哿上果開一歌戈上婀Øo
妬26端暮去遇合一魚模去杜tu
妻20清齊平蟹開四齊微平陰妻ts'i
妻23清霽去蟹開四齊微去砌ts'i
姐37精馬上假開三車遮上姐tsiɛ
姓39心勁去梗開三庚青去性siəŋ
委22影紙上止合三齊微上委Øuei
始19書止上止開三支思上史ʂï
妾37清葉入咸開三車遮入作上切ts'iɛ

6

姥25明姥上遇合一魚模上母mu
姨21以脂平止開三齊微平陽移Øi
姪21澄質入臻開三齊微入作平陽直tʂi
姻28影真平臻開三真文平陰因Øiən
姝24昌虞平遇合三魚模平陰諸tʂiu
姙41日侵平深開三侵尋去任ʐiəm
姤40見候去流開一尤侯去搆kəu
姚32以宵平效開三蕭豪平陽遥Øiau
姣33見巧上效開二蕭豪上狡kau
姜17見陽平宕開三江陽平陰姜k'iaŋ
姿19精脂平止開三支思平陰髭tsï
姹36《集韻》丑下切。家麻去汊tʂ'a
娜34泥哿上果開一歌戈上娜nuo
姦29見删平山開二寒山平陰姦kian

7

姬20見之平止開三齊微平陰機ki
娠28書真平臻開三真文平陽陳tʂ'iən
娌22來止上止開三齊微上禮li
娉38滂勁去梗開三庚青平陽平p'iəŋ
娉39滂勁去梗開三庚青去娉p'iəŋ
娛24疑模平遇合一魚模平陽吾Øu
娟31影仙平山合三先天平陰鵑kiuɛn
娥34疑歌平果開一歌戈平陽哦ŋo
娑34心歌平果開一歌戈平陰莎suo
娣23定薺上蟹開四齊微去帝ti
定霽去蟹開四
娘18娘陽平宕開三江陽平陽娘niaŋ

8

娶26清遇去遇合三魚模去覷ts'iu
婭36影禡去假開二家麻去亞Øia
婪41來覃平咸開一監咸平陽婪lam
婍21溪紙上止開三齊微上迤Øi
婥33昌藥入宕開三蕭豪入作上綽tʂ'iau

婁39來侯平流開一尤侯平陽樓lǝu

娼17昌陽平宕開三江陽平陰昌tʂʻiaŋ

媧35見麻平假合二家麻平陰蛙ØUa

婢23並紙上止開三齊微去背pei

婬41以侵平深開三侵尋平陽吟Øiǝm

婚28曉魂平臻合一真文平陰昏xuǝn

婆34並戈平果合一歌戈平陽婆pʻo

婦26並有上流開三魚模去赴fu

9

媒21明灰平蟹合一齊微平陽梅mei

媟37心薛入山開三車遮入作上屑siɛ

媪33影晧上效開一蕭豪上襖Øɑu

嫂33心晧上效開一蕭豪上掃sɑu

媮39透侯平流開一尤侯平陰偷tǝu

婷38定青平梗開四庚青平陽亭tʻiǝŋ

媚23明至去止開三齊微去妹mei

媼33泥晧上效開一蕭豪上腦nɑu

10

媾40見候去流開一尤侯去搆kǝu

媽35明姥上遇合一家麻上馬ma

嫄31疑元平山合三先天平陽元Øiuɛn

媸20昌之平止開三齊微平陰笞tʂʻi

媻30並桓平山合一桓歡平陽盤pʻon

嫉21從質入臻開三齊微入作平陽疾tsi

嫌43匣添平咸開四廉纖平陽嫌xiɛm

嫁36見禡去假開二家麻去駕kia

嫋33泥篠上效開四蕭豪上裊niau

11

嫣31影仙平山開三先天平陰煙Øiɛn

嫢43《集韻》七豔切。廉纖去塹tsʻiɛm

嫩29泥慁去臻合一真文去嫩nuǝn

嫗26影遇去遇合三魚模去御Øiu

嫚30明諫去山開二寒山去慢man

嫡22端錫入梗開四齊微入作上的ti

嫪33來号去效開一蕭豪去澇lɑu

12

嬈33日小上效開三蕭豪上遶ʐiau

嬌32見宵平效開三蕭豪平陰嬌kiau

13

嬙18從陽平宕開三江陽平陽牆tsʻiaŋ

嬖23幫霽去蟹開四齊微去閉pi

14

嬰38影清平梗開三庚青平陰英Øiǝŋ

嬤35明果上果合一歌戈上嬤mo

15

嬸41書寑上深開三侵尋上審ʂiǝm

嬫33書藥入宕開三蕭豪入作上爍ʂiau

16

嬿32影霰去山開四先天去硯Øiɛn

17

孀17生陽平宕開三江陽平陰雙ʂuaŋ

19

孿31來獮上山合三先天上臠liuɛn

幺部

1

幻30匣襉去山合二寒山去患xuan

2

幼40影幼去流開三尤侯去又∅iəu

6

幽39影幽平流開三尤侯平陰憂∅iəu

9

幾20群微平止開三齊微平陰機ki

幾21見尾上止開三齊微上蟣ki

巛部

8

巢32崇肴平效開二蕭豪平陽巢tʂ'au

12

鄰28來真平臻開三真文平陽隣liən

四畫

王（玉）部

王18云陽平宕合三江陽平陽王∅uaŋ

王19云漾去宕合三江陽去旺∅uaŋ

玉26疑燭入通合三魚模入作去玉∅iu

2

玎38端青平梗開四庚青平陰丁tiəŋ

3

玕29見寒平山開一寒山平陰干kan

玒17見江平江開二江陽平陰岡kaŋ

玖40見有上流開三尤侯上九kiəu

4

玞24幫虞平遇合三魚模平陰膚fu

玩31疑換去山合一桓歡去翫∅on

玠27見怪去蟹開二皆來去戒kiai

玦37見屑入山合四車遮入作上玦kiuɛ

5

珂34溪歌平果開一歌戈平陰軻k'o

玷43端忝上咸開四廉纖去玷tiɛm

珀27滂陌入梗開二皆來入作上拍p'ai

珊29心寒平山開一寒山平陰珊san

玻34滂戈平果合一歌戈平陰波po

珉28明真平臻開三真文平陽民miən

珈35見麻平假開二家麻平陰家kia

6

珥19《集韻》忍止切。支思上爾zï

珙17見腫上通合三東鍾上拱kuŋ

玼19從支平止開三支思平陽慈ts'ï

玼19清紙上止開三支思上此ts'ï

珠24章虞平遇合三魚模平陰諸tʂiu

珩38匣庚平梗開二庚青平陽行xiəŋ

珎28知真平臻開三真文平陰真tʂiən

珮23並隊去蟹合一齊微去配p'ei

珞33來鐸入宕開一蕭豪入作去落lɑu

琤38初庚平梗開二庚青平陰鐺tʂ'əŋ

初耕平梗開二

珓33見效去效開二蕭豪去窖kau

班29幫刪平山開二寒山平陰斑pan

7

球39群尤平流開三尤侯平陽求k'iəu

珸24疑模平遇合一魚模平陽吾∅u

現31匣霰去山開四先天去獻xiɛn

理22來止上止開三齊微上禮li

琇40心宥去流開三尤侯去秀siəu

琀42匣勘去咸開一監咸去憾xam

琅18來唐平宕開一江陽平陽郎laŋ
8
琴41群侵平深開三侵尋平陽琴k‘iəm
琶35並麻平假開二家麻平陽琶p‘a
琪21群之平止開三齊微平陽奇k‘i
琊37邪麻平假開三車遮平陽爺Øiɛ
瑛38影庚平梗開三庚青平陰英Øiəŋ
琳41來侵平深開三侵尋平陽林liəm
琦21群支平止開三齊微平陽奇k‘i
琢33知覺入江開二蕭豪入作上捉tʂau
琖30莊産上山開二寒山上琖tʂan
琱32端蕭平效開四蕭豪平陰刁tiau
琰43以琰上咸開三廉纖上掩Øiɛm
斑29幫刪平山開二寒山平陰斑pan
琮16從冬平通合一東鍾平陽叢ts‘uŋ
琯30見緩上山合一桓歡上館kon
琛41徹侵平深開三侵尋平陰琛tʂ‘iəm
琚24見魚平遇合三魚模平陰居kiu
9
瑟19生櫛入臻開三支思入作上澁ʂï
瑚24匣模平遇合一魚模平陽胡xu
瑊40章侵平深開三侵尋平陰針tʂiəm
瑕35匣麻平假開二家麻平陽霞xia
瑁23明隊去蟹合一齊微去妹mei
瑞23禪寘去止合三齊微去睡ʂuei
瑰20匣灰平蟹合一齊微平陰魁k‘uei
见灰平蟹合一
瑜24以虞平遇合三魚模平陽魚Øiu
瑳34清歌平果開一歌戈平陰磋ts‘uo
瑄31心仙平山合三先天平陰宣siuɛn
10
璉31來獮上山開三先天上輦liɛn
瑶32以宵平效開三蕭豪平陽遥Øiau
璃21來支平止開三齊微平陽黎li
瑢16以鍾平通合三東鍾平陽容Øiuŋ
瑩17影徑去梗開四東鍾去用Øiuŋ
瑩39影徑去梗開四庚青去詠Øiuəŋ
瑣34心果上果合一歌戈上鎖suo
11
璈32《集韻》牛刀切。蕭豪平陽鼇ŋɑu
瑾28群震去臻開三真文上緊kiən
璡29精震去臻開三真文去盡tsiən
璋17章陽平宕開三江陽平陰章tʂiaŋ
璇31邪仙平山合三先天平陽旋siuɛn
12
璟38見梗上梗合三庚青上景kiəŋ
璣20見微平止開三齊微平陰機ki
13
璪33精晧上效開一蕭豪上早tsɑu
璨30清翰去山開一寒山去粲ts‘an
環29匣刪平山合二寒山平陽還xuan
璫17端唐平宕開一江陽平陰當taŋ
璧22幫昔入梗開三齊微入作上必pi
14
璽22心紙上止開三齊微上洗si
瓊38群清平梗合三庚青平陽瓊k‘iuəŋ
15
瓈21來齊平蟹開四齊微平陽黎li

16

瓏16來東平通合一東鍾平陽籠luŋ

17

瓘31見换去山合一桓歡去貫kon

瓔38影清平梗開三庚青平陰英Øiəŋ

璵24同璵。璵，魚模平陽魚Øiu

以魚平遇合三

19

瓚30從旱上山開一寒山去贊tsan

從翰去山開一

20

瓛30匣桓平山合一桓歡平陽丸Øon

无（旡）部

5

既23見未去止開三齊微去計ki

木部

木26明屋入通合一魚模入作去木mu

1

未22明未去止合三齊微去未vei

末33明末入山合一蕭豪入作去末mɑu

末35明末入山合一歌戈入作去幕mo

本29幫混上臻合一真文上本pən

术25船術入臻合三魚模入作平陽贖ʂiu

澄術入臻合三

2

朽40曉有上流開三尤侯上朽xiəu

朱24章虞平遇合三魚模平陰諸tʂiu

朶34端果上果合一歌戈上朶tuo

3

杜26定姥上遇合一魚模去杜tu

杠17見江平江開二江陽平陰姜k‘iaŋ

杖18澄養上宕開三江陽去帳tʂiaŋ

束26書燭入通合三魚模入作上觸tʂ‘u

材27從咍平蟹開一皆來平陽才ts‘ai

村28清魂平臻合一真文平陰村ts‘uən

杏39匣梗上梗開二庚青去杏xiəŋ

杓32幫宵平效開三蕭豪平陰標piau

杓32禪藥入宕開三蕭豪入作平陽芍ʂiau

杓34禪藥入宕開三歌戈入作平陽杓ʂio

杉41生咸平咸開二監咸平陰杉ʂam

杞22溪止上止開三齊微上起k‘i

李22來止上止開三齊微上禮li

杈35初麻平假開二家麻平陰叉tʂ‘a

4

枉18影養上宕合三江陽上枉Øuaŋ

林41來侵平深開三侵尋平陽林liəm

杯20幫灰平蟹合一齊微平陰杯pei

東16端東平通合一東鍾平陰東tuŋ

杳33影篠上效開四蕭豪上杳Øiau

杲33見晧上效開一蕭豪上杲kɑu

果34見果上果合一歌戈上果kuo

杪33明小上效開三蕭豪上眇miau

杵25昌語上遇合三魚模上杵tʂ‘iu

枚21明灰平蟹合一齊微平陽梅mei

板29幫潸上山開二寒山上板pan

松16邪鍾平通合三東鍾平陰松siuŋ

杴42曉嚴平咸開三廉纖平陰杴xiɛm
杭18匣唐平宕開一江陽平陽杭xaŋ
枋17幫陽平宕合三江陽平陰方faŋ
枓40端厚上流開一尤侯上斗təu
枕41章寢上深開三侵尋上枕tʂiəm
枕41章沁去深開三侵尋去朕tʂiəm
杺41心侵平深開三侵尋平陰心siəm
杻40娘有上流開三尤侯上杻niəu
杷35並麻平假開二家麻平陽琶p'a
杼25船語上遇合三魚模上杵tʂ'iu

5

枯24溪模平遇合一魚模平陰枯k'u
枝19章支平止開三支思平陰支tʂï
枻23以祭去蟹開三齊微去異Øi
柰27泥泰去蟹開一皆來去柰nai
柰35泥泰去蟹开一歌戈去糯nuo
柑41見談平咸開一監咸平陰甘kam
某25明厚上流開一魚模上母mu
柯34見歌平果開一歌戈平陰歌ko
柄39幫映去梗開三庚青去病piəŋ
柘37章禡去假開三車遮去柘tʂiɛ
枰38並庚平梗開三庚青平陽平p'iəŋ
柩40群宥去流開三尤侯去臼kiəu
査35莊麻平假開二家麻平陰查tʂa
柚40以宥去流開三尤侯去又Øiəu
枵32曉宵平效開三蕭豪平陰梟xiau
柵27初陌入梗開三皆來入作上策ts'ai
初麥入梗開二
柞33精鐸入宕開一蕭豪入作上柞tsɑu
柝33透鐸入宕開一蕭豪入作上託t'ɑu
枸40見厚上流開一尤侯上狗kəu
枹24並虞平遇合三魚模平陰膚fu
柢22端薺上蟹開四齊微上底ti
柳40來有上流開三尤侯上柳liəu
柱26澄麌上遇合三魚模去注tʂiu
柿20崇止上止開三支思去是ʂï
染43日琰上咸開三廉纖上染ʐiɛm
染43日豔去咸開三廉纖去染ʐiɛm
枷35見麻平假開二家麻平陰家kia
架36見禡去假開二家麻去駕kia
枲22心止上止開三齊微上洗si
柔39日尤平流開三尤侯平陽柔ʐiəu

6

桂22見霽去蟹合四齊微去貴kuei
栲33溪晧上效開一蕭豪上考k'ɑu
栳33來晧上效開一蕭豪上老lɑu
栽26精咍平蟹開一皆來平陰哉tsai
桓30匣桓平山合一桓歡平陽桓xon
栢27幫陌入梗開二皆來入作上伯pai
桐16定東平通合一東鍾平陽同t'uŋ
株24知虞平遇合三魚模平陰諸tʂiu
栗23來質入臻開三齊微入作去立li
根28見痕平臻開一真文平陰根kən
栴31章仙平山開三先天平陰氈tʂiɛn
桁38匣庚平梗開二庚青平陽行xiəŋ
桃32定豪平效開一蕭豪平陽桃t'ɑu
桅21疑灰平蟹合一齊微平陽圍Øuei
格27見陌入梗開二皆來入作上骼kiai

梯38初耕平梗開二庚青平陰鐺tʂ'əŋ
校33匣效去效開二蕭豪去孝xiau
校33見效去效開二蕭豪去窖kau
案30影翰去山開一寒山去案øan
桑17心唐平宕開一江陽平陰桑saŋ
柴27崇佳平蟹開二皆來平陽柴tʂ'ai

7

梆17幫江平江開二江陽平陰邦paŋ
械27匣怪去蟹開二皆來去懈xiai
梧24疑模平遇合一魚模平陽吾øu
梗38見梗上梗開二庚青上景kiəŋ
梢32生肴平效開二蕭豪平陰梢ʂau
梅21明灰平蟹合一齊微平陽梅mei
梔19章支平止開三支思平陰支tʂï
桴24滂虞平遇合三魚模平陰膚fu
梟32見蕭平效開四蕭豪平陰梟xiau
桷33見覺入江開二蕭豪入作上角kiau
梓19精止上止開三支思上子tsï
梳24生魚平遇合三魚模平陰梳ʂu
梯20透齊平蟹開四齊微平陰梯t'i
梁18來陽平宕開三江陽平陽粮liaŋ
桶17透董上通合一東鍾上桶t'uŋ
梭34心戈平果合一歌戈平陰莎suo

8

棒19並講上江開二江陽去謗paŋ
棖38澄庚平梗開二庚青平陽橙tʂ'əŋ
楮25徹語上遇合三魚模上杵tʂ'iu
棊21群之平止開三齊微平陽奇k'i
森40生侵平深開三侵尋平陰森ʂəm
棼28並文平臻合三真文平陽墳fən
棟17端送去通合一東鍾去洞tuŋ
椅21影紙上止開三齊微上迤øi
棲20心齊平蟹開四齊微平陰妻ts'i
棧30崇産上山開二寒山去棧tʂan
崇獮上山開三/崇諫去山開二
椒32精宵平效開三蕭豪平陰蕉tsiau
棹33澄效去效開二蕭豪去罩tʂau
棠18定唐平宕開一江陽平陽唐t'aŋ
棘22見職入曾開三齊微入作上吉ki
棗33精晧上效開一蕭豪上早tsɑu
棚16並庚平梗開二東鍾平陽蓬p'uŋ
並耕平梗開二/並登平曾開一
棚38並庚平梗開二庚青平陽鵬p'əŋ
並耕平梗開二/並登平曾開一
棃21來脂平止開三齊微平陽li
棄23溪至去止開三齊微去氣k'i
棺30見桓平山合一桓歡平陰官kon
椀30影緩上山合一桓歡上椀øon
棨22溪薺上蟹開四齊微上起k'i
棣23定霽去蟹開四齊微去帝ti
極21群職入曾開三齊微入作平陽及ki
榔18來唐平宕開一江陽平陽郎laŋ

9

椿28徹諄平臻合三真文平陰春tʂ'iuən
椹40知侵平深開三侵尋平陰針tʂiəm
楚25初語上遇合三魚模上楚tʂ'u
楂35莊麻平假開二家麻平陰查tʂa
楝32來霰去山開四先天去練liɛn

椷41匣咸平咸開二監咸平陰監kiam
楠41泥覃平咸開一監咸平陽南nam
業37疑業入咸開三車遮入作去業ŋiɛ/Øiɛ
楊18以陽平宕開三江陽平陽陽Øiaŋ
楫37精葉入咸開三車遮入作上節tsiɛ
楞38來登平曾開一庚青平陽楞ləŋ
楸39清尤平流開三尤侯平陰秋ts'iəu
槐27匣皆平蟹合二皆來平陽懷xuai
榆24以虞平遇合三魚模平陽魚Øiu
楢39以尤平流開三尤侯平陽尤Øiəu
椶16精東平通合一東鍾平陰宗tsuŋ
楓16幫東平通合三東鍾平陰風fuŋ
楷26見皆平蟹開二皆來平陰皆kiai
楷27溪駭上蟹開二皆來上楷k'iai
槎35崇麻平假開二家麻平陽茶tʂ'a
楣21明脂平止開三齊微平陽梅mei
椽31澄仙平山合三先天平陽船tʂ'iuɛn

10

榛28莊臻平臻開三真文平陰榛tʂən
榰19章支平止開三支思平陰支tʂï
樺36匣禡去假合二家麻去化xua
模24明模平遇合一魚模平陽模mu
榻36透盍入咸開一家麻入作上塔t'a
榭37邪禡去假開三車遮去謝siɛ
槃30並桓平山合一桓歡平陽盤p'on
榦30見翰去山開一寒山去幹kan
榴39來尤平流開三尤侯平陽劉liəu
榱20《集韻》初危切。齊微平陰崔ts'uei
槁33溪晧上效開一蕭豪上杲kɑu
榜18幫蕩上宕開一江陽上榜paŋ
榮16云庚平梗合三東鍾平陽容Øiuŋ
榮38云庚平梗合三庚青平陽榮Øiuəŋ
槊33生覺入江開二蕭豪入作上戳tʂ'au
榨36莊禡去假開二家麻去詐tʂa

11

樁17知江平江開二江陽平陰莊tʂuaŋ
槿28見隱上臻開三真文上緊kiən
横16匣唐平宕合一東鍾平陽紅xuŋ
横17匣映去梗合二東鍾去哄xuŋ
横38匣庚平梗合二庚青平陽横xuəŋ
横39匣映去梗合二庚青去横xuəŋ
槧42清鹽平咸開三廉纖平陰僉ts'iɛm
槽32從豪平效開一蕭豪平陽曹ts'ɑu
標32幫宵平效開三蕭豪平陰標piau
樗24徹魚平遇合三魚模平陰樞tʂ'iu
樞24昌虞平遇合三魚模平陰樞tʂ'iu
樓39來侯平流開一尤侯平陽樓ləu
樊29並元平山合三寒山平陽煩fan
槲25匣屋入通合一魚模入作平陽鶻xu
樟17章陽平宕開三江陽平陰章tʂiaŋ
槳18精養上宕開三江陽上蔣tsiaŋ
樅16精鍾平通合三東鍾平陰蹤tsiuŋ
樣18以漾去宕開三江陽去瀁Øiaŋ
樛39見幽平流开三尤侯平陽求k'iəu
槮40生侵平深開三侵尋平陰森ʂəm
樂33疑效去效開二蕭豪去拗Øau
樂33疑覺入江開二蕭豪入作去岳Øiau
樂33來鐸入宕開一蕭豪入作去落lɑu

樂35來鐸入宕開一歌戈入作去落luo
樂35疑覺入江開二歌戈入作去岳Øio
12
樾37云月入山合三車遮入作去月Øiuɛ
樹26禪麌上遇合三魚模去恕ʂiu
禪遇去遇合三
檠38群庚平梗開三庚青平陽檠k'iəŋ
檄38見梗上梗開三庚青上景kiəŋ
橐33透鐸入宕開一蕭豪入作上託t'ɑu
橑33來晧上效開一蕭豪上老lɑu
橇32溪宵平效開三蕭豪平陰趫k'iau
橋32群宵平效開三蕭豪平陽喬k'iau
樵32從宵平效開三蕭豪平陽樵ts'iau
檎41群侵平深開三侵尋平陽琴k'iəm
橰32見豪平效開一蕭豪平陰高kɑu
機20見微平止開三齊微平陰機ki
樽28精魂平臻合一真文平陰尊tsuən
橙38澄耕平梗開二庚青平陽橙tʂ'əŋ
13
檉38徹清平梗開三庚青平陰稱tʂ'iəŋ
檑21來灰平蟹合一齊微平陽雷luei
檣18從陽平宕開三江陽平陽牆ts'iaŋ
檄22匣錫入梗開四齊微入作上吸xi
檜22見泰去蟹合一齊微去貴kuei
檀29定寒平山開一寒山平陽壇t'an
檗27幫麥入梗開二皆來入作上伯pai
14
檮32定豪平效開一蕭豪平陽桃t'ɑu
櫃22群至去止合三齊微去貴kuei
檻42匣檻上咸開二監咸去轞xiam
檾38溪静上梗合三庚青上頃k'iuəŋ
溪迥上梗合四
15
櫜32見豪平效開一蕭豪平陰高kɑu
櫓25來姥上遇合一魚模上魯lu
糂41船寢上深開三侵尋去甚ʂiəm
16
櫪23來錫入梗開四齊微入作去立li
櫨24來模平遇合一魚模平陽盧liu
櫸25見語上遇合三魚模上舉kiu
櫳16來東平通合一東鍾平陽籠luŋ
17
權31群仙平山合三先天平陽拳k'iuɛn
櫺38來青平梗開四庚青平陽靈liəŋ
櫻38影耕平梗開二庚青平陰英Øiəŋ
欄29來寒平山開一寒山平陽闌lan
17
欀29生刪平山合二寒山平陰欀ʂuan
19
欛36幫禡去假開二家麻去罷pa
欒30來桓平山合一桓歡平陽鸞lon
21
欖42來敢上咸開一監咸上覽lam

支部

支19章支平止開三支思平陰支tʂï

犬（犭）部

犬31溪銑上山合四先天上犬k'iuɛn

2

犯30並范上咸合三寒山去飯fan

3

犴30疑翰去山開一寒山去案Øan

4

狂18群陽平宕合三江陽平陽狂k'uaŋ
狀18崇漾去宕開三江陽去狀tʂuaŋ
狄21定錫入梗開四齊微入作平陽荻ti
狃40娘有上流開三尤侯上杻niəu
狁29以準上臻合三真文上允Øiuən

5

狙24《廣韻》七余切，《集韻》子余切。
　魚模平陰疽tsiu
狎35匣狎入咸開二家麻入作平陽狎xia
狐24匣模平遇合一魚模平陽胡xu
狗40見厚上流開一尤侯上狗kəu
狖40以宥去流開三尤侯去又Øiəu

6

狡33見巧上效開二蕭豪上狡kau
狩40書宥去流開三尤侯去受ʂiəu
狠29匣很上臻開一真文上狠xən

7

狵18明江平江開二江陽平陽忙maŋ
狸21來之平止開三齊微平陽黎li
狽23幫泰去蟹開一齊微去背pei
狷32見霰去山合四先天去眷kiuɛn
　見線去山合三
狼18來唐平宕開一江陽平陽郎laŋ
狻30心桓平山合一桓歡平陰酸son

8

猜27清咍平蟹開一皆來平陰猜ts'ai
猪24知魚平遇合三魚模平陰諸tʂiu
猫32明肴平效開二蕭豪平陽毛mɑu
猗20影支平止開三齊微平陰衣Øi
猖18昌陽平宕開三江陽平陰昌tʂ'iaŋ
猒42影鹽平咸開三廉纖平陰淹Øiɛm
猊21疑齊平蟹開四齊微平陽移Øi
猛17明梗上梗開二東鍾上蠓muŋ

9

猥22影賄上蟹合一齊微上委Øuei
猩38生庚平梗開二庚青平陰生ʂəŋ
猾35匣黠入山合二家麻入作平陽滑xua
猴39匣侯平流開一尤侯平陽侯xəu
猶39以尤平流開三尤侯平陽尤Øiəu
猷39以尤平流開三尤侯平陽尤Øiəu
猱32泥豪平效開一蕭豪平陽猱nɑu

10

獒32疑豪平效開一蕭豪平陽鼇ŋɑu
猿31云元平山合三先天平陽元Øiuɛn
獅19生脂平止開三支思平陰施ʂï
獼42匣豏上咸開四監咸上喊xiam
　匣豏上咸開二

11

獎18精養上宕開三江陽上蔣tsiaŋ
獄26疑燭入通合三魚模入作去玉Øiu
獐17章陽平宕開三江陽平陰章tʂiaŋ
獍39見映去梗開三庚青去敬kiəŋ

12

獠33來晧上效開一蕭豪上老lɑu

13

獶32娘肴平效開二蕭豪平陽猱nɑu

泥豪平效開一

獿27《漢語大字典》“‘白獿’，同‘白澤’。”皆來入作平陽宅tʂai

獨25定屋入通合一魚模入作平陽獨tu

獪23見泰去蟹合一齊微去貴kuei

見夬去蟹合二

獬27匣蟹上蟹開二皆來去懈xiai

14

獰38娘庚平梗開二庚青平陽能nəŋ

獮31心獮上山開三先天上鮮siɛn

15

獸40書宥去流開三尤侯去受ʂiəu

獵37來葉入咸開三車遮入作去裂liɛ

16

獺36透曷入山開一家麻入作上塔t‘a

獻31曉願去山開三先天去獻xiɛn

17

獾30曉桓平山合一桓歡平陰歡xon

歹（歺）部

2

死19心旨上止開三支思上死sï

4

殀32影小上效開三蕭豪平陰杳Øiau

5

殂24從模平遇合一魚模平陽殂ts‘u

殃17影陽平宕開三江陽平陰鴦Øiaŋ

殄31定銑上山開四先天上腆t‘iɛn

6

殊24禪虞平遇合三魚模平陽殊ʂiu

殉29邪稕去臻合三真文去峻siuən

7

殍33並小上效開三蕭豪上殍p‘iau

8

殘29從寒平山開一寒山平陽殘ts‘an

10

殞29云軫上臻合三真文上允Øiuən

11

殢23透霽去蟹開四齊微去殢ni

曉霽去蟹開四

殤17書陽平宕開三江陽平陰商ʂiaŋ

12

殫29端寒平山開一寒山平陰丹tan

13

殭17見陽平宕開三江陽平陰姜k‘iaŋ

殮43來豔去咸開三廉纖去瀲liɛm

14

殯29幫震去臻開三真文去鬢piən

15

殲42精鹽平咸開三廉纖平陰尖tsiɛm

戈部

戈34見戈平果合一歌戈平陰戈kuo

1

戊26明候去流開一魚模去務vu

2

戎16日東平通合三東鍾平陽戎ẓuŋ

戍26書遇去遇合三魚模去恕ṣiu

成38禪清平梗開三庚青平陽澄tṣ'iəŋ

3

戒27見怪去蟹開二皆來去戒kiai

我35疑哿上果開一歌戈上我ŋo

4

戔29從寒平山開一寒山平陽殘ts'an

戕18從陽平宕開三江陽平陽牆ts'iaŋ

5

咸41匣咸平咸開二監咸平陽咸xiam

威20影微平止合三齊微平陰威Øuei

7

戚22清錫入梗開四齊微入作上七ts'i

8

戟22見陌入梗開三齊微入作上吉ki

9

戡41溪覃平咸開一監咸平陰堪k'am

10

截37從屑入山開四車遮入作平陽捷tsiɛ

戧19初阳平宕开三江陽去戧ts'iaŋ

11

戮26來屋入通合三魚模入作去錄liu

12

戰32章線去山開三先天去戰tṣiɛn

13

戴27端代去蟹開一皆來去帶tai

戲23曉寘去止開三齊微去戲xi

14

戳33徹覺入江開二蕭豪入作上戳tṣ'au

比部

比21並脂平止開三齊微平陽脾p'i

比22幫旨上止開三齊微上妣pi

比23並至去止開三齊微去閉pi

幫至去止開三

5

毗21並脂平止開三齊微平陽脾p'i

牙部

牙35疑麻平假開二家麻平陽牙Øia

瓦部

瓦35疑馬上假合二家麻上瓦Øua

4

瓴38來青平梗開四庚青平陽靈liəŋ

6

瓶38並青平梗開四庚青平陽平p'iəŋ

8

甍43定棕去咸開四廉纖去玷tiɛm

9

甄28章真平臻開三真文平陰真tṣiən

甄31見仙平山開三先天平陰堅kiɛn

甃40莊宥去流開三尤侯去湊ts'əu

10

甍16明耕平梗開二東鍾平陽蒙muŋ

11
甌39影侯平流開一尤侯平陰謳∅əu
12
甑39精證去曾開三庚青去净tsiəŋ
甋38端登平曾開一庚青平陰登təŋ
13
甕17影送去通合一東鍾去甕∅uŋ
甓22並錫入梗開四齊微入作上必pi
14
甖38影耕平梗開二庚青平陰罌∅əŋ

止部

止19章止上止開三支思上紙tʂï
1
正38章清平梗開三庚青平陰征tʂiəŋ
正39章勁去梗開三庚青去正tʂiəŋ
2
此19清紙上止開三支思上此ts'ï
3
步26並暮去遇合一魚模去布pu
4
武25明麌上遇合三魚模上武vu
些35心箇去果開一歌戈去些suo
些36心麻平假開三車遮平陰些siɛ
5
歪27曉佳平蟹合二皆來平陰歪∅uai
9
歲23心祭去蟹合三齊微去歲suei
12
歷23來錫入梗開四齊微入作去立li
14
歸20見微平止合三齊微平陰歸kuei

支（攴）部

2
收39書尤平流開三尤侯平陰收ʂiəu
3
攻16見東平通合一東鍾平陰工kuŋ
改27見海上蟹開一皆來上改kai
4
政39章勁去梗開三庚青去正tʂiəŋ
放18幫養上宕合三江陽上舫faŋ
放19幫漾去宕合三江陽去放faŋ
5
故26見暮去遇合一魚模去故ku
6
敖32疑豪平效開一蕭豪平陽鼇ŋɑu
7
教32見肴平效開二蕭豪平陰交kau
教33見效去效開二蕭豪去窖kau
敔25疑語上遇合三魚模上語∅iu
救40見宥去流開三尤侯去臼kiəu
敏28明軫上臻開三真文上閔miən
敢42見敢上咸開一監咸上感kam
8
散29心旱上山開一寒山上散san
散30心翰去山開一寒山去散san
敬39見映去梗開三庚青去敬kiəŋ

敦28端魂平臻合一真文平陰敦tuən
敞18昌養上宕開三江陽上敞tʂ'iaŋ
10
敲32溪肴平效開二蕭豪平陰敲k'au
11
敷24滂虞平遇合三魚模平陰膚fu
數25生麌上遇合三魚模上數ʂu
數26生遇去遇合三魚模去數ʂu
敵21定錫入梗開四齊微入作平陽荻ti
12
整39章静上梗開三庚青上整tʂiəŋ
13
斂43來豔去咸開三廉纖去瀲liɛm
斁26定暮去遇合一魚模去杜tu
端暮去遇合一
斃23並祭去蟹開三齊微去閉pi
19
變32幫線去山開三先天去變piɛn

日（曰⺜）部
日23日質入臻開三齊微入作去日ʐʅ
1
旦30端翰去山開一寒山去旦tan
2
早33精晧上效開一蕭豪上早tsɑu
曲25溪燭入通合三魚模入作上曲k'iu
曳23以祭去蟹開三齊微去異∅i
旨19章旨上止開三支思上紙tʂï
旬28邪諄平臻合三真文平陽巡siuən
3
旱30匣旱上山開一寒山去旱xan
旰30见翰去山开一寒山去案∅an
4
旺19云漾去宕合三江陽去旺∅uaŋ
昊33匣晧上效開一蕭豪去號xɑu
昔22心昔入梗開三齊微入作上昔si
昃27莊職入曾開三皆來入作上責tʂai
昆28見魂平臻合一真文平陰鯤kuən
昌17昌陽平宕開三江陽平陰昌tʂ'iaŋ
昇38書蒸平曾開三庚青平陰聲ʂiəŋ
昕28曉欣平臻開三真文平陰欣xiən
明38明庚平梗開三庚青平陽明miəŋ
易23以寘去止開三齊微去異∅i
易23以昔入梗開三齊微入作去逸∅i
昏28曉魂平臻合一真文平陰昏xuən
昂18疑唐平宕開一江陽平陽昂ŋaŋ
旻28明真平臻開三真文平陽民miən
昉18幫養上宕合三江陽上舫faŋ
5
春28昌諄平臻合三真文平陰春tʂ'iuən
昧23明泰去蟹開一齊微去妹mei
明隊去蟹合一
冒33明号去效開一蕭豪去貌mɑu
是20禪紙上止開三支思去是ʂï
昜18以陽平宕開三江陽平陽陽∅iaŋ
星38心青平梗開四庚青平陰星siəŋ
昝42精感上咸開一監咸上昝tsam
昴33明巧上效開二蕭豪上卯mau

昶18徹養上宕開三江陽上敞tʂ'iaŋ

昭32章宵平效開三蕭豪平陰昭tʂiau

6

時19禪之平止開三支思平陽時ʂï

晉29精震去臻開三真文去盡tsiən

晃18匣蕩上宕合一江陽去晃xuaŋ

晌18《篇海類編》始兩切。江陽上賞ʂiaŋ

晏30影諫去山開二寒山去鴈Øian

書24書魚平遇合三魚模平陰書ʂiu

7

曹32從豪平效開一蕭豪平陽曹ts'ɑu

晡24幫模平遇合一魚模平陰逋pu

曼30明願去山合三寒山去萬van

晨28禪真平臻開三真文平陽陳tʂ'iən

船真平臻開三

晦23曉隊去蟹合一齊微去會Øuei

晚29明阮上山合三寒山上晚van

冕31明獮上山開三先天上沔miɛn

晝40知宥去流開三尤侯去晝tʂiəu

8

晴38從清平梗開三庚青平陽情ts'iəŋ

替23透霽去蟹開四齊微去替t'i

暑25書語上遇合三魚模上鼠ʂiu

暎39影映去梗開三庚青去暎Øiəŋ

晻42影感上咸開一監咸上揞Øam

晻43影琰上咸開三廉纖上掩Øiɛm

最23精泰去蟹合一齊微去罪tsuei

晶38精清平梗開三庚青平陰精tsiəŋ

智23知寘去止開三齊微去製tʂi

晷22見旨上止合三齊微上鬼kuei

景38見梗上梗開三庚青上景kiəŋ

普25滂姥上遇合一魚模上普p'u

曾38精登平曾開一庚青平陰憎tsəŋ

曾38從登平曾開一庚青平陽層ts'əŋ

9

暘18以陽平宕開三江陽平陽陽Øiaŋ

暇36匣禡去假開二家麻去下xia

會23匣泰去蟹合一齊微去會Øuei

暖30泥緩上山合一桓歡上暖non

暗42影勘去咸開一監咸去暗Øam

暄31曉元平山合三先天平陰喧xiuɛn

暉20曉微平止合三齊微平陰灰xuei

暈29云問去臻合三真文去醖Øiuən

10

暮26明暮去遇合一魚模去暮mu

暢19徹漾去宕開三江陽去唱tʂ'iaŋ

暝38明青平梗開四庚青平陽明miəŋ

暝39明徑去梗開四庚青去命miəŋ

11

暴25並屋入通合一魚模入作上暴p'u

暴33並号去效開一蕭豪去抱pɑu

暫42從闞去咸開一監咸去暫tsam

12

曉33曉篠上效開四蕭豪上曉xiau

曆23來錫入梗開四齊微入作去立li

曇41定覃平咸開一監咸平陽覃t'am

暾28透魂平臻合一真文平陰吞t'uən

曈16定東平通合一東鍾平陽同t'uŋ

13
曙26禪御去遇合三魚模去恕ʂiu
14
曛28曉文平臻合三真文平陰薰xiuən
曠19溪宕去宕合一江陽去曠k'uaŋ
曜33以笑去效開三蕭豪去曜øiau
15
16
曨16來東平通合一東鍾平陽籠luŋ
曦20曉支平止開三齊微平陰希xi
18
矖21《集韻》鄰知切。齊微平陽黎li
19
曬28生卦去蟹開二皆來去曬ʂai

水（氵氺）部
水22書旨上止合三齊微上水ʂuei
1
永17云梗上梗合三東鍾上勇øiuŋ
永39云梗上梗合三庚青上永øiuəŋ
2
汁22章緝入深開三齊微入作上質tʂi
求39群尤平流開三尤侯平陽求k'iəu
汀38透青平梗開四庚青平陰汀t'iəŋ
3
汗29匣寒平山開一寒山平陽寒xan
汗30匣翰去山開一寒山去旱xan
汙24《集韻》汪胡切。魚模平陰嗚øu
污26影暮去遇合一魚模去誤øu
江17見江平江開二江陽平陰姜k'iaŋ
汞17匣董上通合一東鍾上汞xuŋ
汕30生諫去山開二寒山去訕ʂan
汜20邪止上止開三支思去似sï
汊36《集韻》楚嫁切。家麻去汊tʂ'a
池21澄支平止開三齊微平陽池tʂ'i
汝25日語上遇合三魚模上汝ʐiu
汲22見緝入深開三齊微入作上吉ki
4
汪17影唐平宕合一江陽平陰汪øuaŋ
沛23滂泰去蟹開一齊微去配p'ei
沐26明屋入通合一魚模入作去木mu
沔31明獮上山開三先天上沔miɛn
沌29定混上臻合一真文去頓tuən
汰27透泰去蟹開一皆來去態t'ai
沏37清屑入山開四車遮入作上切ts'iɛ
沚19章止上止開三支思上紙tʂï
沙35生麻平假開二家麻平陰沙ʂa
沓35定合入咸開一家麻入作平陽達t'a
沃26影沃入通合一魚模入作上屋øu
泮31滂換去山合一桓歡去半pon
沂21疑微平止開三齊微平陽移øi
汾28並文平臻合三真文平陰分fən
沿31以仙平山合三先天平陽延øiɛn
泛30滂梵去咸合三寒山去飯fan
没26明没入臻合一魚模入作去木mu
汴32並線去山開三先天去變piɛn
沆18匣蕩上宕開一江陽上沆xaŋ
沉41澄侵平深開三侵尋平陽沉tʂ'iəm

沈41書寢上深開三侵尋上審ʂiəm
沈41澄沁去深開三侵尋去朕tʂiəm
沁41清沁去深開三侵尋去沁ts‘iəm

5

泰27透泰去蟹開一皆來去態t‘ai
沫33明末入山合一蕭豪入作去末mɑu
沫35明末入山合一歌戈入作去幕mo
法36幫乏入咸合三家麻入作上法fa
泔41見談平咸開一監咸平陰甘kam
泄37心薛入山開三車遮入作上屑siɛ
沽24見模平遇合一魚模平陰孤ku
沽25見姥上遇合一魚模上古ku
河34匣歌平果開一歌戈平陽何xo
沾42知鹽平咸開三廉纖平陰瞻tʂiɛm
沮24精魚平遇合三魚模平陰蛆tsiu
油39以尤平流開三尤侯平陽尤Øiəu
泱17影陽平宕開三江陽平陰鴦Øiaŋ
泗20心至去止開三支思去似sï
泅39邪尤平流開三尤侯平陽囚siəu
泆24以質入臻開三齊微入作去逸Øi
泉31從仙平山合三先天平陽全ts‘iuɛn
泊32並鐸入宕合一蕭豪入作平陽薄pɑu
泊34並鐸入宕合一歌戈入作平陽薄po
泝26心暮去遇合一魚模去素su
沴23來霽去蟹開四齊微去利li
沴31來霽去蟹開四先天上腆t‘iɛn
泠38來青平梗開四庚青平陽靈liəŋ
波34幫戈平果合一歌戈平陰波po
泡33滂肴平效開二蕭豪去砲p‘au
注26章遇去遇合三魚模去注tʂiu
泣22溪緝入深開三齊微入作上乞k‘i
泮31滂換去山合一桓歡去半pon
沱34定歌平果開一歌戈平陽駝t‘uo
泥21泥齊平蟹開四齊微平陽泥ni
泥23泥霽去蟹開四齊微去殢ni
泯28明軫上臻開三真文上閔miən
沸23幫未去止合三齊微去吠fei
泓16影耕平梗合二東鍾平陰翁Øuŋ
泓38影耕平梗合二庚青平陰泓Øuəŋ
治23澄至去止開三齊微去製tʂi
　　澄志去止開三
沼33章小上效開三蕭豪上沼tʂiau

6

流39來尤平流開三尤侯平陽劉liəu
洼35影佳平蟹開二家麻平陰蛙Øua
　　影麻平假合二
洪16匣東平通合一東鍾平陽紅xuŋ
洒35生馬上假開二家麻上洒ʂa
洏19日之平止開三支思平陽兒zï
泚19清紙上止開三支思上此ts‘ï
洞17定東去通合一東鍾去洞tuŋ
洙24禪虞平遇合三魚模平陽殊ʂiu
洗22心薺上蟹開四齊微上洗si
洗31心銑上山開四先天上鮮siɛn
活34匣末入山合一歌戈入作平陽活xuo
涎31邪仙平山開三先天平陽涎siɛn
派28滂卦去蟹開二皆來去派p‘ai
洽35匣洽入咸開二家麻入作平陽狎xia

洚18見絳去江開二江陽去絳kiaŋ
洛33來鐸入宕開一蕭豪入作去落lɑu
洛35來鐸入宕開一歌戈入作去落luo
洶16曉鍾平通合三東鍾平陰凶xiuŋ
洶17曉腫上通合三東鍾上洶xiuŋ
洲39章尤平流開三尤侯平陰周tʂiəu
洋18以陽平宕開三江陽平陽陽øiaŋ
津28精真平臻開三真文平陰津tsiən

7

浦25滂姥上遇合一魚模上補pu
浯24疑模平遇合一魚模平陽吾øu
浙37章薛入山開三車遮入作上哲tʂiɛ
涇38見青平梗開四庚青平陰京kiəŋ
涉37禪葉入咸開三車遮入作平陽折舌ʂiɛ
消32心宵平效開三蕭豪平陰蕭siau
涓31見先平山合四先天平陰鵑kiuɛn
涔41崇侵平深開三侵尋平陽岑tʂ‘əm
浩33匣晧上效開一蕭豪去號xɑu
海27曉海上蟹開一皆來上海xai
涖23來至去止開三齊微去利li
來霽去蟹開四
浴26以燭入通合三魚模入作去玉øiu
浮24並尤平流開三魚模平陽扶fu
涕23透霽去蟹開四齊微去替t‘i
浪18來唐平宕開一江陽平陽郎laŋ
浪19來宕去宕開一江陽去浪laŋ
浸40清侵平深開三侵尋平陰駸tsiəm
浸41精沁去深開三侵尋去浸tsiəm
涌16以腫上通合三東鍾上勇øiuŋ
涘20俟止上止開三支思去似sï
浚29心稕去臻合三真文去峻siuən

8

清38清清平梗開三庚青平陰青ts‘iəŋ
添42透添平咸開四廉纖平陰添t‘iɛm
渚25章語上遇合三魚模上主tʂiu
涬39匣迥上梗開四庚青上涬xiəŋ
淩38來蒸平曾開三庚青平陽靈liəŋ
淩39来蒸平曾开三庚青去令liəŋ
港18見講上江開二江陽上講kiaŋ
淋41來侵平深開三侵尋平陽林liəm
淋41來侵平深開三侵尋去臨liəm
淅22心錫入梗開四齊微入作上昔si
涯35疑佳平蟹開二家麻平陽牙øia
淹42影鹽平咸開三廉纖平陰淹øiɛm
渠24群魚平遇合三魚模平陽渠k‘iu
淺31清獮上山開三先天上淺ts‘iɛn
淖33娘效去效開二蕭豪去鬧nau
淑25禪屋入通合三魚模入作平陽淑ʂu
混29匣混上臻合一真文去混xuən
涸32匣鐸入宕開一蕭豪入作平陽鶴xau
渦34影戈平果合一歌戈平陰窩øuo
淮27匣皆平蟹合二皆來平陽懷xuai
淦42見勘去咸開一監咸去贛kam
淪28來諄平臻合三真文平陽倫liuən
淆32匣肴平效開二蕭豪平陽爻xau
淫41以侵平深開三侵尋平陽吟øiəm
淰41書寑上深開三侵尋上稔ʐiəm
淝21並微平止合三齊微平陽肥fei

淘32定豪平效開一蕭豪平陽桃t'ɑu
淳28禪諄平臻合三真文平陽脣tʂ'iuən
液24以昔入梗開三齊微入作去逸Øi
淬23清隊去蟹合一齊微去翠ts'uei
淡42定敢上咸開一監咸去淡tam
定闞去咸開一
涴35影過去果合一歌戈去臥Øuo
淚23來至去止合三齊微去淚luei
深40書侵平深開三侵尋平陰深ʂiəm
淄19莊之平止開三支思平陰髭tsï
涵41匣覃平咸開一監咸平陽含xam
淼33明小上效開三蕭豪上眇miau

9

湊40清候去流開一尤侯去湊ts'əu
湛41端覃平咸開一監咸平陰擔tam
湛42澄豏上咸開二監咸去蘸tʂam
湛41澄侵平深開三侵尋平陽沉tʂ'iəm
湖24匣模平遇合一魚模平陽胡xu
湘17心陽平宕開三江陽平陰湘siaŋ
渤34並没入臻合一歌戈入作平陽薄po
湮28影真平臻開三真文平陰因Øiən
湎31明獮上山開三先天上沔miɛn
渺33明小上效開三蕭豪上眇miau
測27初職入曾開三皆來入作上策ts'ai
渭22云未去止合三齊微去胃Øuei
湯17書陽平宕開三江陽平陰商ʂiaŋ
湯17透唐平宕開一江陽平陰湯t'aŋ
湯19透宕去宕開一江陽去盪t'aŋ
温28影魂平臻合一真文平陰温Øuən
渴35溪曷入山開一歌戈入作上渴k'o
湍30透桓平山合一桓歡平陰湍t'on
滑35匣黠入山合二家麻入作平陽滑xua
湃28滂怪去蟹開二皆來去拜pai
湫39精尤平流開三尤侯平陰啾tsiəu
淵31影先平山合四先天平陰淵Øiuɛn
溲39生尤平流開三尤侯平陰溲səu
渝24以虞平遇合三魚模平陽魚Øiu
渰41影琰上咸開三監咸平陰渰Øiam
渰42影琰上咸開三監咸去渰Øiam
湲31云仙平山合三先天平陽元Øiuɛn
湓28並魂平臻合一真文平陽盆p'ən
渙31曉換去山合一桓歡去喚xon
游39以尤平流開三尤侯平陽尤Øiəu
渡26定暮去遇合一魚模去杜tu
湔31精先平山開四先天平陰煎tsiɛn
精仙平山開三
滋19精之平止開三支思平陰髭tsï
渲30心線去山合三寒山去渲ʂuan
渾28匣魂平臻合一真文平陽魂xuən
湄21明脂平止開三齊微平陽梅mei

10

溝39見侯平流開一尤侯平陰鈎kəu
漭18明蕩上宕開一江陽上蟒maŋ
漠33明鐸入宕開一蕭豪入作去末mɑu
溥25滂姥上遇合一魚模上普p'u
滅37明薛入山開三車遮入作去滅miɛ
源31疑元平山合三先天平陽元Øiuɛn
滌22定錫入梗開四齊微入作上滌t'i

滔32透豪平效開一蕭豪平陰絛t‘ɑu
溪20溪齊平蟹開四齊微平陰溪k‘i
溜40來宥去流開三尤侯去溜liəu
滂17滂唐平宕開一江陽平陰鎊p‘aŋ
漓21來支平止開三齊微平陽黎li
溢23以質入臻開三齊微入作去逸Øi
溶17以鍾平通合三東鍾平陽容Øiuŋ
溟38明青平梗開四庚青平陽明miəŋ
溺33《集韻》奴弔切。蕭豪去溺niau
滁24澄魚平遇合三魚模平陽除tʂ‘iu

11

漬20從寘去止開三支思去字tsï
漢30曉翰去山開一寒山去旱xan
潢18匣唐平宕合一江陽平陽黄xuaŋ
滿30明緩上山合一桓歡上滿mon
漆22清質入臻開三齊微入作上七ts‘i
漸42精鹽平咸開三廉纖平陰尖tsiɛm
漸43從琰上咸開三廉纖去僭tsiɛm
漙30定桓平山合一桓歡平陽團t‘on
漚39影侯平流開一尤侯平陰謳Øəu
漕32從豪平效開一蕭豪平陽曹ts‘ɑu
漕33從号去效開一蕭豪去竈tsɑu
漂32滂宵平效開三蕭豪平陰飄p‘iau
漂33滂笑去效開三蕭豪上殍p‘iau
漱40心候去流開一尤侯去嗽səu
滯23澄祭去蟹開三齊微去製tʂi
漺18生養上宕開三江陽上爽ʂuaŋ
滷25來姥上遇合一魚模上魯lu
漫30《集韻》謨官切。桓歡平陽瞞mon
漫31明換去山合一桓歡去鏝mon
漁24疑魚平遇合三魚模平陽魚Øiu
漪20影支平止開三齊微平陰衣Øi
滸25曉姥上遇合一魚模上虎xu
漉26來屋入通合一魚模入作去禄lu
漳17章陽平宕開三江陽平陰章tʂiaŋ
滴22端錫入梗開四齊微入作上的ti
漩32邪線去山合三先天去旋siuɛn
漾18以漾去宕開三江陽去瀁Øiaŋ
演31以獮上山開三先天上兖Øiɛn
漏40來候去流開一尤侯去漏ləu
漲18知漾去宕開三江陽去帳tʂiaŋ
漿17精陽平宕開三江陽平陰漿ts‘iaŋ
滲41生沁去深開三侵尋去滲ʂəm
漅32《集韻》鋤交切。蕭豪平陽巢tʂ‘au

12

潔37見屑入山開四車遮入作上結kiɛ
澍26禪遇去遇合三魚模去注tʂiu
章遇去遇合三
澌19《集韻》相支切。支思平陰斯sï
潮32澄宵平效開三蕭豪平陽潮tʂ‘iau
潸29生刪平山開二寒山平陰山ʂan
潭41定覃平咸開一監咸平陽覃t‘am
潦33來晧上效開一蕭豪上老lɑu
潛43從鹽平咸開三廉纖平陽潛ts‘iɛm
澗30見諫去山開二寒山去間kian
潰23匣隊去蟹合一齊微去會xuei
潘30滂桓平山合一桓歡平陰潘p‘on
澳33影号去效開一蕭豪去奥Øɑu

潼16定東平通合一東鍾平陽同t‘uŋ
澈37澄薛入山開三車遮入作上轍tʂ‘iɛ
澇32來豪平效開一蕭豪平陽牢lɑu
澇33來号去效開一蕭豪去澇lɑu
潯41邪侵平深開三侵尋平陽尋siəm
澄38澄庚平梗開二庚青平陽澄tʂ‘iəŋ
　澄蒸平曾開三
潑35《集韻》普活切。歌戈入作上潑p‘o
潞26來暮去遇合一魚模去路lu
潺29崇山平山開二寒山平陽潺tʂ‘an
　崇仙平山開三
潤29日稕去臻合三真文去閏ʐiuən

13

濛16明東平通合一東鍾平陽蒙muŋ
澣30匣緩上山合一桓歡上盥xon
澿41群侵平深開三侵尋去禁kiəm
濃16娘鍾平通合三東鍾平陽濃niuŋ
澡33精晧上效開一蕭豪上早tsɑu
澤27澄陌入梗開二皆來入作平陽宅tʂai
濁32澄覺入江開二蕭豪入作平陽濁tʂau
濁34澄覺入江開二歌戈入作平陽濁tʂo
激22見錫入梗開四齊微入作上吉ki

14

濤32定豪平效開一蕭豪平陽桃t‘ɑu
濫42來闞去咸開一監咸去濫lam
濡24日虞平遇合三魚模平陽如ʐiu
濕22書緝入深開三齊微入作上失ʂi
濠32匣豪平效開一蕭豪平陽豪xɑu
濟22精薺上蟹開四齊微上濟tsi
濟23精霽去蟹開四齊微去霽tsi
瀁18以漾去宕開三江陽去瀁øiaŋ
濱28幫真平臻開三真文平陰賓piən
濘39泥徑去梗開四庚青去佞niəŋ
澁19生緝入深開三支思入作上澁ʂï
濯32澄覺入江開二蕭豪入作平陽濁tʂau
濯34澄覺入江開二歌戈入作平陽濁tʂo

15

瀆25定屋入通合一魚模入作平陽獨tu
瀦24知魚平遇合三魚模平陰諸tʂiu
濾26來御去遇合三魚模去慮liu
瀑33並号去效開一蕭豪去豹pau
濺31精先平山開四先天平陰煎tsiɛn
濺32精線去山開三先天去箭tsiɛn
瀏40來有上流開三尤侯去溜liəu
瀉37心馬上假開三車遮上寫siɛ
瀉37心禡去假開三車遮去謝siɛ

16

瀚30匣翰去山開一寒山去旱xan
瀟32心蕭平效開四蕭豪平陰蕭siau
瀨27來泰去蟹開一皆來去賴lai
瀝23來錫入梗開四齊微入作去立li
瀕28幫真平臻開三真文平陽貧p‘iən
瀘24來模平遇合一魚模平陽盧liu
瀣28匣怪去蟹開二皆來去瀣xiai
瀤27匣皆平蟹合二皆來平陽懷xuai
瀛38以清平梗開三庚青平陽盈øiəŋ

17

灌31見換去山合一桓歡去貫kon

瀹33以藥入宕開三蕭豪入作去岳Øiau
瀲43來豔去咸開三廉纖去瀲liɛm
瀼18日陽平宕開三江陽平陽穰ʐiaŋ
瀰21明支平止開三齊微平陽迷mi

18

灄37書葉入咸開三車遮入作上設ʂiɛ

19

灘29透寒平山開一寒山平陰灘t‘an
灑28生蟹上蟹開二皆來去曬ʂai
灑34來歌平果開一歌戈平陽羅luo
灒30精翰去山開一寒山去贊tsan

21

灝33匣晧上效開一蕭豪去號xɑu

22

灨30《集韻》數患切。寒山去涫ʂuan
灣29影刪平山合二寒山平陰彎Øuan

23

灤30來桓平山合一桓歡平陽鸞lɔn

24

灩43以豔去咸開三廉纖去艷Øiɛm

牛（⺧牜）部

牛39疑尤平流開三尤侯平陽尤Øiəu

2

牝29並軫上臻開三真文上牝p‘iən
牟39明尤平流開三尤侯平陽繆miəu

3

牡25明厚上流開一魚模上母mu
牢32來豪平效開一蕭豪平陽牢lɑu

4

牧26明屋入通合三魚模入作去木mu
物26明物入臻合三魚模入作去物vu

5

牯25見姥上遇合一魚模上古ku
牲38生庚平梗開二庚青平陰生ʂəŋ
牮32精霰去山開四先天去箭tsiɛn

6

牸20從志去止開三支思去字tsï

7

犁21來脂平止開三平陽齐微黎li
來齊平蟹開四
牽31溪先平山開四先天平陰牽k‘iɛn
牽32溪霰去山開四先天去譴k‘iɛn

8

犇28幫魂平臻合一真文平陰奔pən
犀20心齊平蟹開四齊微平陰西si

10

犗27見夬去蟹開二皆來去戒kiai

11

犘35明麻平假開二家麻平陽麻ma

15

犢25定屋入通合一魚模入作平陽獨tu

16

犧20曉支平止開三齊微平陰希xi

23

犨39昌尤平流開三尤侯平陽紬tʂ‘iəu

手（扌）部

手40書有上流開三尤侯上首ʂiəu
才27從咍平蟹開一皆來平陽才ts'ai
1
扎36莊黠入山開二家麻入作上劄tʂa
2
打35端梗上梗開二家麻上打ta
3
扛17見江平江開二江陽平陰岡kaŋ
扣40溪候去流開一尤侯去扣k'əu
4
扶24並虞平遇合三魚模平陽扶fu
技23群紙上止開三齊微去計ki
抔39並侯平流開一尤侯平陽抔p'əu
拒26群語上遇合三魚模去鋸kiu
抄32初肴平效開二蕭豪平陰抄tʂ'au
折37禪薛入山開三車遮入作平陽折舌ʂiɛ
折37章薛入山開三車遮入作上哲tʂiɛ
禪薛入山開三
抓32莊肴平效開二蕭豪平陰嘲tʂau
抓35莊肴平效開二家麻平陰撾tʂua
扳29幫刪平山開二寒山平陰斑pan
批20滂齊平蟹開四齊微平陰紕p'i
投39定侯平流開一尤侯平陽頭t'əu
拋32滂肴平效開二蕭豪平陰拋p'au
扮30幫襇去山開二寒山去辦pan
抗19溪宕去宕開一江陽去炕k'aŋ
抖40端厚上流開一尤侯上斗təu
把35幫馬上假開二家麻上把pa
5
拜28幫怪去蟹開二皆來去拜pai
抹35明末入山合一歌戈入作上抹mo
抹36明末入山合一家麻入作去抹ma
拓33透鐸入宕開一蕭豪入作上託t'ɑu
拈43泥添平咸開四廉纖平陽鮎niɛm
拔35並月入山合三家麻入作平陽拔pa
並黠入山開二
抽39徹尤平流開三尤侯平陰抽tʂ'iəu
押36影狎入咸開二家麻入作去壓Øia
拐27群蟹上蟹開二皆來上拐kuai
拍27滂陌入梗開二皆來入作上拍p'ai
拖34透歌平果開一歌戈平陰他t'uo
抳40存疑。尤侯上抳k'iəu
拊26滂麌上遇合三魚模去赴fu
拘24見虞平遇合三魚模平陰居kiu
抱33並晧上效開一蕭豪去抱pɑu
披20滂支平止開三齊微平陰醅p'ei
拉36來合入咸開一家麻入作去臘la
拂25滂物入臻合三魚模入作上復fu
拙37章薛入山合三車遮入作上拙tʂiuɛ
拏35娘麻平假開二家麻平陽拏na
招32章宵平效開三蕭豪平陰昭tʂiau
拗33《古今韻會舉要》於教切。
蕭豪去拗Øau
拄25知麌上遇合三魚模上主tʂiu
6
挈37溪屑入山開四車遮入作上怯k'iɛ
拭22書職入曾開三齊微入作上失ʂi
持21澄之平止開三齊微平陽池tʂ'i

拱17見腫上通合三東鍾上拱kuŋ
拽37以薛入山開三車遮入作去拽Øiɛ
挺39定迥上梗開四庚青上艇t'iəŋ
括35見末入山合一歌戈入作上聒kuo
拴29不從《廣韻》此緣切，當是俗音。
寒山平陰欃ʂuan
拾21禪緝入深開三齊微入作平陽實ʂi
掙39《字彙》側迸切。庚青去諍tʂəŋ
挑32透蕭平效開四蕭豪平陰挑t'iau
挑33透篠上效開四蕭豪上挑t'iau
定篠上效開四
指19章旨上止開三支思上紙tʂï
拳31群仙平山合三先天平陽拳k'iuɛn
按30影翰去山開一寒山去案Øan
挪34泥歌平果開一歌戈平陽挪nuo
拯39章拯上曾開三庚青上整tʂiəŋ

7

挷18同搒。江陽上榜paŋ
捕26並暮去遇合一魚模去布pu
振28章真平臻開三真文平陰真tʂiən
振29章震去臻開三真文去震tʂiən
挾37匣帖入咸開四車遮入作平陽協xiɛ
捎32生肴平效開二蕭豪平陰梢ʂau
捏37泥屑入山開四車遮入作去揑niɛ
挸31見銑上山開四先天上驥kiɛn
捉33莊覺入江開二蕭豪入作上捉tʂau
捐31以仙平山合三先天平陽元Øiuɛn
挫35精過去果合一歌戈去銼ts'uo
挼34泥戈平果合一歌戈平陽挪nuo
挽29明阮上山合三寒山上晚van
拚30滂桓平山合一桓歡平陰潘p'on
拚31存疑。桓歡去判p'on
挲34心歌平果開一歌戈平陰莎suo
挨27於駭切，於改切。皆來平陰挨Øiai

8

捧17滂腫上通合三東鍾上捧p'uŋ
掛36見卦去蟹合二家麻去卦kua
措26清暮去遇合一魚模去醋ts'u
掿33《龍龕手鑑》音搦。搦，
娘覺入江開二蕭豪入作去掿nau
掿35《龍龕手鑑》音搦。搦，
娘覺入江開二歌戈入作去諾nuo
描32明宵平效開三蕭豪平陽苗miau
捱27疑佳平蟹開二皆來去捱Øiai
捱27疑佳平蟹開二皆來平陽崖Øiai
掩43影琰上咸開三廉纖上掩Øiɛm
捷37從葉入咸開三車遮入作平陽捷tsiɛ
排27並皆平蟹開二皆來平陽排p'ai
掉33定篠上效開四蕭豪去釣tiau
定嘯去效開四
掌18章養上宕開三江陽上掌tʂiaŋ
捫28明魂平臻合一真文平陽門mən
掣37昌薛入山開三車遮入作上轍tʂ'iɛ
捶22章紙上止合三齊微上捶tʂuei
推20初脂平止合三齊微平陰吹tʂ'uei
掀31曉元平山開三先天平陰軒xiɛn
捨37書馬上假開三車遮上捨ʂiɛ
掄28來諄平臻合三真文平陽倫liuən

採27清海上蟹開一皆來上采ts‘ai
授40禪宥去流開三尤侯去受ʂiəu
掏32透豪平效開一蕭豪平陰絛t‘ɑu
掐36溪洽入咸開二家麻入作上恰k‘ia
掠33來藥入宕開三蕭豪入作去略liau
掠35來藥入宕開三歌戈入作去略lio
掂42端添平咸開四廉纖平陰掂tiɛm
掖24以昔入梗開三齊微入作去逸Øi
接37精葉入咸開三車遮入作上節tsiɛ
捲31見獮上山合三先天上卷kiuɛn
控17溪送去通合一東鍾去控k‘uŋ
探41透覃平咸開一監咸平陰貪t‘am
探42透勘去咸開一監咸去探t‘am
掃33心晧上效開一蕭豪上掃sɑu
掃33心号去效開一蕭豪去噪sɑu
心晧上效開一
掇35端末入山合一歌戈入作上掇tuo

9

揲37定帖入咸開四車遮入作平陽疊tiɛ
搭36《集韻》德合切。家麻入作上答ta
搽35澄麻平假開二家麻平陽茶tʂ‘a
揀29見產上山開二寒山上簡kian
提21定齊平蟹開四齊微平陽啼t‘i
揖24影緝入深開三齊微入作去逸Øi
揚18以陽平宕開三江陽平陽陽Øiaŋ
揾29影慁去臻合一真文去揾Øuən
揣27初紙上止合三皆來平陰揣tʂ‘uai
揣27初紙上止合三皆來上揣tʂ‘uai
插36初洽入咸開二家麻入作上察tʂ‘a
揫39精尤平流開三尤侯平陰啾tsiəu
搜39生尤平流開三尤侯平陰搜ʂəu
援31云元平山合三先天平陽元Øiuɛn
援31云線去山合三先天去院Øiuɛn
揝42《集韻》子敢切。監咸去暫tsam
換31匣換去山合一桓歡去喚xon
揩27溪皆平蟹開二皆來平陰揩k‘iai
揞42影感上咸開一監咸上揞Øam
搓34清歌平果開一歌戈平陰磋ts‘uo
揎31心仙平山合三先天平陰宣siuɛn
揮20曉微平止合三齊微平陰灰xuei
揆23群旨上止合三齊微去簣k‘uei
搔32心豪平效開一蕭豪平陰騷sɑu
揉39日尤平流開三尤侯平陽柔ʐ̩iəu
掾32以線去山合三先天去硯Øiɛn

10

搆40見候去流開一尤侯去搆kəu
摸24明模平遇合一魚模平陽模mu
搽33心鐸入宕開一蕭豪入作上縤sɑu
損29心混上臻合一真文上損suən
携21匣齊平蟹合四齊微平陽奚xi
搬30幫桓平山合一桓歡平陰搬pon
搶18清養上宕開三江陽上搶ts‘iaŋ
搶17清陽平宕開三江陽平陰搶ts‘iaŋ
搖32以宵平效開三蕭豪平陽遥Øiau
搗33端晧上效開一蕭豪上倒tɑu
搊39初尤平流開三尤侯平陰篘tʂ‘əu
搪18定唐平宕開一江陽平陽唐t‘aŋ
搤27影麥入梗開二皆來去搤Øiai

搦28娘覺入江開二皆來入作去搦nai
　　娘陌入梗合二
搎28心魂平臻合一真文平陰孫suən

11

摏16書鍾平通合三東鍾平陰冲tʂ‘uŋ
摶30定桓平山合一桓歡平陽團t‘on
摳39溪侯平流開一尤侯平陰摳k‘əu
撦37昌馬上假開三車遮上撦tʂ‘iɛ
撇37滂屑入山開四車遮入作上瞥p‘iɛ
摟39來侯平流開一尤侯平陽樓ləu
摟40來侯平流開一尤侯上摟ləu
摑27見麥入梗合二皆來入作上摑kuai
摜30見諫去山合一寒山去慣kuan
摧21從灰平蟹合一齊微平陽摧ts‘uei
摞35來過去果合一歌戈去邏luo
撾35知麻平假合二家麻平陰撾tʂua
摩34明戈平果合一歌戈平陽摩mo
摘27知麥入梗開二皆來入作上責tʂai
摔27生脂平止合三皆來入作上摔ʂuai
摺37章葉入咸開三車遮入作上哲tʂiɛ

12

撓32娘肴平效開二蕭豪平陽猱nɑu
撓33娘巧上效開二蕭豪上撓nau
撻35透曷入山開一家麻入作平陽達t‘a
撕19《集韻》相支切。支思平陰斯sï
撒36心曷入山開一家麻入作上颯sa
擎38群庚平梗開三庚青平陽檠k‘iəŋ
撅37見月入山合三車遮入作平陽鱖kiuɛ
　　群月入山合三

撲25滂屋入通合一魚模入作上暴p‘u
撐38徹庚平梗開二庚青平陰鐺tʂ‘əŋ
撐39徹映去梗開二庚青去撐tʂ‘iəŋ
撮35清末入山合一歌戈入作上撮ts‘uo
撫25滂麌上遇合三魚模上甫fu
撟33見小上效開三蕭豪上皎kiau
播35幫過去果合一歌戈去簸po
擒41群侵平深開三侵尋平陽琴k‘iəm
撚31泥銑上山開四先天上撚niɛn
撞18澄江平江開二江陽平陽床牀tʂ‘uaŋ
撞18澄絳去江開二江陽去狀tʂuaŋ
撤37澄薛入山開三車遮入作上轍tʂ‘iɛ
　　徹薛入山開三
撙29精混上臻合一真文上撙tsuən
撈32來豪平效開一蕭豪平陽牢lɑu
撏43邪侵平深開三廉纖平陽撏siɛm
撥35幫末入山合一歌戈入作上鉢po

13

操32清豪平效開一蕭豪平陰操ts‘ɑu
操33清号去效開一蕭豪去糙ts‘ɑu
擊22見錫入梗開四齊微入作上吉ki
撼42匣感上咸開一監咸去憾xam
擂23《古今韻會舉要》盧對切。
　　齊微去淚luei
據26見御去遇合三魚模去鋸kiu
擇27澄陌入梗開二皆來入作平陽宅tʂai
擐30匣諫去山合二寒山去患xuan
擐29見刪平山合二寒山平陰關kuan
擋19端宕去宕開一江陽去蕩taŋ

撿43《集韻》居奄切。廉纖上撿kiɛm
擔41端談平咸開一監咸平陰擔tam
擔42端闞去咸開一監咸去淡tam
擅32禪線去山開三先天去扇ʂiɛn
擁17影腫上通合三東鍾上勇Øiuŋ
擘27幫麥入梗開二皆來入作上伯pai

14

擡27定咍平蟹開一皆來平陽臺t'ai
擬21疑止上止開三齊微上迤Øi
擠20精齊平蟹開四齊微平陰虀tsi
擠22精霽去蟹開四齊微上濟tsi
擲21澄昔入梗開三齊微入作平陽直tʂi
擢32澄覺入江開二蕭豪入作平陽濁tʂau

15

攀29滂刪平山開二寒山平陰攀p'an
擾33日小上效開三蕭豪上遶ʐiau
攄24徹魚平遇合三魚模平陰樞tʂ'iu
擺27幫蟹上蟹開二皆來上擺pai

16

攏17來董上通合一東鍾上簀luŋ
攍38以清平梗開三庚青平陽盈Øiəŋ

17

攔29來寒平山開一寒山平陽闌lan
攙41初銜平咸開二監咸平陰攙tʂ'am

18

攝37書葉入咸開三車遮入作上設ʂiɛ
攛30《集韻》七丸切。桓歡平陰攛ts'on
攛31《集韻》取亂切。桓歡去竄ts'on

19

攤29透寒平山開一寒山平陰灘t'an
攞34《集韻》良何切。歌戈平陽羅luo
攞34來哿上果開一歌戈上裸luo
攣31來仙平山合三先天平陽聯liuɛn
攢30精旱上山開一桓歡平陽攢ts'on

20

攪33見巧上效開二蕭豪上狡kau

21

攬42來敢上咸開一監咸上覽lam

毛部

毛32明豪平效開一蕭豪平陽毛mɑu

6

毨31心銑上山開四先天上鮮siɛn

7

毫32匣豪平效開一蕭豪平陽豪xɑu
毬39群尤平流開三尤侯平陽求k'iəu

8

毯42透敢上咸開一監咸上毯t'am

9

毹24生虞平遇合三魚模平陽魚Øiu
毧16日東平通合三東鍾平陽戎ʐuŋ

11

毿41心覃平咸開一監咸平陰三sam
氅18昌養上宕開三江陽上敞tʂ'iaŋ

12

毲38端登平曾開一庚青平陰登təŋ

13

氈31章仙平山開三先天平陰氈tʂiɛn

气部

4

氛28滂文平臻合三真文平陰分fən

6

氣23溪未去止開三齊微去氣k'i

10

氳28影文平臻合三真文平陰氳∅iuən

片部

片32滂霰去山開四先天去片p'iɛn

8

牌27並佳平蟹開二皆來平陽排p'ai
並皆平蟹開二

9

牒37定帖入咸開四車遮入作平陽疊tiɛ

11

牖40以有上流開三尤侯上有∅iəu

15

牘25定屋入通合一魚模入作平陽獨tu

斤部

斤28見欣平臻開三真文平陰巾kiən

4

斫33章藥入宕開三蕭豪入作上斫tʂiau
斧25幫麌上遇合三魚模上甫fu

7

斬42莊豏上咸開二監咸上斬tʂam

8

斯19心支平止開三支思平陰斯sï

9

新28心真平臻開三真文平陰新siən

14

斷31定緩上山合一桓歡去斷ton
端換去山合一

爪(爫)部

爪33莊巧上效開二蕭豪上爪tʂau

4

爬35並麻平假開二家麻平陽琶p'a

8

舜29書稕去臻合三真文去舜ʂiuən
爲21云支平止合三齊微平陽圍∅uei

13

爵33精藥入宕開三蕭豪入作上爵tsiau

父部

父25幫麌上遇合三魚模上甫fu
父26並麌上遇合三魚模去赴fu

6

釜26並麌上遇合三魚模去赴fu
爹36知麻平假開三車遮平陰爹tiɛ

8

爺37以麻平假開三車遮平陽爺∅iɛ

月(⺝)部

月37疑月入山合三車遮入作去月∅iuɛ

2

有40云有上流開三尤侯上有∅iəu

肌20見脂平止開三齊微平陰機ki
肋24來德入曾開一齊微入作去勒lei

3

肝29見寒平山開一寒山平陰干kan
肚26定姥上遇合一魚模去杜tu
肘40知有上流開三尤侯上肘tʂiəu
肓17曉唐平宕合一江陽平陰荒xuaŋ
肖33心笑去效開三蕭豪去笑siau

4

肢19章支平止開三支思平陰支tʂï
肺23滂廢去蟹合三齊微去吠fei
肱16見登平曾合一東鍾平陰工kuŋ
肱38見登平曾合一庚青平陰觥kuəŋ
肯28溪等上曾開一真文上肯k'ən
肴32匣肴平效開二蕭豪平陽爻xau
朋38並登平曾開一庚青平陽鵬p'əŋ
股25見姥上遇合一魚模上古ku
肪17幫陽平宕合三江陽平陰方faŋ
育26以屋入通合三魚模入作去玉Øiu
肩31見先平山開四先天平陰堅kiɛn
肥21並微平止合三齊微平陽肥fei
服25並屋入通合三魚模入作平陽復fu

5

胡24匣模平遇合一魚模平陽胡xu
胚20滂灰平蟹合一齊微平陰醅p'ei
背23並隊去蟹合一齊微去背pei
幫隊去蟹合一
胛36見狎入咸開二家麻入作上甲kia
胃22云未去止合三齊微去胃Øuei
冑40澄宥去流開三尤侯去晝tʂiəu
胙26從暮去遇合一魚模去做tsu
胝19知脂平止開三支思平陰支tʂï
胞32幫肴平效開二蕭豪平陰包pau
胞32滂肴平效開二蕭豪平陰拋p'au
胖19滂絳去江開二江陽去胖p'aŋ
胖30《集韻》蒲官切。桓歡平陽盤p'on
脉28明麥入梗開二皆來入作去麥mai
胥24心魚平遇合三魚模平陰須siu
胎26透咍平蟹開一皆來平陰台t'ai

6

胯36溪禡去假合二家麻去跨k'ua
胱18見唐平宕合一江陽平陰光kuaŋ
胭31影先平山開四先天平陰煙Øiɛn
脊22精昔入梗開三齊微入作上唧tsi
脆23清祭去蟹合三齊微去翠ts'uei
脂19章脂平止開三支思平陰支tʂï
胸16曉鍾平通合三東鍾平陰凶xiuŋ
胼31並先平山開四先天平陽胼p'iɛn
朕41澄寑上深開三侵尋去朕tʂiəm
朔33生覺入江開二蕭豪入作上朔ʂau
能27泥咍平蟹開一皆來平陽能nai
能38泥登平曾開一庚青平陽能nəŋ

7

脚33見藥入宕開三蕭豪入作上角kiau
脯24《集韻》蓬逋切。魚模平陽蒲p'u
脯25幫麌上遇合三魚模上甫fu
脰40定候去流開一尤侯去豆təu
脛39匣迴上梗開四庚青去杏xiəŋ

匣徑去梗開四
脞35清果上果合一歌戈上脞ts'uo
脬32滂肴平效開二蕭豪平陰抛p'au
望19明漾去宕合三江陽去望vaŋ
脱35透末入山合一歌戈入作上脱t'uo
脘30見緩上山合一桓歡上館kon
朗18來蕩上宕開一江陽上朗laŋ
脧31精仙平山合三先天平陰痊ts'iuɛn

8

脹18知漾去宕開三江陽去帳tʂiaŋ
期21群之平止開三齊微平陽奇k'i
朞20見之平止開三齊微平陰機ki
朝32知宵平效開三蕭豪平陰昭tʂiau
朝32澄宵平效開三蕭豪平陽潮tʂ'iau
腌42影嚴平咸開三廉纖平陰淹Øiɛm
腆31透銑上山開四先天上腆t'iɛn
脾21並支平止開三齊微平陽脾p'i
腑25幫麌上遇合三魚模上甫fu
腋24以昔入梗開三齊微入作去逸Øi
勝38書蒸平曾開三庚青平陰聲ʂiəŋ
勝39書證去曾開三庚青去聖ʂiəŋ
腔17溪江平江開二江陽平陰腔k'iaŋ
腕30影換去山合一寒山去腕Øuan
腕31影換去山合一桓歡去翫Øon
腎29禪軫上臻開三真文去腎ʂiən
腴24以虞平遇合三魚模平陽魚Øiu

9

腰32影宵平效開三蕭豪平陰邀Øiau
腩42泥感上咸開一監咸上腩nam
腸18澄陽平宕開三江陽平陽長tʂ'iaŋ
腥38心青平梗開四庚青平陰星siəŋ
腮27心咍平蟹開一皆來平陰腮sai
腫17章腫上通合三東鍾上腫tʂuŋ
腹25幫屋入通合三魚模入作上復fu
塍38船蒸平曾開三庚青平陽澄tʂ'iəŋ
腿22透賄上蟹合一齊微上腿t'uei
腦33泥晧上效開一蕭豪上腦nɑu

10

膏32見豪平效開一蕭豪平陰高kɑu
膂25來語上遇合三魚模上吕liu

11

膘32《集韻》紕招切。蕭豪平陰標piau
膚24幫虞平遇合三魚模平陰膚fu
滕38定登平曾開一庚青平陽藤t'əŋ
膠32見肴平效開二蕭豪平陰交kau

12

膩23娘至去止開三齊微去殢ni
膤41精覃平咸開一監咸平陰簪tsam
膲32精宵平效開三蕭豪平陰蕉tsiau
膰29並元平山合三寒山平陽煩fan
膰34並元平山合三歌戈平陽婆p'o
膧16《集韻》徒東切。東鍾平陽同t'uŋ
贏38以清平梗開三庚青平陽盈Øiəŋ
縢38定登平曾開一庚青平陽藤t'əŋ

13

朦16明東平通合一東鍾平陽蒙muŋ
膿16泥冬平通合一東鍾平陽膿nuŋ
臊32心豪平效開一蕭豪平陰騷sɑu

膅17端唐平宕開一江陽平陰當taŋ
臉43《集韻》居奄切。廉纖上撿kiɛm
臉43來賺上咸開二廉纖上歛liɛm
膾22見泰去蟹合一齊微去貴kuei
膽42端敢上咸開一監咸上膽tam
膺38影蒸平曾開三庚青平陰英øiəŋ
臁43來鹽平咸開三廉纖平陽廉liɛm
臆20影职入曾开三齊微平陰衣øi
賸39船證去曾開三庚青去聖ʂiəŋ
螣38定登平曾開一庚青平陽藤t'əŋ
臀28定魂平臻合一真文平陽豚t'uən
臂23幫寘去止開三齊微去背pei

14

臍21從齊平蟹開四齊微平陽齊ts'i
臏29並軫上臻開三真文去鬢piən

15

臕32幫宵平效開三蕭豪平陰標piau
羸21來支平止合三齊微平陽雷luei
羸34來果上果合一歌戈上裸luo
臘36來盍入咸開一家麻入作去臘la

16

臚24來魚平遇合三魚模平陽廬lu
朧16來東平通合一東鍾平陽籠luŋ
羸38以清平梗開三庚青平陽盈øiəŋ
騰38定登平曾開一庚青平陽藤t'əŋ

18

臞24群虞平遇合三魚模平陽渠k'iu

氏（民）部

氏19章支平止開三支思平陰支tʂï
氏20禪紙上止開三支思去是ʂï

1

氐20端齊平蟹開四齊微平陰低ti
民28明真平臻開三真文平陽民miən

4

氓38明耕平梗開二庚青平陽盲məŋ

欠部

欠43溪釅去咸開三廉纖去欠k'iɛm

2

次20清至去止開三支思去次ts'ï

4

欣28曉欣平臻開三真文平陰欣xiən

5

歌34曉哿上果開一歌戈上荷xo

7

欲26以燭入通合三魚模入作去玉øiu
欵30溪緩上山合一桓歡上欵k'on

8

欺20溪之平止開三齊微平陰溪k'i
攲20同攲，溪支平止開三齊微平陰溪k'i

9

歇37曉月入山開三車遮入作上血xiɛ
歆41曉侵平深開三侵尋平陰歆xiəm

10

歌34見歌平果開一歌戈平陰歌ko
歊32曉宵平效開三蕭豪平陰梟xiau
歉43溪陷去咸開二廉纖去欠k'iɛm

11
歐39影侯平流開一尤侯平陰謳øəu
歔24曉魚平遇合三魚模平陰虛xiu
13
歜42從感上咸開一監咸上昝tsam
歟24以魚平遇合三魚模平陽魚øiu
斂43來琰上咸開三廉纖上斂liεm
17
歡30曉桓平山合一桓歡平陰歡xon

殳部

5
段31定換去山合一桓歡去斷ton
6
殷28影欣平臻開三真文平陰因øiən
殷29影山平山開二寒山平陰殷øian
殺36生黠入山開二家麻入作上殺ʂa
8
殽32匣肴平效開二蕭豪平陽爻xau
9
彀40見候去流開一尤侯去搆kəu
毀22曉紙上止合三齊微上悔xuei
殿31定霰去山開四先天去電tiεn
端霰去山開四
11
穀25見屋入通合一魚模入作上谷ku
毆40影厚上流開一尤侯上藕øəu
毅23疑未去止開三齊微去異øi
13
轂25見屋入通合一魚模入作上谷ku

文部

文28明文平臻合三真文平陽文vən
17
斕29來山平山開二寒山平陽闌lan

方部

方17幫陽平宕合三江陽平陰方faŋ
4
於24影魚平遇合三魚模平陰迂øiu
5
施19書支平止開三支思平陰施ʂï
施20書寘去止開三支思去是ʂï
6
旂21群微平止開三齊微平陽奇k'i
旄32明豪平效開一蕭豪平陽毛mɑu
旃31章仙平山開三先天平陰氈tʂiεn
旅25來語上遇合三魚模上呂liu
旁18並唐平宕開一江陽平陽傍p'aŋ
7
旌38精清平梗開三庚青平陰精tsiəŋ
族25從屋入通合一魚模入作平陽族tsu
旎22娘紙上止開三齊微上你ni
旋31邪仙平山合三先天平陽旋siuεn
旋32邪線去山合三先天去旋siuεn
8
旐33澄小上效開三蕭豪去趙tʂiau
9

旓32生肴平效開二蕭豪平陰梢ʂau
旒39來尤平流開三尤侯平陽劉liəu
10
旗21群之平止開三齊微平陽奇k'i
14
旛29滂元平山合三寒山平陰番fan
15
旟24以魚平遇合三魚模平陽魚Øiu

火(灬)部
火35曉果上果合一歌戈上火xuo
2
灰20曉灰平蟹合一齊微平陰灰xuei
3
灸40見有上流開三尤侯上九kiəu
灼33章藥入宕開三蕭豪入作上斫tʂiau
灾26精咍平蟹開一皆來平陰哉tsai
4
炬26群語上遇合三魚模去鋸kiu
炒33初巧上效開二蕭豪上炒tʂ'au
炊20昌支平止合三齊微平陰吹tʂ'uei
炙22章昔入梗開三齊微入作上質tʂi
炙37章禡去假開三車遮去柘tʂiɛ
炕19溪宕去宕開一江陽去炕k'aŋ
炎43云鹽平咸開三廉纖平陽鹽Øiɛm
5
炳38幫梗上梗開三庚青上丙piəŋ
炭30透翰去山開一寒山去嘆t'an
炮32並肴平效開二蕭豪平陽袍p'ɑu
炷26章遇去遇合三魚模去注tʂiu
炱27定咍平蟹開一皆來平陽臺t'ai
6
烘16匣東平通合一東鍾平陰烘xuŋ
烋32曉幽平流開三蕭豪平陰哮xau
烏24影模平遇合一魚模平陰嗚Øu
烙33來鐸入宕開一蕭豪入作去落lɑu
烙35來鐸入宕開一歌戈入作去落luo
烝38章蒸平曾開三庚青平陰征tʂiəŋ
7
焉31云仙平山開三先天平陽延Øiɛn
烽16滂鍾平通合三東鍾平陰風fuŋ
烹16滂庚平梗開三東鍾平陰烹p'uŋ
烹38滂庚平梗開三庚青平陰烹p'əŋ
8
煮25章語上遇合三魚模上主tʂiu
焚28並文平臻合三真文平陽墳fən
無24明虞平遇合三魚模平陽無vu
焦32精宵平效開三蕭豪平陰蕉tsiau
焰43以豔去咸開三廉纖去艷Øiɛm
然31日仙平山開三先天平陽然ʐiɛn
焠23清隊去蟹合一齊微去翠ts'uei
焙23並隊去蟹合一齊微去背pei
9
煤21明灰平蟹合一齊微平陽梅mei
煁41禪侵平深開三侵尋平陽忱ʂiəm
煙31影先平山開四先天平陰煙Øiɛn
煉32來霰去山開四先天去練liɛn
煩29並元平山合三寒山平陽煩fan

煬18以漾去宕開三江陽去瀁Øiaŋ
煨20影灰平蟹合一齊微平陰威Øuei
煴28影文平臻合三真文平陰氳Øiuən
照33章笑去效開三蕭豪去趙tʂiau
煎31精仙平山開三先天平陰煎tsiɛn
煎32精線去山開三先天去箭tsiɛn
煥31曉換去山合一桓歡去喚xon
煞28《集韻》所介切。皆來去曬ʂai
煢38群清平梗合三庚青平陽瓊k'iuəŋ
煣40日有上流開三尤侯上煣ʐiəu
10
熬32疑豪平效開一蕭豪平陽鼇ŋɑu
燁37云葉入咸開三車遮入作去拽Øiɛ
熙20曉之平止開三齊微平陰希xi
熇33曉鐸入宕開一蕭豪入作上壑xɑu
熒38匣青平梗合四庚青平陽熒xiuəŋ
煽31書仙平山開三先天平陰羶ʂiɛn
煽32書線去山開三先天去扇ʂiɛn
熊16云東平通合三東鍾平陽熊xiuŋ
11
熱37日薛入山開三車遮入作去熱ʐiɛ
熟39禪屋入通合三尤侯入作平陽熟ʂiəu
熟25禪屋入通合三魚模入作平陽淑ʂu
12
燒32書宵平效開三蕭豪平陰燒ʂiau
燒33書笑去效開三蕭豪去少ʂiau
熹20曉之平止開三齊微平陰希xi
燕31影先平山開四先天平陰煙Øiɛn
燕32影霰去山開四先天去硯Øiɛn
燂41定覃平咸開一監咸平陽覃t'am
燎33來小上效開三蕭豪上了liau
燋32精宵平效開三蕭豪平陰蕉tsiau
燃31日仙平山開三先天平陽然ʐiɛn
燉28定魂平臻合一真文平陰敦tuən
熾23昌志去止開三齊微去製tʂi
燐28來真平臻開三真文平陽隣liən
燧23邪至去止合三齊微去歲suei
營38以清平梗合三庚青平陽盈Øiəŋ
燖41邪鹽平咸開三侵尋平陽尋siəm
燖43邪鹽平咸開三廉纖平陽撏siɛm
燈38端登平曾開一庚青平陰登təŋ
13
燦30清翰去山開一寒山去粲ts'an
燥33心晧上效開一蕭豪去噪sɑu
燭25章燭入通合三魚模入作上築tʂiu
燭40章燭入通合三尤侯入作上竹tʂiəu
燬22曉紙上止合三齊微上悔xuei
燷41來覃平咸開一監咸平陽婪lam
14
燾33定号去效開一蕭豪去道tɑu
爁41盧瞰切，盧敢切。監咸平陽婪lam
燻28曉文平臻合三真文平陰薰xiuən
燼29邪震去臻開三真文去信siən
15
爆33幫效去效開二蕭豪去豹pau
爊32《集韻》於刀切。蕭豪平陰鏖Øɑu
爍33書藥入宕開三蕭豪入作上爍ʂiau
16

爐24來模平遇合一魚模平陽盧liu

17

爛30來翰去山開一寒山去爛lan

21

爦42存疑。監咸上覽lam

25

爨31清換去山合一桓歡去竄ts'on

斗部

斗40端厚上流開一尤侯上斗təu

6

料33來嘯去效開四蕭豪去料liau

7

斛25匣屋入通合一魚模入作平陽鵠xu

斜37邪麻平假開三車遮平陽斜siɛ

8

斝35見馬上假開二家麻上賈kia

9

斟40章侵平深開三侵尋平陰針tʂiəm

户部

户26匣姥上遇合一魚模去户xu

4

戾23來霽去蟹開四齊微去利li

所25生語上遇合三魚模上數ʂu

房18並唐平宕開一江陽平陽傍p'aŋ

房18並陽平宕合三江陽平陽房faŋ

戽26匣姥上遇合一魚模去户xu

曉暮去遇合一

5

扁31滂仙平山開三先天平陰篇p'iɛn

扁31幫銑上山開四先天上貶piɛn

扃38見青平梗合四庚青平陰扃kiuəŋ

6

扅21以支平止開三齊微平陽移Øi

扆21影尾上止開三齊微上迤Øi

扇31書仙平山開三先天平陰羶ʂiɛn

扇32書線去山開三先天去扇ʂiɛn

7

扈26匣姥上遇合一魚模去户xu

8

扉20幫微平止合三齊微平陰非fei

心（忄⺗）部

心41心侵平深開三侵尋平陰心siəm

1

必22幫質入臻開三齊微入作上必pi

3

志20章志去止開三支思去志tʂï

忖29清混上臻合一真文上忖ts'uən

忙18明唐平宕開一江陽平陽忙maŋ

忘18明漾去宕合三江陽平陽忘vaŋ

忘19明漾去宕合三江陽去望vaŋ

忌23群志去止開三齊微去計ki

忍29日軫上臻開三真文上忍ʐiən

4

忝43透忝上咸開四廉纖上忝t'iɛm

忮23章寘去止開三齊微去計ki

忠16知東平通合三東鍾平陰鍾tʂuŋ
忡16徹東平通合三東鍾平陰沖tʂʻuŋ
忤25疑暮去遇合一魚模上五Øu
忻28曉欣平臻開三真文平陰欣xiən
忿29滂問去臻合三真文去忿fən
念43泥㮇去咸開四廉纖去念niɛm
忽25曉没入臻合一魚模入作上笏xu
忺42曉嚴平咸開三廉纖平陰枚xiɛm
忱41禪侵平深開三侵尋平陽忱ʂiəm
忸40《集韻》女九切。尤侯上杻niəu
快27溪夬去蟹合二皆來去快kʻuai

5

怯37溪業入咸開三車遮入作上怯kʻiɛ
怙26匣姥上遇合一魚模去户xu
怖26滂暮去遇合一魚模去布pu
思19心之平止開三支思平陰斯sï
思20心志去止開三支思去似sï
恩28影痕平臻開一真文平陰恩Øən
怏18影漾去宕開三江陽去瀁Øiaŋ
性39心勁去梗開三庚青去性siəŋ
怎41《五音集韻》子吽切。侵尋上怎tsəm
怕36滂禡去假開二家麻去帕pʻa
怨31影願去山合三先天去院Øiuɛn
急22見緝入深開三齊微入作上吉ki
怒26泥暮去遇合一魚模去怒nu
怓32娘肴平效開二蕭豪平陽猱nau
怡21以之平止開三齊微平陽移Øi
怠27定海上蟹開一皆來去帶tai

6

恝27溪霽去蟹開四皆來去戒kiai
恃20禪止上止開三支思去是ʂï
恠28見怪去蟹合二皆來去怪kuai
恐17溪腫上通合三東鍾上孔kʻuŋ
恒38匣登平曾開一庚青平陽莖xəŋ
恭16見鍾平通合三東鍾平陰工kuŋ
恍18《集韻》虎晃切。江陽上謊xuaŋ
恬43定添平咸開四廉纖平陽甜tʻiɛm
恁41日寢上深開三侵尋去䭃Øiəm
息22心職入曾開三齊微入作上昔si
恰36溪洽入咸開二家麻入作上恰kʻia
恙18以漾去宕開三江陽去瀁Øiaŋ
恣20精至去止開三支思去字tsï
恨29匣恨去臻開一真文去恨xən
恕26書御去遇合三魚模去恕ʂiu

7

悖23並隊去蟹合一齊微去配pʻei
悟26疑暮去遇合一魚模去誤Øu
悄33清小上效開三蕭豪上悄tsʻiau
悍30匣翰去山開一寒山去旱xan
悃29溪混上臻合一真文上閫kʻuən
患30匣諫去山合二寒山去患xuan
悮26疑暮去遇合一魚模去誤Øu
悯39《正字通》滑永切。庚青上憫kiuəŋ
悔22曉賄上蟹合一齊微上悔xuei
悠39以尤平流開三尤侯平陽尤Øiəu
您41《字彙補》女禁切。侵尋上您niəm
悦37以薛入山合三車遮入作去月Øiuɛ
悌23定薺上蟹開四齊微去帝ti

定霽去蟹開四
悀17以腫上通合三東鍾上勇∅iuŋ
悛31清仙平山合三先天平陰痊ts‘iuɛn
悋29來震去臻開三真文去吝liən

8

惹37日馬上假開三車遮上惹ʐiɛ
情38從清平梗開三庚青平陽情ts‘iəŋ
悵19徹漾去宕開三江陽去唱tʂ‘iaŋ
惡26影暮去遇合一魚模去誤∅u
惡33影鐸入宕開一蕭豪入作去萼∅ɑu
惡35影鐸入宕開一歌戈入作去萼∅o
惜22心昔入梗開三齊微入作上昔si
惠23匣霽去蟹合四齊微去會xuei
惑21匣德入曾合一齊微入作平陽惑xuei
悽20清齊平蟹開四齊微平陰妻ts‘i
悲20幫脂平止開三齊微平陰杯pei
悼33定号去效開一蕭豪去道tɑu
悸22群至去止合三齊微去貴kuei
惟21以脂平止合三齊微平陽微vei
惆39徹尤平流開三尤侯平陽紬tʂ‘iəu
惛28曉魂平臻合一真文平陰昏xuən
悴23從至去止合三齊微去翠ts‘uei
惔42定敢上咸開一監咸去淡tam
定闞去咸開一
悾16溪東平通合一東鍾平陰空k‘uŋ
惋31影換去山合一桓歡去翫∅on

9

想18心養上宕開三江陽上想siaŋ
惰35定果上果合一歌戈去舵tuo
定過去果合一
感42見感上咸開一監咸上感kam
愞31泥換去山合一桓歡去愞non
愚24疑虞平遇合三魚模平陽魚∅iu
慍29影問去臻合三真文去醞∅iuən
惺38心靜上梗開三庚青上惺siəŋ
惺38心青平梗開四庚青平陰星siəŋ
愕33疑鐸入宕開一蕭豪入作去萼∅ɑu
愁39崇尤平流開三尤侯平陽愁tʂ‘əu
愀33清小上效開三蕭豪上悄ts‘iau
惶18匣唐平宕合一江陽平陽黃xuaŋ
愧22見至去止合三齊微去貴kuei
愆31溪仙平山開三先天平陰牽k‘iɛn
愈25以麌上遇合三魚模上語∅iu
愉24以虞平遇合三魚模平陽魚∅iu
愛27影代去蟹開一皆來去艾∅ai
惸38群清平梗合三庚青平陽瓊k‘iuəŋ
意23影志去止開三齊微去異∅i
慈19從之平止開三支思平陽慈ts‘ï
惲29影吻上臻合三真文去醞∅iuən
慨27溪代去蟹開一皆來去慨k‘ai
愍28明軫上臻開三真文上閔miən
惱33泥晧上效開一蕭豪上腦nɑu

10

慕26明暮去遇合一魚模去暮mu
慎29禪震去臻開三真文去腎ʂiən
愿31疑願去山合三先天去院∅iuɛn
慅33清号去效開一蕭豪去竈tsɑu
慥33清号去效開一蕭豪去糙ts‘ɑu

慆32透豪平效開一蕭豪平陰絛t'ɑu
愴19初漾去宕開三江陽去愴ts'aŋ
態27透代去蟹開一皆來去態t'ai

11

慧23匣霽去蟹合四齊微去會xuei
慚41從談平咸開一監咸平陽蠶ts'am
慱30定桓平山合一桓歡平陽團t'on
慳29溪山平山開二寒山平陰慳k'ian
憂39影尤平流開三尤侯平陰憂Øiəu
慮26來御去遇合三魚模去慮liu
慺39來侯平流開一尤侯平陽樓ləu
慢30明諫去山開二寒山去慢man
慟17定送去通合一東鍾去痛t'uŋ
慵16禪鍾平通合三東鍾平陽重tʂ'uŋ
憋37滂屑入山開四車遮入作上鼈piɛ
憨41曉談平咸開一監咸平陰憨xam
慰22影未去止合三齊微去胃Øuei
憀32來蕭平效開四蕭豪平陽寮liau
慘42清感上咸開一監咸上慘ts'am
慘42清感上咸開一監咸去慘ts'am
慣30見諫去山合二寒山去慣kuan

12

憊28並蟹上蟹開二皆來去拜pai
並怪去蟹開二
懂17端董上通合一東鍾上董tuŋ
憽16心東平通合一東鍾平陰鬆suŋ
憫28明軫上臻開三真文上閔miən
憚30定翰去山開一寒山去旦tan
憩23溪祭去蟹開三齊微去氣k'i
懊33影晧上效開一蕭豪上襖Øɑu
懊33影号去效開一蕭豪去奧Øɑu
憑38並蒸平曾開三庚青平陽平p'iəŋ
憐31來先平山開四先天平陽連liɛn
憎38精登平曾開一庚青平陰憎tsəŋ
憲31曉願去山開三先天去獻xiɛn

13

懃28群欣平臻開三真文平陽勤k'iən
憷25初語上遇合三魚模上楚tʂ'u
懋40明候去流開一尤侯去貿məu
懵17明董上通合一東鍾上蠓muŋ
憾42匣勘去咸開一監咸去憾xam
憸42心鹽平咸開三廉纖平陰纖siɛm
懇28溪很上臻開一真文上肯k'ən
懈27見卦去蟹開二皆來去懈xiai
懍41來寢上深開三侵尋上廩liəm
應39影證去曾開三庚青去暎Øiəŋ
應38影蒸平曾開三庚青平陰英Øiəŋ
憶24影職入曾開三齊微入作去逸Øi

14

懣29明慁去臻合一真文去悶mən
懣30明緩上山合一桓歡上滿mon
懕42影鹽平咸開三廉纖平陰淹Øiɛm
懦35泥過去果合一歌戈去糯nuo
懟23澄至去止合三齊微去墜tʂuei
懭39溪蕩上宕開一庚青上礦kuəŋ

15

懺42初鑑去咸開二監咸去懺tʂ'am
懲38澄蒸平曾開三庚青平陽澄tʂ'iəŋ

16

懶30來旱上山開一寒山上懶lan

懸31匣先平山合四先天平陽賢xiɛn

懷27匣皆平蟹合二皆來平陽懷xuai

17

懹18日漾去宕開三江陽去讓ʐ̧iaŋ

18

懿23影至去止開三齊微去異Øi

懼26群遇去遇合三魚模去鋸kiu

19

儸34來箇上果開一歌戈上裸luo

戀32來線去山合三先天去戀liuɛn

21

戇19同戇，陟降切。江陽去葬tsaŋ

爿（丬）部

5

牁34見歌平果開一歌戈平陰歌ko

7

將17精陽平宕開三江陽平陰漿ʦ‘iaŋ

將18精漾去宕開三江陽去匠tsiaŋ

13

牆18從陽平宕開三江陽平陽牆ʦ‘iaŋ

毋（母）部

母25明厚上流開一魚模上母mu

3

毐27影海上蟹開一皆來上靄Øai

4

毒25定沃入通合一魚模入作平陽獨tu

五畫

示（礻）部

示20船至去止開三支思去是ʂï

2

祁21群脂平止開三齊微平陽奇k‘i

3

社37禪馬上假開三車遮去舍ʂiɛ

祀20邪止上止開三支思去似sï

4

祆31曉先平山開四先天平陰軒xiɛn

祉19徹止上止開三支思上紙tʂï

祈21群微平止開三齊微平陽奇k‘i

祇21群支平止開三齊微平陽奇k‘i

5

祐40云宥去流開三尤侯去又Øiəu

祖25精姥上遇合一魚模上祖tsu

神28船真平臻開三真文平陽神ʂiən

祚26從暮去遇合一魚模去做tsu

祠19邪之平止開三支思平陽詞sï

祟23心至去止合三齊微去歲suei

6

祡27崇佳平蟹開二皆來平陽柴tʂ‘ai

祫35匣洽入咸開二家麻入作平陽狎xia

祭23精祭去蟹開三齊微去霽tsi

祥18邪陽平宕開三江陽平陽詳siaŋ

7

祲41精沁去深開三侵尋去浸tsiəm

8

禙36崇禡去假開二家麻去詐tʂa

禁40見侵平深開三侵尋平陰金kiəm

禁41見沁去深開三侵尋去禁kiəm

祼31見換去山合一桓歡去貫kon

禍35匣果上果合一歌戈去禍xuo

禄26來屋入通合一魚模入作去禄lu

9

禊23匣霽去蟹開四齊微去氣k'i

福25幫屋入通合三魚模入作上復fu

禎38知清平梗開三庚青平陰征tʂiəŋ

12

禫42定感上咸開一監咸上毯t'am

禪31禪仙平山開三先天平陽廛tʂ'iɛn

禪32禪線去山開三先天去扇ʂiɛn

禦25疑語上遇合三魚模上語Øiu

13

禮22來薺上蟹開四齊微上禮li

14

禱33端晧上效開一蕭豪上倒tɑu

禰22泥薺上蟹開四齊微上伱ni

襜42《集韻》都甘切。廉纖平陰襜tʂ'iɛm

17

禳18日陽平宕開三江陽平陽穰zʅaŋ

甘部

甘41見談平咸開一監咸平陰甘kam

5

甜43定添平咸開四廉纖平陽甜t'iɛm

石部

石21禪昔入梗開三齊微入作平陽實ʂi

2

矴39端徑去梗開四庚青去定tiəŋ

4

研31疑先平山開四先天平陽延Øiɛn

砑36疑禡去假開二家麻去亞Øia

砂35生麻平假開二家麻平陰沙ʂa

砍42溪感上咸開一監咸上砍k'am

砌23清霽去蟹開四齊微去砌ts'i

5

砧40知侵平深開三侵尋平陰針tʂiəm

砥19章紙上止開三支思上紙tʂï

章旨上止開三

破35滂過去果合一歌戈去破p'o

砲33《集韻》披教切。蕭豪去砲p'au

砮24泥模平遇合一魚模平陽奴nu

6

硎38匣青平梗開四庚青平陽行xiəŋ

7

硬39疑諍去梗開二庚青去暎Øiəŋ

硜38溪耕平梗開二庚青平陰輕k'iəŋ

硝32心宵平效開三蕭豪平陰蕭siau

硯32疑霰去山開四先天去硯Øiɛn

8

碕21群支平止開三齊微平陽奇k'i

群微平止開三

碓23端隊去蟹合一齊微去對tuei

碑20幫支平止開三齊微平陰杯pei

碎23心隊去蟹合一齊微去歲suei

9

碧22幫昔入梗合三齊微入作上必pi
碭19定宕去宕開一江陽去蕩taŋ
碣37群月入山開三車遮入作平陽傑kiɛ
群薛入山開三
磋35清過去果合一歌戈去銼ts'uo
磋34清歌平果開一歌戈平陰磋ts'uo
磁19從之平止開三支思平陽慈ts'ï
碯33泥晧上效開一蕭豪上腦nɑu

10

磊22來賄上蟹合一齊微上壘luei
磑23疑隊去蟹合一齊微去淚luei
磐30並桓平山合一桓歡平陽盤p'on
碾31娘獮上山開三先天上撚niɛn
磉18心蕩上宕開一江陽上顙saŋ

11

磬39溪徑去梗開四庚青去慶k'iəŋ
磡42溪勘去咸開一監咸去勘k'am
磚31章仙平山合三先天平陰專tʂiuɛn
磨34明戈平果合一歌戈平陽摩mo
磨35明過去果合一歌戈去磨mo
磲24群魚平遇合三魚模平陽渠k'iu
磣41初寢上深開三侵尋上磣tʂ'əm

12

磽32溪肴平效開二蕭豪平陰敲k'au
磾20端齊平蟹開四齊微平陰低ti
磻30並桓平山合一桓歡平陽盤p'on
磷28來真平臻開三真文平陽隣liən
磷29來震去臻開三真文去吝liən
磴39端嶝去曾開一庚青去鄧təŋ
磯20見微平止開三齊微平陰機ki

13

礎25初語上遇合三魚模上楚tʂ'u
礑42端敢上咸開一監咸上膽tam

14

礪23來祭去蟹開三齊微去利li
礦39見梗上梗合二庚青上礦kuəŋ

15

礬29並元平山合三寒山平陽煩fan

16

礱16來東平通合一東鍾平陽籠luŋ
礱17來送去通合一東鍾去弄luŋ

目部

目26明屋入通合三魚模入作去木mu

3

盲16明庚平梗開二東鍾平陽蒙muŋ
盲38明庚平梗開二庚青平陽盲məŋ

4

相18心陽平宕開三江陽平陰湘siaŋ
相18心漾去宕開三江陽去象siaŋ
眄31明銑上山開四先天上沔miɛn
眇33明小上效開三蕭豪上眇miau
省38生梗上梗開三庚青上惺siəŋ
省39生梗上梗開三庚青上省ʂəŋ
看30溪翰去山開一寒山去看k'an
看29溪寒平山開一寒山平陰刊k'an

眊33明号去效開一蕭豪去貎mɑu
盾29船準上臻合三真文上盾ʂiuən
盾29定混上臻合一真文去頓tuən
盼30滂襉去山開二寒山去盼p'an
眉21明脂平止開三齊微平陽梅mei

5

眚39生梗上梗開三庚青上省ʂəŋ
眂20端齊平蟹開四齊微平陰低ti
眩31匣霰去山合四先天去韗xiuɛn
眙21以之平止開三齊微平陽移Øi
眠31明先平山開四先天平陽眠miɛn

6

耆21《干祿字書》"耆"的俗字。
耆，群脂平止開三齊微平陽奇k'i
眦27崇卦去蟹開二皆來去寨tʂai
眺33透嘯去效開四蕭豪去糶t'iau
眵19昌支平止開三支思平陰眵tʂ'ï
眷32見線去山合三先天去眷kiuɛn
眯22明薺上蟹開四齊微上米mi
眼30疑産上山開二寒山上眼Øian
眸39明尤平流開三尤侯平陽繆miəu

7

眶17溪陽平宕合三江陽平陰匡k'uaŋ
睃34《篇海類編》先何切。歌戈平陰莎suo

8

睛38從清平梗開三庚青平陰精tsiəŋ
睦26明屋入通合三魚模入作去木mu
睫37精葉入咸開三車遮入作平陽捷tsiɛ
督25端沃入通合一魚模入作上督tu
睡23禪寘去止合三齊微去睡ʂuei
睢20心脂平止合三齊微平陰雖suei

9

瞍40心厚上流開一尤侯上叟səu

10

瞢16明東平通合三東鍾平陽蒙muŋ
瞋28昌真平臻開三真文平陰嗔tʂ'iən
瞎36曉鎋入山開二家麻入作上瞎xia
瞝19昌之平止開三支思平陰眵tʂ'ï
瞥38匣青平梗合四庚青平陽熒xiuəŋ

11

瞞30明桓平山合一桓歡平陽瞞mon
瞖23影霽去蟹開四齊微去異Øi
瞠38徹庚平梗開二庚青平陰鐺tʂ'əŋ
瞥37滂屑入山開四車遮入作上瞥p'iɛ
滂薛入山開三
瞰42溪闞去咸開一監咸去瞰k'iam

12

瞫41書寑上深開三侵尋上審ʂiəm
瞭33來篠上效開四蕭豪上了liau
瞶27以至去止合三皆來去外Øuai
瞬29書稕去臻合三真文上瞬ʂiuən
瞧32從宵平效開三蕭豪平陽樵ts'iau
瞳16定東平通合一東鍾平陽同t'uŋ

13

瞽25見姥上遇合一魚模上古ku
矇16明東平通合一東鍾平陽蒙muŋ
瞿24群虞平遇合三魚模平陽渠k'iu
瞅40俗字。尤侯上瞅tʂ'əu

瞻42章鹽平咸開三廉纖平陰瞻tʂiɛm

田部

田31定先平山開四先天平陽田t‘iɛn
由39以尤平流開三尤侯平陽尤Øiəu
甲36見狎入咸開二家麻入作上甲kia
申28書真平臻開三真文平陰申ʂiən

2

町39定迥上梗開四庚青上艇t‘iəŋ
甸31定霰去山開四先天去電tiɛn
男41泥覃平咸開一監咸平陽南nam

3

畀23幫至去止開三齊微去閉pi

4

畊38《玉篇・田部》“畊，古文耕字。”庚青平陰京kiəŋ
畏22影未去止合三齊微去胃Øuei
禺24疑虞平遇合三魚模平陽魚Øiu
畋31定先平山開四先天平陽田t‘iɛn
畈30幫願去山合三寒山去飯fan
界27見怪去蟹開二皆來去戒kiai
畝25明厚上流開一魚模上母mu

5

畢22幫質入臻開三齊微入作上必pi
留39來尤平流開三尤侯平陽劉liəu
留40來宥去流開三尤侯去溜liəu
畜25徹屋入通合三魚模入作上出tʂ‘iu
畔31並換去山合一桓歡去半pon
畚29幫混上臻合一真文上本pən

6

異23以志去止開三齊微去異Øi
畦21匣齊平蟹合四齊微平陽奚xi
略33來藥入宕開三蕭豪入作去略liau
略35來藥入宕開三歌戈入作去略lio

7

番29滂元平山合三寒山平陰番fan
番34幫戈平果合一歌戈平陰波po
畬24以魚平遇合三魚模平陽魚Øiu
畫27匣麥入梗合二皆來入作平陽畫xuai
畫36匣卦去蟹合二家麻去化xua

8

當17端唐平宕開一江陽平陰當taŋ
當19端宕去宕開一江陽去蕩taŋ
畹31影阮上山合三先天上遠Øiuɛn

10

畿21群微平止開三齊微平陽奇k‘i

12

疃30透緩上山合一桓歡上疃t‘on

14

疇39澄尤平流開三尤侯平陽紬tʂ‘iəu
疆17見陽平宕開三江陽平陰姜k‘iaŋ

17

疊37定帖入咸開四車遮入作平陽疊tiɛ

皿部

皿39明梗上梗開三庚青上茗miəŋ

3

盂24云虞平遇合三魚模平陽魚Øiu

4
瓫28並魂平臻合一真文平陽瓫p‘ən
盈38以清平梗開三庚青平陽盈∅iəŋ
5
盍34匣盍入咸開一歌戈入作平陽合xo
盎19影宕去宕開一江陽去盎∅aŋ
益23影昔入梗開三齊微入作去逸∅i
6
盔20溪灰平蟹合一齊微平陰魁k‘uei
盛38禪清平梗開三庚青平陽澄tʂ‘iəŋ
盛39禪勁去梗開三庚青去聖ʂiəŋ
盒34匣合入咸開一歌戈入作平陽合xo
盜33定号去效開一蕭豪去道tɑu
8
盟38明庚平梗開三庚青平陽明miəŋ
盞30莊產上山開二寒山上盞tʂan
9
監41見銜平咸開二監咸平陰監kiam
監42見鑑去咸開二監咸去鑑kiam
盡29從軫上臻開三真文去盡tsiən
10
盤30並桓平山合一桓歡平陽盤p‘on
11
盧24來模平遇合一魚模平陽盧liu
盥30見緩上山合一桓歡上盥xon
䃺34明戈平果合一歌戈平陽摩mo
12
盪19定蕩上宕開一江陽去盪t‘aŋ
13
盬25見姥上遇合一魚模上古ku
18
䰟31見先平山合四先天平陰鵑kiuɛn
19
鹽43以鹽平咸開三廉纖平陽鹽∅iɛm

生部

生38生庚平梗開二庚青平陰生ʂəŋ
6
產29生產上山開二寒山上產tʂ‘an
7
甦24《集韻》孫租切。魚模平陰蘇su
甥38生庚平梗開二庚青平陰生ʂəŋ

矢部

矢19書旨上止開三支思上史ʂï
2
矣21云止上止開三齊微上迤∅i
3
知20知支平止開三齊微平陰知tʂi
4
矩25見麌上遇合三魚模上舉kiu
7
短30端緩上山合一桓歡上短ton
矬34從戈平果合一歌戈平陽矬ts‘uo
8
矮27影蟹上蟹開二皆來上矮∅ai
12
蟜33見小上效開三蕭豪上皎kiau

矰38精登平曾開一庚青平陰憎tsəŋ

禾部

禾34匣戈平果合一歌戈平陽禾xuo

2

禿26透屋入通合一魚模入作上禿t'u
私19心脂平止開三支思平陰斯sï
秀40心宥去流開三尤侯去秀siəu

3

秉38幫梗上梗開三庚青上丙piəŋ

4

秬26群語上遇合三魚模去鋸kiu
秕22幫旨上止開三齊微上痞p'i
种16澄東平通合三東鍾平陰冲tʂ'uŋ
科34溪戈平果合一歌戈平陰科k'uo
秋39清尤平流開三尤侯平陰秋ts'iəu

5

秦28從真平臻開三真文平陽秦ts'iən
秤38昌證去曾開三庚青平陰稱tʂ'iəŋ
秤39昌證去曾開三庚青去稱tʂ'iəŋ
租24精模平遇合一魚模平陰租tsu
秧17影陽平宕開三江陽平陰鴦Øiaŋ
秩21澄質入臻開三齊微入作平陽直tʂi
秫25船術入臻合三魚模入作平陽贖ʂiu
秘23幫至去止開三齊微去閉pi

6

移21以支平止開三齊微平陽移Øi

7

稍33生巧上效開二蕭豪上稍ʂau
稈29見旱上山開一寒山上赶kan
程38澄清平梗開三庚青平陽澄tʂ'iəŋ
稀20曉微平止開三齊微平陰希xi
稅23書祭去蟹合三齊微去睡ʂuei
稊21定齊平蟹開四齊微平陽啼t'i
稂18來唐平宕開一江陽平陽郎laŋ

8

稜38來登平曾開一庚青平陽楞ləŋ
稚23澄至去止開三齊微去製tʂi
稗28並卦去蟹開二皆來去拜pai
稔41日寢上深開三侵尋上稔ʐiəm
稠39澄尤平流開三尤侯平陽紬tʂ'iəu

9

稌17曉唐平宕合一江陽平陰荒xuaŋ
稭26見皆平蟹開二皆來平陰皆kiai
種17章腫上通合三東鍾上腫tʂuŋ
種17章用去通合三東鍾去衆tʂuŋ
稖42影鹽平咸開三廉纖平陰淹Øiɛm
稱38昌蒸平曾開三庚青平陰稱tʂ'iəŋ
稱39昌證去曾開三庚青去稱tʂ'iəŋ

10

稹28章軫上臻開三真文上軫tʂiən
稽20見齊平蟹開四齊微平陰機ki
稷22精職入曾開三齊微入作上唧tsi
稻33定晧上效開一蕭豪去道tɑu
稼36見禡去假開二家麻去駕kia

11

積22精昔入梗開三齊微入作上唧tsi
穆26明屋入通合三魚模入作去木mu

12
穗23邪至去止合三齊微去歲suei
13
穡27生職入曾開三皆來入作上色ʂai
穢22影廢去蟹合三齊微去胃∅uei
穠16娘鍾平通合三東鍾平陽濃niuŋ
14
穩29影混上臻合一真文上穩∅uən
17
穰18日陽平宕開三江陽平陽穰ʐiaŋ
穰18日養上宕開三江陽上壤ʐiaŋ
19
穳30從桓平山合一桓歡平陽攢ts'on

白部
白27並陌入梗開二皆來入作平陽白pai
1
百27幫陌入梗開二皆來入作上伯pai
2
皁33從晧上效開一蕭豪去竈tsɑu
3
的22端錫入梗開四齊微入作上的ti
4
皇18匣唐平宕合一江陽平陽黄xuaŋ
皆26見皆平蟹開二皆來平陰皆kiai
6
皎33見篠上效開四蕭豪上皎kiau
7
皓33匣晧上效開一蕭豪去號xɑu
10
皚27疑咍平蟹開一皆來平陽騃∅ai
12
皤34並戈平果合一歌戈平陽婆p'o
皞33匣晧上效開一蕭豪去號xɑu
14
皭33《集韻》弋笑切。蕭豪去曜∅iau
15
皪23來錫入梗開四齊微入作去立li

瓜部
瓜35見麻平假合二家麻平陰瓜kua
8
瓠26匣暮去遇合一魚模去户xu
11
瓢32並宵平效開三蕭豪平陽瓢p'iau
17
瓤18日陽平宕開三江陽平陽穰ʐiaŋ

疒部
3
疝30生諫去山開二寒山去訕ʂan
疚40見宥去流開三尤侯上九kiəu
4
疣39云尤平流開三尤侯平陽尤∅iəu
疥27見怪去蟹開二皆來去戒kiai
疫24以昔入梗合三齊微入作去逸∅i
疢29徹震去臻開三真文去趁tʂ'iən
疤35幫麻平假開二家麻平陰巴pa

5

疳41見談平咸開一監咸平陰甘kam

疶37心薛入山開三車遮入作上屑siɛ

病39並映去梗開三庚青去病piəŋ

疽24《廣韻》七余切，《字彙》子余切。

魚模平陰疽tsiu

疾21從質入臻開三齊微入作平陽疾tsi

疹28章軫上臻開三真文上軫tʂiən

疲21並支平止開三齊微平陽脾p'i

疼38定冬平通合一庚青平陽藤t'əŋ

痂35見麻平假開二家麻平陰家kia

6

痍21以脂平止開三齊微平陽移Øi

疵19從支平止開三支思平陽慈ts'ï

痊31清仙平山合三先天平陰痊ts'iuɛn

痒18以養上宕開三江陽上養Øiaŋ

痕28匣痕平臻開一真文平陽痕xən

7

痞22並旨上止開三齊微上痞p'i

痟32心宵平效開三蕭豪平陰蕭siau

痢23來至去止開三齊微去利li

痾34影歌平果開一歌戈平陰阿Øo

痛17透送去通合一東鍾去痛t'uŋ

8

瘏24定模平遇合一魚模平陽徒t'u

瘂35影馬上假開二家麻上雅Øia

痳41來侵平深開三侵尋平陽林liəm

痲35明麻平假開二家麻平陽麻ma

痰41定談平咸開一監咸平陽覃t'am

痯30見緩上山合一桓歡上館kon

9

瘧33疑藥入宕開三蕭豪入作去虐ŋiau

瘧35疑藥入宕開三歌戈入作去虐nio

瘖39生梗上梗開三庚青上惺siəŋ

瘟28影魂平臻合一真文平陰温Øuən

瘍35溪曷入山開一歌戈入作上渴k'o

瘦40生宥去流開三尤侯去瘦ʂəu

瘖41影侵平深開三侵尋平陰音Øiəm

瘥34從歌平果開一歌戈平陰磋ts'uo

10

瘨31端先平山開四先天平陰顛tiɛn

瘞23影祭去蟹開三齊微去異Øi

瘢30並桓平山合一桓歡平陽盤p'on

瘡17初陽平宕開三江陽平陰窗tʂ'uaŋ

瘤39來尤平流開三尤侯平陽劉liəu

11

瘻40來候去流開一尤侯去漏ləu

瘴18章漾去宕開三江陽去帳tʂiaŋ

瘵27莊怪去蟹開二皆來去寨tʂai

癃16來東平通合三東鍾平陽龍liuŋ

瘸37群戈平果合三車遮平陽瘸k'iuɛ

瘳39徹尤平流開三尤侯平陰抽tʂ'iəu

瘮41生寑上深開三侵尋上碜tʂ'əm

12

癘23來祭去蟹開三齊微去利li

療33來笑去效開三蕭豪去料liau

癇29匣山平山開二寒山平陽閑xian

癉29端寒平山開一寒山上癉tan

癉35端箇去果開一歌戈去舵tuo

13

癤37精屑入山開四車遮入作上節tsiɛ

14

癡20徹之平止開三齊微平陰笞tʂʻi

癧23來錫入梗開四齊微入作去立li

16

癩27來泰去蟹開一皆來去賴lai

17

癭39影靜上梗開三庚青上影∅iəŋ

癬31心獮上山開三先天上鮮siɛn

18

癰16影鍾平通合三東鍾平陰翁∅uŋ

立部

立23來緝入深開三齊微入作去立li

5

站42知陷去咸開二監咸去蘸tʂam

澄陷去咸開二

竚26澄語上遇合三魚模去注tʂiu

6

章17章陽平宕開三江陽平陰章tʂiaŋ

竟39見映去梗開三庚青去敬kiəŋ

7

竦17心腫上通合三東鍾上聳siuŋ

童16定東平通合一東鍾平陽同tʻuŋ

8

竪26禪麌上遇合三魚模去恕ʂiu

9

竭37群月入山開三車遮入作平陽傑kiɛ

群薛入山開三

端30端桓平山合一桓歡平陰端ton

15

競39群映去梗開三庚青去敬kiəŋ

穴部

穴37匣屑入山合四車遮入作平陽協xiɛ

2

究40見宥去流開三尤侯去臼kiəu

3

空16溪東平通合一東鍾平陰空kʻuŋ

空16溪送去通合一東鍾去控kʻuŋ

穹17溪東平通合三東鍾平陰穹kʻiuŋ

4

穽39從靜上梗開三庚青去净tsiəŋ

從勁去梗開三

突25定沒入臻合一魚模入作平陽獨tu

穿31昌仙平山合三先天平陰川tʂʻiuɛn

穿32昌線去山合三先天去穿tʂʻiuɛn

5

窄27莊陌入梗開二皆來入作上責tʂai

窌40來宥去流開三尤侯去溜liəu

6

窑32以宵平效開三蕭豪平陽遥∅iau

窕33定篠上效開四蕭豪上挑tʻiau

7

窖33見效去效開二蕭豪去窖kau

牕17初江平江開二江陽平陰窗tʂʻuaŋ

窘29群軫上臻合三真文上窘kiuən

8

窠34溪戈平果合一歌戈平陰科k'uo

窩34影戈平果合一歌戈平陰窩Øuo

窞42定感上咸開一監咸上毯t'am

窟25溪没入臻合一魚模入作上哭k'u

9

窬24以虞平遇合三魚模平陽魚Øiu

窨41影沁去深開三侵尋去廕Øiəm

窪35影麻平假合二家麻平陰蛙Øua

10

窮16群東平通合三東鍾平陽窮k'iuŋ

11

窺20溪支平止合三齊微平陰魁k'uei

窵33端嘯去效開四蕭豪去釣tiau

窿16來東平通合三東鍾平陽龍liuŋ

13

竄31清換去山合一桓歡去竄ts'on

竅33溪嘯去效開四蕭豪去竅k'iau

15

竇40定候去流開一尤侯去豆təu

16

竈33精号去效開一蕭豪去竈tsɑu

17

竊37清屑入山開四車遮入作上切ts'iɛ

疋（⺪）部

7

疏24生魚平遇合三魚模平陰梳ʂu

疏26生御去遇合三魚模去數ʂu

9

疑21疑之平止開三齊微平陽移Øi

皮部

皮21並支平止開三齊微平陽裴p'ei

7

皵37邪薛入山合三車遮入作平陽皵siuɛ

皴28清諄平臻合三真文平陰逡ts'iuən

9

皸28見文平臻合三真文平陰君kiuən

10

皺40莊宥去流開三尤侯去皺tʂəu

18

皾31見銑上山開四先天上蹇kiɛn

癶部

4

癸22見旨上止合三齊微上鬼kuei

7

登38端登平曾開一庚青平陰登təŋ

發36幫月入山合三家麻入作上法fa

矛部

矛39明尤平流開三尤侯平陽繆miəu

4

矜38見蒸平曾開三庚青平陰京kiəŋ

5

務26明遇去遇合三魚模去務vu

7
矟33生覺入江開二蕭豪入作上朔ʂau
稄40清侵平深開三侵尋平陰駸tsiəm
12
穜16昌鍾平通合三東鍾平陰冲tʂ‘uŋ
19
穳30精緩上山合一桓歡上纂tson

六畫

末部

耒23來隊去蟹合一齊微去淚luei
3
耔19《廣韻》即里切。支思平陰髭tsï
4
耘28云文平臻合三真文平陽雲Øiuən
耗33曉号去效開一蕭豪去號xɑu
5
耜20邪止上止開三支思去似sï
9
耦40疑厚上流開一尤侯上藕Øəu
10
耨40泥候去流開一尤侯去耨nəu
15
耰39影尤平流開三尤侯平陰憂Øiəu

老（耂）部

老33來晧上效開一蕭豪上老lɑu
2
考33溪晧上效開一蕭豪上考k‘ɑu
4
者37章馬上假開三車遮上者tʂiɛ
耄33明号去效開一蕭豪去貌mɑu
5
耇40見厚上流開一尤侯上狗kəu

耳部

耳19日止上止開三支思上爾ʐï
2
耶37以麻平假開三車遮平陽爺Øiɛ
4
耻22徹止上止開三齊微上恥tʂ‘i
耿38見耿上梗開二庚青上景kiəŋ
耽41端覃平咸開一監咸平陰擔tam
5
聃41透談平咸開一監咸平陰擔tam
聆38來青平梗開四庚青平陽靈liəŋ
聊32來蕭平效開四蕭豪平陽寮liau
6
聒35見末入山合一歌戈入作上聒kuo
7
聘39滂勁去梗開三庚青去娉p‘iəŋ
聖39書勁去梗開三庚青去聖ʂiəŋ
8
聚26從麌上遇合三魚模去聚tsiu
從遇去遇合三
9
聰16清東平通合一東鍾平陰匆ts‘uŋ
10

聱32疑肴平效開二蕭豪平陽鼇ŋɑu
疑豪平效開一

11

聳17心腫上通合三東鍾上聳siuŋ
聲38書清平梗開三庚青平陰聲ʂiəŋ
聯31來仙平山開三先天平陽聯liuɛn

12

聶37娘葉入咸開三車遮入作去揑niɛ

16

聽38透青平梗開四庚青平陰汀t'iəŋ
聽39透徑去梗開四庚青去聽t'iəŋ
聾16來東平通合一東鍾平陽籠luŋ

臣部

臣28禪真平臻開三真文平陽陳tʂ'iən

2

臥35疑過去果合一歌戈去臥Øuo
臧17清唐平宕開一江陽平陰贓tsaŋ

11

臨41來侵平深開三侵尋平陽林liəm
臨41來沁去深開三侵尋去臨liəm

襾（覀西）部

西20心齊平蟹開四齊微平陰西si

3

要32影宵平效開三蕭豪平陰邀Øiau
要33影笑去效開三蕭豪去曜Øiau

6

覃41定覃平咸開一監咸平陽覃t'am

12

覆25滂屋入通合三魚模入作上復fu
覆33並宥去流開三蕭豪去覆fɑu
滂宥去流開三

13

覇36幫禡去假開二家麻去罷pa

而部

而19日之平止開三支思平陽兒ʐï

3

耑30端桓平山合一桓歡平陰端ton
耍36生馬上假合二家麻上耍ʂua
耐27泥代去蟹開一皆來去柰nai

至部

至20章至去止開三支思去志tʂï

3

致23知至去止開三齊微去製tʂi

8

臺27定咍平蟹開一皆來平陽臺t'ai

10

臻28莊臻平臻開三真文平陰榛tʂən

虍（虎）部

虎25曉姥上遇合一魚模上虎xu

2

虓32曉肴平效開二蕭豪平陰哮xau

3

虐33疑藥入宕開三蕭豪入作去虐ŋiau

虐35疑藥入宕開三歌戈入作去虐nio
彪39幫幽平流開三尤侯平陰彪piəu

4

虔31群仙平山開三先天平陽乾k'iɛn

5

處25昌語上遇合三魚模上杵tʂ'iu
處26昌御去遇合三魚模去處tʂ'iu
號32匣豪平效開一蕭豪平陽豪xɑu
號33匣号去效開一蕭豪去號xɑu

6

虛24曉魚平遇合三魚模平陰虛xiu
虜25來姥上遇合一魚模上魯lu

7

虞24疑虞平遇合三魚模平陽魚Øiu

11

虧20溪支平止合三齊微平陰魁k'uei

虫部

1

虬39群尤平流開三尤侯平陽求k'iəu

3

虹16匣東平通合一東鍾平陽紅xuŋ
虹18見絳去江開二江陽去絳kiaŋ
虺22曉尾上止合三齊微上悔xuei
虵21以支平止開三齊微平陽移Øi
蚤33精晧上效開一蕭豪上早tsɑu

4

蚨24並虞平遇合三魚模平陽扶fu
蚖30疑桓平山合一桓歡平陽丸Øon
蚌19並講上江開二江陽去謗paŋ
蚩20昌之平止開三齊微平陰笞tʂ'i
蚋23《集韻》儒税切。齊微去蚋ʐuei
蚣16見東平通合一東鍾平陰工kuŋ
蚊28明文平臻合三真文平陽文vən
蚪40端厚上流開一尤侯上斗təu
蚓28以軫上臻開三真文上隱Øiən

5

蛄24見模平遇合一魚模平陰孤ku
蛆24清魚平遇合三魚模平陰蛆ts'iu
蚰39以尤平流開三尤侯平陽尤Øiəu
蛉38來青平梗開四庚青平陽靈liəŋ
蛇37船麻平假開三車遮平陽蛇ʂiɛ

6

蛙35影佳平蟹合二家麻平陰蛙Øua
影麻平假合二
蛩16群鍾平通合三東鍾平陽窮k'iuŋ
蛛24知虞平遇合三魚模平陰諸tʂiu
蜓38定青平梗開四庚青平陽亭t'iəŋ
蜒31以仙平山開三先天平陽延Øiɛn
蛤35見合入咸開一歌戈入作上葛ko
蛟32見肴平效開二蕭豪平陰交kau
蜜23明質入臻開三齊微入作去覓mi

7

蜃29禪軫上臻開三真文上哂ʂiən
蜹23日祭去蟹合三齊微去蚋ʐuei
蛸32心宵平效開三蕭豪平陰蕭siau
蜈24疑模平遇合一魚模平陽吾Øu
蜊21來脂平止開三齊微平陽黎li

蛾34疑歌平果開一歌戈平陽哦ŋo
蜍24禪魚平遇合三魚模平陽除tʂʻiu
蜂16滂東平通合一東鍾平陰風fuŋ
蜕23書祭去蟹合三齊微去退tʻuei

8

蝀17端董上通合一東鍾去洞tuŋ
蜾34見果上果合一歌戈上果kuo
蝕21船職入曾開三齊微入作平陽實ʂi
蝸35見麻平假合二家麻平陰蛙Øua
蜘20知支平止開三齊微平陰知tʂi
蜩32定蕭平效開四蕭豪平陽迢tʻiau
蜿30影桓平山合一桓歡平陰剜Øon
蜿31影元平山合三先天平陰淵Øiuɛn
蜢17明梗上梗開二東鍾上蠓muŋ
蜢39明梗上梗開二庚青上艋məŋ
螂18來唐平宕開一江陽平陽郎laŋ

9

蝶37定帖入咸開四車遮入作平陽疊tiɛ
蝠25幫屋入通合三魚模入作上復fu
蝦35匣麻平假開二家麻平陰蝦xia
蝎37《字彙》許謁切。車遮入作上血xiɛ
蝟22云未去止合三齊微去胃Øuei
蝌34溪戈平果合一歌戈平陰科kʻuo
蝗18匣唐平宕合一江陽平陽黃xuaŋ
蝣39以尤平流開三尤侯平陽尤Øiəu
蜣17溪陽平宕開三江陽平陰腔kʻiaŋ
蝥32明肴平效開二蕭豪平陽毛mɑu

10

蟆35明麻平假開二家麻平陽麻ma
融16以東平通合三東鍾平陽容Øiuŋ
蟒18明蕩上宕開一江陽上蟒maŋ
螄19生脂平止開三支思平陰施ʂï
螭20徹支平止開三齊微平陰笞tʂʻi
螢38匣青平梗合四庚青平陽盈Øiəŋ
螟38明青平梗開四庚青平陽明miəŋ

11

螬32從豪平效開一蕭豪平陽曹tsʻɑu
螺34來戈平果合一歌戈平陽羅luo
蟊39明尤平流開三尤侯平陽繆miəu
蠁18曉養上宕開三江陽上響xiaŋ
螿17精陽平宕開三江陽平陰漿tsʻiaŋ

12

蠘37云月入山合三車遮入作去月Øiuɛ
蟢22曉止上止開三齊微上喜xi
蠆27徹夬去蟹開二皆來去寨tʂai
蟫41以侵平深開三侵尋平陽吟Øiəm
蟲16澄東平通合三東鍾平陽重tʂʻuŋ
蟬31禪仙平山開三先天平陽廛tʂʻiɛn
蟠30並元平山合三桓歡平陽盤pʻon
蟣21見尾上止開三齊微上蟣ki

13

蟶38徹清平梗開三庚青平陰稱tʂʻiəŋ
蠓17明東上通合一東鍾上蠓muŋ
蠅38以蒸平曾開三庚青平陽盈Øiəŋ
蟾43禪鹽平咸開三廉纖平陽蟾tʂʻiɛm
蟹27匣蟹上蟹開二皆來上駭xiai
蟻21疑紙上止開三齊微上迤Øi

15

蠢29昌準上臻合三真文上蠢tʂ‘iuən
蠜29並元平山合三寒山平陽煩fan
蠡22來薺上蟹開四齊微上禮li
蠡34來戈平果合一歌戈平陽羅luo
蠟36來盍入咸開一家麻入作去臘la
16
蠹26端暮去遇合一魚模去杜tu
17
蠱25見姥上遇合一魚模上古ku
18
蠶41從覃平咸開一監咸平陽蠶ts‘am
19
蠻29明删平山開二寒山平陽蠻man

网（罒冈）部
3
罕30曉旱上山開一寒山上罕øan
罔18明養上宕合三江陽上罔vaŋ
5
罟25見姥上遇合一魚模上古ku
罝36精麻平假開三車遮平陰嗟tsiɛ
7
罥32見霰去山合四先天去眷kiuɛn
8
署26禪御去遇合三魚模去恕ʂiu
置23知志去止開三齊微去製tʂi
罧41生沁去深開三侵尋去滲ʂəm
罪23從賄上蟹合一齊微去罪tsuei
罩33知效去效開二蕭豪去罩tʂau
蜀25禪燭入通合三魚模入作平陽淑ʂu
9
罳19心之平止開三支思平陰斯sï
罰35並月入山合三家麻入作平陽乏fa
10
罶40來有上流開三尤侯上柳liəu
罷36並蟹上蟹開二家麻去罷pa
12
罾33來嘯去效開四蕭豪去料liau
罾38精登平曾開一庚青平陰憎tsəŋ
14
羆21幫支平止開三齊微平陽脾p‘i
羅34來歌平果開一歌戈平陽羅luo
17
羈20見支平止開三齊微平陰機ki
19
羈20見支平止開三齊微平陰機ki

肉部
肉40日屋入通合三尤侯入作去肉ʐiəu
6
胔20從寘去止開三支思去字tsï
19
臡21泥齊平蟹開四齊微平陽泥ni
臠31來獮上山合三先天上臠liuɛn

缶部
缶33幫有上流開三蕭豪上缶fau
3

缸17見唐平宕開一江陽平陰岡kaŋ

4

缺37溪屑入山合四車遮入作上闕k'iuɛ

溪薛入山合三

11

罄39溪徑去梗開四庚青去慶k'iəŋ

罅36曉禡去假開二家麻去下xia

15

罍21來灰平蟹合一齊微平陽雷luei

16

罏24來模平遇合一魚模平陽盧liu

舌部

舌37船薛入山開三車遮入作平陽折ʂiɛ

2

舍37書馬上假開三車遮上捨ʂiɛ

舍37書禡去假開三車遮去舍ʂiɛ

4

舲41群沁去深開三侵尋去禁kiəm

6

舒24書魚平遇合三魚模平陰書ʂiu

8

舔43透忝上咸開四廉纖上忝t'iɛm

竹（⺮）部

竹40知屋入通合三尤侯入作上竹tʂiəu

竹25知屋入通合三魚模入作上築tʂiu

3

竿29見寒平山開一寒山平陰干kan

竽24云虞平遇合三魚模平陽魚Øiu

笈36初洽入咸開二家麻入作上笈tʂ'a

4

笄20見齊平蟹開四齊微平陰機ki

笓23並齊平蟹開四齊微去閉pi

笑33心笑去效開三蕭豪去笑siau

笊33莊效去效開二蕭豪去罩tʂau

笏25曉没入臻合一魚模入作上笏xu

笆35幫麻平假開二家麻平陰巴pa

5

笻16群鍾平通合三東鍾平陽窮k'iuŋ

笛21定錫入梗開四齊微入作平陽荻ti

笙38生庚平梗開二庚青平陰生ʂəŋ

符24並虞平遇合三魚模平陽扶fu

笠23來緝入深開三齊微入作去立li

笥20心志去止開三支思去似sï

第23定霽去蟹開四齊微去帝ti

笳35見麻平假開二家麻平陰家kia

笞20徹之平止開三齊微平陰笞tʂ'i

6

筐17溪陽平宕合三江陽平陰匡k'uaŋ

等39端等上曾開一庚青上等təŋ

策27初麥入梗開二皆來入作上策ts'ai

筒17定東平通合一東鍾平陽同t'uŋ

筅31心銑上山開四先天上鮮siɛn

筏35並月入山合三家麻入作平陽乏fa

筝38莊耕平梗開二庚青平陰箏tʂəŋ

筵31以仙平山開三先天平陽延Øiɛn

筌31清仙平山合三先天平陰痊ts'iuɛn

笒36端合入咸開一家麻入作上答ta
筋28見欣平臻開三真文平陰巾kiən
筍29心準上臻合三真文上筍siuən
筊33見巧上效開二蕭豪上狡kau
筆22幫質入臻開三齊微入作上筆pei

7

筮20禪祭去蟹開三支思去是ʂï
筭31心換去山合一桓歡去筭son
筠28云真平臻合三真文平陽雲øiuən
筲32生肴平效開二蕭豪平陰梢ʂau
筧31見銑上山開四先天上䁆kiɛn
節37精屑入山開四車遮入作上節tsiɛ

8

箕20見之平止開三齊微平陰機ki
箬33日藥入宕開三蕭豪入作去弱ʐiau
箖41來侵平深開三侵尋平陽林liəm
箳43《漢語大字典》同罨。罨，
影琰上咸開三廉纖去艷øiɛm
箋31精先平山開四先天平陰煎tsiɛn
箇35見箇去果開一歌戈去箇ko
箠22章紙上止合三齊微上捶tʂuei
箔32並鐸入宕合一蕭豪入作平陽薄pɑu
箔34並鐸入宕合一歌戈入作平陽薄po
管30見緩上山合一桓歡上館kon
箒40章有上流開三尤侯上肘tʂiəu

9

箧37溪帖入咸開四車遮入作上怯k'iɛ
範30並范上咸合三寒山去飯fan
箱17心陽平宕開三江陽平陰湘siaŋ
箴40章侵平深開三侵尋平陰針tʂiəm
篁18匣唐平宕合一江陽平陽黄xuaŋ
篌39匣侯平流開一尤侯平陽侯xəu
篕34從歌平果開一歌戈平陽矬ts'uo
箭32精線去山開三先天去箭tsiɛn
篨24澄魚平遇合三魚模平陽除tʂ'iu
篇31滂仙平山開三先天平陰篇p'iɛn

10

篝39見侯平流開一尤侯平陰鈎kəu
蓁28從真平臻開三真文平陽秦ts'iən
篤25端沃入通合一魚模入作上督tu
篢17《蕲春語》方音。東鍾上篢luŋ
築25知屋入通合三魚模入作上築tʂiu
篡30初諫去山合二寒山去篡tʂ'uan
篳22幫質入臻開三齊微入作上必pi
篠33心篠上效開四蕭豪上小siau
篩27生脂平止開三皆來平陰篩ʂai
生佳平蟹開二
篦20幫齊平蟹開四齊微平陰篦pi
篪21澄支平止開三齊微平陽池tʂ'i
篷17並東平通合一東鍾平陽蓬p'uŋ
篘39初尤平流開三尤侯平陰篘tʂ'əu
簑34心戈平果合一歌戈平陰莎suo
篙32見豪平效開一蕭豪平陰高kɑu

11

簀27莊麥入梗開二皆來入作上責tʂai
簧18匣唐平宕合一江陽平陽黄xuaŋ
簍40來厚上流開一尤侯上摟ləu
篾37明屑入山開四車遮入作去滅miɛ

篼39端侯平流開一尤侯平陰兜təu
簇26清屋入通合一魚模入作上簇ts'u
簰27並佳平蟹開二皆來平陽排p'ai
簋22見旨上止合三齊微上鬼kuei
篸41精覃平咸開一監咸平陰簪tsam

12

簪40莊侵平深開三侵尋平陰簪tʂəm
簪41精覃平咸開一監咸平陰簪tsam
簡29見産上山開二寒山上簡kian
簣23群至去止合三齊微去簣k'uei
簞29端寒平山開一寒山平陰丹tan
簦38端登平曾開一庚青平陰登təŋ

13

簸35幫果上果合一歌戈上跛po
簸35幫過去果合一歌戈去簸po
簳29見旱上山開一寒山上赶kan
籀40澄宥去流開三尤侯去晝tʂiəu
簹17端唐平宕開一江陽平陰當taŋ
簷43以鹽平咸開三廉纖平陽鹽Øiɛm
簾43來鹽平咸開三廉纖平陽廉liɛm
簿26並姥上遇合一魚模去布pu
簫32心蕭平效開四蕭豪平陰蕭siau

14

籉27定咍平蟹開一皆來平陽臺t'ai
籌39澄尤平流開三尤侯平陽紬tʂ'iəu
籃41來談平咸開一監咸平陽婪lam

15

籖42清鹽平咸開三廉纖平陰僉ts'iɛm

16

籟27來泰去蟹開一皆來去賴lai
籧24群魚平遇合三魚模平陽渠k'iu
籛31精先平山開四先天平陰煎tsiɛn
籙26來燭入通合三魚模入作去録liu
籠16來東平通合一東鍾平陽籠luŋ

18

籩31幫先平山開四先天平陰邊piɛn
籬21來支平止開三齊微平陽黎li

19

籮34來歌平果開一歌戈平陽羅luo

臼部

臼40群有上流開三尤侯去臼kiəu

2

臾24以虞平遇合三魚模平陽魚Øiu

3

舁24以魚平遇合三魚模平陽魚Øiu

4

舀33以小上效開三蕭豪上杳Øiau

5

舂16書鍾平通合三東鍾平陰冲tʂ'uŋ

7

舅40群有上流開三尤侯去臼kiəu

9

舉25見語上遇合三魚模上舉kiu

12

舊40群宥去流開三尤侯去臼kiəu

自部

自20從至去止開三支思去字tsï

4

臬37疑屑入山開四車遮入作去揑niɛ

臭40昌宥去流開三尤侯去臭tʂ'iəu

6

皋32見豪平效開一蕭豪平陰高kɑu

血部

血37曉屑入山合四車遮入作上血xiɛ

6

衆17章送去通合三東鍾去衆tʂuŋ

舟部

舟39章尤平流開三尤侯平陰周tʂiəu

2

舠32端豪平效開一蕭豪平陰刀tɑu

4

般29幫刪平山開二寒山平陰斑pan

般30幫桓平山合一桓歡平陰搬pon

般30並桓平山合一桓歡平陽盤p'on

航18匣唐平宕開一江陽平陽杭xaŋ

舫18幫漾去宕合三江陽上舫faŋ

5

舸34見哿上果開一歌戈上舸ko

舶27並陌入梗開二皆來入作平陽白pai

船31船仙平山合三先天平陽船tʂ'iuɛn

舷31匣先平山開四先天平陽賢xiɛn

舵35定哿上果開一歌戈去舵tuo

6

艇39定迴上梗開四庚青上艇t'iəŋ

8

艌43泥㮇去咸開四廉纖去念niɛm

艋17明梗上梗開二東鍾上蠓muŋ

艋39明梗上梗開二庚青上艋məŋ

9

艎18匣唐平宕合一江陽平陽黃xuaŋ

艘32心豪平效開一蕭豪平陰騷sɑu

艖35初麻平假開二家麻平陰叉tʂ'a

艑31並銑上山開四先天上貶piɛn

11

艛39來侯平流開一尤侯平陽樓ləu

12

艟16昌鍾平通合三東鍾平陰冲tʂ'uŋ

13

艤21疑紙上止開三齊微上迤∅i

14

艦42匣檻上咸開二監咸去轞xiam

16

艫24來模平遇合一魚模平陽盧liu

18

艭17生江平江開二江陽平陰雙ʂuaŋ

色部

色27生職入曾開三皆來入作上色ʂai

18

豔43以豔去咸開三廉纖去豔∅iɛm

衣（衤）部

衣20影微平止開三齊微平陰衣ØI

3

衲36泥合入咸開一家麻入作去納na
衫41生銜平咸開二監咸平陰杉ʂam

4

衰20初支平止合三齊微平陰崔ts‘uei
衰27生脂平止合三皆來平陰衰ʂuai
衷16知東平通合三東鍾平陰鍾tʂuŋ
衽41日沁去深開三侵尋上稔ʐiəm
衽41日沁去深開三侵尋去任ʐiəm
衾41溪侵平深開三侵尋平陰欽k‘iəm
衮29見混上臻合一真文上衮kuən
袂23明祭去蟹開三齊微去妹mei
衿40見侵平深開三侵尋平陰金kiəm

5

袒30定旱上山開一寒山上坦t‘an
袖40邪宥去流開三尤侯去秀siəu
袋27定代去蟹開一皆來去帶tai
被23並紙上止開三齊微去背pei
　並寘去止開三
袍32並豪平效開一蕭豪平陽袍p‘ɑu
袈35見麻平假開二家麻平陰家kia

6

裁27從咍平蟹開一皆來平陽才ts‘ai
裂37來薛入山開三車遮入作去裂liɛ
袱25並屋入通合三魚模入作平陽復fu

7

補25幫姥上遇合一魚模上補pu
裘39群尤平流開三尤侯平陽求k‘iəu
裝17莊陽平宕開三江陽平陰莊tʂuaŋ
裏22來止上止開三齊微上禮li
裔23以祭去蟹開三齊微去異Øi
裊33《字彙》尼了切。蕭豪上裊niau
裒39並侯平流開一尤侯平陽抔p‘əu
裕26以遇去遇合三魚模去御Øiu
裙28群文平臻合三真文平陽裙k‘iuən
裟35生麻平假開二家麻平陰沙ʂa

8

裹34見果上果合一歌戈上果kuo
褚25徹語上遇合三魚模上杵tʂ‘iu
裴21並灰平蟹合一齊微平陽裴p‘ei
裸34來果上果合一歌戈上裸luo
裳18禪陽平宕開三江陽平陽長tʂ‘iaŋ
製23章祭去蟹開三齊微去製tʂi
裾24見魚平遇合三魚模平陰居kiu
裩28同褌。褌，見魂平臻合一
　真文平陰鯤kuən

9

褒32幫豪平效開一蕭豪平陰褒pɑu
褓33幫晧上效開一蕭豪上寶pɑu
褪29泥慁去臻合一真文去褪t‘uən

10

褥26日燭入通合三魚模入作去辱ʐiu
褥40泥沃入通合一尤侯入作去肉ʐiəu
　日燭入通合三
褭33泥篠上效開四蕭豪上裊niau
褰31溪仙平山開三先天平陰牽k‘iɛn

11

襄17心陽平宕開三江陽平陰湘siaŋ
褻37心薛入山開三車遮入作上屑siɛ
褶37禪緝入深開三車遮入作上哲tʂiɛ
12
橈32日宵平效開三蕭豪平陽饒ʐiau
襖33影晧上效開一蕭豪上襖Øɑu
襍35匣箇去果開一歌戈去賀xo
13
襟40見侵平深開三侵尋平陰金kiəm
襠17端唐平宕開一江陽平陰當taŋ
14
襪36明月入山合三家麻入作去襪va
襦24日虞平遇合三魚模平陽如ʐiu
16
褱27匣皆平蟹合二皆來平陽懷xuai
襯29初焮去臻開三真文去襯tʂ'ən
襲21邪緝入深開三齊微入作平陽夕si
17
襴29《集韻》郎干切。寒山平陽闌lan
19
襻30滂諫去山開二寒山去盼p'an

羊（𦍌⺷）部
羊18以陽平宕開三江陽平陽陽Øiaŋ
1
羌17溪陽平宕開三江陽平陰腔k'iaŋ
3
美21明旨上止開三齊微上浼mei
羑40以有上流開三尤侯上有Øiəu
4
羖25見姥上遇合一魚模上古ku
羔32見豪平效開一蕭豪平陰高kɑu
羞39心尤平流開三尤侯平陰脩siəu
5
羝20端齊平蟹開四齊微平陰低ti
着32澄藥入宕開三蕭豪入作平陽着tʂiau
着34澄藥入宕開三歌戈入作平陽着tʂio
羕18以漾去宕開三江陽去瀁Øiaŋ
7
義23疑寘去止開三齊微去異Øi
羨32邪線去山開三先天去線siɛn
羣28群文平臻合三真文平陽裙k'iuən
10
羲20曉支平止開三齊微平陰希xi
13
羶31書仙平山開三先天平陰羶ʂiɛn
羹38見庚平梗開二庚青平陰京kiəŋ

米部
米22明薺上蟹開四齊微上米mi
2
糸23定錫入梗開四齊微去謎mi
4
粉29幫吻上臻合三真文上粉fən
5
粘42娘鹽平咸開三廉纖平陰瞻tʂiɛm
粗24《集韻》聰徂切。魚模平陰粗ts'u
粕35滂鐸入宕合一歌戈入作上潑p'o

粒23來緝入深開三齊微入作去立li

6

粟25心燭入通合三魚模入作上粟siu
粧17莊陽平宕開三江陽平陰莊tʂuaŋ
粥25章屋入通合三魚模入作上築tʂiu
粥40章屋入通合三尤侯入作上竹tʂiəu

7

粳38見庚平梗開二庚青平陰京kiəŋ
粲30清翰去山開一寒山去粲ts'an
粮18來陽平宕開三江陽平陽粮liaŋ
粱18來陽平宕開三江陽平陽粮liaŋ

8

精38精清平梗開三庚青平陰精tsiəŋ
粹23心至去止合三齊微去歲suei
粽17精送去通合一東鍾去縱tsiuŋ

9

糊24匣模平遇合一魚模平陽胡xu

10

糙33清号去效開一蕭豪去糙ts'ɑu
糖18定唐平宕開一江陽平陽唐t'aŋ
糕32見豪平效開一蕭豪平陰高kɑu

11

糟32精豪平效開一蕭豪平陰遭tsɑu
糞29幫問去臻合三真文去忿fən
糜21明支平止開三齊微平陽梅mei
糠17溪唐平宕開一江陽平陰康k'aŋ
糝42心感上咸開一監咸上糝sam

12

糨18群漾去宕開三江陽去絳kiaŋ

14

糲36來曷入山開一家麻入作去臘la
糯35泥過去果合一歌戈去糯nuo

16

糴21定錫入梗開四齊微入作平陽荻ti

19

糳33精鐸入宕開一蕭豪入作上柞tsɑu
糶33透嘯去效開四蕭豪去糶t'iau

21

欖42存疑。監咸去濫lam

艮部

1

良18來陽平宕開三江陽平陽粮liaŋ

11

艱29見山平山開二寒山平陰姦kian

聿（⺻肀）部

7

肆20心至去止開三支思去似sï

8

肇33澄小上效開三蕭豪去趙tʂiau

艸（艹艹卄）部

2

艾27疑泰去蟹開一皆來去艾øai

3

芋26云遇去遇合三魚模去御øiu
苄36匣禡去假開二家麻去下xia

芊31清先平山開四先天平陰千ts'iɛn
芃16並東平通合一東鍾平陽蓬p'uŋ
並東平通合三
芍32禪藥入宕開三蕭豪入作平陽芍ʂiau
芒18明唐平宕開一江陽平陽忙maŋ
芝19章之平止開三支思平陰支tʂï
芎16溪東平通合三東鍾平陰穹k'iuŋ
4
芙24並虞平遇合三魚模平陽扶fu
芸28云文平臻合三真文平陽雲Øiuən
芾23幫未去止合三齊微去吠fei
苣26群語上遇合三魚模去鋸kiu
芽35疑麻平假開二家麻平陽牙Øia
芷19章止上止開三支思上紙tʂï
芮23日祭去蟹合三齊微去蚋ʐuei
芼32明豪平效開一蕭豪平陽毛mɑu
花35曉麻平假合二家麻平陰花xua
芹28群欣平臻開三真文平陽勤k'iən
芥27見怪去蟹開二皆來去戒kiai
芩41群侵平深開三侵尋平陽琴k'iəm
芬28滂文平臻合三真文平陰分fən
芪21群支平止開三齊微平陽奇k'i
芡43群琰上咸開三廉纖去欠k'iɛm
芳17滂陽平宕合三江陽平陰方faŋ
芭35幫麻平假開二家麻平陰巴pa
苡21以止上止開三齊微上迤Øi
5
苛34匣歌平果開一歌戈平陽何xo
苦25溪姥上遇合一魚模上苦k'u
若35日藥入宕開三歌戈入作去若ʐio
若37日馬上假開三車遮上惹ʐiɛ
茂33明候去流開一蕭豪去貌mɑu
苫42書鹽平咸開三廉纖平陰苫ʂiɛm
苫43書豔去咸開三廉纖去贍ʂiɛm
苴24精魚平遇合三魚模平陰蛆tsiu
苒43日琰上咸開三廉纖上染ʐiɛm
苗32明宵平效開三蕭豪平陽苗miau
英38影庚平梗開三庚青平陰英Øiəŋ
苓38來青平梗開四庚青平陽靈liəŋ
苟40見厚上流開一尤侯上狗kəu
苑31影阮上山合三先天上遠Øiuɛn
范30並范上咸合三寒山去飯fan
苧26澄語上遇合三魚模去注tʂiu
苔27定咍平蟹開一皆來平陽臺t'ai
茅32明肴平效開二蕭豪平陽毛mɑu
苞32幫肴平效開二蕭豪平陰包pau
6
茸16日鍾平通合三東鍾平陽戎ʐuŋ
茙16日東平通合三東鍾平陽戎ʐuŋ
茜43清霰去山開四廉纖去塹ts'iɛm
茈19從支平止開三支思平陽慈ts'ï
草33清晧上效開一蕭豪上草ts'ɑu
茵28影真平臻開三真文平陰因Øiən
莒25見語上遇合三魚模上舉kiu
茱24禪虞平遇合三魚模平陽殊ʂiu
荏41日寑上深開三侵尋上稔ʐiəm
荃31清仙平山合三先天平陰痊ts'iuɛn
茶35澄麻平假開二家麻平陽茶tʂ'a

荀28心諄平臻合三真文平陰詢siuən
茗39明迥上梗開四庚青上茗miəŋ
茭32見肴平效開二蕭豪平陰交kau
荒17曉唐平宕合一江陽平陰荒xuaŋ
荄26見咍平蟹開一皆來平陰該kai
茨19從脂平止開三支思平陽慈ts'ï
茫18明唐平宕開一江陽平陽忙maŋ
茹24日魚平遇合三魚模平陽如ʐiu
茹26日御去遇合三魚模去孺ʐiu
荔23來寘去止開三齊微去利li
來霽去蟹開四
茲19精之平止開三支思平陰髭tsï
茲19從之平止開三支思平陽慈ts'ï

7

華35匣麻平假合二家麻平陽譁xua
華36匣禡去假合二家麻去化xua
莢37見帖入咸開四車遮入作上結kiɛ
莽18明蕩上宕開一江陽上蟒maŋ
莖38匣耕平梗開二庚青平陽莖xəŋ
莫33明鐸入宕開一蕭豪入作去末mɑu
莫35明鐸入宕開一歌戈入作去幕mo
莧30匣襉去山開二寒山去限xian
莊17莊陽平宕開三江陽平陰莊tʂuaŋ
莪34疑歌平果開一歌戈平陽哦ŋo
莉23來齊平蟹開四齊微去利li
莠40以有上流開三尤侯上有Øiəu
莓21明灰平蟹合一齊微平陽梅mei
荷34匣歌平果開一歌戈平陽何xo
荷34匣哿上果開一歌戈上荷xo
荷35匣哿上果開一歌戈去賀xo
荼24定模平遇合一魚模平陽徒t'u
莝35清過去果合一歌戈去銼ts'uo
莟42匣勘去咸開一監咸去憾xam
荽20心脂平止合三齊微平陰雖suei
莩24滂虞平遇合三魚模平陰膚fu
荻21定錫入梗開四齊微入作平陽荻ti
莎34心戈平果合一歌戈平陰莎suo
莘28生臻平臻開三真文平陰莘ʂən

8

菁38精清平梗開三庚青平陰精tsiəŋ
萇18澄陽平宕開三江陽平陽長tʂ'iaŋ
著26知御去遇合三魚模去注tʂiu
菱38來蒸平曾開三庚青平陽靈liəŋ
萁21群之平止開三齊微平陽奇k'i
莿20清寘去止開三支思去次ts'ï
萊27來咍平蟹開一皆來平陽來lai
菴41影覃平咸開一監咸平陰菴Øam
萋20清齊平蟹開四齊微平陰妻ts'i
菲20滂微平止合三齊微平陰非fei
菽25書屋入通合三魚模入作上叔ʂu
菖17昌陽平宕開三江陽平陰昌tʂ'iaŋ
萌16明耕平梗開二東鍾平陽蒙muŋ
萌38明耕平梗開二庚青平陽盲məŋ
萸24以虞平遇合三魚模平陽魚Øiu
菜28清代去蟹開一皆來去菜ts'ai
菟24定模平遇合一魚模平陽徒t'u
萄32定豪平效開一蕭豪平陽桃t'ɑu
菊25見屋入通合三魚模入作上菊kiu

萃23從至去止合三齊微去翠ts‘uei
菏34匣歌平果開一歌戈平陽何xo
萍38並青平梗開四庚青平陽平p‘iəŋ
菅29見刪平山開二寒山平陰姦kian
菰24見模平遇合一魚模平陰孤ku
萏42定感上咸開一監咸上毯t‘am

9

葑16幫鍾平通合三東鍾平陰風fuŋ
葉37以葉入咸開三車遮入作去拽Øiɛ
葽32影蕭平效開四蕭豪平陰邀Øiau
影宵平效開三
葬19精宕去宕開一江陽去葬tsaŋ
葺21精緝入深開三齊微入作平陽疾tsi
萬30明願去山合三寒山去萬van
葸19書旨上止開三支思上史ʂï
葛35見曷入山開一歌戈入作上葛ko
葦22云尾上止合三齊微上委Øuei
萼33疑鐸入宕開一蕭豪入作去萼Øɑu
萼35疑鐸入宕開一歌戈入作去萼Øo
董17端董上通合一東鍾上董tuŋ
葆33幫晧上效開一蕭豪上寶pɑu
葩35滂麻平假開二家麻平陰葩p‘a
葱16清東平通合一東鍾平陰匆ʦ‘uŋ
落33來鐸入宕開一蕭豪入作去落lɑu
落35來鐸入宕開一歌戈入作去落luo
萱31曉元平山合三先天平陰喧xiuɛn
葷28曉文平臻合三真文平陰昏xuən
葭35見麻平假開二家麻平陰家kia
葵21群脂平止合三齊微平陽葵k‘uei
篆32澄獮上山合三先天去傳tʂiuɛn

10

蒜31心換去山合一桓歡去筭son
蓍19書脂平止開三支思平陰施ʂï
蓋27見泰去蟹開一皆來去蓋kai
蓮31來先平山開四先天平陽連liɛn
蒲24並模平遇合一魚模平陽蒲p‘u
蒔20禪志去止開三支思去是ʂï
蒼17清唐平宕開一江陽平陰倉ʦ‘aŋ
蓬16並東平通合一東鍾平陽蓬p‘uŋ
蒿32曉豪平效開一蕭豪平陰蒿xɑu
蒲24並模平遇合一魚模平陽蒲p‘u
蓉16以鍾平通合三東鍾平陽容Øiuŋ
蒙16明東平通合一東鍾平陽蒙muŋ
蓂38明青平梗開四庚青平陽明miəŋ
蒻33日藥入宕開三蕭豪入作去弱ʐiau
蒻35日藥入宕開三歌戈入作去若ʐio
蓀28心魂平臻合一真文平陰孫suən
蒸38章蒸平曾開三庚青平陰征tʂiəŋ

11

蓴28禪諄平臻合三真文平陽脣tʂ‘iuən
蔕23端霽去蟹開四齊微去帝ti
蔌25心屋入通合一魚模入作上蔌su
蔞24來虞平遇合三魚模平陽廬lu
蔓30明願去山合三寒山去萬van
甍38明耕平梗開二庚青平陽盲məŋ
蔣18精養上宕開三江陽上蔣tsiaŋ
蔑37明屑入山開四車遮入作去滅miɛ
蔡28清泰去蟹開一皆來去菜ts‘ai

蔗37章禡去假開三車遮去柘tʂiɛ
蔽23幫祭去蟹開三齊微去閉pi
蔘40書侵平深開三侵尋平陰深ʂiəm
蔻40曉候去流開一尤侯去扣k‘əu
蓪16透東平通合一東鍾平陰通t‘uŋ
蓼33來篠上效開四蕭豪上了liau
蔘42心覃平咸开一監咸去暫tsam

12

蕘32日宵平效開三蕭豪平陽饒ʐiau
蕙23匣霽去蟹合四齊微去會xuei
蕆31徹獮上山開三先天上闡tʂ‘iɛn
蕨37見月入山合三車遮入作上玦kiuɛ
蕢23群至去止合三齊微去簣k‘uei
蕤21日脂平止合三齊微平陽蕤ʐuei
蔭41影沁去深開三侵尋去蔭øiəm
蕪24明虞平遇合三魚模平陽無vu
蕎32群宵平效開三蕭豪平陽喬k‘iau
蕉32精宵平效開三蕭豪平陰蕉tsiau
蕃29幫元平山合三寒山平陰番fan
蕕39以尤平流開三尤侯平陽尤øiəu
蕖24群魚平遇合三魚模平陽渠k‘iu
蕩19定蕩上宕開一江陽去蕩taŋ
蕋22日紙上止合三齊微上蕊ʐuei
日旨上止合三
蔬24生魚平遇合三魚模平陰梳ʂu

13

薑17見陽平宕開三江陽平陰姜k‘iaŋ
薤27匣怪去蟹開二皆來去懈xiai
蕾22來賄上蟹合一齊微上壘luei
薨16曉登平曾合一東鍾平陰烘xuŋ
薨38曉登平曾合一庚青平陰轟xuəŋ
薛37心薛入山開三車遮入作上屑siɛ
薇21明脂平止開三齊微平陽微vei
明微平止合三
薊23見霽去蟹開四齊微去計ki
薪28心真平臻開三真文平陰新siən
薦32精霰去山開四先天去箭tsiɛn
薄32並鐸入宕合一蕭豪入作平陽薄pɑu
薄34並鐸入宕合一歌戈入作平陽薄po
蕭32心蕭平效開四蕭豪平陰蕭siau
薅32曉豪平效開一蕭豪平陰蒿xɑu
薩36心曷入山開一家麻入作上颯sa

14

藉37從禡去假開三車遮去借tsiɛ
薹27定咍平蟹開一皆來平陽臺t‘ai
藍41來談平咸開一監咸平陽婪lam
藏18從唐平宕開一江陽平陽藏ts‘aŋ
藏19從宕去宕開一江陽去葬tsaŋ
薷24日虞平遇合三魚模平陽如ʐiu
薰28曉文平臻合三真文平陰薰xiuən
藐33明小上效開三蕭豪上眇miau
薸32並宵平效開三蕭豪平陽瓢p‘iau

15

藕40疑厚上流開一尤侯上藕øəu
藝23疑祭去蟹開三齊微去異øi
爇37日薛入山合三車遮入作去爇ʐiuɛ
藪40心厚上流開一尤侯上叟səu
繭31見銑上山開四先天上蹇kiɛn

藜21來齊平蟹開四齊微平陽黎li
藤38定登平曾開一庚青平陽藤t'əŋ
藁33見晧上效開一蕭豪上杲kɑu
藫41定覃平咸開一監咸平陽覃t'am
藩29幫元平山合三寒山平陰番fan
藭16群東平通合三東鍾平陽窮k'iuŋ
蘊29影問去臻合三真文去醖Øiuən
藥33以藥入宕開三蕭豪入作去岳Øiau
藥35以藥入宕開三歌戈入作去岳Øio

16

藾33來晧上效開一蕭豪上老lɑu
蘋28並真平臻開三真文平陽貧p'iən
蘆24來模平遇合一魚模平陽盧liu
蘄21群之平止開三齊微平陽奇k'i
蘇24心模平遇合一魚模平陰蘇su
藹27影泰去蟹開一皆來上靄Øai
藻33精晧上效開一蕭豪上早tsɑu
藺29來震去臻開三真文去吝liən

17

蘨39以尤平流開三尤侯平陽尤Øiəu
蘚31心獮上山開三先天上鮮siɛn
蘭29來寒平山開一寒山平陽闌lan

18

蘐16從東平通合一東鍾平陽叢ts'uŋ

19

蘸42莊陷去咸開二監咸去蘸tʂam
蘿34來歌平果開一歌戈平陽羅luo
蘖37同櫱。櫱，車遮入作去捏niɛ
疑薛入山開三

虀20精齊平蟹開四齊微平陰虀tsi

羽部

羽25云麌上遇合三魚模上語Øiu

4

翅20書寘去止開三支思去翅tʂ'ï
翀16澄東平通合三東鍾平陰冲tʂ'uŋ
翁16影東平通合一東鍾平陰翁Øuŋ

5

習21邪緝入深開三齊微入作平陽夕si
翎38來青平梗開四庚青平陽靈liəŋ
翊24以職入曾開三齊微入作去逸Øi

6

翕22曉緝入深開三齊微入作上吸xi
翔18邪陽平宕開三江陽平陽詳siaŋ

8

翥25章御去遇合三魚模上主tʂiu
翠23清至去止合三齊微去翠ts'uei

9

翫31疑換去山合一桓歡去翫Øon
翦31精獮上山開三先天上剪tsiɛn
翬20曉微平止合三齊微平陰灰xuei
翩31滂仙平山開三先天平陰篇p'iɛn

10

翰29匣寒平山開一寒山平陽寒xan
翰30匣翰去山開一寒山去旱xan

11

翼24以職入曾開三齊微入作去逸Øi
翳23影霽去蟹開四齊微去異Øi

12

翹32群宵平效開三蕭豪平陽喬k‘iau

翻29滂元平山合三寒山平陰番fan

14

翿33定号去效開一蕭豪去道tɑu

耀33以笑去效開三蕭豪去曜Øiau

糸（纟）部

1

系23匣霽去蟹開四齊微去戲xi

2

糾40見黝上流開三尤侯上九kiəu

3

紆24影虞平遇合三魚模平陰迂Øiu

紅16匣東平通合一東鍾平陽紅xuŋ

紂40澄有上流開三尤侯去晝tʂiəu

約33影藥入宕開三蕭豪入作去岳Øiau

約35影藥入宕開三歌戈入作去岳Øio

紀22見止上止開三齊微上蟣ki

紉28娘真平臻開三真文平陽紉niən

紈30匣桓平山合一桓歡平陽丸Øon

4

素26心暮去遇合一魚模去素su

紜28云文平臻合三真文平陽雲Øiuən

索27生陌入梗開三皆來入作上色ʂai

生麥入梗開二

索33心鐸入宕開一蕭豪入作上縩sɑu

紘38匣耕平梗合二庚青平陽橫xuəŋ

純28禪諄平臻合三真文平陽脣tʂ‘iuən

紕20滂脂平止開三齊微平陰紕p‘i

紗35生麻平假開二家麻平陰沙ʂa

納36泥合入咸開一家麻入作去納na

紝41日侵平深開三侵尋平陽壬ʐ̨iəm

紝41日侵平深開三侵尋去任ʐ̨iəm

紛28滂文平臻合三真文平陰分fən

紙19章紙上止開三支思上紙tʂï

紊29明問去臻合三真文去問vən

紋28明文平臻合三真文平陽文vən

紞42端敢上咸開一監咸上膽tam

紐40娘有上流開三尤侯上杻niəu

紓24書魚平遇合三魚模平陰書ʂiu

5

紺42見勘去咸開一監咸去贑kam

紲37心薛入山開三車遮入作上屑siɛ

紑20存疑。齊微平陰醅p‘ei

組25精姥上遇合一魚模上祖tsu

組30澄裥去山開二寒山去棧tʂan

紳28書真平臻開三真文平陰申ʂiən

紬39澄尤平流開三尤侯平陽紬tʂ‘iəu

累23來寘去止合三齊微去淚luei

來隊去蟹合一

細23心霽去蟹開四齊微去細si

絇26見遇去遇合三魚模去鋸kiu

終16章東平通合三東鍾平陰鍾tʂuŋ

絃31匣先平山開四先天平陽賢xiɛn

絆31幫換去山合一桓歡去半pon

絆30幫換去山合一寒山去辦pan

紵26澄語上遇合三魚模去注tʂiu

紽34定歌平果開一歌戈平陽駝t'uo
紹33禪小上效開三蕭豪去少ʂiau
紿27定海上蟹開一皆來上𨽻tai

6

結37見屑入山開四車遮入作上結kiɛ
絨16日東平通合三東鍾平陽戎ʐuŋ
絰37定屑入山開四車遮入作平陽疊tiɛ
紫19精紙上止開三支思上子tsï
絢31曉霰去山合四先天去鞾xiuɛn
絳18見絳去江開二江陽去絳kiaŋ
絡33來鐸入宕開一蕭豪入作去落lɑu
絡35來鐸入宕開一歌戈入作去落luo
給22見緝入深開三齊微入作上吉ki
絶37從薛入山合三車遮入作平陽絶tsiuɛ
絞33見巧上效開二蕭豪上狡kau
統17透宋去通合一東鍾上桶t'uŋ
絮26心御去遇合三魚模去絮siu
絲19心之平止開三支思平陰斯sï

7

綆38見梗上梗開二庚青上景kiəŋ
經38見青平梗開四庚青平陰京kiəŋ
經39見徑去梗開四庚青去敬kiəŋ
綃32心宵平效開三蕭豪平陰蕭siau
絹31見線去山合三先天去見kiɛn
絹32見線去山合三先天去眷kiuɛn
綉40心宥去流開三尤侯去秀siəu
絺20徹脂平止開三齊微平陰笞tʂ'i
綏20心脂平止合三齊微平陰雖suei
綄30匣桓平山合一桓歡平陽桓xon
綄30匣桓平山合一桓歡平陽丸Øon
綋16《篇海類編》音宏。東鍾平陽紅xuŋ
綈21定齊平蟹開四齊微平陽啼t'i
綅40清侵平深開三侵尋平陰駸tsiəm

8

緒26邪語上遇合三魚模去絮siu
綾38來蒸平曾開三庚青平陽靈liəŋ
緅39莊尤平流開三尤侯平陰鄒tʂəu
緢32明宵平效開三蕭豪平陽苗miau
綝41徹侵平深開三侵尋平陽林liəm
緉18來漾去宕開三江陽去亮liaŋ
緊28見軫上臻開三真文上緊kiən
綺22溪紙上止開三齊微上起k'i
緋20幫微平止合三齊微平陰非fei
綽33昌藥入宕開三蕭豪入作上綽tʂ'iau
綱17見唐平宕開一江陽平陰岡kaŋ
網18明養上宕合三江陽上罔vaŋ
維21以脂平止合三齊微平陽微vei
綿31明仙平山開三先天平陽眠miɛn
綸29見山平山合二寒山平陰關kuan
緃16清東平通合一東鍾平陰蹤tsiuŋ
緃17精用去通合三東鍾去縱tsiuŋ
綸28來諄平臻合三真文平陽倫liuən
綵27清海上蟹開一皆來上采ts'ai
綬40禪有上流開三尤侯去受ʂiəu
禪宥去流開三
綢39澄尤平流開三尤侯平陽紬tʂ'iəu
綯32定豪平效開一蕭豪平陽桃t'ɑu
綡18來陽平宕開三江陽平陽粮liaŋ

綣32溪願去山合三先天去眷kiuɛn
綜17精宋去通合一東鍾去綜tsuŋ
綻30澄襉去山開二寒山去棧tʂan
綰30影潸上山合二寒山上綰Øuan
綮22溪薺上蟹開四齊微上起k'i
綠26來燭入通合三魚模入作去錄liu
綴23知祭去蟹合三齊微去墜tʂuei

9

練32來霰去山開四先天去練liɛn
緘41見咸平咸開二監咸平陰監kiam
緯22云未去止合三齊微去胃Øuei
緶31幫銑上山開四先天上貶piɛn
緱39見侯平流開一尤侯平陰鉤kəu
線32心線去山開三先天去線siɛn
縋23澄寘去止合三齊微去墜tʂuei
緩31匣緩上山合一桓歡去喚xon
總17精董上通合一東鍾上總tsuŋ
締23定霽去蟹開四齊微去帝ti
編31幫先平山開四先天平陰邊piɛn
幫仙平山開三
緡28明真平臻開三真文平陽民miən
緣31以仙平山合三先天平陽延Øiɛn
緣32以線去山合三先天去硯Øiɛn

10

縩33《正字通》"俗索字"。蕭豪入作上縩sɑu
縛32並藥入宕合三蕭豪入作平陽縛fɑu
縛34並藥入宕合三歌戈入作平陽縛fo
縣31匣霰去山合四先天去獻xiɛn
縫16並鍾平通合三東鍾平陽馮fuŋ
縫17並用去通合三東鍾去鳳fuŋ
縞33見晧上效開一蕭豪上杲kɑu
縊23影寘去止開三齊微去計ki/Øi
影霽去蟹開四
縑42見添平咸開四廉纖平陰兼kiɛm
縈38影清平梗合三庚青平陰英Øiəŋ

11

績22精錫入梗開四齊微入作上唧tsi
繃16幫耕平梗開二東鍾平陰崩puŋ
繃38幫耕平梗開二庚青平陰崩pəŋ
縷25來麌上遇合三魚模上呂liu
縵30莫半切，謨晏切。桓歡平陽瞞mon
繁29並元平山合三寒山平陽煩fan
繇39以尤平流開三尤侯平陽尤Øiəu
縮25生屋入通合三魚模入作上蔌su
繆39明尤平流開三尤侯平陽繆miəu
明幽平流開三
繆40明幼去流開三尤侯去謬miəu
繅32心豪平效開一蕭豪平陰騷sɑu

12

繞33日小上效開三蕭豪上遶ʐiau
繖29心旱上山開一寒山上散san
織22章職入曾開三齊微入作上質tʂi
繸23《集韻》徐醉切。齊微去歲suei
繒38從蒸平曾開三庚青平陽情ts'iəŋ

13

繫23見霽去蟹開四齊微去計ki
繩38船蒸平曾開三庚青平陽繩ʂiəŋ

繳33見篠上效開四蕭豪上皎kiau
繳33章藥入宕開三蕭豪入作上斫tʂiau
繪23《集韻》古外切。齊微去貴kuei
14
繻24心虞平遇合三魚模平陰須siu
繻24日虞平遇合三魚模平陽如ʐiu
纏31澄仙平山開三先天平陽廛tʂ'iɛn
纏32澄線去山開三先天去戰tʂiɛn
纂30精緩上山合一桓歡上纂tson
纊19溪宕去宕合一江陽去曠k'uaŋ
繼23見霽去蟹開四齊微去計ki
辮32並銑上山開四先天去變piɛn
15
纖42心鹽平咸開三廉纖平陰纖siɛm
纈37匣屑入山開四車遮入作平陽協xiɛ
續25邪燭入通合三魚模入作平陽俗siu
纍21來脂平止合三齊微平陽雷luei
17
纜42來闞去咸開一監咸去濫lam
纓38影清平梗開三庚青平陰英Øiəŋ
纔27從咍平蟹開一皆來平陽才ts'ai
19
纛25定沃入通合一魚模入作平陽獨tu
纛33定号去效開一蕭豪去道tɑu
纘30精緩上山合一桓歡上纂tson

七畫

走部

走40精厚上流開一尤侯上走tsəu
2
赴26滂遇去遇合三魚模去赴fu
3
赸29《中州音韻》"之山切，跳躍也。"
寒山平陰赸tʂan
起22溪止上止開三齊微上起k'i
5
越37云月入山合三車遮入作去月Øiuɛ
趄24清魚平遇合三魚模平陰疽tsiu
趄37清魚平遇合三車遮去趄ts'iɛ
趁29徹震去臻開三真文去趁tʂ'iən
超32徹宵平效開三蕭豪平陰超tʂ'iau
6
趓34《字彙補》丁果切。歌戈上朶tuo
趍24清虞平遇合三魚模平陰蛆ts'iu
7
趙33澄小上效開三蕭豪去趙tʂiau
赶29群元平山開三寒山上赶kan
8
趞33清藥入宕開三蕭豪入作上鵲ts'iau
趣26清遇去遇合三魚模去覷ts'iu
12
趫32溪宵平效開三蕭豪平陰趫k'iau
19
趲30精旱上山開一寒山上趲tsan

赤部

赤22昌昔入梗開三齊微入作上尺tʂ'i
4

赧30娘潸上山開二寒山上赧nan
赦37書禡去假開三車遮去舍ʂiɛ
8
赭37章馬上假開三車遮上者tʂiɛ
9
赬38徹清平梗開三庚青平陰稱tʂʻiəŋ

車部
車24見魚平遇合三魚模平陰居kiu
車36昌麻平假開三車遮平陰車tʂʻiɛ
2
軍28見文平臻合三真文平陰君kiuən
軌22見旨上止合三齊微上鬼kuei
3
軒31曉元平山開三先天平陰軒xiɛn
軏37疑月入山合三車遮入作去月Øiuɛ
4
軟31日獮上山合三先天上軟ʐiuɛn
5
軻34溪歌平果開一歌戈平陰軻kʻo
軻35溪哿上果開一歌戈上可kʻo
軸25澄屋入通合三魚模入作平陽逐tʂiu
軸39澄屋入通合三尤侯入作平陽軸tʂiəu
軫28章軫上臻開三真文上軫tʂiən
6
軾22書職入曾開三齊微入作上失ʂi
載27精海上蟹開一皆來上宰tsai
載27精代去蟹開一皆來去在tsai
　從代去蟹開一
輈39知尤平流開三尤侯平陰周tʂiəu
輅26來暮去遇合一魚模去路lu
較33見效去效開二蕭豪去窖kau
軿31並先平山開四先天平陽胼pʻiɛn
7
輔26並麌上遇合三魚模去赴fu
輕38溪清平梗開三庚青平陰輕kʻiəŋ
8
輦31來獮上山開三先天上輦liɛn
輛18來漾去宕開三江陽去亮liaŋ
輞18明養上宕合三江陽上罔vaŋ
輩23幫隊去蟹合一齊微去背pei
輗21疑齊平蟹開四齊微平陽移Øi
輪28來諄平臻合三真文平陽倫liuən
輬18來陽平宕開三江陽平陽粮liaŋ
輝20曉微平止合三齊微平陰灰xuei
輟37知薛入山合三車遮入作上拙tʂiuɛ
9
輳40清候去流開一尤侯去湊tsʻəu
輸24書虞平遇合三魚模平陰書ʂiu
輶39以尤平流開三尤侯平陽尤Øiəu
10
轅31云元平山合三先天平陽元Øiuɛn
輿24以魚平遇合三魚模平陽魚Øiu
轄35匣鎋入山開二家麻入作平陽狎xia
輾31娘線去山開三先天上撚niɛn
11
轉31知獮上山合三先天上囀tʂiuɛn
轉32知線去山合三先天去傳tʂiuɛn

12

轑32來晧上效開一蕭豪平陽牢lɑu

轎33群笑去效開三蕭豪去叫kiau

轓29滂元平山合三寒山平陰番fan

　幫元平山合三

轍37澄薛入山開三車遮入作上轍tʂ'iɛ

轔28來真平臻開三真文平陽隣liən

14

轟16曉耕平梗合二東鍾平陰烘xuŋ

轟38曉耕平梗合二庚青平陰轟xuəŋ

轞42匣檻上咸開二監咸去轞xiam

15

轡23幫至去止開三齊微去配p'ei

16

轤24來模平遇合一魚模平陽盧liu

豆部

豆40定候去流開一尤侯去豆təu

3

豈22溪尾上止開三齊微上起k'i

4

豉20禪寘去止開三支思去是ʂï

8

豌30影桓平山合一桓歡平陰剜Øon

11

豐16滂東平通合三東鍾平陰風fuŋ

酉部

酉40以有上流開三尤侯上有Øiəu

2

酊39端迥上梗開四庚青上鼎tiəŋ

酋39從尤平流開三尤侯平陽酋ts'iəu

3

酎40澄宥去流開三尤侯上肘tʂiəu

酌33章藥入宕開三蕭豪入作上斫tʂiau

配23滂隊去蟹合一齊微去配p'ei

酒40精有上流開三尤侯上酒tsiəu

4

酖41端覃平咸開一監咸平陰擔tam

5

酣41匣談平咸開一監咸平陰憨xam

酤24見模平遇合一魚模平陰孤ku

酥24心模平遇合一魚模平陰蘇su

6

酪33來鐸入宕開一蕭豪入作去落lɑu

酪35來鐸入宕開一歌戈入作去落luo

酩39明迥上梗開四庚青上茗miəŋ

酬39禪尤平流開三尤侯平陽紬tʂ'iəu

7

酵33見效去效開二蕭豪去窖kau

酺24並模平遇合一魚模平陽蒲p'u

酲38澄清平梗開三庚青平陽澄tʂ'iəŋ

酷25溪沃入通合一魚模入作上哭k'u

酹23來泰去蟹合一齊微去淚luei

　來隊去蟹合一

酸30心桓平山合一桓歡平陰酸son

8

醋26清暮去遇合一魚模去醋ts'u

醃42影鹽平咸開三廉纖平陰淹∅iεm
影嚴平咸開三
醄32《集韻》徒刀切。蕭豪平陽桃t'ɑu
醇28禪諄平臻合三真文平陽脣tʂ'iuən
醉23精至去止合三齊微去罪tsuei
醅20滂灰平蟹合一齊微平陰醅p'ei
醁26來燭入通合三魚模入作去録liu
9
醐24匣模平遇合一魚模平陽胡xu
醎41匣咸平咸開二監咸平陽咸xiam
醍21定齊平蟹開四齊微平陽啼t'i
醞29影問去臻合三真文去醞∅iuən
醒38心青平梗開四庚青平陰星siəŋ
醒38心迥上梗開四庚青上惺siəŋ
醜40昌有上流開三尤侯上丑tʂ'iəu
醑24心語上遇合三魚模平陰須siu
10
醢27曉海上蟹開一皆來上海xai
醨21來支平止開三齊微平陽黎li
11
醥33滂小上效開三蕭豪去俵piau
醫20影之平止開三齊微平陰衣∅i
醬18精漾去宕開三江陽去匠tsiaŋ
醪32來豪平效開一蕭豪平陽牢lɑu
12
醮33精笑去效開三蕭豪去醮tsiau
醯20曉齊平蟹開四齊微平陰希xi
13
醴22來薺上蟹開四齊微上禮li
醲16娘鍾平通合三東鍾平陽濃niuŋ
14
醽42來闞去咸開一監咸去濫lam
醺28曉文平臻合三真文平陰薰xiuən
17
醽38來青平梗開四庚青平陽靈liəŋ
釀19娘漾去宕開三江陽去釀niaŋ
醿21《集韻》忙皮切。齊微平陽梅mei
19
釅43疑釅去咸開三廉纖去艷∅iεm

辰部

辰28禪真平臻開三真文平陽陳tʂ'iən
3
辱26日燭入通合三魚模入作去辱ʐiu
6
農16泥冬平通合一東鍾平陽膿nuŋ

豕部

豕19書紙上止開三支思上史ʂï
3
豗20曉灰平蟹合一齊微平陰灰xuei
4
豚28定魂平臻合一真文平陽豚t'uən
豝35幫麻平假開二家麻平陰巴pa
象18邪養上宕開三江陽去象siaŋ
6
豢30匣諫去山合二寒山去患xuan
7

豨20曉微平止開三齊微平陰希xi
豪32匣豪平效開一蕭豪平陽豪xɑu
8
豫26以御去遇合三魚模去御Øiu
9
豭35見麻平假開二家麻平陰家kia

貝部
貝23幫泰去蟹開一齊微去背pei
2
貞38知清平梗開三庚青平陰征tʂiəŋ
負26並有上流開三魚模去赴fu
3
財27從咍平蟹開一皆來平陽才ts'ai
貢17見送去通合一東鍾去貢kuŋ
4
責27莊麥入梗開二皆來入作上責tʂai
敗28並夬去蟹開二皆來去拜pai
幫夬去蟹開二
貨35曉過去果合一歌戈去禍xuo
販30幫願去山合三寒山去飯fan
貧28並真平臻開三真文平陽貧p'iən
貪41透覃平咸開一監咸平陰貪t'am
貶31幫琰上咸開三先天上貶piɛn
貫31見換去山合一桓歡去貫kon
5
貳20日至去止開三支思去二zï
賁23幫寘去止開三齊微去閉pi
賁28幫魂平臻合一真文平陰奔pən
貰37船禡去假開三車遮去舍ʂiɛ
貼37透帖入咸開四車遮入作上鐵t'iɛ
貴22見未去止合三齊微去貴kuei
貺19曉漾去宕合三江陽去況xuaŋ
買27明蟹上蟹開二皆來上買mai
貿40明候去流開一尤侯去貿məu
貯26知語上遇合三魚模去注tʂiu
費23並未去止合三齊微去吠fei
滂未去止合三
賀35匣箇去果開一歌戈去賀xo
貽21以之平止開三齊微平陽移Øi
6
賈25見姥上遇合一魚模上古ku
賈35見馬上假開二家麻上賈kia
賊21從德入曾開一齊微入作平陽賊tsei
賄22曉賄上蟹合一齊微上悔xuei
貲19精支平止開三支思平陰髭tsï
賃41娘沁去深開三侵尋去賃niəm
賂26來暮去遇合一魚模去路lu
資19精脂平止開三支思平陰髭tsï
7
賑29章震去臻開三真文去震tʂiən
賕39群尤平流開三尤侯平陽求k'iəu
賒36書麻平假開三車遮平陰嗟ʂiɛ
賓28幫真平臻開三真文平陰賓piən
8
賦26幫遇去遇合三魚模去赴fu
賙38從清平梗開三庚青平陽情ts'iəŋ
賣27明卦去蟹開二皆來去賣mai

賭25端姥上遇合一魚模上覩tu
賚27來代去蟹開一皆來去賴lai
賤32從線去山開三先天去箭tsiɛn
賢31匣先平山開四先天平陽賢xiɛn
賞18書養上宕開三江陽上賞ʂiaŋ
賜20心寘去止開三支思去似sï
質22章質入臻開三齊微入作上質tʂi
質23知至去止開三齊微去製tʂi
賙39章尤平流開三尤侯平陰周tʂiəu
賡38見庚平梗開二庚青平陰京kiəŋ
賝41徹侵平深開三侵尋平陰琛tʂ'iəm

9

賴27來泰去蟹開一皆來去賴lai

10

贅23章祭去蟹合三齊微去墜tʂuei
購40見候去流開一尤侯去搆kəu
賻26並遇去遇合三魚模去赴fu
賺42澄陷去咸開二監咸去蘸tʂam
賽28心代去蟹開一皆來去賽sai

12

贊30精翰去山開一寒山去贊tsan
贈39從嶝去曾開一庚青去贈tsəŋ

13

贍43禪豔去咸開三廉纖去贍ʂiɛm

14

贛42見送去通合一監咸去贛kam
贓17精唐平宕開一江陽平陰贓tsaŋ
贐29邪震去臻開三真文去信siən

15

贖25船燭入通合三魚模入作平陽贖ʂiu
贗30疑諫去山開二寒山去鴈Øian

見部

見31見霰去山開四先天去見kiɛn

4

規20見支平止合三齊微平陰歸kuei
覓23明錫入梗開四齊微入作去覓mi
視20禪旨上止開三支思去是ʂï
　　禪至去止開三

5

覘42徹鹽平咸開三廉纖平陰襜tʂ'iɛm

7

覡22匣錫入梗開四齊微入作上吸xi

8

覩25端姥上遇合一魚模上覩tu

9

覦24以虞平遇合三魚模平陽魚Øiu
親28清真平臻開三真文平陰親ts'iən

11

覲29群震去臻開三真文去近kiən
覰26清御去遇合三魚模去覰ts'iu

12

覸30見襉去山開二寒山去間kian

13

覺33見覺入江開二蕭豪入作上角kiau
覺33見效去效開二蕭豪去窖kau

14

覽42來敢上咸開一監咸上覽lam

17

觀30見桓平山合一桓歡平陰官kon

觀31見换去山合一桓歡去貫kon

里部

里22來止上止開三齊微上禮li

2

重16澄鍾平通合三東鍾平陽重tʂ‘uŋ

重17澄腫上通合三東鍾去衆tʂuŋ

澄用去通合三

4

野37以馬上假開三車遮上野Øiɛ

5

量18來陽平宕開三江陽平陽粮liaŋ

量18來漾去宕開三江陽去亮liaŋ

11

釐21來之平止開三齊微平陽黎li

足（⻊）部

足26精燭入通合三魚模入作上足tsiu

4

趺24幫虞平遇合三魚模平陰膚fu

距26群語上遇合三魚模去鋸kiu

趾19章止上止開三支思上紙tʂï

5

跋34並末入山合一歌戈入作平陽跋po

跋35並末入山合一歌戈入作上鉢po

跮38澄庚平梗開二庚青平陽橙tʂ‘əŋ

跌37定屑入山開四車遮入作平陽疊tiɛ

跛35幫果上果合一歌戈上跛po

跚27心寒平山開一皆來入作上策ts‘ai

跚29心寒平山開一寒山平陰珊san

跑32並肴平效開二蕭豪平陽袍p‘ɑu

跎34定歌平果開一歌戈平陽駝t‘uo

跏35見麻平假開二家麻平陰家kia

6

跨36溪禡去假合二家麻去跨k‘ua

跐19清紙上止開三支思上此ts‘ï

跣31心銑上山開四先天上鮮siɛn

跧29莊刪平山合二寒山平陰跧tʂuan

跳32定蕭平效開四蕭豪平陽迢t‘iau

跳33定蕭平效開四蕭豪去糶t‘iau

跪23群紙上止合三齊微去貴kuei

路26來暮去遇合一魚模去路lu

跢34端箇去果開一歌戈上朶tuo

跡22精昔入梗開三齊微入作上唧tsi

跟28見痕平臻開一真文平陰根kən

7

踈24生魚平遇合三魚模平陰梳ʂu

踊17以腫上通合三東鍾上勇Øiuŋ

8

踐32從獮上山開三先天去箭tsiɛn

踢22透錫入梗開四齊微入作上滌t‘i

踒34影戈平果合一歌戈平陰窩Øuo

踘25見屋入通合三魚模入作上菊kiu

踞26見御去遇合三魚模去鋸kiu

踏35透合入咸開一家麻入作平陽達t‘a

9

踏36《説文》"從足，荅聲。"家麻入作上答ta

踷35《中州音韻》之沙切。家麻平陰查tʂa

踵17章腫上通合三東鍾上腫tʂuŋ

踱32定鐸入宕開一蕭豪入作平陽鐸tɑu

蹄21定齊平蟹開四齊微平陽啼t'i

蹉34清歌平果開一歌戈平陰磋ts'uo

蹁31並先平山開四先天平陰篇p'iɛn

幫先平山開四

蹂39日尤平流開三尤侯平陽柔ʐiəu

10

蹕22幫質入臻開三齊微入作上必pi

蹈33定号去效開一蕭豪去道tɑu

蹊21匣齊平蟹開四齊微平陽奚xi

蹇31見阮上山開三先天上驥kiɛn

見獮上山開三

11

蹙26精屋入通合三魚模入作上蹙tsiu

蹡17清陽平宕開三江陽平陰搶ts'iaŋ

蹤16清東平通合一東鍾平陰蹤tsiuŋ

12

蹮31心先平山開四先天平陰先siɛn

蹰24澄虞平遇合三魚模平陽除tʂ'iu

蹲28從魂平臻合一真文平陽蹲ts'uən

13

躁33精号去效開一蕭豪去竈tsɑu

14

躊39澄尤平流開三尤侯平陽紬tʂ'iəu

罄38溪清平梗開三庚青平陰輕k'iəŋ

罄39溪徑去梗開四庚青去慶k'iəŋ

躋20精齊平蟹開四齊微平陰虀tsi

躍33以藥入宕開三蕭豪入作去岳Øiau

躍35以藥入宕開三歌戈入作去岳Øio

15

躔31澄仙平山開三先天平陽廛tʂ'iɛn

18

躡37娘葉入咸開三車遮入作去揑niɛ

躥31清換去山合一桓歡去竄ts'on

邑（阝）部

邑24影緝入深開三齊微入作去逸Øi

3

邙18明唐平宕開一江陽平陽忙maŋ

邕16影鍾平通合三東鍾平陰邕Øiuŋ

4

邦17幫江平江開二江陽平陰邦paŋ

邢38匣青平梗開四庚青平陽行xiəŋ

邪37邪麻平假開三車遮平陽斜siɛ

那34泥歌平果開一歌戈平陽挪nuo

那34泥哿上果開一歌戈上娜nuo

那35泥箇去果開一歌戈去糯nuo

那36泥箇去果開一家麻去那na

5

邯29匣寒平山開一寒山平陽寒xan

邯41匣談平咸開一監咸平陽含xam

邴38幫梗上梗開三庚青上丙piəŋ

邳20並脂平止開三齊微平陰醅p'ei

邸22端薺上蟹開四齊微上底ti

卲33禪笑去效開三蕭豪去少ʂiau
郃26透咍平蟹開一皆來平陰台t'ai

6

邽20見齊平蟹合四齊微平陰歸kuei
郁26影屋入通合三魚模入作去玉∅iu
邾24知虞平遇合三魚模平陰諸tʂiu
郊32見肴平效開二蕭豪平陰交kau
郎18來唐平宕開一江陽平陽郎laŋ

7

郢39以靜上梗開三庚青上影∅iəŋ
郜33見号去效開一蕭豪去告kɑu
郗20徹脂平止開三齊微平陰笞tʂ'i
郛24滂虞平遇合三魚模平陰膚fu
郡29群問去臻合三真文去郡kiuən

8

都24端模平遇合一魚模平陰都tu
郴41徹侵平深開三侵尋平陰琛tʂ'iəm
郵39云尤平流開三尤侯平陽尤∅iəu
郭33見鐸入宕合一蕭豪入作上郭kɑu
部26並姥上遇合一魚模去布pu

9

鄂35疑鐸入宕開一歌戈入作去萼∅o
鄉17曉陽平宕開三江陽平陰香xiaŋ

10

鄗33匣晧上效開一蕭豪上杲kɑu
鄔25影姥上遇合一魚模上五∅u
鄒39莊尤平流開三尤侯平陰鄒tʂəu

11

鄞28疑真平臻開三真文平陽銀∅iən
疑欣平臻開三
鄙22幫旨上止開三齊微上彼pei
鄜24滂虞平遇合三魚模平陰膚fu
鄘16以鍾平通合三東鍾平陽容∅iuŋ

12

鄲29端寒平山開一寒山平陰丹tan
鄱34並戈平果合一歌戈平陽婆p'o
鄭39澄勁去梗開三庚青去正tʂiəŋ
鄧39定嶝去曾開一庚青去鄧təŋ

13

鄴37疑業入咸開三車遮入作去業ŋiɛ/∅iɛ

15

酇30從桓平山合一桓歡上纂tson

19

酇30精翰去山開一寒山去贊tsan

身部

身28書真平臻開三真文平陰申ʂiən

3

躬16見東平通合三東鍾平陰工kuŋ

4

躭41端覃平咸開一監咸平陰擔tam

11

軀24溪虞平遇合三魚模平陰區k'iu

12

軃34《改併四篇海》引《俗字背篇》音朵。
歌戈上朵tuo

辵（辶辶）部

3
迂24云虞平遇合三魚模平陰迂Øiu
影虞平遇合三
迅29心震去臻開三真文去信siən
心稕去臻合三
巡28邪諄平臻合三真文平陽巡siuən
4
迍28知諄平臻合三真文平陰諄tʂiuən
迓36疑禡去假開二家麻去亞Øia
近29群隱上臻開三真文去近kiən
群焮去臻開三
返29幫阮上山合三寒山上反fan
迎38疑庚平梗開三庚青平陽盈Øiəŋ
5
述25船術入臻合三魚模入作平陽贖ʂiu
迥39匣迥上梗合四庚青去迥xiuəŋ
迭37定屑入山開四車遮入作平陽疊tiɛ
迮27莊陌入梗開二皆來入作上責tʂai
迤21以支平止開三齊微上迤Øi
迫27幫陌入梗開二皆來入作上伯pai
迱34定歌平果開一歌戈平陽駝t'uo
迢32定蕭平效開四蕭豪平陽迢t'iau
迨27定海上蟹開一皆來去帶tai
迦35見麻平假開二家麻平陰家kia
6
追20知脂平止合三齊微平陰追tʂuei
逅40匣候去流開一尤侯去后xəu
逃32定豪平效開一蕭豪平陽桃t'ɑu
逄18並江平江開二江陽平陽傍p'aŋ
迷21明齊平蟹開四齊微平陽迷mi
迸17幫諍去梗開二東鍾去迸puŋ
迸39幫諍去梗開二庚青去迸pəŋ
送17心送去通合一東鍾去宋suŋ
逆24疑陌入梗開三齊微入作去逸Øi
退23透隊去蟹合一齊微去退t'uei
7
連31來仙平山開三先天平陽連liɛn
逋24幫模平遇合一魚模平陰逋pu
速25心屋入通合一魚模入作上蔌su
逗40定候去流開一尤侯去豆təu
逐25澄屋入通合三魚模入作平陽逐tʂiu
逐39澄屋入通合三尤侯入作平陽軸tʂiəu
逝23禪祭去蟹開三齊微去世ʂi
逑39群尤平流開三尤侯平陽求k'iəu
逞39徹靜上梗開三庚青上騁tʂ'iəŋ
造33從晧上效開一蕭豪去竈tsɑu
造33清号去效開一蕭豪去糙ts'ɑu
透40透候去流開一尤侯去透t'əu
途24定模平遇合一魚模平陽徒t'u
逖21透錫入梗開四齊微入作平陽荻ti
逢16並鍾平通合三東鍾平陽馮fuŋ
通16透東平通合一東鍾平陰通t'uŋ
逡28清諄平臻合三真文平陰逡ts'iuən
8
逵21群脂平止合三齊微平陽葵k'uei
逪33清鐸入宕開一蕭豪入作上錯ts'ɑu
逩29同奔。真文去逩pən
過34見戈平果合一歌戈平陰戈kuo

過35見過去果合一歌戈去過kuo
進29精震去臻開三真文去盡tsiən
週39《玉篇》職由切。尤侯平陰周tʂiəu
逸23以質入臻開三齊微入作去逸øi
逭31匣換去山合一桓歡去喚xon

9

達35定曷入山開一家麻入作平陽達t'a
逼21幫職入曾開三齊微入作平陽逼pi
遇26疑遇去遇合三魚模去御øiu
遐35匣麻平假開二家麻平陽霞xia
違21云微平止合三齊微平陽圍øuei
遑18匣唐平宕合一江陽平陽黄xuaŋ
遁29定混上臻合一真文去頓tuən
定慁去臻合一
逾24以虞平遇合三魚模平陽魚øiu
遊39以尤平流開三尤侯平陽尤øiəu
遒39從尤平流開三尤侯平陽酋ts'iəu
道33定晧上效開一蕭豪去道tɑu
遂23邪至去止合三齊微去歲suei
運29云問去臻合三真文去醖øiuən
遍32幫霰去山開四先天去變piɛn

10

遨32疑豪平效開一蕭豪平陽鼇ŋɑu
遘40見候去流開一尤侯去搆kəu
遠31云阮上山合三先天上遠øiuɛn
遠31云願去山合三先天去院øiuɛn
遣31溪獮上山開三先天上遣k'iɛn
遥32以宵平效開三蕭豪平陽遥øiau
遞23定薺上蟹開四齊微去帝ti
定霽去蟹開四
遛39來尤平流開三尤侯平陽劉liəu
遡26心暮去遇合一魚模去素su
遜29心慁去臻合一真文去遜suən

11

遭32精豪平效開一蕭豪平陰遭tsɑu
遮36章麻平假開三車遮平陰車tʂiɛ
適22書昔入梗開三齊微入作上失ʂi

12

遶33日小上效開三蕭豪上遶ʐiau
邁27明夬去蟹開二皆來去賣mai
遷31清仙平山開三先天平陰千ts'iɛn
遼32來蕭平效開四蕭豪平陽寮liau
暹42心鹽平咸開三廉纖平陰纖siɛm
遺21以脂平止合三齊微平陽移øi
遵28精諄平臻合三真文平陰遵tsiuən
選31心獮上山合三先天上選siuɛn
選32心線去山合三先天去鏇siuɛn
遲21澄脂平止開三齊微平陽池tʂ'i

13

還31邪仙平山合三先天平陽旋siuɛn
還29匣刪平山合二寒山平陽還xuan
邀32影宵平效開三蕭豪平陰邀øiau
邅31知仙平山開三先天平陰氈tʂiɛn
避23並寘去止開三齊微去背pei

14

邇19日紙上止開三支思上爾ʐï
邃23心至去止合三齊微去歲suei

15

邊31幫先平山開四先天平陰邊piɛn
19
邐35來箇去果開一歌戈去邐luo

采部

采27清海上蟹開一皆來上采ts‘ai
13
釋22書昔入梗開三齊微入作上失ʂi

谷部

谷25見屋入通合一魚模入作上谷ku
4
谺35曉麻平假開二家麻平陽牙Øia
6
谼16匣東平通合一東鍾平陽紅xuŋ
8
谾17曉江平江開二江陽平陰腔k‘iaŋ
16
豅16來東平通合一東鍾平陽籠luŋ

豸部

豸27澄蟹上蟹開二皆來去寨tʂai
3
豺27崇皆平蟹開二皆來平陽柴tʂ‘ai
豹33幫效去效開二蕭豪去豹pau
5
貂32端蕭平效開四蕭豪平陰刁tiau
6
貊28明陌入梗開二皆來入作去麥mai
貅39曉尤平流開三尤侯平陰休xiəu
7
貌33明效去效開二蕭豪去貌mɑu
11
貙24徹虞平遇合三魚模平陰區k‘iu
17
貛30曉桓平山合一桓歡平陰歡xon

角（⻆）部

角33見覺入江開二蕭豪入作上角kiau
5
觝22端薺上蟹開四齊微上底ti
觚24見模平遇合一魚模平陰孤ku
6
觜19精支平止開三支思平陰髭tsï
觜22精紙上止合三齊微上觜tsuei
觥16見庚平梗合二東鍾平陰工kuŋ
觥38見庚平梗合二庚青平陰觥kuəŋ
解27見蟹上蟹開二皆來上解kiai
解27匣蟹上蟹開二皆來去懈xiai
解27見卦去蟹開二皆來去戒kiai
11
觴17書陽平宕開三江陽平陰商ʂiaŋ
13
觸26昌燭入通合三魚模入作上觸tʂ‘u

言部

言31疑元平山開三先天平陽延Øiɛn
2

計23見霽去蟹開四齊微去計ki
訂39定迴上梗開四庚青去定tiəŋ
端徑去梗開四
訃26滂遇去遇合三魚模去赴fu

3

討33透晧上效開一蕭豪上討t'ɑu
託33透鐸入宕開一蕭豪入作上託t'ɑu
訕30生諫去山開二寒山去訕ʂan
訖22見迄入臻開三齊微入作上乞k'i
訓29曉問去臻合三真文去訓xiuən
訊29心震去臻開三真文去信siən
記23見志去止開三齊微去計ki
訒29日震去臻開三真文去刃ʐiən

4

訧39云尤平流開三尤侯平陽尤Øiəu
詎26群語上遇合三魚模去鋸kiu
群御去遇合三
訝36疑禡去假開二家麻去亞Øia
訥26泥没入臻合一魚模入作去訥nu
許25曉語上遇合三魚模上許xiu
訞32影宵平效開三蕭豪平陰邀Øiau
訛34疑戈平果合一歌戈平陽訛ŋuo
訟17邪用去通合三東鍾去訟siuŋ
設37書薛入山開三車遮入作上設ʂiɛ
訪18滂漾去宕合三江陽上舫faŋ
訪19滂漾去宕合三江陽去放faŋ
訣37見屑入山合四車遮入作上玦kiuɛ

5

詁25見姥上遇合一魚模上古ku
訶34曉歌平果開一歌戈平陰呵xo
評38並庚平梗開三庚青平陽平p'iəŋ
詀41知咸平咸開二監咸平陰詀tʂam
詛26莊御去遇合三魚模去做tsu
詗39曉勁去梗合三庚青去迥xiuəŋ
詈23來寘去止開三齊微去利li
詐36莊禡去假開二家麻去詐tʂa
訴26心暮去遇合一魚模去素su
診28章軫上臻開三真文上軫tʂiən
詆22端薺上蟹開四齊微上底ti
詢33《廣韻》徒刀切。蕭豪去抱pɑu
詖23幫寘去止開三齊微去背pei
註26章遇去遇合三魚模去注tʂiu
知遇去遇合三
詑34透戈平果合一歌戈平陰他t'uo
詠17云映去梗合三東鍾去用Øiuŋ
詠39云映去梗合三庚青去詠Øiuəŋ
詞19邪之平止開三支思平陽詞sï
詔33章笑去效開三蕭豪去趙tʂiau
詒27定海上蟹開一皆來上鵔tai

6

誄23來旨上止合三齊微去淚luei
試20書志去止開三支思去是ʂï
詩19書之平止開三支思平陰施ʂï
誇35溪麻平假合二家麻平陰誇k'ua
誠38禪清平梗開三庚青平陽澄tʂ'iəŋ
誅24知虞平遇合三魚模平陰諸tʂiu
詵28生臻平臻開三真文平陰莘ʂən
誔39定迴上梗開四庚青上艇t'iəŋ

話36匣夬去蟹合二家麻去化xua
詬40見厚上流開一尤侯去搆kəu
詮31清仙平山合三先天平陰痊ts'iuɛn
詹42章鹽平咸開三廉纖平陰瞻tʂiɛm
詭22見紙上止合三齊微上鬼kuei
詣23疑霽去蟹開四齊微去異ØI
詢28心諄平臻合三真文平陰詢siuən
詾17曉腫上通合三東鍾上洶xiuŋ
諍39莊諍去梗開二庚青去諍tʂəŋ
詨32《廣韻》古肴切，胡教切，呼教切。
蕭豪平陰哮xau
該26見咍平蟹開一皆來平陰該kai
詳18邪陽平宕開三江陽平陽詳siaŋ
詫35徹禡去假開二家麻上奼tʂ'a
詫36徹禡去假開二家麻去汊tʂ'a
詡25曉麌上遇合三魚模上許xiu

7

誡27見怪去蟹開二皆來去戒kiai
誌20章志去止開三支思去志tʂï
誣24明虞平遇合三魚模平陽無vu
誖23並隊去蟹合一齊微去配p'ei
幫隊去蟹合一
語25疑語上遇合三魚模上語Øiu
誓23禪祭去蟹開三齊微去世ʂi
誙38溪耕平梗開二庚青平陰輕k'iəŋ
誚33從笑去效開三蕭豪去俏ts'iau
誤26疑暮去遇合一魚模去誤Øu
誥33見号去效開一蕭豪去告kɑu
誘40以有上流開三尤侯上有Øiəu
誨23曉隊去蟹合一齊微去會xuei
誕30定旱上山開一寒山去旦tan
誆19見漾去宕合三江陽去誆k'uaŋ
說23書祭去蟹合三齊微去睡ʂuei
說37書薛入山合三車遮入作上說ʂiuɛ
說37以薛入山合三車遮入作去月Øiuɛ
認29日震去臻開三真文去刃ʐiən
誦17邪用去通合三東鍾去訟siuŋ

8

請39清靜上梗開三庚青上請ts'iəŋ
請39從勁去梗開三庚青去倩ts'iəŋ
諸24章魚平遇合三魚模平陰諸tʂiu
諏39精虞平遇合三尤侯平陰鄒tʂəu
諾33泥鐸入宕開一蕭豪入作去掿nɑu
諾35泥鐸入宕開一歌戈入作去諾nuo
課35溪過去果合一歌戈去課k'uo
誰21禪脂平止合三齊微平陽誰ʂuei
諛24以虞平遇合三魚模平陽魚Øiu
論28來魂平臻合一真文平陽論luən
論29來慁去臻合一真文去論luən
調32定蕭平效開四蕭豪平陽迢t'iau
調33定嘯去效開四蕭豪去釣tiau
諂43徹琰上咸開三廉纖上諂tʂ'iɛm
諄28章諄平臻合三真文平陰諄tʂiuən
談41定談平咸開一監咸平陽覃t'am
諒18來漾去宕開三江陽去亮liaŋ
誼23疑寘去止開三齊微去異Øi
諔22見職入曾開三齊微入作上吉ki

9

謀24明尤平流開三魚模平陽模mu
諜37定帖入咸開四車遮入作平陽疊tiɛ
謊18曉養上宕合三江陽上謊xuaŋ
　　曉蕩上宕合一
諫30見諫去山開二寒山去間kian
諴41匣咸平咸開二監咸平陽咸xiam
諵41娘咸平咸開二監咸平陽南nam
諧27匣皆平蟹開二皆來平陽鞋xiai
謔33曉藥入宕開三蕭豪入作上謔xiau
謂22云未去止合三齊微去胃Øuei
謁37影月入山開三車遮入作去拽Øiɛ
諱23曉未去止合三齊微去會xuei
謏33心篠上效開四蕭豪上小siau
諭26以遇去遇合三魚模去御Øiu
諷17幫送去通合三東鍾去鳳fuŋ
諳41影覃平咸開一監咸平陰菴Øam
諺32疑線去山開三先天去硯Øiɛn
諦23端霽去蟹開四齊微去帝ti
謎23明霽去蟹開四齊微去謎mi
諮19精脂平止開三支思平陰髭tsï
諠31曉元平山合三先天平陰喧xiuɛn
諢29疑慁去臻合一真文去搵Øuən
諞31並獮上山開三先天上諞p‘iɛn

10

謷32疑肴平效開二蕭豪平陽鼇ŋɑu
　　疑豪平效開一
譁35匣麻平假合二家麻平陽譁xua
講18見講上江開二江陽上講kiaŋ
謨24明模平遇合一魚模平陽模mu
謖25生屋入通合三魚模入作上蔌su
謝37邪禡去假開三車遮去謝siɛ
謠32以宵平效開三蕭豪平陽遥Øiau
謗19幫宕去宕開一江陽去謗paŋ
謚20船至去止開三支思去是ʂï
謙42溪添平咸開四廉纖平陰謙k‘iɛm

11

謹28見隱上臻開三真文上緊kiən
謦39溪迥上梗開四庚青去慶k‘iəŋ
謳39影侯平流開一尤侯平陰謳Øəu
謾30明換去山合一寒山去慢man
　　明諫去山開二
謾30明桓平山合一桓歡平陽瞞mon
謫27知麥入梗開二皆來入作上責tʂai
謬40明幼去流開三尤侯去謬miəu
謅32初肴平效開二蕭豪平陰抄tʂ‘au

12

譊32娘肴平效開二蕭豪平陽猱nɑu
警38見梗上梗開三庚青上景kiəŋ
譚41定覃平咸開一監咸平陽覃t‘am
譖41莊沁去深開三侵尋去譖tʂəm
譙32從宵平效開三蕭豪平陽樵ts‘iau
譒35幫過去果合一歌戈去簸po
識22書職入曾開三齊微入作上失ʂi
譜25幫姥上遇合一魚模上普p‘u
證39章證去曾開三庚青去正tʂiəŋ
譎37見屑入山合四車遮入作上玦kiuɛ
譏20見微平止開三齊微平陰機ki
譔30崇獮上山合三寒山去譔tʂuan

崇線去山合三

13

護26匣暮去遇合一魚模去户xu

譴32溪線去山開三先天去譴k‘iɛn

譯23以昔入梗開三齊微入作去逸Øi

譽24以魚平遇合三魚模平陽魚Øiu

譽26以御去遇合三魚模去御Øiu

譭22曉紙上止合三齊微上悔xuei

譣43曉琰上咸開三廉纖上險xiɛm

譫41《集韻》之廉切。監咸平陰詀tʂam

譍39影證去曾開三庚青去暎Øiəŋ

譍38影證去曾開三庚青平陰英Øiəŋ

議23疑寘去止開三齊微去異Øi

譟33心号去效開一蕭豪去噪sɑu

15

讖41初沁去深開三侵尋去讖tʂ‘əm

讀25定屋入通合一魚模入作平陽獨tu

16

讌32影霰去山開四先天去硯Øiɛn

17

讒41崇咸平咸開二監咸平陽讒tʂ‘am

讓18日漾去宕開三江陽去讓ʐiaŋ

18

讙30曉桓平山合一桓歡平陰歡xon

19

讚30精翰去山開一寒山去贊tsan

20

讞31疑獮上山開三先天上撚niɛn

讜18端蕩上宕開一江陽上黨taŋ

辛部

辛28心真平臻開三真文平陰新siən

5

辜24見模平遇合一魚模平陰孤ku

7

辣36來曷入山開一家麻入作去臘la

8

辝19邪之平止開三支思平陽詞sï

9

辨32並獮上山開三先天去變piɛn

辦30並襉去山開二寒山去辦pan

12

辭19邪之平止開三支思平陽詞sï

辧30並襉去山開二寒山去辦pan

八畫

青部

青38清青平梗開四庚青平陰青ts‘iəŋ

5

竫39從静上梗開三庚青去净tsiəŋ

6

静39從静上梗開三庚青去净tsiəŋ

8

靛32定霰去山開四先天去電tiɛn

長（镸）部

長18澄陽平宕開三江陽平陽長tʂ‘iaŋ

長18知養上宕開三江陽上掌tʂiaŋ

雨部

雨25云麌上遇合三魚模上語Øiu

3

雩24云虞平遇合三魚模平陽魚Øiu

雪37心薛入山合三車遮入作上雪siuɛ

4

雲28云文平臻合三真文平陽雲Øiuən

5

雷21來灰平蟹合一齊微平陽雷luei

電31定霰去山開四先天去電tiɛn

零38來青平梗開四庚青平陽靈liəŋ

6

需24心虞平遇合三魚模平陰須siu

霆38定青平梗開四庚青平陽亭t‘iəŋ

7

震29章震去臻開三真文去震tʂiən

霄32心宵平效開三蕭豪平陰蕭siau

霈23滂泰去蟹開一齊微去配p‘ei

霃41澄侵平深開三侵尋平陽沉tʂ‘iəm

8

霖41來侵平深開三侵尋平陽林liəm

霏20滂微平止合三齊微平陰非fei

霓21疑齊平蟹開四齊微平陽移Øi

霎36生洽入咸開二家麻入作上殺ʂa

霑42知鹽平咸開三廉纖平陰瞻tʂiɛm

9

霜17生陽平宕開三江陽平陰雙ʂuaŋ

霞35匣麻平假開二家麻平陽霞xia

10

霤40來宥去流開三尤侯去溜liəu

霶18滂唐平宕開一江陽平陰鎊p‘aŋ

霧26明遇去遇合三魚模去務vu

11

霪41以侵平深開三侵尋平陽吟Øiəm

12

霰32心霰去山開四先天去線siɛn

霯41崇侵平深開三侵尋平陽岑tʂ‘əm

13

露26來暮去遇合一魚模去路lu

14

霾27明皆平蟹開二皆來平陽埋mai

霽23精霽去蟹開四齊微去霽tsi

𩃳30《集韻》謨官切。桓歡平陽瞞mon

15

靉42生咸平咸開二廉纖平陰纖siɛm

靆27定代去蟹開一皆來上靆tai

靈38來青平梗開四庚青平陽靈liəŋ

16

靂23來錫入梗開四齊微入作去立li

靄27影泰去蟹開一皆來上靄Øai

非部

非20幫微平止合三齊微平陰非fei

隹部

2

隼29心準上臻合三真文上筍siuən

隻22章昔入梗開三齊微入作上質tʂi

3

雀33精藥入宕開三蕭豪入作上鵲ts‘iau

4

集21從緝入深開三齊微入作平陽疾tsi

雄16云東平通合三東鍾平陽熊xiuŋ

雅35疑馬上假開二家麻上雅øia

雇26見暮去遇合一魚模去故ku

5

睢24《廣韻》七余切，《洪武正韻》子余切。魚模平陰蛆tsiu

雉23澄旨上止開三齊微去製tʂi

6

雌19清支平止開三支思平陰雌ts‘ï

9

雖20心脂平止合三齊微平陰雖suei

10

雙18生江平江開二江陽平陰雙ʂuaŋ

雞20見齊平蟹開四齊微平陰機ki

雛24崇虞平遇合三魚模平陽雛tʂ‘u

離21來支平止開三齊微平陽黎li

離23來寘去止開三齊微去利li

來霽去蟹開四

雜35從合入咸開一家麻入作平陽雜tsa

11

難29泥寒平山開一寒山平陽難nan

難30泥翰去山開一寒山去難nan

15

讎39禪尤平流開三尤侯平陽紬tʂ‘iəu

阜(阝)部

阜26並有上流開三魚模去赴fu

3

阡31清先平山開四先天平陰千ts‘iɛn

4

阮31疑阮上山合三先天上遠øiuɛn

阸27《集韻》烏懈切。皆來去捱øiai

阯19章止上止開三支思上紙tʂï

防18並陽平宕合三江陽平陽房faŋ

5

阿34影歌平果開一歌戈平陰阿øo

阻25莊語上遇合三魚模上阻tʂu

附26並遇去遇合三魚模去赴fu

陂20幫支平止開三齊微平陰杯pei

陀34定歌平果開一歌戈平陽駝t‘uo

6

陋40來候去流開一尤侯去漏ləu

陌28明陌入梗開二皆來入作去麥mai

降18匣江平江開二江陽平陽降xiaŋ

降18見絳去江開二江陽去絳kiaŋ

陔26見咍平蟹開一皆來平陰該kai

院31云線去山合三先天去院øiuɛn

限30匣產上山開二寒山去限xian

7

陡40端厚上流開一尤侯上斗təu

陬39莊尤平流開三尤侯平陰鄒tʂəu

陣29澄震去臻開三真文去震tʂiən

陝43書琰上咸開三廉纖上閃ʂiɛm

陛23並薺上蟹開四齊微去閉pi

陞38書蒸平曾開三庚青平陰ʂiəŋ
除24澄魚平遇合三魚模平陽除tʂ‘iu
8
陸26來屋入通合三魚模入作去録liu
陵38來蒸平曾開三庚青平陽靈liəŋ
陳28澄真平臻開三真文平陽陳tʂ‘iən
陲21禪支平止合三齊微平陽鎚tʂ‘uei
陰41影侵平深開三侵尋平陰音Øiəm
陶32以宵平效開三蕭豪平陽遥Øiau
陶32定豪平效開一蕭豪平陽桃t‘ɑu
陷42匣陷去咸開二監咸去轞xiam
陪21並灰平蟹合一齊微平陽裴p‘ei
9
隋21邪支平止合三齊微平陽隋suei
階26見皆平蟹開二皆來平陰皆kiai
陽18以陽平宕開三江陽平陽陽Øiaŋ
隈20影灰平蟹合一齊微平陰威Øuei
隅24疑虞平遇合三魚模平陽魚Øiu
隍18匣唐平宕合一江陽平陽黄xuaŋ
隗22疑賄上蟹合一齊微上委Øuei
隆16來東平通合三東鍾平陽龍liuŋ
隊23定隊去蟹合一齊微去對tuei
10
隔27見麥入梗開二皆來入作上骼kiai
隙22溪陌入梗開三齊微入作上吸xi
隕29云軫上臻合三真文上允Øiuən
隘27影卦去蟹開二皆來去捱Øiai
11
際23精祭去蟹開三齊微去霽tsi
障18章漾去宕開三江陽去帳tʂiaŋ
12
隨21邪支平止合三齊微平陽隋suei
隣28來真平臻開三真文平陽隣liən
隧23邪至去止合三齊微去歲suei
隥39端嶝去曾開一庚青去鄧təŋ
13
險43曉琰上咸開三廉纖上險xiɛm
14
隱28影隱上臻開三真文上隱Øiən
16
隴17來腫上通合三東鍾上隴liuŋ

金部

金40見侵平深開三侵尋平陰金kiəm
2
針40章侵平深開三侵尋平陰針tʂiəm
釘38端青平梗開四庚青平陰丁tiəŋ
釘39端徑去梗開四庚青去定tiəŋ
3
釭17見江平江開二江陽平陰姜k‘iaŋ
釧32昌線去山合三先天去穿tʂ‘iuɛn
釣33端嘯去效開四蕭豪去釣tiau
釵26初佳平蟹開二皆來平陰釵tʂ‘ai
4
鈇24幫虞平遇合三魚模平陰膚fu
鈜38匣耕平梗合二庚青平陽横xuəŋ
鈍29定慁去臻合一真文去頓tuən
鈚20滂齊平蟹開四齊微平陰紕p‘i

鈔33初效去效開二蕭豪去鈔tʂʻau
鈋34疑戈平果合一歌戈平陽訛ŋuo
鈑29幫潸上山開二寒山上板pan
鈐43群鹽平咸開三廉纖平陽鈐kʻiɛm
鈆31以仙平山合三先天平陽元øiuɛn
欽41溪侵平深開三侵尋平陰欽kʻiəm
鈞28見諄平臻合三真文平陰君kiuən
鈎39見侯平流開一尤侯平陰鈎kəu
鈂41澄侵平深開三侵尋平陽沉tʂʻiəm
鈕40娘有上流開三尤侯上杻niəu
鈀36幫麻平假開二家麻去罷pa

5

鉗43群鹽平咸開三廉纖平陽鈐kʻiɛm
鉢35幫末入山合一歌戈入作上鉢po
鉞37云月入山合三車遮入作去月øiuɛ
鈿31定先平山開四先天平陽田tʻiɛn
鈿32定霰去山開四先天去電tiɛn
鈴38來青平梗開四庚青平陽靈liəŋ

6

鉶38匣青平梗開四庚青平陽行xiəŋ
鋩18明陽平宕合三江陽平陽忙maŋ
銅16定東平通合一東鍾平陽同tʻuŋ
銖24禪虞平遇合三魚模平陽殊ʂiu
銑31心銑上山開四先天上鮮siɛn
銛42心鹽平咸開三廉纖平陰纖siɛm
鋋31以仙平山開三先天平陽延øiɛn
銓31清仙平山合三先天平陰痊tsʻiuɛn
銘38明青平梗開四庚青平陽明miəŋ
錚38初耕平梗開二庚青平陰鐺tʂʻəŋ
鉸33見巧上效開二蕭豪上狡kau
鉸33見效去效開二蕭豪去窖kau
銃17昌送去通合三東鍾去銃tʂʻuŋ
銀28疑真平臻開三真文平陽銀øiən

7

鋪26滂暮去遇合一魚模去鋪pʻu
鋙24疑魚平遇合三魚模平陽吾øu
鋏37見帖入咸開四車遮入作上結kiɛ
銶39群尤平流開三尤侯平陽求kʻiəu
銷32心宵平效開三蕭豪平陰蕭siau
銲30《玉篇》銲同釬。釬，
匣翰去山開一寒山去旱xan
鋤24崇魚平遇合三魚模平陽雛tʂʻu
銼35清過去果合一歌戈去銼tsʻuo
鋒16滂鍾平通合三東鍾平陰風fuŋ
銳23以祭去蟹合三齊微去蚋ʐuei

8

鋣37以麻平假開三車遮平陽爺øiɛ
錯26清暮去遇合一魚模去醋tsʻu
錯33清鐸入宕開一蕭豪入作上錯tsʻɑu
錡21疑紙上止開三齊微上迤øi
錢31從仙平山開三先天平陽前tsʻiɛn
錫22心錫入梗開四齊微入作上昔si
錮26見暮去遇合一魚模去故ku
鋼17見唐平宕開一江陽平陰罔kaŋ
鋼19見宕去宕開一江陽去鋼kaŋ
鍋34見戈平果合一歌戈平陰戈kuo
錐20章脂平止合三齊微平陰追tʂuei
錦41見寑上深開三侵尋上錦kiəm

錞28禪諄平臻合三真文平陽脣tʂ'iuən
錠39定徑去梗開四庚青去定tiəŋ
端徑去梗開四
録26來燭入通合三魚模入作去録liu
鋸26見御去遇合三魚模去鋸kiu

9

鍖41徹寢上深開三侵尋平陽岑tʂ'əm
鍾16章鍾平通合三東鍾平陰鍾tʂuŋ
鍬32清宵平效開三蕭豪平陰鍬ts'iau
鍤36初洽入咸開二家麻入作上察tʂ'a
鎪39生尤平流開三尤侯平陰溲səu
鍛31端換去山合一桓歡去斷ton
鎚21澄脂平止合三齊微平陽鎚tʂ'uei
鍮39透侯平流開一尤侯平陰偷təu
鍍26定暮去遇合一魚模去杜tu
鎈35初麻平假開二家麻平陰叉tʂ'a
鍒39日尤平流開三尤侯平陽柔ʐiəu
鍪39明尤平流開三尤侯平陽繆miəu

10

鏊33疑号去效開一蕭豪去傲ŋɑu
鎮29知震去臻開三真文去震tʂiən
鎧27溪海上蟹開一皆來上凱k'ai
鎞20幫齊平蟹開四齊微平陰篦pi
鎦40來宥去流開三尤侯去溜liəu
鎩28生怪去蟹開二皆來去曬ʂai
鎬33匣晧上效開一蕭豪上杲kɑu
鎊17滂唐平宕開一江陽平陰鎊p'aŋ
鎰24以質入臻開三齊微入作去逸Øi
鎋35匣鎋入山開二家麻入作平陽狎xia
鎔16以鍾平通合三東鍾平陽容Øiuŋ
鎖34心果上果合一歌戈上鎖suo

11

鏨42從敢上咸開一監咸去暫tsam
從闞去咸開一
鏗38溪耕平梗開二庚青平陰輕k'iəŋ
鏜17透唐平宕開一江陽平陰湯t'aŋ
鏤40來候去流開一尤侯去漏ləu
鏝30明桓平山合一桓歡平陽瞞mon
鏝31明換去山合一桓歡去鏝mon
鏇32邪線去山合三先天去鏇siuɛn
鏘17清陽平宕開三江陽平陰搶ts'iaŋ
鏞16以鍾平通合三東鍾平陽容Øiuŋ
鏖32影豪平效開一蕭豪平陰鏖Øɑu
鏡39見映去梗開三庚青去敬kiəŋ
鏟29初産上山開二寒山上産tʂ'an
鏃25精屋入通合一魚模入作平陽族tsu

12

鐃32娘肴平效開二蕭豪平陽猱nɑu
鐝37《篇海類編》其月切。
車遮入作平陽鐝kiuɛ
鐐33來嘯去效開四蕭豪去料liau
鐕41精覃平咸開一監咸平陰簪tsam
鐔41邪侵平深開三侵尋平陽尋siəm
鐫31精仙平山合三先天平陰鐫tsiuɛn
鐘16章鍾平通合三東鍾平陰鍾tʂuŋ
鐊18見養上宕開三江陽上講kiaŋ
鐙39端嶝去曾開一庚青去鄧təŋ
鏺35滂末入山合一歌戈入作上潑p'o

13

鐵37透屑入山開四車遮入作上鐵t‘iɛ

鑊32匣鐸入宕合一蕭豪入作平陽鑿xɑu

鑊34匣鐸入宕合一歌戈入作平陽活xuo

鐺38初庚平梗開二庚青平陰鐺tʂ‘əŋ

鐸32定鐸入宕開一蕭豪入作平陽鐸tɑu

鐸34定鐸入宕開一歌戈入作平陽鐸to

鐶29匣刪平山合二寒山平陽還xuan

鐲32崇覺入江開二蕭豪入作平陽濁tʂau

澄覺入江開二

鐲34崇覺入江開二歌戈入作平陽濁tʂo

澄覺入江開二

鑣32影豪平效開一蕭豪平陰鏖Øɑu

14

鑄26章遇去遇合三魚模去注tʂiu

鑑42見鑑去咸開二監咸去鑑kiam

鑛39見梗上梗合二庚青上礦kuəŋ

鑌28幫真平臻開三真文平陰賓piən

15

鑠33書藥入宕開三蕭豪入作上爍ʂiau

鑞36來盍入咸開一家麻入作去臘la

17

鑰33以藥入宕開三蕭豪入作去岳Øiau

鑰35以藥入宕開三歌戈入作去岳Øio

鑱41崇銜平咸開二監咸平陽讒tʂ‘am

18

鑷37娘葉入咸開三車遮入作去捏niɛ

19

鑼34來歌平果開一歌戈平陽羅luo

鑽30精桓平山合一桓歡平陰鑽tson

鑽31精換去山合一桓歡去鑽tson

鑹34來戈平果合一歌戈平陽羅luo

鑾30來桓平山合一桓歡平陽鸞lon

20

鑿32從鐸入宕開一蕭豪入作平陽鑿tsɑu

鑿34從鐸入宕開一歌戈入作平陽鑿tso

門部

門28明魂平臻合一真文平陽門mən

2

閃43書琰上咸開三廉纖上閃ʂiɛm

3

閉23幫霽去蟹開四齊微去閉pi

閈30匣翰去山开一寒山去案Øan

問29明問去臻合三真文去問vən

4

閏29日稕去臻合三真文去閏ʐiuən

開27溪咍平蟹開一皆來平陰開k‘ai

閑29匣山平山開二寒山平陽閑xian

閎38匣耕平梗合二庚青平陽横xuəŋ

間29見山平山開二寒山平陰姦kian

間30見襇去山開二寒山去間kian

閔28明軫上臻開三真文上閔miən

悶29明慁去臻合一真文去悶mən

5

閙33娘效去效開二蕭豪去鬧nau

閘35見盍入咸開一家麻入作平陽閘tʂa

6

閨20見齊平蟹合四齊微平陰歸kuei
聞28明文平臻合三真文平陽文vən
閭24來魚平遇合三魚模平陽廬lu
閤35見合入咸開一歌戈入作上葛ko
閣33見鐸入宕開一蕭豪入作上閣kau
閬30匣産上山開二寒山去限xian

7

閫29溪混上臻合一真文上閫k'uən
誾28疑真平臻開三真文平陽銀Øiən
閱37以薛入山合三車遮入作去月Øiuɛ
閬19來宕去宕開一江陽去浪laŋ

8

閹42影鹽平咸開三廉纖平陰淹Øiɛm
閶17昌陽平宕開三江陽平陰昌tʂ'iaŋ
閽28曉魂平臻合一真文平陰昏xuən
閻43以鹽平咸開三廉纖平陽鹽Øiɛm

9

闈21云微平止合三齊微平陽圍Øuei
闉28影真平臻開三真文平陰因Øiən
闌29來寒平山開一寒山平陽闌lan
闍24以虞平遇合三魚模平陽魚Øiu
闇42影勘去咸開一監咸去暗Øam
闊35溪末入山合一歌戈入作上闊k'uo
闋37溪屑入山合四車遮入作上闕k'iuɛ

10

闐31定先平山開四先天平陽田t'iɛn
闐32定霰去山開四先天去電tiɛn
鬭40端候去流開一尤侯去豆təu
闕37溪月入山合三車遮入作上闕k'iuɛ

11

闞42溪闞去咸開一監咸去瞰k'iam
關29見刪平山合二寒山平陰關kuan

12

闠23匣隊去蟹合一齊微去會xuei
闡31昌獮上山開三先天上闡tʂ'iɛn

13

闤29匣刪平山合二寒山平陽還xuan
闢22並昔入梗開三齊微入作上匹p'i

隶部

9

隸23來霽去蟹開四齊微去利li

九畫

革部

革27見麥入梗開二皆來入作上骼kiai

3

靮22端錫入梗開四齊微入作上的ti
靸36心合入咸開一家麻入作上颯sa
心盍入咸開一

靫35初麻平假開二家麻平陰叉tʂ'a

4

靴36曉戈平果合三車遮平陰靴xiuɛ
靶36幫禡去假開二家麻去罷pa

5

鞅18影養上宕開三江陽上養Øiaŋ
鞄32並肴平效開二蕭豪平陽袍p'ɑu
鞄33並巧上效開二蕭豪去抱pɑu

並效去效開二
鞠33影效去效開二蕭豪去拗Øau
6
鞋27匣佳平蟹開二皆來平陽鞋xiai
匣皆平蟹開二
鞏17見腫上通合三東鍾上拱kuŋ
鞓38透青平梗開四庚青平陰汀t'iəŋ
鞍29影寒平山開一寒山平陰安Øan
7
鞘32生肴平效開二蕭豪平陰梢ʂau
鞘33心笑去效開三蕭豪去笑siau
鞓38透青平梗開四庚青平陰汀t'iəŋ
鞔30明桓平山合一桓歡平陽瞞mon
8
鞚17溪送去通合一東鍾去控k'uŋ
9
鞦39清尤平流開三尤侯平陰秋ts'iəu
鞭31幫仙平山開三先天平陰邊piɛn
鞧39清尤平流開三尤侯平陰秋ts'iəu
鞙31曉願去山合三先天去鞙xiuɛn
鞣39日尤平流開三尤侯平陽柔ʐiəu
10
鞷28疑陌入梗開二皆來入作去額Øiai
疑麥入梗開二
鞶30並桓平山合一桓歡平陽盤p'on
鞥16影東平通合一東鍾平陰翁Øuŋ
韂17同革雍。《集韻》於容切。東鍾去甕Øuŋ
13
韁17見陽平宕開三江陽平陰姜k'iaŋ
韂43昌豔去咸開三廉纖去韂tʂ'iɛm
14
韆31清仙平山開三先天平陰千ts'iɛn
16
韉31精先平山開四先天平陰煎tsiɛn

頁部

2
頂39端迥上梗開四庚青上鼎tiəŋ
頃38溪靜上梗合三庚青上頃k'iuəŋ
3
項18匣講上江開二江陽去巷xiaŋ
順29船稕去臻合三真文去舜ʂiuən
須24心虞平遇合三魚模平陰須siu
4
頑29疑刪平山合二寒山平陽頑Øuan
頓29端慁去臻合一真文去頓tuən
頒29幫刪平山開二寒山平陰斑pan
頌17邪用去通合三東鍾去訟siuŋ
頏18匣唐平宕開一江陽平陽杭xaŋ
預26以御去遇合三魚模去御Øiu
5
領39來靜上梗開三庚青上領liəŋ
頗34滂戈平果合一歌戈平陰坡p'o
頗35滂果上果合一歌戈上頗p'o
6
頦27匣咍平蟹開一皆來平陽孩xai
7

頭39定侯平流開一尤侯平陽頭t'əu
頤21以之平止開三齊微平陽移∅i
頰37見帖入咸開四車遮入作上結kiɛ
頸38見静上梗開三庚青上景kiəŋ
頻28並真平臻開三真文平陽貧p'iən
頹21定灰平蟹合一齊微平陽頹t'uei
頷42匣感上咸開一監咸去憾xam
頴39《類篇》庚頃切。庚青上影∅iəŋ
8
顆35溪果上果合一歌戈上顆k'uo
顇23從至去止合三齊微去翠ts'uei
9
題21定齊平蟹開四齊微平陽啼t'i
顏29疑刪平山開二寒山平陽顏∅ian
額28疑陌入梗開二皆來入作去額∅iai
額37疑陌入梗開二車遮入作去業ŋiɛ
10
顛31端先平山開四先天平陰顛tiɛn
願31疑願去山合三先天去院∅iuɛn
顗21疑尾上止開三齊微上迤∅i
纇23來至去止合三齊微去淚luei
顙18心蕩上宕開一江陽上顙saŋ
12
顥33匣晧上效開一蕭豪去號xɑu
纇23來隊去蟹合一齊微去淚luei
顧26見暮去遇合一魚模去故ku
13
顫32章線去山開三先天去戰tʂiɛn
14
顯31曉銑上山開四先天上顯xiɛn
15
顰28並真平臻開三真文平陽貧p'iən
16
顱24來模平遇合一魚模平陽盧liu
17
顴31群仙平山合三先天平陽拳k'iuɛn

面部

面32明線去山開三先天去面miɛn
14
靨43《集韻》於琰切。廉纖上掩∅iɛm

韭部

韭40見有上流開三尤侯上九kiəu

骨部

骨25見没入臻合一魚模入作上谷ku
3
骭30匣諫去山開二寒山去旱xan
4
骰39定侯平流開一尤侯平陽頭t'əu
6
胔20從寘去止開三支思去字tsï
骸27匣皆平蟹開二皆來平陽鞋xiai
骼27見陌入梗開二皆來入作上骼kiai
7
骾38見梗上梗開二庚青上景kiəŋ
8

髁36溪馬上假合二家麻去跨k'ua

10

謷32同鰲。鰲，疑豪平效開一蕭豪平陽鼇ŋɑu

11

髏39來侯平流開一尤侯平陽樓ləu

12

髒18精蕩上宕開一江陽上髒tsaŋ

髓22心紙上止合三齊微上髓suei

13

體22透薺上蟹開四齊微上體t'i

香部

香17曉陽平宕開三江陽平陰香xiaŋ

8

馣41影覃平咸開一監咸平陰菴Øam

馣42影覃平咸開一監咸上揞Øam

馡20幫微平止合三齊微平陰非fei

11

馨38曉青平梗開四庚青平陰馨xiəŋ

鬼部

鬼22見尾上止合三齊微上鬼kuei

4

魂28匣魂平臻合一真文平陽魂xuən

魁20溪灰平蟹合一齊微平陰魁k'uei

5

魅23明至去止開三齊微去妹mei

魃34並末入山合一歌戈入作平陽跋po

魄27滂陌入梗開二皆來入作上拍p'ai

魄33透鐸入宕開一蕭豪入作上託t'ɑu

7

魈32心宵平效開三蕭豪平陰蕭siau

8

䰩36昌馬上假開三家麻去汊tʂ'a

魎18來養上宕開三江陽上兩liaŋ

魏22疑未去止合三齊微去胃Øuei

魋21定灰平蟹合一齊微平陽頹t'uei

11

魔34明戈平果合一歌戈平陽摩mo

14

魘43影琰上咸開三廉纖上掩Øiɛm

食（飠）部

食20《集韻》祥吏切。支思去似sï

食21船職入曾開三齊微入作平陽實ʂi

2

飣39端徑去梗開四庚青去定tiəŋ

飢20見脂平止開三齊微平陰機ki

3

飥33透鐸入宕開一蕭豪入作上託t'ɑu

4

飩28定魂平臻合一真文平陽豚t'uən

飫22影御去遇合三齊微去胃Øuei

飯30並阮上山合三寒山去飯fan
並願去山合三

飧28心魂平臻合一真文平陰孫suən

飲41影寑上深開三侵尋上飲Øiəm

飲41影沁去深開三侵尋去廕Øiəm

5

鞅18影漾去宕開三江陽去瀁Øiaŋ

飾22書職入曾開三齊微入作上失ʂi

飼20邪志去止開三支思去似sï

飴21以之平止開三齊微平陽移Øi

飽33幫巧上效開二蕭豪上飽pau

6

餌19《集韻》忍止切。支思上爾ʐï

餌20日志去止開三支思去二ʐï

餉19書漾去宕開三江陽去上ʂiaŋ

養18以養上宕開三江陽上養Øiaŋ

養18以漾去宕開三江陽去瀁Øiaŋ

餅38幫靜上梗開三庚青上丙piəŋ

餈19從脂平止開三支思平陽慈ts'ï

7

餔24幫模平遇合一魚模平陰逋pu

餐29清寒平山開一寒山平陰餐ts'an

餓35疑箇去果開一歌戈去餓ŋo

餘24以魚平遇合三魚模平陽魚Øiu

餒22泥賄上蟹合一綏nuei

8

餞32從獮上山開三先天去箭tsiɛn
從線去山開三

餧22影寘去止合三齊微去胃Øuei

餁41日寢上深開三侵尋上稔ʐiəm

餡42匣豏上咸開二監咸去轞xiam

餤41定談平咸開一監咸平陽覃t'am

館30見換去山合一桓歡上館kon

餽20存疑。齊微平陰堆tuei

9

餪30泥緩上山合一桓歡上暖non

餮37透屑入山開四車遮入作上鐵t'iɛ

餳38邪清平梗開三庚青平陽餳siəŋ

餽22群至去止合三齊微去貴kuei
見至去止合三

餱39匣侯平流開一尤侯平陽侯xəu

餿39生尤平流開三尤侯平陰溲səu

餲27影夬去蟹開二皆來去艾Øai

10

餾40來宥去流開三尤侯去溜liəu

饈39心尤平流開三尤侯平陰脩siəu

鎌43来琰上咸开三廉纖上撿kiɛm

11

饅30明桓平山合一桓歡平陽瞞mon

饗18曉養上宕開三江陽上響xiaŋ

12

饒32日宵平效開三蕭豪平陽饒ʐiau

饐23影至去止開三齊微去異Øi

饍32禪線去山開三先天去扇ʂiɛn

饌30崇潸上山合二寒山去譔tʂuan
崇線去山合三

饑20見微平止開三齊微平陰機ki

13

饕32透豪平效開一蕭豪平陰絛t'ɑu

饘31章仙平山開三先天平陰氈tʂiɛn

14

饜43影豔去咸開三廉纖去艷Øiɛm

17

饞41崇咸平咸開二監咸平陽讒tʂʻam

饟18書漾去宕開三江陽去讓ʐiaŋ

風部

風16幫東平通合三東鍾平陰風fuŋ

5

颭43章琰上咸開三廉纖上颭tʂiɛm

颲40來有上流開三尤侯上柳liəu

颯36心合入咸開一家麻入作上颯sa

7

颵32生肴平效開二蕭豪平陰梢ʂau

9

颸19《集韻》心兹切。支思平陰斯sï

颺18以陽平宕開三江陽平陽陽øiaŋ

颼39生尤平流開三尤侯平陰搜ʂəu

10

颾32心豪平效開一蕭豪平陰騷sɑu

䬙32以宵平效開三蕭豪平陽遥øiau

11

飄32滂宵平效開三蕭豪平陰飄pʻiau

12

飈32《集韻》卑遙切。蕭豪平陰標piau

16

飅32心蕭平效開四蕭豪平陰蕭siau

音部

音41影侵平深開三侵尋平陰音øiəm

5

韶32禪宵平效開三蕭豪平陽潮tʂʻiau

10

韻29云問去臻合三真文去醖øiuən

11

響18曉養上宕開三江陽上響xiaŋ

13

頀26匣暮去遇合一魚模去户xu

首（𦣻）部

首40書有上流開三尤侯上首ʂiəu

首40書宥去流開三尤侯去受ʂiəu

2

馗21群脂平止合三齊微平陽葵kʻuei

韋部

韋21云微平止合三齊微平陽圍øuei

8

韓29匣寒平山開一寒山平陽寒xan

10

韝39見侯平流開一尤侯平陰鈎kəu

韜32透豪平效開一蕭豪平陰絛tʻɑu

13

韂42昌鹽平咸開三廉纖平陰襜tʂʻiɛm

飛部

飛20幫微平止合三齊微平陰非fei

十畫

鬥部

6

鬨17匣送去通合一東鍾去哄xuŋ

17

鬮39見尤平流開三尤侯平陰鳩kiəu

髟部

2

髡28溪魂平臻合一真文平陰坤k'uən

4

髦32明豪平效開一蕭豪平陽毛mɑu

5

髮36幫月入山合三家麻入作上法fa

髯43日鹽平咸開三廉纖平陽髯zɿɛm

髲23並寘去止開三齊微去背pei

髫32定蕭平效開四蕭豪平陽迢t'iau

6

髻23見霽去蟹開四齊微去計ki

髭19精支平止開三支思平陰髭tsï

7

髾32生肴平效開二蕭豪平陰梢ʂau

髼21來之平止開三齊微平陽黎li

髽35莊麻平假合二家麻平陰撾tʂua

髼16並東平通合一東鍾平陽蓬p'uŋ

8

鬆16心冬平通合一東鍾平陰鬆suŋ

鬈31群仙平山合三先天平陽拳k'iuɛn

9

鬌34端果上果合一歌戈上朶tuo

10

鬐21群脂平止開三齊微平陽奇k'i

鬗30並桓平山合一桓歡平陽盤p'on

11

鬌35同鬌。鬌，定果上果合一歌戈去舵tuo

鬖41心談平咸開一監咸平陰三sam

12

鬚24心虞平遇合三魚模平陰須siu

13

鬟29匣刪平山合二寒山平陽還xuan

14

鬢29幫震去臻開三真文去鬢piən

15

鬣37來葉入咸開三車遮入作去裂liɛ

馬部

馬35明馬上假開二家麻上馬ma

2

馱34定歌平果開一歌戈平陽駝t'uo

馱35定箇去果開一歌戈去舵tuo

馮16並東平通合三東鍾平陽馮fuŋ

馮38並蒸平曾開三庚青平陽平p'iəŋ

馭26疑御去遇合三魚模去御∅iu

3

馵26章遇去遇合三魚模去注tʂiu

馴28邪諄平臻合三真文平陽巡siuən

馳21澄支平止開三齊微平陽池tʂ'i

4
駁33幫覺入江開二蕭豪入作上剥pau
5
罵36明禡去假開二家麻去罵ma
駟20心至去止開三支思去似sï
駛19生止上止開三支思上史ʂï
駒24見虞平遇合三魚模平陰居kiu
駐26知遇去遇合三魚模去注tʂiu
駝34定歌平果開一歌戈平陽駝t‘uo
駑24泥模平遇合一魚模平陽奴nu
駘26定咍平蟹開一皆來平陰台t‘ai
駕36見禡去假開二家麻去駕kia
6
駬19日止上止開三支思上爾ʐï
駥16日東平通合三東鍾平陽戎ʐuŋ
駭27匣駭上蟹開二皆來上駭xiai
駢31並先平山開四先天平陽胼p‘iɛn
7
騁39徹静上梗開三庚青上騁tʂ‘iəŋ
騂38心清平梗合三庚青平陰星siəŋ
駼24定模平遇合一魚模平陽徒t‘u
駸40清侵平深開三侵尋平陰駸tsiəm
騃27《字彙》音厓，疑骇上蟹开二
皆來平陽騃Øai
駿29精稕去臻合三真文去俊tsiuən
8
騋27來咍平蟹開一皆來平陽來lai
騎21群支平止開三齊微平陽奇k‘i
騎23群寘去止開三齊微去計ki
騑20滂微平止合三齊微平陰非fei
騅20章脂平止合三齊微平陰追tʂuei
9
䮹22同衛。云祭去蟹合三齊微去胃Øuei
騣16精東平通合一東鍾平陰宗tsuŋ
騙32滂線去山開三先天去片p‘iɛn
騭22章質入臻開三齊微入作上質tʂi
騷32心豪平效開一蕭豪平陰騷sɑu
10
驁32疑豪平效開一蕭豪平陽鼇ŋɑu
驊35匣麻平假合二家麻平陽譁xua
騮39來尤平流開三尤侯平陽劉liəu
騶39莊尤平流開三尤侯平陰鄒tʂəu
騫31溪仙平山開三先天平陰牽k‘iɛn
驀28明陌入梗開二皆來入作去麥mai
11
驅24溪虞平遇合三魚模平陰區k‘iu
騾34來戈平果合一歌戈平陽羅luo
驄16清東平通合一東鍾平陰匆ʦ‘uŋ
12
驚38見庚平梗開三庚青平陰京kiəŋ
驍32見蕭平效開四蕭豪平陰梟xiau
驕32見宵平效開三蕭豪平陰嬌kiau
驂41清覃平咸開一監咸平陰叅ts‘am
13
驛23以昔入梗開三齊微入作去逸Øi
驗43疑豔去咸開三廉纖去艷Øiɛm
14
驟40崇宥去流開三尤侯去皺tʂəu

16
驥23見至去止開三齊微去計ki
驢24來魚平遇合三魚模平陽廬lu
17
驩30曉桓平山合一桓歡平陰歡xon
驦17生陽平宕開三江陽平陰雙ʂuaŋ
驤17心陽平宕開三江陽平陰湘siaŋ
驥31《篇海類編》吉典切。先天上驥kiɛn
19
驪21來支平止開三齊微平陽黎li
來齊平蟹開四

鬲部

8
鬵41邪侵平深開三侵尋平陽尋siəm

高部

高32見豪平效開一蕭豪平陰高kɑu

十一畫

黄部

黄18匣唐平宕合一江陽平陽黄xuaŋ

麥部

麥28明麥入梗開二皆來入作去麥mai
4
麩24滂虞平遇合三魚模平陰膚fu
麪32明霰去山開四先天去面miɛn
6
麴25溪屋入通合三魚模入作上曲k'iu
麰39明尤平流開三尤侯平陽繆miəu
10
麱34心果上果合一歌戈上鎖suo

鹵部

鹵25來姥上遇合一魚模上魯lu
9
鹺34從歌平果開一歌戈平陰磋ts'uo
10
鹻42見豏上咸開二監咸上減kiam

鳥部

鳥33端篠上效開四蕭豪上裊niau
2
鳩39見尤平流開三尤侯平陰鳩kiəu
3
鳶31以仙平山合三先天平陽元∅iuɛn
鳴38明庚平梗開三庚青平陽明miəŋ
鳳17並送去通合三東鍾去鳳fuŋ
鳲19書脂平止開三支思平陰施ʂï
4
鴈30疑諫去山開二寒山去鴈∅ian
鴉35影麻平假開二家麻平陰鴉∅ia
鴆41澄沁去深開三侵尋去朕tʂiəm
鴂37見屑入山合四車遮入作上玦kiuɛ
5
鴣24見模平遇合一魚模平陰孤ku
鴨36影狎入咸開二家麻入作去壓∅ia

鴞32云宵平效開三蕭豪平陰梟xiau
鴦17影陽平宕開三江陽平陰鴦Øiaŋ
鴒38來青平梗開四庚青平陽靈liəŋ
鴟20昌脂平止開三齊微平陰笞tʂʻi
鴛31影元平山合三先天平陰淵Øiuɛn

6

鵀41日侵平深開三侵尋平陽壬ʐiəm
鴿35見合入咸開一歌戈入作上葛ko
鴻16匣東平通合一東鍾平陽紅xuŋ
鴽24日魚平遇合三魚模平陽如ʐiu

7

鵏25《漢語大字典》音bǔ。魚模上補pu
鵑31見先平山合四先天平陰鵑kiuɛn
鵮41《字彙》鋤簪切。侵尋平陽岑tʂʻəm
鵠25匣沃入通合一魚模入作平陽鵠xu
鵝34疑歌平果開一歌戈平陽哦ŋo
鵒26以燭入通合三魚模入作去玉Øiu

8

鵡25明麌上遇合三魚模上武vu
鶄38精清平梗開三庚青平陰精tsiəŋ
鵲33清藥入宕開三蕭豪入作上鵲tsʻiau
鵪41影覃平咸開一監咸平陰菴Øam
鵬38明庚平梗開三庚青平陽明miəŋ
鵾28見魂平臻合一真文平陰鯤kuən
鵬16並登平曾開一東鍾平陽蓬pʻuŋ
鵬38並登平曾開一庚青平陽鵬pʻəŋ
鵩25並屋入通合三魚模入作平陽復fu
鵰32端蕭平效開四蕭豪平陰刁tiau
鵮41知咸平咸開二監咸平陰嵌kʻiam
溪咸平咸開二
鶉28禪諄平臻合三真文平陽脣tʂʻiuən
鶁38見庚平梗開二庚青平陰京kiəŋ
鵷31影元平山合三先天平陰淵Øiuɛn
鶋24見魚平遇合三魚模平陰居kiu

9

鶘24匣模平遇合一魚模平陽胡xu
鶚33疑鐸入宕開一蕭豪入作去萼Øau
鶚35疑鐸入宕開一歌戈入作去萼Øo
鶻25匣沒入臻合一魚模入作平陽鵠xu
鶖39清尤平流開三尤侯平陰秋tsʻiəu
鶿19從之平止開三支思平陽慈tsʻï
鶩26明遇去遇合三魚模去務vu
鶩26明屋入通合一魚模入作去木mu

10

鶒22《篇海類編》昌石切。
齊微入作上尺tʂʻi
鷃30影諫去山開二寒山去鴈Øian
鷂33以笑去效開三蕭豪去曜Øiau
鷁24疑錫入梗開四齊微入作去逸Øi
鶼42見添平咸開四廉纖平陰兼kiɛm
鶹39來尤平流開三尤侯平陽劉liəu
鶴32匣鐸入宕開一蕭豪入作平陽鶴xau
鶴34匣鐸入宕開一歌戈入作平陽合xo

11

鷗39影侯平流開一尤侯平陰謳Øəu
鷖21影齊平蟹開四齊微平陽移Øi
鷖20影齊平蟹開四齊微平陰衣Øi
鷓37章禡去假開三車遮去柘tʂiɛ

12

鷯32來蕭平效開四蕭豪平陽寮liau

鷴29匣山平山開二寒山平陽閑xian

鷲40從宥去流開三尤侯去就tsiəu

鷥19心之平止開三支思平陰斯sï

13

鷺26來暮去遇合一魚模去路lu

鷽32匣覺入江開二蕭豪入作平陽學xiau

鸇31章仙平山開三先天平陰氈tʂiɛn

鷹38影蒸平曾開三庚青平陰英Øiəŋ

鸃21疑支平止開三齊微平陽移Øi

17

鸛31見換去山合一桓歡去貫kon

鸚38影耕平梗開二庚青平陰英Øiəŋ

鸘17生陽平宕開三江陽平陰雙ʂuaŋ

19

鸝21來支平止開三齊微平陽黎li

鸞30來桓平山合一桓歡平陽鸞lon

魚部

魚24疑魚平遇合三魚模平陽魚Øiu

2

魛32端豪平效開一蕭豪平陰刀tɑu

4

魯25來姥上遇合一魚模上魯lu

5

鮎43泥添平咸開四廉纖平陽鮎niɛm

鮓35莊馬上假開二家麻上鮓tʂa

鮒26並遇去遇合三魚模去赴fu

鮑33並巧上效開二蕭豪去抱pɑu

鮀34定歌平果開一歌戈平陽駝t‘uo

6

鮫32見肴平效開二蕭豪平陰交kau

鮮31心仙平山開三先天平陰先siɛn

鮮31心獮上山開三先天上鮮siɛn

7

鯁38見梗上梗開二庚青上景kiəŋ

鯉22來止上止開三齊微上禮li

鮝18心養上宕開三江陽上想siaŋ

鯊35生麻平假開二家麻平陰沙ʂa

鮗40從侵平深開三侵尋平陰簪tʂəm

鯽22精昔入梗開三齊微入作上唧tsi
　精職入曾開三

8

鯖38清青平梗開四庚青平陰青ts‘iəŋ

鯫39從侯平流開一尤侯平陰鄒tʂəu

鯤28見魂平臻合一真文平陰鯤kuən

鯢21疑齊平蟹開四齊微平陽移Øi

鯨38群庚平梗開三庚青平陽檠k‘iəŋ

9

鯹38心青平梗開四庚青平陰星siəŋ

鰐33疑鐸入宕開一蕭豪入作去萼Øɑu

鰐35疑鐸入宕開一歌戈入作去萼Øo

鰍39清尤平流開三尤侯平陰秋ts‘iəu

鰉18匣唐平宕合一江陽平陽黃xuaŋ

鯿31幫仙平山開三先天平陰邊piɛn

10

鰣19禪之平止開三支思平陽時ʂï

鰥29見山平山合二寒山平陰關kuan
鰜42見添平咸開四廉纖平陰兼kiɛm

11

鰾33並小上效開三蕭豪去俵piau
鱅16禪鍾平通合三東鍾平陽重tʂ‘uŋ

12

鱖23見祭去蟹合三齊微去計ki
鱔32《集韻》上演切。先天去扇ʂiɛn
鱗28來真平臻開三真文平陽隣liən
鱘41邪侵平深開三侵尋平陽尋siəm

13

鱯36匣禡去假合二家麻去化xua
鱤42見感上咸開一監咸上感kam
鱠22見泰去蟹合一齊微去貴kuei
鱣31知仙平山開三先天平陰氈tʂiɛn

15

鱵40章侵平深開三侵尋平陰針tʂiəm

16

鱸24來模平遇合一魚模平陽盧liu

麻部

麻35明麻平假開二家麻平陽麻ma

3

麽34《集韻》眉波切。歌戈平陰麽mo
麽35《集韻》眉波切。歌戈去磨mo

4

麾20曉支平止合三齊微平陰灰xuei

鹿部

鹿26來屋入通合一魚模入作去禄lu

2

麀39影尤平流開三尤侯平陰憂Øiəu
麂21見旨上止開三齊微上蟣ki

5

麈25章麌上遇合三魚模上主tʂiu

6

麋21明脂平止開三齊微平陽梅mei

7

麏28見真平臻合三真文平陰君kiuən

8

麒21群之平止開三齊微平陽奇k‘i
麓26來屋入通合一魚模入作去禄lu
麗21來支平止開三齊微平陽黎li
麗23來霽去蟹開四齊微去利li
麖38見庚平梗開三庚青平陰京kiəŋ

9

麚35見麻平假開二家麻平陰家kia

10

麝37船禡去假開三車遮去舍ʂiɛ

11

麞17章陽平宕開三江陽平陰章tʂiaŋ

12

麢38《漢語大字典》“同䴇（羚）。”
庚青平陽靈liəŋ
麟28來真平臻開三真文平陽隣liən

十二畫

黹部

黼25幫麌上遇合三魚模上甫fu

鼎部

鼎39端迥上梗開四庚青上鼎tiəŋ

2

鼐27泥代去蟹開一皆來去柰nai

黑部

黑22曉德入曾開一齊微入作上黑xei

4

黔43群鹽平咸開三廉纖平陽鈐k'iɛm

5

點43端忝上咸開四廉纖上點tiɛm

黜25徹術入臻合三魚模入作上出tʂ'iu

黛27定代去蟹開一皆來去帶tai

黝40影黝上流開三尤侯上有Øiəu

8

黨18端蕩上宕開一江陽上黨taŋ

黧21來齊平蟹開四齊微平陽黎li

黥38群庚平梗開三庚青平陽檠k'iəŋ

9

黯42影豏上咸開二監咸上黯Øiam

11

黲42清感上咸開一監咸上慘ts'am

清敢上咸開一

黍部

黍25書語上遇合三魚模上鼠ʂiu

3

黎21來齊平蟹開四齊微平陽黎li

5

黏43娘鹽平咸開三廉纖平陽鮎niɛm

十三畫

鼓部

鼓25見姥上遇合一魚模上古ku

5

鼕16定冬平通合一東鍾平陽同t'uŋ

6

鼗32定豪平效開一蕭豪平陽桃t'ɑu

8

鼛32見豪平效開一蕭豪平陰高kɑu

黽（黾）部

黽31明獮上山開三先天上沔miɛn

4

黿31疑元平山合三先天平陽元Øiuɛn

5

鼂32澄宵平效開三蕭豪平陽潮tʂ'iau

10

鼇32疑豪平效開一蕭豪平陽鼇ŋɑu

11

鼈37幫薛入山開三車遮入作上鼈piɛ

12

鼉34定歌平果開一歌戈平陽駝t'uo

鼠部

鼠25書語上遇合三魚模上鼠ʂiu

7

鼯24疑模平遇合一魚模平陽吾Øu

9

鼹31影阮上山開三先天上兖Øiɛn

十四畫

鼻部

鼻21並至去止開三齊微去作平陽鼻pi

3

鼾30匣翰去山開一寒山去旱xan

4

齁39曉侯平流開一尤侯平陰齁xəu

10

齆17影送去通合一東鍾去甕Øuŋ

齊部

齊21從齊平蟹開四齊微平陽齊ts'i

3

齋27莊皆平蟹開二皆來平陰齋tʂai

7

齏20精齊平蟹開四齊微平陰齏tsi

十五畫

齒部

齒19昌止上止開三支思上齒tʂ'ï

2

齔29初焮去臻開三真文去襯tʂ'ən

5

齡38來青平梗開四庚青平陽靈liəŋ

6

齩33疑巧上效開二蕭豪上齩Øau

齦28疑欣平臻開三真文平陽銀Øiən

齦28溪很上臻開一真文上肯k'ən

7

齬25疑語上遇合三魚模上語Øiu

十六畫

龍部

龍16來鍾平通合三東鍾平陽龍liuŋ

3

龐18並江平江開二江陽平陽傍p'aŋ

6

龕41溪覃平咸開一監咸平陰堪k'am

龔16見鍾平通合三東鍾平陰工kuŋ

十八畫

龜部

龜20見脂平止合三齊微平陰歸kuei